Die Elsässer

Henri de Turenne/François Ducher

Die Elsässer

Roman

Aus dem Französischen
von Kirsten Ruhland-Stephan

arte EDITION

Scherz

Die Originalausgabe erschien unter dem Titel
«Les Alsaciens ou les deux Mathilde»
bei Jean-Claude Lattès Éditions, Paris.

Erste Auflage 1997

Mit freundlicher Unterstützung der
ARTE Deutschland TV GmbH.

Erster Teil

Juli 1870

«*De Storich, de Storich esch fort!*»

Die Gelegenheit nutzend, daß der Lehrer gerade damit beschäftigt war, etwas an die Tafel zu schreiben, hatte der Junge seine Bank verlassen, um zum Fenster hinauszusehen. Sein Ausruf löste leises Gekicher aus.

Der Lehrer Yerri Laugel drehte sich um. Trotz seines jugendlichen Alters und dem freundlichen Gesicht unter dichtem braunem Haar wirkte er respekteinflößend mit seinem schwarzen Kittel und seinem geraden Blick. Er griff nach seinem Holzlineal und klopfte damit kräftig auf das Lehrerpult.

«Antoine! Geh sofort auf deinen Platz zurück. Und sprich französisch, wenn du etwas zu sagen hast.»

«*Oui, monsieur* ... Aber die Störche sind fort, *monsieur*», sagte der Junge auf französisch, nun um einiges schüchterner.

Ringsum wurde es mucksmäuschenstill. Die ganze Klasse beobachtete gespannt den Lehrer und wartete auf dessen Reaktion. Bestimmt würde Antoine bestraft werden.

Doch nichts von dem, was die Schüler vorherzusehen glaubten, geschah. Langsam trat Yerri Laugel ans Fenster und blickte nun ebenfalls hinaus.

Es war Mitte Juli des Jahres 1870, und der Dorfplatz von Alsheim, der allgemein Place de la Mairie genannt wurde und mit seinen Fachwerkhäusern und blumengeschmückten Fenstern unter braungedeckten Ziegeldächern recht schmuck wirkte, schien an diesem glühendheißen Nachmittag schläfrig vor sich hin zu dösen. Laugel sah zum hohen Kirchturm hinauf und konnte deutlich erkennen, daß das Nest verlassen war.

«Ja, tatsächlich ... Mitten im Juli ...» murmelte er.

«Meine Großmutter sagt immer, daß das Unglück bringt», setzte der Junge, nun wieder etwas mutiger, hinzu.

Wieder war unterdrücktes Gelächter zu hören, und wieder schlug Yerri Laugel mit seinem Lineal auf die nächstgelegene Schulbank.

«Ruhe! Das reicht jetzt! Setzt lieber eure Übung fort!»

Sofort kehrte wieder Ruhe ein. Noch einmal warf Yerri einen Blick zum Kirchturm hinauf. Unwillkürlich mußte er daran denken, daß auch seine Großmutter immer gesagt hatte, dies sei ein schlechtes Omen.

«... und mit Freuden erhebe ich mein Glas auf das Glück dieses jungen Brautpaares, dessen Verbindung für das Elsaß und ganz Frankreich von symbolischer Bedeutung ist!»

Mit seiner freien Hand hatte der Präfekt des Unterelsaß ein Taschentuch hervorgezogen und tupfte sich die Stirn ab.

Die Hitze des Tages hatte sich noch nicht gelegt, obwohl es bereits fast zehn Uhr abends war und man die Fenstertüren des Schlosses Alsheim zum Park hinaus weit geöffnet hatte.

Es war ein weitläufiger, eleganter Wohnsitz, weiß getüncht und mit roséfarbenem Sandstein verkleidet, der gegen Ende des vorigen Jahrhunderts nur wenige Fußminuten vom Dorf entfernt erbaut worden war.

Zwischen den weiten Krinolinen der Damen und den schwarzen Fräcken der Herren der großen Gesellschaft im Salon wedelten hie und da einige Fächer. Der würdevolle kaiserliche Beamte litt Qualen in seiner goldverzierten Paradeuniform.

Doch war er noch lange nicht am Ende seiner Rede angelangt. Er wandte sich einem etwa fünfundzwanzigjährigen jungen Mann zu, der, dunkelhaarig und schlank, einfach blendend aussah in seiner Rittmeisteruniform der Chasseurs d'Afrique mit roter Hose und schnurbesetztem blauem Rock, an dem bereits zwei Orden steckten.

«Sie, Charles de La Tour Maubeuge, Nachkomme eines der edelsten Geschlechter, die seit den Kreuzzügen ihre Klinge in den Dienst Gottes und Frankreichs gestellt haben, Sie haben sich bereits in unserem schönen Algerien bewährt, in dem endlich der Frieden wiederhergestellt ist!»

Der grauhaarige Oberst Graf de La Tour Maubeuge mit militärischem Schnauzer und seine Gemahlin, eine hochgewachsene, dunkelhaarige Dame, standen hinter ihrem Sohn und plusterten sich sichtlich auf. Nun neigte der Präfekt sich leicht der Braut zu. Sie war ein achtzehnjähriges junges Mädchen mit wunderschönen, strahlenden Mandelaugen. Das blonde, hochgesteckte und von einem Diadem zusammengehaltene Haar unterstrich ihre zarten Züge: Zwei Grübchen zu beiden Seiten des Mundes verliehen ihrem Gesicht obendrein etwas Kindliches. Eine Perlenreihe brachte die schönen Linien und den satingleichen Teint von Schultern und Brust wundervoll zur Geltung. In beiden Händen hielt sie ihren Brautstrauß.

«Und nun zu Ihnen, Mathilde, einzige Tochter unseres überaus geschätzten Freundes Eugène-Victor...»

Sie lächelte ihrem Vater, Baron Eugène-Victor Kempf, zärtlich zu. Der Baron, ein mittelgroßer Mann um die Fünfzig mit noch dunklem Haar über dem tiefgefurchten Gesicht, wirkte ebenso glücklich wie sie.

«... Sie haben die Unerschrockenheit und Willenskraft Ihres Großvaters geerbt, der sein Adelsprädikat auf den Schlachtfeldern von Austerlitz und Eylau an der Seite Kaiser Napoleons I. erwarb!»

Noch während er sprach, hatte sich der Präfekt zu einem großen Porträt an der Wand umgedreht, in dem ein jeder den ersten Baron Kempf zu erkennen aufgefordert war.

«Der Herr Präfekt braucht mal wieder seine Zeit», raunte der junge Vikar Eberle dem frohsinnigen, rotgesichtigen Pfarrer Müller von Alsheim ins Ohr, dem das ausgesprochen gut entwickelte Kinn über das Beffchen quoll.

«Seine Reden dauern immer länger als meine Predigten, und das besagt ja wohl alles!» antwortete der Pfarrer mit einem Augenzwinkern.

Ein Bediensteter in ihrer Nähe trug ein Tablett mit Champagnergläsern vorbei. Der Pfarrer winkte ihn heran und nahm sich eines.

Der Präfekt hatte indessen einen noch gewichtigeren Ton angeschlagen: «Ein Zeichen der Zeit: Die Maschinenfabrik Kempf, die zu den ältesten und leistungsfähigsten des Elsaß zählt und die gestern noch Eisenbahnwaggons baute, produziert heute Kanonen!»

«Mit Kochtöpfen haben sie angefangen», flüsterte ein eleganter Kürassieroffizier lächelnd seinem Nachbarn zu.

«Franzosen wie uns ist es zu verdanken, lieber Baron», fuhr der Präfekt fort, «daß Frankreich imstande sein wird, Monsieur de Bismarck, der uns zu beeindrucken glaubt, wenn er jenseits des Rheins ganz in unserer Nähe seinen Säbel rasseln läßt, eine gebührende Antwort zu geben!»

Er streckte trotzig einen Arm in Richtung Grenze. Applaus erscholl. Baron Kempf packte die Gelegenheit beim Schopf: Nach einem kurzen Blick auf seine Tochter gab er den Musikern, die vor dem riesigen Kamin Aufstellung genommen hatten, ein Zeichen, und diese begannen sogleich einen Walzer zu spielen.

Charles de La Tour Maubeuge war vorgetreten, Mathilde überließ sich seinen Armen, und so eröffneten die beiden jungen Leute unter dem Beifall der Gäste glückstrahlend den Ball.

Geschäftige Betriebsamkeit herrschte in den Küchenräumen, die sich im hinteren Teil des Schlosses, dem Verbindungsflügel zum Hof und den Pferdeställen, befanden. Dienstmädchen mit den Hauben der elsässischen Tracht wirbelten um die Herde herum. Andere wiederum reichten sich die Gläser zu, wobei die eine in einem seifig schäumenden Wasserzuber abwusch und die andere abtrocknete. Rings um den großen Eichentisch bereitete man das feine Backwerk, das Konfekt und die Eisbecher vor, die unter den Gästen herumgereicht werden sollten.

«Ach, er ist schon ein schöner Mann, der Herr Rittmeister. Die hat vielleicht ein Glück, die Mathilde!» meinte eines der jungen Mädchen, die damit beschäftigt waren, *Breddele* auf einem Tablett aufzureihen.

Eine etwas ältere, rotbackige und rundliche Frau ihr gegenüber zuckte die Achseln: «Ja und er? Hat er etwa kein Glück? Bei der Mitgift, die sie mitbringt? Also mir wäre es lieber gewesen, wenn *meine* Mathilde Monsieur Armand geheiratet hätte. Ein Diplomat, das ist doch was Besseres als ein Soldat!»

«*Ihre* Mathilde!» neckte sie das junge Mädchen lachend. «Man könnte meinen, Sie gehören zur Familie, Mamsell Emma.»

«Immerhin bin ich ihre Gouvernante. Ich bin es, die sie erzogen hat, die arme Kleine, seit sie keine Mutter mehr hat. Monsieur Armand hat meine Mathilde geliebt. Aber nein. Man brauchte nur den schönen Monsieur Charles in die hiesige Garnison zu versetzen... Und als sie ihn zum erstenmal sah, war es gleich um sie geschehen.»

«Beeilt euch lieber, mir dieses Tablett hier fertig herzurichten, anstatt herumzuschwatzen», unterbrach sie ein livrierter Diener, der eben in die Küche gekommen war. «Eine Trödelei ist das hier!»

«Sag mal, du glaubst wohl, daß sich das alles hier von selbst erledigt?» entgegnete Emma. «Ach übrigens, wo steckt eigentlich Liselotte? Sie ist doch zum Helfen gekommen, jetzt wäre sie gerade recht.»

«Hast du etwa nicht gemerkt, daß der schöne Franzl da ist?» grinste der Diener.

«Ach so, ja dann ist mir alles klar», meinte Emma lächelnd.

Franzl Imhof, der Offiziersbursche des jungen Rittmeisters de La Tour Maubeuge, war der Sohn einer hiesigen Winzerfamilie. Und Liselotte Laugel war die Tochter des Gastwirts im Dorf. Ihre anfängliche Kinderfreundschaft hatte sich mit dem Heranwachsen in zärtliche Gefühle verwandelt. Seit drei Monaten waren die beiden nun miteinander verlobt.

In diesem Augenblick gerade standen sie am Ende des Ganges, der auf den gepflasterten Hof hinausführte.

«Du meinst also, es wird Krieg geben?» fragte das junge Mädchen an Franzls Waffenrock geschmiegt. Ihre dunklen Augen im zarten, stupsnäsigen Gesicht sahen beunruhigt zu ihm auf.

«Na, ich hoffe doch!» rief der junge Mann aus, ein kräftiger Bursche mit dichtem schwarzem Haar. «Schließlich bin ich nicht Soldat geworden, um nur meinem Rittmeister die Stiefel zu putzen. Ich will kämpfen!»

«Franzl, du darfst so etwas nicht sagen. Wenn dir ein Unglück zustieße, ich würde schier verrückt werden.»

«Mach der ken Sorge, Schatzele... Wir werden sie plattwalzen, diese Preußen! Wir müssen nur rasch bis Berlin vorrücken und wieder zurück, und dann wird geheiratet.» Mit einer Hand hob er ihr Kinn an und versuchte ihren Mund zu küssen.

«Franzl, nicht hier!» flüsterte sie und stieß ihn von sich.

«Na, gib ihm doch, was er von dir will, dem armen Kerl!» ertönte hinter ihnen plötzlich eine lachende, freundliche Stimme.

Liselotte drehte sich um. Emmas füllige Gestalt war soeben im Gang aufgetaucht. Gerührt betrachtete sie die beiden.

«Er sollte es doch noch ein wenig ausnutzen dürfen, wenn er wirklich in den Krieg ziehen muß», fügte sie hinzu. «Aber danach kommst du dann, Liselotte, ich brauche deine Hilfe.»

«Diesen Waggon haben wir ganz speziell für Seine Majestät den Kaiser gebaut und ausgestattet. In ihm ist er von Paris aus aufgebrochen, um die Österreicher bei Solferino zu schlagen.»

Baron Kempf hatte drei seiner Gäste in die Bibliothek des Schlosses geführt: den Präfekten des Unterelsaß, Oberst de La Tour Maubeuge, den Vater seines frischgebackenen Schwiegersohnes, und eine weitere Militärperson: General Bontemps vom militärischen Führungsstab in Straßburg.

Durch die geöffnete Tür drangen die Klänge der Ballmusik. Eine Zigarre in der Hand, bewunderten die Herren das Waggonmodell, das in einer Vitrine vor den mit wertvollen, alten Bänden eng bestückten Mahagonibücherregalen im Louis-Philippe-Stil ausgestellt war: ein prachtvoller Waggon mit dem kaiserlichen Wappen, dessen Kupferteile, Vertäfelungen und Lederausstattung in sorgfältigster Kleinarbeit nachgebildet worden waren.

«Solferino», murmelte versonnen Oberst de La Tour. «Ich war dabei. Elf Jahre ist das nun schon her.»

Der Präfekt ließ sich die Gelegenheit nicht entgehen, auf sein Lieblingsthema zurückzukommen: «Die Maschinenwerke Kempf spielen eine gewichtige Rolle für Frankreich. Mit Hilfe des Materials, das sie der Armee geliefert haben, haben wir Abd el-Kader in Algerien, die Russen in Sebastopol und die Österreicher bei Solferino geschlagen; und morgen werden wir, wenn nötig, Bismarck in Berlin in seine Schranken verweisen!»

Baron Kempf schien den kriegerischen Optimismus des Staatsbeamten nicht zu teilen. «Lieber Freund, ich finde, jetzt gehen Ihnen die Pferde doch ein wenig durch», bemerkte er skeptisch. «Vergessen Sie nicht, daß die Preußen inzwischen über eine doppelt so starke Armee verfügen wie wir.»

«Aber nur zahlenmäßig», schaltete sich da General Bontemps ein. «Das ist etwas anderes!»

«Sie haben hervorragende Kommandeure», fuhr Eugène-Victor Kempf fort.

«Na, und die unseren? MacMahon, Bourbaki! Ist das nichts?»

Der Baron hielt an seinem Einwand fest. Man spürte, daß er eine reiflich durchdachte Ansicht vorbrachte. «Ich bin zwar kein Spezialist in militärischen Fragen», räumte er ein, «aber es scheint mir doch, als sei der Krieg in den Kolonien gegen die Eingeborenen nicht ganz vergleichbar.»

Nun mischte sich auch Oberst de La Tour Maubeuge ein: «Sollten Sie etwa ein Defätist sein, lieber Baron? In diesem Falle müßte ich es bedauern, eine Ihrer ausgezeichneten Zigarren angenommen zu haben ...»

Kempf lächelte. «Wenn ich ein Defätist wäre, hätte ich gar nicht erst die Gelegenheit gehabt, Sie eine probieren zu lassen, da ich meine Tochter dann Ihrem Sohn Charles nicht zur Frau gegeben hätte.»

Der Präfekt setzte indessen seine Ausführung fort: «Der Kriegsminister hat es unlängst noch einmal wiederholt: Wir sind bereit. Die französische Armee ist bis auf den letzten Gamaschenknopf parat!»

«Was die Gamaschenknöpfe angeht, da will ich nicht widersprechen», sagte Kempf, der nicht willens schien, den Rückzug anzutreten. «Aber die Kanonen ... Ich habe mir die der Herren Krupp aus der Nähe angesehen, Sie wissen schon, das neue Modell mit Hinterlader. Sie sind den unseren schlichtweg um zwanzig Jahre voraus.»

«Lieber Baron, wir werden ja sehen, wem der Krieg recht gibt.»

Der Baron war an die Tür getreten und sah den Tanzenden zu. Sein Blick blieb an Mathilde und Charles hängen, die gerade einen neuen

Walzer tanzten und sich dabei tief in die Augen sahen. Ihr Brautkleid, das ihre zarte Taille unterstrich, umgab sie im funkelnden Schein der Lüster feengleich mit schillernder Transparenz. Das Glück machte sie noch einmal so schön.

«Nur zu gern könnte ich darauf verzichten, das herauszufinden», murmelte Eugène-Victor Kempf nachdenklich.

«Hmm ... Ich habe einen Bärenhunger!» verkündete Mathilde, während sie sich das erste Butterbrot strich.

Vor dem Spiegel des mit Jouy-Leinen ausgeschlagenen und elegant im Louis-seize-Stil möblierten Schlafzimmers knöpfte sich Charles eben noch den Waffenrock zu. Nun drehte er sich lächelnd zu dem kleinen Tisch um, an dem seine Frau im Spitzennachthemd saß und sich über ihr Frühstück hermachte, das auf einem silbernen Tablett angerichtet war. Es war der dritte Tag nach ihrer Hochzeit, wie er sich mit entzückter Verwunderung vorsagte.

«Hunger? Ich frage mich nur, wovon?» neckte er.

«Mach dich nicht lustig über mich. Komm lieber her und küß mich.»

Er trat näher und setzte sich dicht zu ihr. Hingebungsvoll küßten sie sich.

«Liebst du mich?» flüsterte sie.

Wieder lächelte er. «Ich liebe dich, aber das werde ich dir nicht auf die Nase binden.»

«Ich jedenfalls sage es dir: Ich liebe dich.» Mit großen, strahlenden Augen betrachtete sie ihn. Dann zog sie mit einem ungeduldigen Ruck an einem seiner Rockknöpfe, als wollte sie ihn abreißen. «Warum hast du es so eilig, dich anzuziehen?» fragte sie verführerisch.

«Ich muß gehen. Vorhin hat mir Franzl unten eine Nachricht überbracht: Mein Regiment ist in Alarmbereitschaft. Ich will nur mal eben nachsehen, was da im Gange ist. Zum Mittagessen bin ich wieder zurück.»

«Charles ... Weißt du, daß du jederzeit zur Unterstützung meines Vaters in die Fabrik einsteigen kannst? Er wird allmählich alt und würde sich freuen, wenn du dich darauf vorbereiten wolltest, seine

Nachfolge anzutreten. Erst gestern hat er mit mir darüber gesprochen.»

Ein Schatten glitt über das Gesicht des jungen Mannes, der sich jedoch trotzdem für ein Lächeln entschied: «Der Herr Papa möchte sein Töchterlein wohl in der Nähe behalten, nicht wahr? Mathilde, du weißt, daß ich grundsätzlich nicht dagegen bin. Aber eben erst später.»

«Weshalb nicht gleich?»

«Mathilde ... Liebes ... Von einem Augenblick zum anderen kann der Krieg ausbrechen. Kannst du dir vorstellen, daß ich gerade jetzt meine Kameraden im Stich lasse, um mich in einem Büro in Sicherheit zu wiegen?»

«Ich will nicht, daß es Krieg gibt!»

«Das weiß ich ja. Aber der Kaiser kann es unmöglich zulassen, daß Bismarck und Preußen Frankreich noch länger so verächtlich entgegentreten.»

«Dann sag dem Kaiser und dem Kanzler Bismarck, daß die neue Gräfin de La Tour Maubeuge das dringende Bedürfnis hat, glücklich zu sein» – sie lächelte – «und ihre Nächte damit zuzubringen, ein paar reizende Kinder zu machen.»

Auch Charles mußte lächeln, wurde aber gleich wieder ernst. «Denk doch einmal nach, Mathilde. Könntest du noch stolz auf mich sein, wenn ich jetzt die Armee verließe? Jetzt, wo die Bedrohung unmittelbar vor der Tür steht?»

Ihr blieb nicht die Zeit, zu antworten. Jemand hatte an die Tür geklopft.

«Ja, was gibt es?» erkundigte sich der junge Mann mit lauter Stimme.

«Monsieur, bei uns ist eben eine Nachricht eingetroffen», sagte die Stimme eines Dieners. «Der Herr Baron ...»

Charles ging zur Tür und öffnete sie einen Spaltbreit.

«Der Herr Baron wurde dringend gebeten, sich zur Fabrik zu begeben», erklärte der Bedienstete. «Bevor er aufbricht, möchte er Monsieur gerne sprechen.»

«Danke, Jakob. Ich komme gleich herunter.»

Er drehte sich um. Mathilde sah ihn forschend und ein wenig

verstimmt an. Er dachte, daß seine Frau doch ein verwöhntes kleines Mädchen war, begierig nach Glück und auf zauberhafte Art eine kleine Nervensäge – wie alle verliebten jungen Mädchen. Und genau so liebte er sie.

«Keine Sorge, Liebling. Zum Mittagessen bin ich wieder zurück, versprochen.»

Rasch griff er nach seinem Käppi und den Handschuhen. Bevor er ging, beugte er sich über sie, um sie noch einmal zu küssen.

Die Tür des Gasthofs *Zum Hirschen* an der Place de la Mairie von Alsheim wurde aufgestoßen, und im Türrahmen erschien die wohlbeleibte Silhouette von Pfarrer Müller. In dem niedrigen holzgetäfelten Gastraum mit seinen schweren Fachwerkbalken saßen etliche Männer vor ihrem Weißwein oder einem Saverner oder Schiltigheimer Bier. Im Hintergrund, dem Schanktisch gegenüber, thronte der riesige Kachelofen.

«Grüß Gott, Herr Pfarrer!» rief der Wirt Hans Laugel. «Wie geht's denn so?»

«Kinder, Kinder, was für eine Hitze...» erwiderte der Geistliche, während er sich niederließ. «Meine liebe Analise, bringen Sie mir doch eine Flasche von unserem guten alten Riesling. Mir steckt immer noch all dieser Champagner in den Knochen, den wir zu Mathilde Kempfs Hochzeit getrunken haben. Das Zeug taugt eben einfach nichts. Je mehr man davon trinkt, um so durstiger wird man!»

Dieser Ausspruch erntete einiges Gelächter ringsum, was den Pfarrer jedoch keineswegs verstimmte. Alle Welt kannte seine schwache Seite, und er war immer einer der ersten, um darüber Scherze zu treiben.

Hans Laugels Frau Analise, eine hübsche, robuste Dunkelhaarige um die Vierzig, verschwand hinter dem Schanktisch, um die bestellte Flasche zu holen. In diesem Augenblick bemerkte der Pfarrer Franzl Imhof, der allein an einem Tisch saß. Er ging hinüber und setzte sich zu ihm.

«Guten Morgen, Franzl. Heute mal ohne Rittmeister de La Tour?»

«Er ist schon früh am Morgen mit dem Herrn Baron zusammen aufgebrochen.»

«Gibt es denn Neuigkeiten?»

«Keine Ahnung, Herr Pfarrer. Aber eben das wollte er in Erfahrung bringen.»

«Hm ... Und du hast wohl gleich die Gelegenheit genutzt, um deine Liselotte zu besuchen ... Aber sieh dich vor, ich habe es dir schon einmal gesagt: Du bist evangelisch, Franzl, und sie ist katholisch ... Ich werde nichts für euch tun können.»

«Analise ist Deutsche und auch Protestantin», schaltete sich da Hans Laugel ein. «Das hat mich nicht daran gehindert, sie zu heiraten. Meine Tochter und der Franzl sollen es ruhig auch so machen wie wir. Der liebe Gott ist für alle ein und derselbe.»

«Ah, ich verstehe», meinte Pfarrer Müller lächelnd. «Diese hübschen Ideen hat dir dein Sohn Yerri, der Schullehrer, in den Kopf gesetzt!»

In diesem Augenblick ging die Tür auf, und Yerri Laugel stürmte herein.

«*Bonjour* alle miteinander!» Er trat an den Schanktisch, um seine Eltern zu begrüßen.

«Yerri! ... *bring e Flasch fer de Herr Pfarrer*», sagte Analise, als sie ihn erblickte.

Yerri hob das Kinn und erwiderte auf französisch: «*Maman*, ich habe dir schon einmal gesagt, daß ich nicht mehr deutsch sprechen will.»

«Nicht einmal mit deiner Mutter?»

«Nicht einmal mit dem König! Ich bin Franzose.»

Durch die ganze Wirtsstube hallte diese schroffe Antwort.

Man wußte, daß die Familie Laugel gespalten war, seitdem der junge Mann, der in der Stadt studiert hatte, als Republikaner von dort zurückgekehrt war und allseits seine profranzösischen Überzeugungen lautstark verkündete. Alle in Alsheim fühlten sich als Franzosen, als Elsässer und Franzosen, schon seit Generationen. Neu allerdings war das Verhalten von Yerri und etlicher seiner Freunde, dies mit einer Heftigkeit zu beteuern, die wie eine Forderung klang.

Die Flasche und das Glas in der Hand, steuerte Yerri auf den Pfarrer zu, der sich mit Franzl unterhielt.

«*Bonjour, monsieur le curé ... Salut*, Franzl. Ach, was hast du doch für ein Glück, Soldat sein zu dürfen ... Mich haben sie in die Bereitschaftspolizei gesteckt. *Garde mobile*. Keine Uniform, keine Knarre, nichts.»

Analise hatte ihm mit düsterem Blick zugehört. «Du wirst noch früh genug so was bekommen! Du vergißt, daß deine Mutter Deutsche ist ... Würdest du etwa gegen deine Cousins kämpfen wollen?»

Yerri lag schon eine gereizte Antwort auf der Zunge, als er durch Liselottes Eintreten abgelenkt wurde. Sie eilte geradewegs auf Franzl zu und grüßte den Pfarrer.

«Sagen Sie, *monsieur le curé* ... Die Störche sind fort ... Es heißt, das bringt Unglück.»

«Mir ist es kürzlich auch aufgefallen», sagte Yerri.

«Ach was! Das sind doch alles Weibergeschichten!» meinte Franzl lachend.

«Weiber sind jedenfalls nicht so dämlich wie ihr», konterte das junge Mädchen verärgert. «Zumindest würden nicht ständig alle daran denken, Krieg zu führen, wenn man auf sie hören würde.»

«Auf jeden Fall darfst du nichts auf solche abergläubischen Dinge geben, Liselotte», sagte Pfarrer Müller. «Gott allein entscheidet.»

Ein blonder junger Mann trat eben mit einem Lappen über der Schulter und einem Korb voll Flaschen in der Hand aus der Küche. Es war Ruprecht, ein kräftig gebauter Württemberger, der hier als Wirtsknecht diente. Yerri Laugel konnte ihn nicht ausstehen.

Franzl Imhof, der wußte, daß der junge Lehrer ihm beistehen würde, konnte es sich nicht verkneifen, ihn zu provozieren: «Schau an, da ist ja unser *Prussco* ...»

«Mensch, laßt ihn doch in Ruhe», schaltete Hans Laugel sich ein. «Er ist jetzt seit vier Jahren bei uns und arbeitet mehr als ihr.»

Nun mischte sich auch Yerri ein: «Ach ja, er arbeitet! ... Und für wen? Für den preußischen Spionagedienst?»

Krachend setzte Ruprecht seinen Korb ab und wandte sich, die Fäuste in die Hüften gestemmt, den beiden jungen Männern zu: «Wer ist hier ein Preuße? Württemberger bin ich. Und übrigens, Imhof, du bist hier nicht zu Hause, in diesem Wirtshaus.»

Wie Franzl vorhergesehen hatte, übernahm Yerri seine Verteidigung und ging drohend auf Ruprecht los: «Weil du schon meinst, du seist hier zu Hause, Ruprecht?»

Da kam Analise Laugel hinter ihrem Schanktisch hervor: «Das reicht jetzt! Laß Ruprecht gefälligst in Ruhe, Yerri.»

Yerri biß die Zähne zusammen. Er tauschte mit seiner Mutter einen Blick, der sie erröten ließ. «Gut», knurrte er. «Dann schick deinen *Prussco* aber in seine Küche zurück.»

Drohend maß sie ihren Sohn mit Blicken und zuckte dann die Achseln. «Geh, Ruprecht», murmelte sie. «Laß sie reden.»

«Aber Yerri», sagte der Pfarrer mit gesenkter Stimme, als sie sich entfernt hatten. «Wenn Preußen uns herausfordert, brauchst du das doch diesem armen Jungen nicht vorzuwerfen.»

«Sie wissen recht gut, *monsieur le curé*, daß das nicht der einzige Vorwurf ist, den ich ihm zu machen habe.»

Der Priester senkte die Augen.

«Ich weiß, Yerri. Aber es ist nicht deine Sache, darüber zu urteilen.»

In diesem Augenblick schlug die Tür, wie von einem Windstoß getrieben, erneut auf. Auf der Schwelle erschien die Gestalt des Feldhüters.

«Es ist soweit! Es ist soweit!»

Ganz rot im Gesicht vom schnellen Laufen schnappte er nach Luft. Alle Gäste im Wirtshaus hatten ein und denselben Gedanken und sprangen auf.

«Na was denn nun?» forschte Franzl Imhof ungeduldig. «Was ist soweit?»

Der andere holte tief Luft. «Krieg», keuchte er. «Der Krieg ist erklärt worden!»

Bleierne Stille legte sich über die Menschen im Gasthof *Zum Hirschen*.

Yerri wandte den Kopf zur Küchentür, in der eben seine Mutter Analise und der Wirtsknecht Ruprecht erschienen.

Sie hatten es versäumt, rechtzeitig ihre Hände loszulassen.

«Wirklich, Armand? Bist du sicher, daß du nicht zum Essen bei uns bleiben willst?»

Die Nachricht von der Kriegserklärung, die der Feldhüter von Alsheim verkündet hatte, war noch nicht ins Schloß vorgedrungen. Mathilde de La Tour sah hinreißend aus in ihrem geblümten rosaroten Sommerkleid. Einen Sonnenschirm an die Schulter gelehnt, wandelte sie in Begleitung ihres Gastes, eines Mannes Anfang Zwanzig in hellbeigem Reiseanzug, gemächlich durch den Park. Mittelgroß und seriös wirkend, gehörte er zu jener Sorte von Männern, die man bereitwillig in jeder Hinsicht tadellos findet, ohne jedoch auf den Gedanken zu kommen, sie als attraktiv zu bezeichnen.

Da er seit einigen Tagen bei seiner Familie Urlaub machte, hatte Armand Kessner-Beauvallet Gelegenheit gehabt, zur Hochzeit zu kommen. Er war der Sohn eines Weißenburger Notars und alten Freundes von Baron Kempf. Seit zwei Jahren war er mit großem Erfolg im Außenministerium tätig, wo man ihm eine brillante Diplomatenkarriere voraussagte. Früh schon hatte er davon geträumt, Mathilde, die er von Kindheit an kannte, zu heiraten. Eugène-Victor Kempf, der ihn gut leiden konnte, hätte das nicht ungern gesehen. Doch leider war dann eben Charles de La Tour aufgetaucht. Vor diesem Märchenprinzen hatte der Kindheitsfreund nicht bestehen können.

Mit ernster Miene, die er eigentlich nie ablegte, betrachtete er das frische Gesicht, das ihn unter dem Sonnenschirm hervor anlächelte, und die funkelnden Augen unter den blonden Ringellöckchen.

«Nein, Mathilde, ich bleibe nicht», murmelte er. «Übrigens denke ich auch nicht, daß es deinem Ehemann besondere Freude bereiten würde.»

Sie machte die unwirsche Kopfbewegung eines verärgerten Kindes. «Da irrst du dich», sagte sie. «Er findet dich sehr sympathisch. Und Papa wird enttäuscht sein, wenn er dich nicht zu Gesicht bekommt.»

«Besteh nicht darauf, Mathilde. Ich bitte dich.»

«Es tut mir wirklich leid, daß du es so nimmst.» Wieder begann sie zu kokettieren. «Du hast mich auf meiner Hochzeit nicht einmal zum Tanzen aufgefordert . . . Und gerade du warst es doch, der mir vor ein paar Jahren den Walzer beigebracht hat. Hast du das etwa vergessen?»

«Ich werde viele Dinge vergessen müssen, Mathilde.»

Er hatte das nur geflüstert und dabei den Kopf abgewandt. Die junge Frau sah zu Boden. Sie waren am Schloß angelangt und betraten die mit alten Gobelins geschmückte Eingangshalle. Mathilde hatte ihren Schirm zugeklappt und lehnte ihn gegen ein kleines Tischlein.

Sie war betrübt. Sie wußte ja, was ihr Freund empfand; zugleich aber konnte sie sich nicht der egoistischen Reaktion glücklicher Menschen erwehren, die um sich herum nur Gesichter sehen wollen, die ihnen nichts als ihr Glück widerspiegeln. «Na, komm schon», entschied sie. «Du bleibst noch ein wenig bei uns. Weißt du, du gehörst doch zur Familie!»

«Ja... Wie ein Bruder... Nein, Mathilde, ich gehe. Es ist so oder so besser, wenn ich mich nicht zu lange aufhalte. Man erwartet mich am Quai d'Orsay zurück. Die Situation ist sehr ernst. Der König von Preußen hat unseren Botschafter in Berlin verhöhnt.»

«Du bist auch für den Krieg?»

«Was willst du machen? Es ist unvermeidlich. Die Diplomatie hat versagt.» Er sah sie von der Seite an und setzte hinzu: «Jetzt hat das Militär das Wort.»

«Sag so etwas nicht!» Sie hatte Tränen in den Augen. «Wenn du erst einmal der Frau deines Lebens begegnest», murmelte sie, «dann wirst du schon begreifen, was ich fühle.»

«Mathilde, ich bin ihr längst begegnet, der Frau meines Lebens. Das weißt du sehr wohl...»

Die großen Ziegelsteinbauten der Kempfschen Fabrik lagen am Ausgang von Alsheim, zwischen der Straße nach Straßburg und der Bahnlinie, die nebst dem Dorfbahnhof auch das Werk mit Schienenverkehr versorgte. Im Direktionsbüro, einem ehrwürdig im Empire-Stil eingerichteten Raum, den Graphiken und Miniaturmodelle von Eisenbahnwaggons zierten, waren an diesem späten Vormittag vier Männer versammelt: Baron Eugène-Victor Kempf, General Bontemps, in Begleitung eines Artilleriehauptmanns, der in seinem schwarzen Frack mit Goldknöpfen sehr steif wirkte, und Charles de La Tour. Er hatte seinen Schwiegervater schließlich begleitet, weil er sich zu Recht erhoffte, durch den General an Informationen zu gelangen.

Alle vier waren, nachdem sie sich begrüßt hatten, stehen geblieben. Mit ernster Stimme ergriff General Bontemps das Wort.

«Meine Herren, die Stunde des Schicksals hat geschlagen. Hier habe ich die offizielle Meldung, die wir soeben telegraphisch erhalten haben. ‹Heute, am 19. Juli 1870 um elf Uhr morgens, hat Seine Kaiserliche Majestät König Wilhelm I. die Kriegserklärung Frankreichs an Preußen überbringen lassen.›»

Schweigen machte sich im Raum breit, während der Offizier die eben verlesene Meldung zusammenfaltete.

«Endlich!» brach es aus Charles de La Tour heraus.

Ziemlich schroff drehte sein Schwiegervater sich zu ihm um: «Verzeihen Sie, Charles, aber ich sehe hier keinerlei Anlaß, sich zu freuen. Bismarck hat gewonnen. Er wollte diesen Krieg, und er hat ihn bekommen –»

«Wir wollen ihn auch!» fiel ihm General Bontemps ins Wort. «Schließlich haben wir keine Lust, tatenlos zuzusehen, wie Preußen halb Europa annektiert.»

«Und die Risiken haben Sie wohl auch alle einkalkuliert?» fragte Eugène-Victor müde und resigniert.

Er schien keine Antwort zu erwarten. Mit einer Handbewegung forderte er den General auf, in einem Sessel Platz zu nehmen. Dieser aber blieb stehen. Die reservierte Haltung des Industriellen gefiel ihm offensichtlich ganz und gar nicht.

«Ich werde mich kurz fassen», sagte er. «Der Kriegsminister wünscht, daß Sie Ihre Kanonenproduktion verdoppeln. Den Eisenbahnbau stellen Sie vorläufig ein. Wir liefern Ihnen dazu das Kapital, das Personal und die Rohstoffe. Hauptmann Dupuy, den ich hier bei mir habe, ist ein ausgezeichneter Ingenieur und Ballistiker. Er wurde Ihnen als Unterstützung zugewiesen.»

Nachdenklich wiegte Kempf den Kopf. «Ich stelle Hauptmann Dupuys Qualitäten keineswegs in Frage ... Aber ich kann unmöglich innerhalb von zwei Tagen eine gesamte Produktion umstellen.»

General Bontemps hatte plötzlich eine ziemlich frostige Miene aufgesetzt. «*Monsieur le baron*, ich kenne Ihre Einstellung. Aber bedauerlicherweise kommen wir heute nicht mehr unter so angenehmen Bedingungen wie der Hochzeit Ihrer bezaubernden Tochter zusammen, der ich, Herr Rittmeister» – er wandte sich Charles zu – «meine Verehrung ausrichten lassen möchte. Wir befinden uns heute im Kriegszustand, Herr Baron! Und ich möchte mich an nichts anderes erinnern müssen als an den Patriotismus der Kempfs und das Pflichtgefühl, das sie Frankreich gegenüber immer gezeigt haben.»

«Seien Sie ohne Sorge», erwiderte Eugène-Victor ruhig. «Ich werde mich dieser Pflicht nicht entziehen. Meine Mitarbeiter und ich stehen Hauptmann Dupuy ab sofort zur Verfügung.»

«Sehr schön», meinte der General. «Übrigens habe ich nicht daran gezweifelt.» Er machte zwei Schritte zur Tür hin. «Und nun bitte ich Sie, mich zu entschuldigen; die Pflicht ruft. Auf Wiedersehen, *monsieur le baron*.»

«Auf Wiedersehen, Herr General.»

Charles de La Tour und Hauptmann Dupuy schlugen die Hacken zusammen und salutierten. Sobald die Tür sich geschlossen hatte, trat Charles auf den Industriellen zu.

«Vater ... Falls Sie mich hier nicht länger benötigen sollten, würde ich gern aufs Schloß zurückkehren.»

Kempf legte dem jungen Mann die Hand auf die Schulter. «Aber sicher, Charles. Gehen Sie nur. Beruhigen Sie Mathilde, wenn Sie können. Und Gott schütze Sie.»

«Es ist also soweit ... mußt du jetzt schon fort?»

«Franzl wartet unten auf mich. Ich muß gehen.»

Über Schloß Alsheim dämmerte der Morgen des 20. Juli. Charles knöpfte sich das Hemd zu. Mathilde stand dicht vor ihm. Sie bemerkte das leichte Zittern seiner Finger.

«Franzl kann sich doch noch einen Moment gedulden ...»

«Mathilde, ich habe den Befehl, unverzüglich zu meinem Regiment zu stoßen.»

«Man könnte meinen, du kannst es kaum erwarten.»

«Es geht um Frankreich, und ich bin Soldat.»

«Und wir? Unsere Hochzeitsreise? Das zählt wohl nicht... Das zählt nicht mehr... Der Krieg, der Krieg... Es zählt nur noch der Krieg.»

Charles seufzte und nahm ihre Hand. Sie sah atemberaubend aus in ihrem bestickten Negligé, mit ihrem offenen, seidigen Haar und den großen, ängstlichen Augen.

Tags zuvor, als er ins Schloß zurückgekehrt war, um ihr die Nachricht mitzuteilen, war sie in Tränen ausgebrochen. Dann hatte sie all ihren Mut zusammengenommen und versucht, einen gefaßten Eindruck zu machen. Doch es war unschwer zu erkennen, daß bei dem Gedanken an den Krieg etwas in ihr zerbrach.

«Liebling, glaub nicht, daß mir das gleichgültig ist. Auch ich liebe dich. Ich liebe dich über alles.»

«Dann bleib noch ein Weilchen.»

In ihren Augen lag all das, was sie ihm nicht zu sagen wagte. Er lächelte melancholisch.

«Du bleibst noch, ja?» flüsterte sie.

«Mathilde...»

«Du wirst bleiben!» Einen Schritt zurückweichend, begann sie ihr Nachthemd aufzuknöpfen.

«Was tust du da?»

«Auch ich habe meine Waffen.»

Geräuschlos fiel das Nachthemd zu Boden. Betont lässig wich sie bis zum Bett zurück und streckte sich auf den noch ungeordneten Laken aus. Mit herausfordernden Blicken hatte sie ihn die ganze Zeit nicht aus den Augen gelassen. Unter dem Zwang, dem sie ihr eigenes Schamgefühl unterwarf, war sie zart errötet.

Charles war besiegt, übermannt von der noch frischen Erinnerung an Zärtlichkeiten und Küsse. Mit drei Schritten hatte er das Zimmer durchquert und setzte sich auf den Bettrand. Sie schlang die Arme um ihn und zog ihn zu sich herab.

Vor den Pferdeställen das Schlosses schlug Franzl Imhof fröstelnd die Füße gegeneinander. Mit einer Hand hielt er zwei gesattelte Pferde am Zügel. Der Morgen war kühl. Leichter Nebel umhüllte die Baumwipfel.

«Verflixt noch mal, wo bleibt er denn bloß, der Rittmeister?»

«Dreimal darfst du raten...» sagte Liselotte Laugel, dicht an ihn geschmiegt.

Sie hielt ihm die Lippen hin, und er küßte sie.

«Wie läuft's denn so im Dorf?» fragte er dann.

Die letzte Nacht hatte er bei seiner Familie auf dem Hof zugebracht. Liselotte war vor Tagesanbruch aufgestanden, um sicherzugehen, daß sie ihn vor seinem Aufbruch noch einmal sehen konnte.

«Yerri und seine Freunde sind mit Fahnen aufmarschiert», erzählte sie ohne rechte Begeisterung. «‹*Vive la France!*› und ‹Auf nach Berlin!› haben sie dazu gebrüllt. Danach haben sie zu trinken angefangen, ziemlich über den Durst, und wollten sich dann den Ruprecht vornehmen. Ich finde das alles idiotisch.»

«Und? Haben Sie den Ruprecht ordentlich in den Hintern getreten?»

Das junge Mädchen zuckte mit den Schultern: «Du wärst wohl gern dabeigewesen, hm? Und wozu? Was hätte das gebracht?» Sie lehnte den Kopf an die Schulter ihres Verlobten. «Weshalb lieben wir eigentlich Männer, die zu so viel Dummheit fähig sind? Übrigens haben sie ihn nicht in den Hintern getreten, wie du so schön sagst. Pfarrer Müller war da und ist dazwischengegangen. Schließlich ist Ruprecht abgehauen, wobei er noch geflucht hat, er habe allmählich genug aushalten müssen und werde sich rächen.»

Franzl lachte hämisch auf. «Da muß er erst mal Gelegenheit dazu haben! Glaub mir, so schnell kommt der nicht wieder.»

Schmollend verschränkte Liselotte die Arme. «Ruprecht will kämpfen... Du willst kämpfen... Mein Bruder tobt, weil er nicht kämpfen darf...»

«Na endlich! Da ist ja der Rittmeister!» Franzl blickte zur Eingangstür des Schlosses, in der Charles de La Tour sein Käppi auf dem Kopf zurechtrückte.

Liselotte warf sich ihrem Verlobten in die Arme. «Franzl... Sei vorsichtig...»

«Keine Angst. Wir sind bald wieder zurück. Und nun geh schon.»

Sie küßten einander. Charles de La Tour, der sie bemerkt hatte, ließ sich etwas Zeit mit dem Näherkommen.

«Bis bald, mein Schatz.»

«Bis bald, Franzl.»

Mit einem verkrampften Lächeln trat Liselotte drei Schritte zurück. Dann wandte sie sich um und raste Richtung Tor. Franzl Imhof nahm stramme Haltung an und salutierte.

«Bonjour, mon capitaine.»

«*Bonjour*, Franzl. Ist alles bereit?»

«Es ist alles bereit, *mon capitaine*.»

«Gut. Dann mal los.»

Sie schwangen sich auf ihre Pferde. Einen Augenblick lang hielt Charles das seine noch zurück.

«Bist du verliebt, Franzl?»

«Ja, *mon capitaine*.»

«Ich auch. Na, dann wollen wir mal in den Krieg ziehen.»

Sie gaben den Pferden die Sporen und trabten zum Schloßhof hinaus. Liselotte, die am schmiedeeisernen Tor stehengeblieben war, winkte den Vorbeireitenden nach, und Franzl warf ihr eine Kußhand zu.

Sie sah den beiden Gestalten nach, wie sie sich den Reitweg hinunter rasch entfernten, während das Geräusch des Hufschlags immer schwächer wurde. Dann drehte sie sich um und blickte zur Schloßfassade hinauf. Am Fenster im ersten Stock erkannte sie Mathilde, die genau wie sie weinte.

August – September 1870

«Mademoiselle Liselotte! Mademoiselle Liselotte! Da sind eben noch welche angekommen ... Ein Feldwebel und noch drei Männer.»

«Verwundet?»

«Nein ... Aber völlig durcheinander, glaube ich. Alles, was sie sagen können, ist, daß sie Durst haben.»

«Bring sie nur her, Antoine.»

Der Junge rannte quer über den Hof von Schloß Alsheim zu den vier Neuankömmlingen hinüber. Seitdem es keinen Schulunterricht mehr gab, war er immer hier und versuchte da und dort behilflich zu sein, damit man ihn mitbekommen ließ, was ablief, und er sich zwischen den Soldaten herumtreiben konnte.

Es war Ende August. Entgegen Franzl Imhofs, Yerri Laugels und allen anderen Vorhersagen war die französische Armee nicht nach Berlin gelangt. Nach einem Monat lag der Schauplatz des Krieges in Frankreich. Überall in der Umgebung, in Weißenburg, in Fröschweiler, hatte unter dem unaufhaltsamen Vorstoß der dritten deutschen Armee der Kanonendonner gedröhnt. In Reichshofen hatten die Kürassiere quer über die Hopfengärten hinweg das Höllenfeuer der Kruppschen Kanonen angegriffen. Ein einziges Gemetzel. Seit dem 9. August wurde Straßburg von General von Werders Truppen belagert und bombardiert.

Alsheim war bisher von den Zerstörungen verschont geblieben, aber die Stimmung hier war die gleiche wie in den unmittelbaren Kriegsgebieten. Zunächst waren es Zivilpersonen gewesen, die, verzweifelt und von Entsetzen erfüllt, herbeigeströmt kamen. Karren hinter sich herziehend, die vollgestopft waren mit Möbeln, Töpfen und allem, was sie auf der Flucht vor dem Feind zusammenraffen konnten, hatten sie ihre Dörfer verlassen.

Und dann waren, die Wege entlanghumpelnd, verwundet, elend und oft völlig ausgehungert, die Soldaten gekommen.

Victor-Eugène Kempf hatte sich bereit erklärt, ein Feldlazarett des Roten Kreuzes aufzunehmen, jener neuen Einrichtung, die nichts mehr von Berechtigung oder Schuld der feindlichen Lager wissen wollte, sondern einzig und allein zum Ziel hatte, das Leiden zu lindern. Geräumige Zelte waren vor dem Schloß errichtet worden, in denen, ebenso wie in den Pferdeställen und Scheunen, Tische und Feldbetten aufgestellt waren. Überlebende aller Waffengattungen, ob Zuaven, Infanteristen oder Artilleristen, schleppten sich da und dort im ständigen Kommen und Gehen von Ambulanzen und Fuhrwerken mit ihren Krücken oder einem Arm in der Schlinge umher.

Emma, Liselotte und noch andere Frauen aus dem Dorf hatten sich gruppenweise organisiert, um all diese Leute, so gut es ging, mit Essen zu versorgen. Auch Mathilde de La Tour hatte sich an die Arbeit gemacht und widmete sich der Krankenpflege.

Mit den vier Neuankömmlingen im Schlepptau kehrte Antoine wieder zu Liselotte Laugel zurück.

Liselotte sah ihnen zu, wie sie näher kamen. Bleich waren sie, zerlumpt, bärtig und verdreckt, daß einem angst und bange werden konnte. Mit weit aufgerissenen Augen blickten sie abwechselnd auf die Schloßfassade, den Park und die behelfsmäßigen Einrichtungen, als wüßten sie nicht mehr, wo sie waren.

«Kommt hierher», sagte sie zu ihnen. «Ihr habt Glück, eben erst hat man mir zwei Fässer Weißwein gebracht. Und hier ist Brot. Das ist alles, was ich euch im Augenblick geben kann.»

Erschöpft ließen sich die vier Männer auf die Bänke um das auf Böcke gelegte Brett fallen, das dem Ausschank diente.

«Nun? Was gibt es denn so an Neuigkeiten?» fragte das junge Mädchen, während es den Zinnkrug unter den Hahn des Fasses hielt.

Dem Feldwebel, einem dunkelhaarigen, großen Mann mit groben Gesichtszügen und glänzenden Augen, entfuhr ein kurzes höhnisches Lachen.

«Ha, feine Neuigkeiten sind es. Ja, Mädelchen, alle hauen sie ab... Es sind einfach zu viele! Bayern, Hessen, Preußen. Wie 'n kleiner Junge hat der Marschall MacMahon deswegen geflennt!»

Den Zinnkrug in der Hand, richtete sie sich auf. «Und das Erste Regiment der Chasseurs d'Afrique? Habt ihr die gesehen?»

Mit einem durchdringenden Blick sah der Soldat sie an. «Du fragst wohl, weil du deinen Liebsten da hast?»

«Ja.»

«Tut mir leid, Kleine. Aber die haben wir nicht gesehen. Wir wissen ja nicht mal mehr, was überhaupt alles los ist. Ah, doch, den Kaiser haben wir gesehen, in seinem Wagen... hundeelend! Der kann nicht mal mehr pinkeln, es heißt, er hätte Nierensteine. Sein Ehegespons ist es jetzt, die das Kommando führt! Eugénie, die Madame Badinguet!»*

Mathilde de La Tour, die die vier Soldaten hatte kommen sehen, war näher getreten. Sie trug ein schlichtes graues Kleid mit weißer Schürze und das Haar straff nach hinten gebunden. Die Sommersonne und die Aufgaben, die sie den ganzen Tag über im Freien festhielten, hatten ihren Teint leicht gebräunt. Durch ihre strenge Aufmachung wirkte sie nicht mehr ganz so jugendlich, so auch durch die Sorge, die ihrem Gesicht einen härteren Zug verlieh.

Sie warf Liselotte einen fragenden Blick zu, den diese sofort verstand.

«Nein, Madame», sagte sie. «Sie wissen nichts über die Chasseurs d'Afrique.»

Mathilde wandte sich den Soldaten zu. Irgend etwas schien sie zu verwundern. «Sie sind ganz allein hierhergekommen? Wo sind Ihre Offiziere?»

Wieder gab der Feldwebel ein freudloses Lachen von sich. «Unsere

* Scherzname für Napoleon III., der daran erinnert, daß Napoleon in den Kleidern eines Maurergesellen namens Badinguet die Flucht aus seiner Haft auf der Festung Ham gelang (Anm. d. Ü.).

Offiziere! Ah, das sind feine Kerle, unsere Offiziere ... Dreiviertel davon sind abgehauen wie die Hasen! Hopp! Und die, welche was taugen, sind tot!»

Mathilde biß sich auf die Lippen. Dem Soldaten ging ein Licht auf, daß er womöglich eine Taktlosigkeit begangen hatte.

«Verzeihen Sie, vielleicht habe ich –»

Er wurde von einem Dienstmädchen unterbrochen, das aus dem Zelt des Roten Kreuzes eilig herübergelaufen kam.

«Frau Gräfin! Sie müssen unbedingt kommen! Da ist einer, der nur noch röchelt, schier zum Gotterbarmen ist es ... Der kleine Kürassier, Sie wissen schon ...»

«Ich komme. Sagen Sie rasch Pfarrer Müller Bescheid.» Sie machte auf dem Absatz kehrt und eilte davon.

«Ihr Mann ist Rittmeister bei den Chasseurs d'Afrique», klärte Liselotte die Soldaten auf. «Und mein Verlobter begleitet ihn als sein Offiziersbursche.»

Mathilde lenkte ihre Schritte zu dem Zelt, das den Schwerverwundeten vorbehalten war. Auf den ekelhaften Äther- und Formalingeruch, der darin ständig herrschte, achtete sie überhaupt nicht. Sie trat an den sterbenden Soldaten heran und war zu Tode erschrocken.

Er war einer von denen, die man nach dem furchtbaren Tag bei Reichshofen zurückgebracht hatte. Diesem hier waren beide Beine von einer Kanonenkugel zerschmettert worden. Anfangs hatte man sie zu retten gehofft und auf eine Amputation verzichtet. Dann aber hatte sich der Brand darin festgesetzt.

Aschfahl und zähneklappernd stieß der junge Mann nun ein regelmäßiges, von schmerzgequältem Stöhnen immer wieder unterbrochenes Röcheln aus. Sie hatte bereits etliche sterben gesehen. Die graue Gesichtsfarbe von diesem hier, die bläulichroten Ringe unter den Augen und schließlich eine Art geistesabwesender Starre in seinem Blick wiesen deutlich darauf hin, daß er ans Ende seiner Leiden gelangte.

Mathilde kniete neben ihm nieder und tupfte ihm mit einem frischen Tuch die schweißbenetzte Stirn ab. Er lächelte schwach, dann nahm er, ganz sacht, die Hand der jungen Frau und drückte sie. Sie ließ ihn gewähren. Er war wie ein Kind. Alle waren sie wie Kinder.

Oder eben wie Männer ... Wie gelähmt verharrte sie unter diesem mitleiderregenden Blick, der sie anzuflehen schien.

Auch Pfarrer Müller war nun zur Stelle. Er kniete auf der anderen Seite des Verwundeten nieder und begann, das Gebet für die Sterbenden zu sprechen.

Das Röcheln war nur noch ein Murmeln. Es hielt noch eine Weile an, hörte dann auf, und plötzlich zog sich die blasse, abgemagerte Hand krampfhaft um Mathildes Hand zusammen. Der Priester beendete sein Gebet und bekreuzigte sich. Dann schloß er dem jungen Soldaten wortlos die Lider.

Mit geweiteten Augen sah Mathilde zu ihm auf.

«Es ist vorbei», murmelte der Priester.

Es gelang ihr kaum zu sprechen. «Herr Pfarrer ... er ... er läßt mich nicht mehr los ...»

Der Priester blickte auf die Hand des Kürassiers hinunter, die immer noch Mathildes Hand umklammert hielt. Nicht ohne Mühe löste er die verkrampften Finger. Er konnte gerade noch die Arme ausbreiten, um die junge Frau aufzufangen, die sich unter wildem Schluchzen, das sie vergeblich zurückzuhalten versuchte, an seine Brust fallen ließ.

Eugène-Victor Kempf brachte den Einspänner, den er gewöhnlich selbst lenkte, im Schatten vor dem Brunnen zum Stehen. Die Place de la Mairie und die Straßen von Alsheim boten auch kein erfreulicheres Bild als das Schloß. Während der letzten Tage war das Dorf von der Hälfte seiner Bevölkerung verlassen worden, da die Gerüchte, die über die Grausamkeit der Ulanen umgingen, alle in Angst und Schrecken versetzt hatten. Doch wenn auch einerseits viele Dorfbewohner fortgezogen waren, so waren wiederum andere, durch die Schlachten vertriebene, herbeigeströmt.

Er ging zum Rathaus hinüber. Es war ein schöner Bau aus dem 16. Jahrhundert mit einer reichverzierten Freitreppe und einem massiven Tor unter einem Flachbogen. Die steinernen Fensterpfosten, der kleine Uhrturm, alles an diesem stattlichen Gebäude drückte das stolze Festhalten der Dorfbevölkerung an ihrer Unabhängigkeit und ihren lokalen Institutionen aus.

Seit zehn Jahren war Eugène-Victor Kempf nun schon Bürgermeister von Alsheim.

Um in das Gebäude zu gelangen, mußte er sich durch einige Gruppen mitleiderregender Gestalten hindurchschieben, die sich hier in der Hoffnung auf irgendwelche Neuigkeiten versammelt hatten. Eine alte Frau, die unter einem Baum saß, atmete schwer. Ein Baby schrie in den Armen seiner Mutter. Kempf stieg in den ersten Stock hinauf. In seinem Büro fand er Yerri Laugel mit drei anderen Männern vor. Als er eintrat, erhoben sie sich von ihren Sitzen.

«Herr Bürgermeister, es ist eine Katastrophe... Es gibt keine Lebensmittel mehr, nichts, aber auch gar nichts. Die Soldaten haben die Geschäfte geplündert, im Augenblick schlagen sie gerade alles kaputt...»

Kempf blieb unerschütterlich und sagte: «Schicken Sie ein paar Leute aufs Schloß. Dort wird man ihnen Brot, Eier und einige Hühner geben. Verlangen Sie auch nach Wäsche und Decken. Es sind noch welche übrig.»

Auf ein Zeichen des Schullehrers hin erhoben sich zwei der Männer und gingen zur Tür. Gerade als sie sie öffneten, tauchte, völlig außer Atem, der Gastwirt Hans Laugel auf.

«Oh, Herr Bürgermeister, Yerri... Eine Frau... Sie haben sie vergewaltigt! Gleich zu mehreren.»

Sofort eilten sie alle die Treppe hinunter. Die Frau saß, umgeben von zwei anderen, in der Eingangshalle. Mit wirrem Haar und am ganzen Leibe zitternd, schluchzte sie vor sich hin.

Yerri wurde aschfahl. «Diese Dreckspreußen!»

Doch sein Vater warf ihm einen vernichtenden Blick zu und sagte: «Halt den Mund, du Dummkopf. Das waren keine Preußen. Das waren die unseren.»

«Jemand soll sie in meinem Wagen zum Schloß hinaufbringen», ordnete der Baron an. «Yerri, begleiten und übergeben Sie sie in meinem Namen der Obhut des leitenden Arztes.»

Der junge Lehrer wollte sich eben entfernen, als der Industrielle ihm rasch die Hand auf den Arm legte: «Machen Sie sich keine Illusionen, Yerri. Schändlichkeit und Niedertracht haben keine feste Heimat.»

Yerri knurrte irgend etwas Unverständliches und ging davon.

«Ach, Herr Baron, wie gut, daß wir Sie haben», seufzte der Wirt. «Wie geht es denn so im Schloß? Mademoiselle Mathilde – ich meine natürlich, die Frau Gräfin ...»

«Sie tut, was sie kann. Wie wir alle, wie deine Liselotte, Hans ... Weißt du, sie sind tapfer, unsere Mädels. Und der Herrgott hätte allen Grund dazu, ihnen ihre Männer zurückzubringen, denn sie haben es wirklich verdient.»

Plötzlich ertönte draußen lautes Geschrei: «Sie kommen, sie kommen!»

Die beiden Männer stürzten auf den Platz hinaus. Ein völlig verschreckter Bauer sprang von seinem Maultierkarren.

«Die Preußen! Sie sind auf der Landstraße, nur noch eine halbe Wegstunde entfernt!»

Panisches Geschrei erhob sich. Die Frauen bekreuzigten sich.

Der Bauer trat auf den Baron und den alten Laugel zu. «Sie sind ungefähr zu zehnt ... mit einem Unteroffizier, glaube ich.»

Kempf nickte und stieg die Rathaustreppe wieder um zwei Stufen hinauf. «Ruhe! Nur keine Aufregung!»

Hans Laugel kam ihm zu Hilfe: «Seid still! Der Herr Bürgermeister wird euch sagen, was zu tun ist! Seid doch mal still, zum Donnerwetter noch einmal!»

Die kraftvolle Stimme des Gastwirts stellte wieder halbwegs Ruhe her.

«Jeder geht jetzt zu sich nach Hause!» ordnete Eugène-Victor an. «Die in Alsheim aufgenommenen Personen kehren zu den Unterkünften zurück, die ihnen zugeteilt worden sind. Ich werde persönlich mit dieser Truppe Kontakt aufnehmen. Und ich will keinen einzigen bewaffneten Mann zu Gesicht bekommen!»

Hans Laugel und ein paar Bereitschaftspolizisten traten zu den zusammengeströmten Leuten und wiederholten die erteilten Instruktionen.

Innerhalb weniger Augenblicke war der Platz wie leergefegt.

Diesmal stand der kleine Antoine, der am schmiedeeisernen Tor zum Schloß immer Wache hielt, starr vor Staunen.

Seitdem die Kämpfe ihren Anfang genommen hatten, hatte er Gelegenheit genug gehabt, alle möglichen Uniformen zu studieren und kennenzulernen. Aber diese hier, wie sie die beiden Reiter trugen, die im Schritt daherkamen und sich überall aufmerksam umblickten, die hatte er noch nie gesehen...

Es waren Preußen. Ein Ulanenoffizier in Begleitung seines Burschen. Irgendwie hatten sie etwas Furchteinflößendes an sich, mit ihren schwarz-goldenen Helmen, die der preußische Adler zierte, und ihren schwarzen Uniformen mit den fangschnurbehangenen Epauletten.

Es war später Nachmittag. Kurz zuvor noch hatte Antoine Baron Kempf zu Fuß von Alsheim her kommen sehen. Er wußte, daß die deutsche Armee jetzt das Dorf besetzte.

Zu Tode erschrocken versuchte er sich aus dem Staub zu machen, doch schon rief ihn der Offiziersbursche mit einem schwerfälligen deutschen Akzent an.

«Mon carçon, z'est bien là lé château d'Alsheim?» (Mein Junge, ist das hier Schloß Alsheim?)

Wie gelähmt wagte Antoine nicht, sich zu rühren. «Ja», hauchte er lediglich.

«Nous foulons voir lé maître des lieux...» (Wir wollen den Herrn des Hauses sprechen...)

Doch die beiden Ankömmlinge waren bereits bemerkt worden. Grabesstille hatte sich über den ganzen Schloßhof gelegt. Eugène-Victor, der sich mit ein paar Soldaten unterhielt, hatte innegehalten und kam bereits mit würdevoller, verschlossener Miene näher. Der Offizier stieg vom Pferd und schlug salutierend die Hacken zusammen.

«Rittmeister Graf von Wismar-Marbach. Sind Sie der Besitzer?» erkundigte er sich auf deutsch.

Mit nach wie vor abweisender Miene neigte der Baron unmerklich den Kopf. «Baron Kempf. In der Tat, Sie befinden sich hier auf meinem Besitz», erwiderte er, jede Silbe betonend, auf französisch.

Der Offizier schien zu begreifen, denn er fuhr nun auf französisch – und zwar in einem nahezu akzentfreien Französisch – fort: «Ich soll hier Logis nehmen, Herr Baron. Hier ist mein Requisitionsbefehl.»

Kempf warf einen kurzen Blick auf das Blatt, das ihm der Soldat hinhielt. Dann musterte er in aller Ruhe seinen aufgezwungenen Gast. Rittmeister von Wismar-Marbach mochte kaum älter als fünfundzwanzig sein. Er war ein stattlich aussehender Soldat, groß und mit breiten Schultern, hellen Augen und Haaren und stolzer, vielleicht ein wenig steifer Haltung. Der preußische Stahlhelm, der die Ohren aussparte, brachte sein männliches, tadellos rasiertes Kinn gut zur Geltung.

«Schön», sagte der Baron schließlich. «Wenn Sie mir bitte folgen wollen.»

Ohne ein weiteres Wort zu verlieren, drehte er dem Deutschen den Rücken zu und ging zum Schloß hinüber. Die beiden folgten ihm, wobei der Offiziersbursche die zwei Pferde am Zügel hinter sich herzog.

Gerade als sie bei der Tür anlangten, kam Mathilde aus dem Haus. Beim Anblick der Soldaten blieb sie abrupt stehen und starrte die Preußen bewegungslos an.

«Ihre Frau Tochter, nehme ich an?» fragte von Wismar den Baron. Auf dessen bejahendes Nicken hin grüßte er mit einer knappen Kopfbewegung in preußischer Manier und schlug die Hacken zusammen. «Meine Verehrung, gnädige Frau.»

Mit abweisender Miene sah Mathilde ihm voll ins Gesicht. Dann schritt sie, ohne auch nur ein einziges Wort zu verlieren, auf ihn zu, wodurch sie ihn zwang, ihr den Weg freizugeben, und ging, ohne die Augen niedergeschlagen zu haben, über den Hof davon.

Der Rittmeister blickte ihr nach, ohne sich irgendeine Gefühlsregung, weder Haß noch Überraschung, anmerken zu lassen. Dann drehte er sich zum Baron um. «Wenn Sie mir nun bitte das Zimmer zeigen möchten», sagte er.

«Oh, Herr Baron, Herr Baron ... Es ist entsetzlich! Der arme Hans Laugel ist tot ... Sie haben ihn umgebracht.»

«Hans Laugel?»

«Ja, Herr Baron ... Und seine Tochter Liselotte ist verschwunden ...»

Es war nun schon drei Tage her, daß die Preußen nach Alsheim gekommen waren. In aller Frühe, kurz vor acht, war Pfarrer Müller an diesem Morgen im Schloß aufgetaucht und hatte dringend darum gebeten, von Eugène-Victor Kempf sofort empfangen zu werden. An seiner Seite stand Analise Laugel, die sich zitternd und unaufhörlich schluchzend ein Taschentuch vor den Mund hielt. Man hatte sie in die Bibliothek geführt, wo der Baron eben zu ihnen gestoßen war.

«Aber wie konnte das nur geschehen?» murmelte er niedergeschmettert.

Analise Laugels Tränen flossen erneut in Strömen. Der Baron faßte sie am Arm und führte sie zu einem Sessel.

«Na, nun setzen Sie sich doch erst einmal, meine Gute... Schikken Sie uns sofort Emma her», wies er den Diener an, der sie hereingeführt hatte. «Und Sie, Herr Pfarrer, erzählen Sie... Gestern nachmittag war ich noch im Dorf, und da schien mir die Lage so ruhig wie irgend möglich...»

«In der Tat», pflichtete Pfarrer Müller ihm bei. «Bis gestern abend hatte es keinen einzigen Zwischenfall gegeben. Aber dann sahen wir Ruprecht kommen... Sie wissen doch, Ruprecht, der bei Hans Laugel im Dienst war... Als er im Juli das Land verließ, meldete er sich sofort freiwillig bei der Armee. Er ist Gefreiter. Mit fünf Männern kam er triumphierend daher. Sie sangen und hatten getrunken. Und natürlich sind sie gleich in den Gasthof gegangen. Das Unglück aber wollte es, daß da französische Soldaten waren.»

«Yerri hatte sie mitgebracht», warf Analise zwischen zwei Schluchzern ein. «Ich hatte es ihm ja gesagt, aber... Sie versteckten sich, und er wollte ihnen helfen...»

«Um nicht gefangengenommen zu werden», fuhr der Priester fort, «versuchten sie durch die Küche zu fliehen. Auf beiden Seiten wurden Pistolen gezogen, und ich weiß nicht, wer zuerst schoß, aber jedenfalls wurde einer der Preußen getötet.»

Er machte ein Kreuzzeichen. In diesem Augenblick betrat Emma, gefolgt von Mathilde, den Raum. Letztere trat neben ihren Vater, während Emma sogleich auf Analise Laugel zueilte.

«Da haben die Preußen natürlich zurückgeschlagen», erzählte der Pfarrer weiter. «Und dabei erwischte der arme Hans Laugel eine

Kugel mitten in die Brust, Herr Baron. Yerri haben sie sofort festgenommen.»

Es wurde sehr still im Raum, nur hie und da hörte man Analise schluchzen.

«Er hat eine irrsinnige Unvorsichtigkeit begangen», sagte der Baron. «Er riskiert eine schwere Gefängnisstrafe.»

«Viel schlimmer, Herr Baron. Sie wissen doch, daß es zwischen Ruprecht und ihm oft Zusammenstöße gab ... Ruprecht hatte versprochen, sich zu rächen, als er das Land verlassen mußte. Und eben das ist jetzt passiert. Er hat Yerri beschuldigt, auf den Soldaten geschossen zu haben.»

«Aber es war nicht Yerri, der geschossen hat!» mischte sich Analise ein. «Ich habe alles gesehen. Er hatte gar keine Waffe.»

«Yerri wurde sofort abgeführt», fuhr der Geistliche wieder fort. «Danach haben sich Ruprecht und seine Leute einiges zu trinken geholt, und dann schließlich haben sie Liselotte gefunden. Tja ... und da –» Er brach ab und sah abwechselnd Mathilde und den Baron an.

«Nun reden Sie schon, Herr Pfarrer», sagte Mathilde.

«Meine liebe Mathilde, ich wage kaum zu sagen, was geschehen ist ...»

Mathilde schlug die Augen nieder.

«Wir haben verstanden», schaltete sich der Baron ein und fügte nach kurzem Schweigen hinzu: «Und Sie sagen, sie ist verschwunden?»

«Sie hatten kaum von ihr abgelassen, da ist sie auf und davon. Wir haben sie überall gesucht, im Dorf und in der ganzen Umgebung, aber vergebens.»

«Mein Gott», flüsterte Mathilde. «Meinen Sie, daß ...»

«Daran kann ich nicht glauben, Frau Gräfin, Liselotte war ... ist eine gute Christin.»

«Wir werden die Suche fortsetzen lassen», murmelte Eugène-Victor. «Und Yerri?»

«Er ist nach wie vor in Haft», sagte der Pfarrer. «Ich habe die Erlaubnis erhalten, ihn besuchen zu gehen. Ihm droht das Exekutionskommando.»

In diesem Augenblick erhob sich Analise. Sie hatte ihre Tränen getrocknet und kam zaghaft näher. «Herr Baron … Sie müssen meinen Sohn retten», flüsterte sie.

«Nur Sie wären in der Lage, etwas zu unternehmen», setzte Pfarrer Müller noch hinzu.

Mit herabgezogenen Mundwinkeln wiegte Kempf den Kopf. «Das sagen Sie, Herr Pfarrer … Selbstverständlich bin ich dazu herzlich gern bereit, aber was soll ich denn tun?»

«Nun ja …» begann der Priester.

«Und? Nun sagen Sie schon.»

«Wir haben sofort an diesen Offizier gedacht, der bei Ihnen einquartiert ist …»

«Rittmeister von Wismar?»

«Es heißt im Dorf, er kommandiere diesen Abschnitt …»

«Das stimmt.»

«Dann kann er diese Ungerechtigkeit verhindern. Wenn Sie vielleicht mit ihm reden würden …»

Kempf stieß einen langen Seufzer aus. «Der!» Er sah Analise an, die an seinen Lippen hing. «Na ja, immerhin wäre es eine Idee», sagte er. «Seit drei Tagen beharrt er darauf, mich einmal zum Essen einzuladen. Mich, in meinem eigenen Haus! Ein schlechter Witz … Nun gut, ich werde annehmen … Aber versprechen kann ich natürlich nichts! Ich will versuchen, ihn milde zu stimmen.» Er wandte sich nach seiner Tochter um. «Mathilde, es wäre gut, wenn du auch dabei wärst. Vielleicht zeigt er sich dafür empfänglich.»

Wirklich grüßte Rittmeister von Wismar Mathilde jedesmal äußerst respektvoll und sogar mit Bewunderung, wenn er ihr begegnete, ohne allerdings anderes als einen eisigen Blick – oder auch gar keinen Blick – zu ernten.

Der Vorschlag ihres Vaters ließ sie zusammenzucken. «O nein, nicht das. Niemals! Das geht über meine Kräfte.»

«Mathilde …»

«Vater, ich weiß nicht einmal, ob Charles noch am Leben ist, und Sie wollen, daß ich mit einem … Preußen zusammen diniere?»

«Frau Gräfin!» Mit gefalteten Händen war Analise auf sie zugetreten. Zögernd blieb sie nun stehen. «Frau Gräfin …» sagte sie noch einmal mit leiser Stimme. Die Tränen liefen ihr über die Wangen.

Nun schaltete sich auch Pfarrer Müller ein. «Mathilde...» sagte er sanft bittend.

Sie sah sie alle drei der Reihe nach an. «Gut», murmelte sie. «Ich werde dabeisein.»

Das Diner ging seinem Ende zu. Zu beiden Seiten der von Emma prächtig gedeckten Tafel saßen von Wismar und Mathilde einander gegenüber. Der Baron saß am oberen Tafelende.

Die junge Frau hatte kein einziges Gericht angerührt und auch kein Wort gesprochen. Sie strafte den preußischen Offizier mit Verachtung, der so tat, als bemerke er nichts, und sich ihr gegenüber vollendet höflich erwies.

«Ohne lothringische Kohle –» begann der Baron eben auf deutsch.

«Ich bitte Sie, Herr Baron, sprechen wir doch ruhig französisch!» fiel ihm von Wismar mit betonter Liebenswürdigkeit ins Wort.

Kempf warf einen besorgten Blick zu seiner Tochter hinüber, bevor er erneut begann: «Nun ja, Herr Rittmeister, ich wollte sagen, daß es mir ohne die lothringische Kohle unmöglich ist, meine Fabrik wieder in Gang zu bringen.»

«Dafür werden Sie bald die Ruhrkohle haben!» versicherte ihm der Preuße. Er sah Mathilde an, die ihren Blick abwandte. «Ach so... Ich verstehe, daß die Situation äußerst delikat ist. Für mich ebenso wie für Sie! Es ist nicht gerade angenehm, wenn das eigene Haus requiriert wird. Ich kenne das! Unser Schloß in Preußen wurde 1806 von den Soldaten Napoleons I. besetzt und geplündert. Ich glaube sogar, daß sich ein Gemälde unserer Familie heute in Ihrem wunderschönen Louvre in Paris befindet... Noch ein wenig Bordeaux?»

Er gab seinem Burschen ein Zeichen, der sich neben Emma, oder vielmehr in Konkurrenz mit ihr, um das Auftragen der Speisen und Getränke kümmerte. Sie hatte ihm unentwegt die einzelnen Gerichte vor der Nase weggeschnappt, um sie selbst auftragen zu können.

Der Offiziersbursche kam die Gläser füllen.

«Château Lafite 1863», sagte von Wismar. «Ich habe ihn in meiner Offizierskiste mitgebracht. Was halten Sie von ihm?»

«Ein ausgezeichneter Jahrgang», pflichtete ihm Kempf bei, nachdem er einen Schluck getrunken hatte.

«Ich freue mich, daß wir zumindest in diesem Punkt einer Meinung sind», fuhr der Offizier mit einem kleinen Lächeln fort. «Eigentlich könnten wir doch für eine Weile die äußeren Umstände vergessen, nicht wahr?»

Wieder blickte Kempf erst zu seiner Tochter hinüber, bevor er sprach. «Es ist nicht leicht zu vergessen, daß Ihre Truppen Straßburg belagern», meinte er, «und daß Ihre Kanonen unser Münster bombardieren. Es gibt bereits mehrere hundert Opfer unter den Zivilisten.»

Der Ton, in dem er das sagte, war nicht gerade liebenswürdig. Das Lächeln auf von Wismars Lippen verschwand. Trotzdem blieb er gefaßt.

«Was wollen Sie», erwiderte er. «So ist der Krieg! Und zwingen Sie mich bitte nicht, Sie daran zu erinnern, daß Ihr großer Turenne die Pfalz geplündert hat, wobei er sämtliche Dörfer niederbrennen und die Bevölkerung massakrieren ließ! Auch ich mag die Kanonen nicht, Baron Kempf! Ich bin Kavallerist.» Er hob sein Glas: «Auf die Kavallerie!»

Wie von einer Feder angetrieben stand Mathilde abrupt auf. Sie war sehr bleich geworden. «Wenn Sie mich bitte entschuldigen wollen. Ich fühle mich nicht gut.»

Mit eiligen Schritten verließ sie den Raum, während die beiden Männer sich höflich erhoben. Emma lief besorgt hinter ihr her.

«Sollte ich wohl etwas Falsches gesagt haben?» fragte von Wismar.

«Ihr Mann ist Kavallerieoffizier. Er dürfte ungefähr in Ihrem Alter sein. Und wir haben keinerlei Nachricht von ihm.»

«Oh... Das tut mir aufrichtig leid.»

Kempf hatte den Eindruck, daß er es ernst meinte. In gewisser Weise hatten sie noch Glück gehabt, daß sie es gerade mit ihm zu tun bekamen. Er war ein wohlerzogener Mensch, und hätte es nicht den Krieg und die Invasion gegeben, wäre Eugène-Victor durchaus geneigt gewesen, ihn sympathisch zu finden. Er schöpfte Hoffnung, Yerri Laugel vielleicht doch noch retten zu können. «Wollen wir nicht in meine Bibliothek hinübergehen?» schlug er vor.

Wenig später schritt von Wismar, genüßlich einen Zug von der vom Baron angebotenen Zigarre nehmend, vor den Bücherreihen der

Bibliothek auf und ab. «La Fontaine... Corneille...» zählte er auf, während er seinen Blick über die Bände wandern ließ. «Ich liebe Corneille. Er ist so... wie sagt man doch gleich... heroisch, nicht wahr? ‹Rom, einz'ger Sporn und Stachel meines Grolls...› Rousseau... Ach! Sehr sentimental. Er hätte gut Deutscher sein können. Süddeutscher freilich. Voltaire... Den dürfen Sie gern behalten! Ah, da sind ja auch Goethe, Heine und Schiller... Im Grunde hat ja unsere deutsche Literatur hier ganz in der Nähe ihren Anfang genommen, mit Otfried von Weißenburg... *Wissembourg*, wie Sie zu sagen pflegen. Haben Sie die Werke von Weißenburgs?»

«Hier sind sie», antwortete der Baron und wies auf eines der Regalfächer.

«Oh! Sie erlauben?»

«Aber sicher.»

Hauptmann von Wismar griff begierig nach der Inkunabel, die er mit lebhaftem Interesse aufschlug.

«Aber... Das ist ja sogar die erste gedruckte Ausgabe, die in Kronenburg entstand!»

«Richtig.» Der Baron nickte.

«Mein Kompliment. Das ist ein wundervolles Exemplar. Ich sehe schon, ich habe es hier mit einem Kenner zu tun. Auch ich bin ein großer Bücherfreund. Genaugenommen, Herr Baron, ist das Elsaß doch ein natürliches Bindeglied zwischen unseren beiden Ländern, nicht wahr?»

«Das könnte es sein», meinte der Baron, «immer vorausgesetzt, jedes dieser Länder wollte schön brav daheim bleiben.»

Schweigen folgte auf diese Worte.

«Herr Rittmeister», begann schließlich der Baron, «ich würde Sie gern um einen Gefallen bitten.»

Augenblicklich verwandelte sich von Wismars Gesichtsausdruck. «Einen Gefallen... Aha! Sollte das wohl der Grund gewesen sein, weshalb Sie überhaupt zu einem Abendessen mit mir bereit waren?»

«Ja», gab Kempf zu.

Der Offizier wirkte ein wenig enttäuscht. «Ach, so ist das», murmelte er. «Ich kann Sie verstehen... Nun denn, worum handelt es sich?»

«Ein Militärgericht soll morgen über einen hiesigen jungen Mann entscheiden. Ein braver, anständiger junger Mann. Yerri Laugel.»

«Laugel? Aber das ist doch ein Freischärler! Er hat einen unserer Leute getötet.»

«Diese Beschuldigung ist eine Lüge. Er ist unschuldig.»

«Sind Sie sich da so sicher, Herr Baron?»

«Absolut sicher.»

«Na schön. Aber ich, wie sollte ich mir dessen so sicher sein können wie Sie?»

Kempf sah ihn geradeheraus an. «Weil ich Ihnen mein Ehrenwort gebe», sagte er.

«Ihr Ehrenwort...» Mit gereizter Miene, eine Hand auf dem Rücken, machte von Wismar drei Schritte. Dann drehte er sich um. «Gut. Er soll morgen früh freigelassen werden. Aber daß er mir ja nicht in meinem Abschnitt bleibt.»

«Darum werde ich mich persönlich kümmern. Er wird nach Frankreich gehen.»

«Recht so. Zum Teufel soll er gehen.»

«Ich danke Ihnen, Herr Rittmeister.»

«Lassen wir das...» Von Wismar wies mit dem Kopf zur Bibliothek hin. «Zum Andenken an Otfried von Weißenburg.»

Mit finsterem Blick musterte Mathilde den neuen Stabsarzt Oberleutnant Reinhardt, wie er im Schloßhof eben auf sie zukam. Er tat so, als bemerkte er nichts von dieser Feindseligkeit, und verbeugte sich: «Gnädige Frau...»

Seit einer Woche wehte über Schloß Alsheim nun schon die preußische Flagge. Deutsche Verwundete und Franzosen kamen ständig im Hof und in den Nebengebäuden in Berührung miteinander. Die Sanitäter und Krankenpfleger stammten jetzt aus der deutschen Armee.

Mathilde atmete tief durch, bevor sie sich dazu durchrang, den Mann anzusprechen.

«Herr Oberleutnant, ich mache Sie darauf aufmerksam, daß wir keine Medikamente und kein Verbandsmaterial für unsere Verwundeten mehr haben», sagte sie aggressiv.

«Ich weiß, Madame.»

«Und Sie finden nicht, daß das eine Schande ist?»

«Mir geht es wie Ihnen, Frau Gräfin. Ich habe nichts mehr. Ich erwarte dringend einen Proviantwagen. Und selbstverständlich werden wir uns dann in alles teilen.»

Von dieser Antwort aus der Fassung gebracht, nickte sie unwirsch mit dem Kopf und schickte sich an, ihre Inspektion fortzusetzen. Mit zwei Schritten aber hatte er sie eingeholt und baute sich vor ihr auf, wobei er ihr direkt ins Gesicht sah.

«Es geht mir wie Ihnen, gnädige Frau. Den Krieg mag ich nicht. Ich bin Arzt, um Leben zu retten, nicht um zu töten.»

Von unten her sah sie ihn an. Er war ein ziemlich junger und recht sympathisch wirkender Mann. Trotzdem ging sie ihrer Wege.

Alle, angefangen bei Baron Eugène-Victor Kempf, waren sie überrascht gewesen von Mathildes Verhalten. Man hätte es verstanden, wenn diese im Wohlstand aufgewachsene und bislang eher leichtfertige junge Frau, die nun von der Sorge um ihren Mann gequält wurde, sich für nichts anderes interessiert hätte als für ihre eigenen Belange. Doch alles hatte sich völlig anders entwickelt. Mit unerschöpflicher Energie hatte sie sich voll und ganz den Verwundeten gewidmet. Dann hatte sie mit Empörung zugesehen, wie die preußischen Soldaten sich in ihrem Land und in ihrem eigenen Haus einnisteten. Während rings um sie her Trübsinn und Schicksalsergebenheit herrschten, zeigte sie sich rebellisch, wenn nicht gar kriegerisch, indem sie den Besatzern trotzte und keine Gelegenheit versäumte, sie spüren zu lassen, daß sie hier bei sich zu Hause war und das auch sehr wohl beizubehalten gedachte.

Bisher hatte sie den Krieg verabscheut. Nun aber verabscheute sie den Feind und nutzte ihr Privileg als Frau, welches ihr erlaubte, dies ohne Scheu offen zu zeigen.

Als sie eben das Krankenzelt betreten wollte, veranlaßte sie galoppierender Hufschlag, sich nach dem Auffahrtstor umzudrehen. An der Spitze eines kleinen Trupps Soldaten kam Rittmeister von Wismar angeritten.

In scharfem Trab schwärmten die Reiter in den Schloßhof ein. Sie beobachtete, wie der Offizier, kaum daß sein Pferd stillstand, aus dem Sattel sprang, die Zügel seinem Burschen zuwarf und im Schloß verschwand.

Die Soldaten, die sein Geleit gebildet hatten, machten einen sehr erregten Eindruck. Schon wurden sie von einer Gruppe deutscher Krankenpfleger und Verwundeter umringt. Mathilde trat bis auf ein paar Schritte heran und schnappte einige Satzbrocken auf.

«Napoleon ist gefangen! Die Franzosen sind besiegt! Sieg... Sieg!»

Unverzüglich bahnte sie sich einen Weg mitten durch die Menschenansammlung, die sich respektvoll vor ihr teilte, und eilte nun ebenfalls ins Schloß.

In der Halle war von Wismar auf Baron Kempf gestoßen, den diese ganze Unruhe bereits auf den Plan gerufen hatte. «Was ist geschehen?» fragte er.

«Sie sind also noch nicht auf dem laufenden?... Wir haben Sedan eingenommen. Ihr Kaiser ist Gefangener Seiner Majestät des Königs von Preußen. Herr Baron, wir haben den Krieg gewonnen.»

«O mein Gott...» hauchte Eugène-Victor. Bleich stand er da und starrte reglos vor sich hin.

«Es tut mir leid...» setzte von Wismar hinzu. Dann, nach einem kurzen Gruß zu Mathilde hin, ging er mit großen Schritten Richtung Treppe davon.

Im Hof hatte sich ein Gesang erhoben. Mit ihrem Vater dicht auf den Fersen, kehrte Mathilde zur Tür zurück. Die deutschen Soldaten und Krankenpfleger hatten sich versammelt und «Nun danket alle Gott» angestimmt. Mitten zwischen ihnen war Oberleutnant Reinhardt zu erkennen.

«Charles, mein Gott... Charles!» flüsterte Mathilde. Sie wandte sich ab und knallte die Tür ins Schloß. Dann warf sie sich ihrem Vater in die Arme, während die Soldaten draußen ihr Danklied weitersangen.

Es hatte bereits mehrmals in kurzen und hastigen Schlägen an die Tür geklopft, die auf der Seite der Pferdeställe zu den Küchenräumen führte. Fast elf Uhr abends war es. Im Morgenrock und eine Petroleumlampe in der Hand eilte Emma in den Flur und öffnete.

Zunächst konnte sie niemanden erkennen. Dann aber schrak sie zusammen. Vor ihr in der Dunkelheit war ein Mann aufgetaucht. Einen Finger auf seine Lippen gelegt, schob er sie ins Haus zurück.

«Pscht, ich bin's.»

«Franzl! Jesus... Hesch du mer Angscht gemacht. Komm rin.»

Es war tatsächlich Franzl Imhof, wenn auch kaum noch wiederzuerkennen, zerzaust, unrasiert und in zerlumpter Kleidung, die teils ziviler, teils militärischer Herkunft war. In der Küche angelangt, warf er sich auf einen Stuhl.

«Nein, so etwas! Wenn das keine Überraschung ist!» sagte Emma ganz gerührt, während sie die Laterne absetzte. «Wo kommst du denn her? Hast du Hunger?»

Mit verstörtem Gesichtsausdruck sah er sie an. «Ja... Wenn's dir recht ist... Aber ich muß bald wieder weg, zu meinem Regiment. Wir sind nicht weit von hier vorbeigezogen... Und ich bin rasch mal hergekommen...»

«Und das bei all den Preußen hier! Du bist ja verrückt.»

«Emma... Emma...» Auf die Ellbogen gestützt, hatte er seinen Kopf in beide Hände vergraben.

«Na red schon! Was –» Von einer Vorahnung ergriffen, brach sie ab. «Monsieur Charles?»

Mit einem verzweifelten Blick sah Franzl Imhof zu ihr auf. «O Emma... Wie soll ich ihr das nur sagen, wie nur?»

«Mir was sagen, Franzl?»

Alle beide fuhren sie beim Klang dieser Stimme zusammen und wandten sich zur Tür um. Dort stand Mathilde.

«Ich war noch wach», erklärte sie. «Und ich hörte es klopfen... Bist du es wirklich, Franzl?»

Er hatte sich erhoben und stand nun mit hängenden Armen und bebenden Lippen vor ihr. «Frau Gräfin...»

«Charles?»

«Ja.»

Er senkte den Kopf und brach mit den Fäusten vor dem Gesicht in Tränen aus. Mathilde betrachtete Franzls von Schluchzern gebeutelte Schulter.

Dann plötzlich mußte sie sich gegen den Türpfosten stützen und die Augen schließen. Langsam brach sie in die Knie und glitt bewußtlos zu Boden.

«Wie ist es passiert?» fragte Eugène-Victor Kempf leise.

Sie waren jetzt in Mathildes Zimmer, wohin Franzl und Emma die besinnungslose junge Frau getragen hatten, nachdem sie den Baron alarmiert hatten. Während Emma emsig um sie bemüht war, hatte Franzl sich in einen Sessel fallen lassen. Er konnte einem wahrhaft leid tun, wenn man ihn so sah, zusammengebrochen unter dem Gewicht wochenlanger Märsche, Erschöpfungen und Gefahren, deren Krönung die Niederlage war.

«Wir waren bei Floing, in der Nähe von Mézières», erzählte er mit rauher Stimme. «Mit General Margueritte stießen wir quer über die Felder vor. Es waren drei Regimenter der Chasseurs d'Afrique. Die Preußen hatten hinter Hecken Stellung bezogen... Sobald wir sie am Ende des Feldes ausgemacht hatten, ist der Rittmeister ganz allein vorwärts geprescht, ohne auch nur den Befehl abzuwarten. Er war wie von Sinnen.»

«Aber warum?»

Franzls Stimme versagte erneut, und er hatte Mühe fortzufahren.

«Es waren einfach zu viele Niederlagen, Herr Baron. Zuviel Schande. Der Herr Rittmeister konnte sie nicht mehr ertragen. Ach! Ich bin ihm hinterher, habe gebrüllt wie ein Verrückter, aber er hörte nicht mehr.» Wieder mußte er innehalten. «Das Geschoß riß sein Pferd einen Meter hoch in die Luft», erzählte er starren Blicks weiter, als sähe er immer noch die Szene. «Als ich bei ihm ankam, lag er in einer großen roten Lache im Gras. Ich beugte mich über ihn. Er sah mich an und sagte nur noch: ‹Mathilde.› Das ist alles. Dann war es vorbei.»

Der Baron senkte den Kopf. Den Blick auf den Boden gerichtet, tat er ganz langsam einige Schritte durch das Zimmer. Dann kam er wieder auf Franzl Imhof zu und legte ihm die Hand auf die Schulter. «Danke, daß du gekommen bist, um es uns zu sagen.»

Mathilde stöhnte leise auf ihrem Bett, wo sie von Emma, die sanft auf elsässisch auf sie einsprach, gewiegt wurde.

Gedankenverloren schüttelte Eugène-Victor Kempf den Kopf. Er sah Charles de La Tour wieder vor sich, wie er hitzig und heftig darauf drängte, in den Kampf zu ziehen. Was für eine sinnlose Vergeudung. Wieder blickte er auf Franzl Imhof. Noch etwas anderes war ihm eingefallen, seitdem der junge Soldat hier war: Liselotte, die trotz aller Nachforschungen während der vergangenen Tage unauffindbar blieb. «Komm einmal mit, Franzl», sagte er. «Auch ich habe mit dir zu reden.»

1874

Um warm zu werden, schritt Franzl Imhof tüchtig aus, während er durch die Straßen von Alsheim lief. In dunkelgrünen Kordsamt gekleidet, die Schirmmütze auf dem Kopf, überquerte er mit umgehängter Büchse und Patronengürtel um die Hüfte den Kaiser-Wilhelm-Platz, der ehemals Place de la Mairie geheißen hatte und wo immer noch das Gasthaus *Zum Hirschen* stand.

Als er an der Schule vorbeikam, bemerkte er über das Mäuerchen hinweg Antoine, der, die Hände auf dem Rücken verschränkt, im Schulhof auf und ab ging.

«Na, Antoine? Schon wieder eine Strafe?»

«Ja, Monsieur.»

«Was hast du denn diesmal angestellt?»

«Französisch geredet. Als Monsieur Laugel noch da war, ging es genau anders rum, der wollte kein Deutsch zu hören bekommen. Aber trotzdem, der Laugel war wenigstens netter. Glauben Sie eigentlich, daß er jemals zurückkehren wird?»

«Na ja ... Bis der zurückkommt, hast du jedenfalls genügend Zeit, noch rechnen zu lernen, du Faulpelz!»

Nachdenklich ging Franzl weiter.

Es war jetzt fast drei Jahre her, daß Frankreich den Frankfurter Frieden unterzeichnet und somit das Elsaß und einen Teil Lothringens an das Zweite Deutsche Kaiserreich abgetreten hatte. Man hatte den Elsässern ein Jahr zugebilligt, um sich zwischen Frankreich und

Deutschland zu entscheiden. Bleiben und deutsch werden, und das nach zweihundert Jahren französischer Geschichte? Oder gehen und alles aufgeben? Franzl Imhofs jüngerer Bruder Mathias hatte sich für Frankreich, genauer gesagt für Algerien entschieden. Es hieß, dort unten gebe es noch genügend bebaubares Ackerland und mit etwas Courage könne einer durchaus zu Wohlstand gelangen.

Nachdem Franzl aus der Armee entlassen worden war, hätte er sich beinahe ebenfalls so entschieden. Die Nacht, in der er kurz nach der Niederlage ins Schloß zurückgekehrt war, um die Nachricht vom Tod des Rittmeisters Charles de La Tour zu überbringen, würde er so schnell nicht vergessen. Während Emma sich um die arme Mathilde kümmerte, hatte Baron Kempf ihn beim Arm genommen und in den Flur hinausgeführt. Und dort, ganz allein unter vier Augen, hatte er ihm erzählt, was mit Liselotte geschehen war. Danach war Franzl wieder aufgebrochen, wobei er sich immer wieder im Dickicht verstecken mußte, weil es im Schloß und in der gesamten Umgebung von Preußen nur so wimmelte. Vor Verzweiflung und Wut biß er sich in die Fäuste. Verflucht, mit welchem Vergnügen hätte er sie alle miteinander in jener Nacht umgebracht... Später dann hatte er daran gedacht, von hier zu verschwinden, alles zu vergessen.

Doch da war etwas, das ihn immer zurückhielt: Man hatte niemals Liselottes Leiche gefunden, weder in Alsheim noch sonst irgendwo in der Umgebung. Falls sie tatsächlich mit sich hatte Schluß machen wollen, wozu dann erst weit weggehen? Er hatte sich gesagt, daß sie sich womöglich nur versteckte und irgendwann wieder auftauchen würde. Je mehr er darüber nachdachte, desto größer wurde sein Glaube, daß sie sich nicht umgebracht hatte. Also hatte er gewartet.

Baron Kempf hatte ihn in sein Herz geschlossen. Er hatte ihn zu seinem Jagdaufseher und Kutscher gemacht.

Fast vier Jahre später wartete Franzl immer noch. Aber glaubte er noch daran? Er wußte es nicht. Wenn ihm die Frage in den Sinn kam, sagte er sich, daß sein Leben eben jetzt so war, wie es war, und daß es keinen Anlaß gab, es nach vier Jahren noch groß zu ändern.

Er nahm den Weg zum Schloß und schritt bald durch das hohe,

vertraute Tor, an dem Liselotte ihm im Juli 1870, als er mit seinem Rittmeister davontrabte, zugewinkt und einen letzten Blick zugeworfen hatte.

Er kam gern ins Schloß. Dann ging er gewöhnlich Emma besuchen, die ihm etwas zu trinken anbot, und erzählte ihr, was es in der Gegend so Neues gab. Wenn er den Baron in die Fabrik brachte oder von dort abholte, vertraute ihm dieser hie und da seine Sorgen an. Dann sprachen sie beide über die Wälder, die Ernte und das ganze Leben in ihrem kleinen Kanton. Freilich, mit Liselotte wäre alles noch viel schöner gewesen. Aber so war es auch nicht schlecht. Franzl war gelassen und gleichmütig.

Im Frühjahr 1871 hatte die junge Gräfin Mathilde einen kleinen Jungen zur Welt gebracht, den sie Louis genannt hatte. Es war ein trauriger Anblick, diese blutjunge Mama ganz in Schwarz. Franzl hatte den Kleinen, der jetzt drei Jahre alt war, sehr gern. Er hoffte, die Gräfin werde ihm später einmal erlauben, ihn in den Wald oder auf die Jagd mitzunehmen. Er wollte ihm beibringen, wie man mit dem Pferd umgeht, Pilze findet und im Dickicht eine Schlinge auslegt... Das wäre dann fast so, als hätte er selbst einen kleinen Sohn.

Obwohl sie ihm viel Respekt einflößte, existierte zwischen ihm und der jungen Frau eine gewisse Komplizenschaft. Ihrer beider Schicksal brachte sie einander näher. Außerdem – und darauf war Franzl stolz – gab es zwischen ihnen ein Geheimnis, das stärker war als der Unterschied zwischen einem einfachen Winzersohn und einer vornehmen Schloßherrin.

Kaum daß er sich hatte anmelden lassen, empfing ihn Mathilde auch schon im Salon, wo sie gerade mit Louis spielte. Emma saß mit ihrer Handarbeit dabei. Sie hatte sich schon um die Tochter des Barons gekümmert, nun zog sie auch den Enkel groß.

Mathilde wandte ihm ihr schönes Gesicht zu, das durch die Trauerkleidung noch blasser wirkte. «Guten Morgen, Franzl... Wie geht's?»

Er zwinkerte mit den Augen. «Ich habe meine Runde gemacht, Frau Gräfin. Freie Bahn. Wir können losgehen, wann immer Sie wollen.»

«Na, dann am besten gleich.»

Sie hob das Kind hoch, küßte es und reichte es Emma.

«Es ist allerdings sehr kalt, Frau Gräfin. Ich kann heute auch allein gehen, wenn Ihnen das lieber ist», fügte Franzl hinzu.

«Davon kann keine Rede sein. Ich komme mit.»

Sie hüllte sich in den pelzgefütterten Kapuzenmantel, den sie in ihrer Nähe schon bereitgelegt hatte, und trat rasch noch zum Spiegel, um ihre Frisur in Ordnung zu bringen. Währenddessen hatte sich Franzl, die Mütze in der Hand, dem kleinen Jungen genähert. Mit der Hand fuhr er dem Kind durch die dichten blonden Locken. «Er ähnelt mehr und mehr seinem Vater», meinte er.

Emma warf ihm einen vernichtenden Blick zu. «*Des esch g'scheit!*» zischte sie ihn leise an. «*Was hesch du von sim Vater rede müsse!*»

Die Gräfin war auf die Äußerung nicht eingegangen. Sie verließen das Gebäude, überquerten den Hof und schlugen rechter Hand des Reitwegs einen Pfad ein. Wenig später schritten sie auf einem Weg, der quer durch den Wald anstieg, schweigend und in zügigem Tempo nebeneinander her. Franzl trug einen Brotbeutel, den ihm Emma mitgegeben hatte.

Durch die entlaubten Bäume hindurch sah man in der Ferne jenseits der Alsheimer Weinberge die ersten Hügelketten der Vogesen mit ihren schneebeladenen Tannen, die hin und wieder von roten Sandsteinhängen durchbrochen wurden.

«Wie alt bist du eigentlich, Franzl?» fragte plötzlich Mathilde.

«Neunundzwanzig, Frau Gräfin.»

«Meinst du nicht, es wäre an der Zeit zu heiraten?»

«Frau Gräfin, ich warte doch darauf, daß die Liselotte zurückkommt.» Er hatte das ganz ruhig gesagt, als wäre es eine Selbstverständlichkeit.

Sie sah ihn an und fragte mit sanfter Stimme: «Du glaubst also immer noch daran? Das ist doch nicht vernünftig.»

«Oh, ich weiß, was Sie denken. Alle im Dorf denken wie Sie, daß sie sich umgebracht hat. Aber ich, ich kenne Liselotte. Ich glaube nicht daran.»

«Aber es ist immerhin schon fast vier Jahre her.»

«Wenn sie tot wäre, hätte man ihre Leiche gefunden.»

Mathilde blieb stehen und faßte ihn am Arm. «Wir haben überall gesucht. Hier, in Hagenau und in Straßburg. Vergiß sie, Franzl. Du mußt sie vergessen.»

Er machte große Augen. «Und das wollen gerade Sie mir sagen, Frau Gräfin ... Sie, die Sie seit so langer Zeit Trauer tragen um Ihren Mann! Das können Sie doch nicht –» Beschämt hielt er inne. «Mit Verlaub gesagt, Frau Gräfin.»

Doch sie nahm es ihm nicht übel. «Es ist schon wahr, Franzl. Ich vergesse ihn nicht. Und ich vergesse auch Frankreich nicht.»

Nach einer knappen Stunde kamen sie an einem Grenzstein am Wegrand vorbei, der ringsum von Brombeergestrüpp umrankt war. Ein großes D für «Deutschland» war auf ihrer Seite eingraviert, auf der entgegengesetzten Seite war ein F. Das war die Grenze. Der nächste Wachposten lag zwei Kilometer weiter unten, und die Zöllner mit den Pickelhauben, die Franzl inzwischen alle gut kannten – er hatte es für taktisch sinnvoll gehalten, sich mit ihnen möglichst gut zu stellen –, machten sich nicht oft die Mühe, bis hier heraufzusteigen. Im übrigen gehörte der Weg noch zum Kempfschen Grund und Boden.

Ein Stück weiter gelangten sie zu einer Lichtung, wo eine alte Holzfällerhütte stand. Diesen Ort nannte man den «Wolfswinkel». Früher einmal hatte die Hütte Eugène-Victor Kempf als Jagdhütte gedient. Heute lag sie in Frankreich.

Als sie vor der Hütte ankamen, öffnete sich die Tür. Auf der Schwelle erschien die Gestalt von Yerri Laugel.

«Kommen Sie rasch herein!» rief er ihnen zu. «Es ist hundekalt draußen.»

Das war es, Franzls und Mathildes Geheimnis. Alle zwei Wochen kamen sie nun schon seit drei Jahren hierher, um den Lehrer zu treffen, der im September 1870 auf Rittmeister von Wismars Befehl hin freigelassen worden war. Nachdem seine Unschuld schließlich doch erwiesen wurde, hätte es nur bei ihm gelegen, nach Alsheim zurückzukehren. Doch er hatte nicht gewollt. Seine Stelle als Lehrer hätte er nicht zurückerhalten. Und außerdem hatte er keine Lust mehr, die Stätte der Tragödie wiederzusehen. Er zog es vor, die Patrioten der «verlorenen Provinzen» von drüben her zu unterstützen.

Wenig später saßen sie um den Tisch herum. Yerri hatte seinen Rucksack geöffnet, aus dem er zunächst einige Päckchen Tabak zog. «Da ist erst mal der Knaster, um den du mich gebeten hast. Zehn Francs bekomme ich von dir dafür», sagte er zu Franzl, bevor er sich Mathilde zuwandte. «Und hier sind die französischen Zeitungen für Sie, Frau Gräfin. Aber lassen Sie sich um Himmels willen nicht damit erwischen! Liebeserklärungen an den deutschen Kaiser sind es nicht gerade...»

Mit einem kleinen Lächeln nahm Mathilde den Stoß Zeitungen an sich und stopfte ihn in einen zu diesem Zweck mitgebrachten Leinenbeutel. Sie zog eine bestickte Börse hervor und sagte: «Danke, Yerri. Hier, nimm... Das ist für die Zeitungen und den Tabak.» Dabei legte sie ein Fünfundzwanzigfrancstück in Gold auf den Tisch.

«Das ist zuviel», bemerkte Yerri.

«O nein, Yerri, das ist keineswegs zuviel.»

«Na schön... danke, Frau Gräfin. Und meine Mutter, wie geht es ihr?»

«Gut. Mach dir keine Sorgen. Wir kümmern uns schon um sie. Sie hat eine Hilfskraft in den Gasthof geholt. Aber du, sei du vorsichtig. Sie hat jetzt nur noch dich, an den sie denken kann... Laß dich bloß nicht von den deutschen Zöllnern erwischen.»

«Pah! Dazu ist es viel zu kalt», meinte der ehemalige Lehrer. «Die kommen nicht heraus aus ihrem Loch. Und die Franzosen, die kennen mich längst.»

«Was treibst du so? Gibt es Neues, was deine Arbeit angeht?»

Yerri hatte angefangen, als Kellner in einem Café in Nancy zu arbeiten.

«Ja», sagte er. «Ich soll endlich eine Stelle im Rathaus bekommen. Wir haben dort eine Menge Flüchtlinge aus dem Elsaß und aus Lothringen. Auf diese Weise werde ich ihnen helfen können.»

Mathilde blickte verträumt vor sich hin. «Was hast du doch für ein Glück, in Frankreich leben zu können, Yerri.»

«Ach, ich weiß nicht... Ich habe Heimweh. Meine Schüler und meine Schule fehlen mir. Auch der Riesling, der Gugelhopf. Und sogar Pfarrer Müller! Obwohl wir uns nicht immer so wohlgesonnen waren...»

«Nur keine Sorge», sagte die junge Frau. «Die Revanche wird kommen, und die Preußen werden gehen. Dann gehören wir wieder zu Frankreich.»

Franzl Imhof schüttelte den Kopf. «Daran glauben Sie wirklich, Frau Gräfin?»

Immer wieder verblüffte sie ihre Umgebung mit der Inbrunst ihres französischen Patriotismus. Während sich viele Elsässer seit dem Frieden von Frankfurt ins Unvermeidliche zu fügen suchten und ihre französische Gesinnung hauptsächlich in Form von Witzen über die preußischen Beamten zum Ausdruck kam, hatte sie sich aufgebäumt. Frankreich, das seit ihrer Geburt für sie eine ebenso natürliche Präsenz war wie die Luft, die sie atmete, war ihr nun das Kostbarste, was es für sie geben konnte, ein Gegenstand der Sehnsucht und größter Verehrung.

Von ihrer Trauer, ihrer Einsamkeit und dem Leid, das sich damit verband, wußte niemand etwas. Schön und würdevoll bot sie ihrem Leben die Stirn.

«Wenn ich nicht an die Rückkehr Frankreichs glauben würde», beantwortete sie Franzls Frage, «so wäre ich nicht in Alsheim geblieben. So, jetzt müssen wir aber zurück. Treffen wir uns in vierzehn Tagen wieder hier? Zur selben Zeit?»

«Einverstanden», versprach Yerri Laugel.

Mathilde reichte ihm die Hand, und auf ihren Beutel klopfend fügte sie noch hinzu: «Danke für alles.»

«Herr Baron, der Bürgermeister einer deutschen Gemeinde hat seine Instruktionen nicht in Paris zu suchen! Wir können das nicht zulassen!»

An diesem Morgen herrschte unter dem offiziellen Kaiser-Wilhelm-Porträt in Baron Kempfs Büro im Alsheimer Rathaus eine wahrhaft gespannte Atmosphäre. Wutschnaubend wanderte der Kreisdirektor auf und ab. Doch Eugène-Victor Kempf hatte nicht die Absicht, sich beeindrucken zu lassen.

«Ich bin ein vom Volk gewählter Vertreter, Herr Kreisdirektor», sagte er mit Bestimmtheit. «Folglich habe ich von Ihnen keine Befehle zu empfangen.»

«Nehmen Sie sich in acht, Herr Baron», fauchte der Beamte. «Nehmen Sie sich in acht! Wir wissen, daß Ihre Tochter, die Gräfin de La Tour, offen gegen das Reich Komplotte schmiedet!»

«Haben Sie neuerdings etwa Angst vor Frauen?» fragte der Industrielle ironisch.

«Ich bin nicht zu Scherzen aufgelegt! Gemeinsam mit ihren Freunden von der Elsässischen Liga verteilt sie französische Zeitungen, die den Kaiser lächerlich machen! Hier, sehen Sie selbst!»

Er wühlte in seiner ledernen Aktentasche, die er auf einem Stuhl abgelegt hatte, und zog Zeitungsausschnitte daraus hervor, die er auf dem Schreibtisch des Bürgermeisters ausbreitete. Die Pariser Karikaturisten hatten sich nach Herzenslust ausgetobt. Kempf konnte sich eines Grinsens nicht erwehren.

«Ihre Tochter, Herr Baron, mißbraucht unsere Geduld! Denken Sie daran: Mit Frankreich ist es hier aus und vorbei! Straßburg ist und bleibt eine deutsche Stadt!»

Das Lächeln verschwand aus Eugène-Victor Kempfs Gesicht. Würdevoll richtete er sich auf. «Ehe es je deutsch oder französisch war, war Straßburg eine freie Stadt. Ich habe in Paris protestiert, ich habe in Berlin protestiert, und ich werde auch hier gegen jeglichen Machtmißbrauch protestieren. Daran sollten Sie denken! Auf Wiedersehen!» Noch während er sprach, war er zur Tür gegangen und hatte sie zum Zeichen, daß zumindest er das Gespräch für beendet hielt, weit aufgemacht.

Im Sturmschritt verließ der Kreisdirektor den Raum.

Als Eugène-Victor Kempf wenig später selbst das Rathaus verließ, begegnete er Franzl Imhof, der unten auf ihn gewartet hatte.

«Ah, Franzl! Was führt dich denn zu mir?»

«Herr Baron», sagte Franzl in verdrießlichem Ton, «Rittmeister von Wismar wartet in Ihrem Büro auf Sie. Scheint so, als wollte er Sie sprechen.»

«Gut, gut, dann wollen wir ihn nicht warten lassen ...»

Sie setzten sich auf den Einspänner, den Franzl vor der Tür bereitgestellt hatte.

«Ach Franzl!» seufzte der Baron. «Mit Peitschenhieben wollen sie Deutsche aus uns machen ...»

«Ich wußte gar nicht, daß Rittmeister von Wismar immer noch da ist», bemerkte Franzl.

«Er ist nicht mehr Rittmeister, Franzl! Er ist jetzt Major und hat sich dem Straßburger Generalstab zuweisen lassen. Er liebt das Elsaß, hat er mir gesagt.»

«Diese Leute lieben das Elsaß ein bißchen zu sehr, Herr Baron.»

«Ja... Aber bei von Wismar ist es anders. Er jedenfalls versteht uns.»

Franzl machte keinen allzu überzeugten Eindruck.

«Berlin behandelt uns wie eine Kolonie. Ein drittklassiger kleiner Beamter behauptet, mir Befehle geben zu können!»

Edwin von Wismar und Eugène-Victor Kempf saßen miteinander im Direktionsbüro der Kempfschen Werksanlage. Verbittert hatte der Baron dem Offizier von seiner Unterredung mit dem Kreisdirektor erzählt.

Der Baron liebte die Gespräche mit von Wismar. Hier konnte er ganz im Vertrauen sagen, was er auf dem Herzen hatte, und oftmals erwies sich der Offizier als exzellenter Ratgeber. Für gewöhnlich unterließ es der Baron, diese Gespräche seiner Tochter gegenüber zu erwähnen. Er, der kein so unnachgiebiges Naturell wie sie besaß, fühlte sich in erster Linie als Elsässer. Dem Kreisdirektor gegenüber war er ehrlich gewesen: Er war der Meinung, daß es seine persönliche Pflicht war, das Elsaß zu verteidigen, ob nun gegen den französischen Zentralismus oder gegen den preußischen.

Als Antwort auf seinen Ausbruch hob von Wismar fatalistisch die Arme. «Sie müssen aber auch zugeben, daß Sie uns das Leben nicht leichtmachen... Hören Sie, Baron. Wir kennen uns jetzt seit drei Jahren. Ich spreche zu Ihnen als Freund.»

«Ich weiß», seufzte Kempf. «Und ich bin dafür sehr dankbar, glauben Sie mir.»

«Also, lieber Freund, Protestpolitik kann zu nichts führen. Das Elsaß ist nun mal deutsch geworden, und zwar durch einen legalen Vertrag, der zwischen beiden Ländern unterzeichnet wurde. Man muß die Vergangenheit hinter sich lassen können! Sie sind ein Industrieller, kein Politiker!»

«Ja, alles schön und gut. Übrigens mag ich die Politik ohnehin nicht. Aber gerade als Industrieller muß ich doch reagieren! Vergangenes Jahr hat uns Kanzler Bismarck in Berlin das Blaue vom Himmel herunter versprochen. Und was war das Ergebnis? Wir haben den französischen Markt verloren, und der deutsche ist uns nach wie vor verschlossen.»

«Das wird nicht mehr lange dauern, seien Sie unbesorgt. Ich weiß das aus zuverlässiger Quelle. Und außerdem, schauen Sie sich dieses Frankreich doch einmal an! Nach der Anarchie der Pariser Kommune sucht es nun nach einem König, den es nicht finden kann... Das reinste Durcheinander. Die Republik!... Das Reich dagegen bietet die jüngste und stärkste Großmacht Europas... die dynamischste Industrie... Ordnung!»

«Preußische Ordnung... Nein, nein... Frankreich wird wieder zu sich kommen, da bin ich mir sicher. Ich vertraue auf dieses Land.»

«Kempf... Ich verstehe ja, daß Ihr Herz französisch geblieben ist. Das ist ein Gefühl, das ich respektiere. Ebenso wie ich die Gefühle Ihrer Tochter Mathilde respektiere. Nur...»

«Nur?»

«Nochmals, Kempf, ich bin Ihr Freund. Nur muß ich Sie warnen und Ihnen sagen, daß die Gräfin de La Tour sehr unvorsichtig ist. Zu unvorsichtig. Und ich bin sicher, daß Sie im Grunde ein wenig wie ich denken.»

Kempf überlegte, daß von Wismar ein hervorragender Psychologe war. Und dabei kannte er bei weitem nicht alle Aktivitäten Mathildes.

«Was wollen Sie», erwiderte der Industrielle, «sie ist eben ungestüm und leidenschaftlich. Wie sollte ich sie nicht verstehen können? Für sie ist das ein Weg, ihre Trauer zu überwinden. Das wird vergehen. Lassen Sie ihr die Zeit, zu vergessen und ein neues Leben zu beginnen.»

Major von Wismar nickte. «Nun ja, ich habe Ihnen jetzt also gesagt, was ich glaubte, Ihnen sagen zu müssen. Aber jetzt will ich Ihnen noch etwas anderes mitteilen: Ich habe unlängst meine endgültige Kommandierung nach Straßburg erhalten. Ich sagte Ihnen ja schon, ich liebe dieses Land. Meine Frau wird nächste Woche mit unserer Tochter aus Preußen anreisen.»

«Das freut mich sehr für Sie. Und für mich. Wie alt ist es denn, dieses kleine Mädchen?»

«Drei Monate ... Sie heißt Frederike. Genau wie die kleine Elsässerin aus Sessenheim, die Goethes erste Liebe war. ‹Erwache, Frederike ... Vertreib die Nacht ...›»

«‹...Die einer deiner Blicke ... Zum Tage macht›», fuhr der Baron lächelnd fort.

«Eines steht fest», sagte von Wismar, «Sie kann man bei keiner Unzulänglichkeit ertappen.»

Die schwere eisenbeschlagene Pforte des Klosters der Göttlichen Vorsehung führte auf ein Gäßchen der Straßburger Altstadt hinaus. Mathilde blieb stehen und betätigte mit ihrer behandschuhten Hand den Türklopfer. Am Guckloch tauchte das Gesicht einer Nonne auf.

«Grüß Gott, Madame. Sie wünschen?»

«Ist Schwester Véronique noch hier? Ich bin eine ihrer früheren Schülerinnen. Mathilde Kempf.»

«Treten Sie ein.»

Die Tür öffnete sich, und die Nonne geleitete Mathilde de La Tour in das Kloster hinein.

«Können Sie hier einen Augenblick warten? Ich werde Bescheid sagen.»

Mathilde ging ein paar Schritte durch diese vertraute Umgebung ihrer Kindheit. Alles, die Galerien, die Arkaden, sogar der Brunnen in der Mitte, kam ihr kleiner vor, als sie es in Erinnerung hatte.

Endlich erschien die alte Klosterschwester im Säulengang und kam auf sie zu. Ihren Hutschleier zurückschlagend, ging Mathilde ihr entgegen.

«Schwester Véronique ... Erinnern Sie sich noch an mich?»

«Mathilde! Meine liebe Mathilde! Aber natürlich erinnere ich mich.»

Ein Lächeln überstrahlte das Gesicht der Klosterschwester. Mathilde beugte sich zu ihr, und sie umarmten einander.

«Wie ich mich freue, dich zu sehen, Mathilde. Du warst meine beste Französischschülerin. Komm herein, wir setzen uns ein wenig.»

Sie gingen einen weitläufigen, leeren Gang entlang. Die Schwester warf einen kurzen Blick auf den dunkelgrau moirierten Rock und das schwarze Samtjäckchen, das Mathildes Taille eng umfaßte.

«O Gott, du bist in Trauer?»

«Ja. Um meinen Mann. Er fiel im Krieg.»

Die Schwester bekreuzigte sich. «Welch ein Unglück. Und wieviel Unglück überhaupt... Ich werde für ihn und für dich beten. Hast du Kinder?»

«Einen kleinen Jungen. Louis heißt er.»

«Ach! Das ist gut... Ich bin sicher, das ist für dich ein großer Trost, nicht wahr? Gott segne ihn! Aber dein Besuch hat sicher einen bestimmten Grund, oder? Kann ich irgend etwas für dich tun?»

«Ja, Mutter Véronique. Es geht um folgendes: Ich... ich möchte gern für die einheimischen Kinder in Alsheim Unterricht in Französisch organisieren. Ich hatte mir gedacht, Sie könnten mir dazu vielleicht die Lehrbücher leihen. In den Läden ist kein einziges mehr aufzutreiben.»

Die Schwester hatte vor einer Glastür haltgemacht, über der die Aufschrift «Wäschekammer» zu lesen war. Sie legte die Hand auf Mathildes Arm und sagte mit gesenkter Stimme: «Sei sehr vorsichtig, mein Kind. Du weißt, daß das verboten ist. Aus diesem Grund haben die Deutschen schon unserer Schwester Oberin in Ribeauvillé gedroht. Sie wollen uns von hier vertreiben und nach Frankreich schikken.»

«Sie müssen sich wehren!»

«Sei unbesorgt, wir wehren uns.»

«Ich weiß, Mutter Véronique. Deshalb bin ich ja auch hier. Ich habe die Absicht, persönlich den Unterricht im Schloß zu erteilen. Und wenn Sie möchten, könnte ich Ihnen auch hiesige Schüler aus Straßburg vermitteln.»

«Unter dem Siegel der Verschwiegenheit, gern.»

Mathilde entspannte sich und lächelte. «Ich wußte, daß ich auf Sie zählen kann, Mutter Véronique.»

Die Klosterschwester betrachtete sie mit einem Anflug von Stolz in den Augen. Sie hatte es zwar für angebracht gehalten, Mathilde zu warnen, doch man spürte, daß die Gefühle ihrer ehemaligen Schülerin für Frankreich sie sehr wohl mit Freude erfüllten. «Gehen wir in mein Büro», meinte sie lebhaft. «Da werden wir dann alles genau besprechen.»

In diesem Moment fiel Mathildes Blick durch die Glastür der Wäschekammer auf ein junges Mädchen im Novizinnengewand, das, Stöße von Handtüchern auf dem Arm, drinnen hin und her ging. «Warten Sie einen Augenblick, Schwester!» Sie war zwei Schritte weitergegangen, um nach Möglichkeit nicht bemerkt zu werden.

«Was gibt es denn?»

«Diese junge Novizin in der Wäschekammer... Wer ist das?»

«Ein junges Mädchen, das während des Krieges bei uns Zuflucht gesucht hat», sagte Schwester Véronique. «Wir haben ihr diese Arbeit übertragen und betrachten sie als eine der Unseren, obwohl sie ihr Noviziat noch nicht beendet hat. Das Kind hat Schreckliches erlebt...»

«Kann ich mit ihr sprechen?»

«Wenn du möchtest, sicher, aber weshalb?»

«Ich weiß, wer sie ist, Mutter Véronique.»

Mathilde kehrte um und öffnete die Tür zur Wäschekammer. «Liselotte!» rief sie.

Das junge Mädchen fuhr zusammen, als es seinen Namen hörte. Liselotte drehte sich um. Als sie Mathilde erblickte, setzte sie den Stoß Wäsche, den sie eben zusammengelegt hatte, auf dem Tisch ab und senkte den Kopf.

Mathilde war näher getreten. «Mein Gott... Du bist es wirklich... Aber Liselotte, alle in Alsheim halten dich für tot.»

Liselotte fiel ihr in die Arme und vergrub den Kopf an ihrer Schulter. «Frau Gräfin... Ich habe mich geschämt... So geschämt... Am liebsten wäre ich gestorben. Ich wußte nicht mehr ein noch aus. Und dann kamen mir die Klosterschwestern in den Sinn. Ich habe ihnen alles erzählt, und sie hatten Mitleid mit mir. Sie waren so freundlich, mich aufzunehmen.»

«Aber deine Mutter? Und Franzl? Hast du denn gar nicht an die gedacht?»

«Alle Tage denke ich an sie... Aber ich würde nie wagen, ihnen noch einmal vor die Augen zu treten. Nie mehr. Ich schäme mich zu sehr.»

«Na, ist ja schon gut...» Mathilde wiegte sie in ihren Armen. «Wofür denn schämen, Liselotte?» fragte sie sanft. «Deine Mutter hat uns gesagt, was geschehen ist. Du kannst doch nichts dafür. Und dann ist da noch der Franzl. Er ist aus dem Krieg zurückgekehrt und wartet immer noch auf dich.»

Unglücklich blickte das junge Mädchen zu ihr auf. «Nach alldem... kann er mich da überhaupt noch wollen?»

«Ich sage doch, er wartet auf dich. Er spricht oft von dir. Und er sucht dich. Du mußt unbedingt zurückkommen.»

«Jetzt ist es zu spät dazu.»

Mathilde trat einen Schritt zurück und faßte das Mädchen an beiden Händen. «Du kannst dir doch von diesem Krieg nicht dein ganzes Leben zerstören lassen! Franzl lebt, Liselotte, und er liebt dich. Hörst du?»

«Franzl lebt...» In diesem Augenblick bemerkte Liselotte Mathildes Kleidung. «Frau Gräfin... Wollen Sie damit sagen, daß... Sie...»

Mathilde blickte zu Boden. «Ja, Liselotte. Charles ist tot.»

Mit niedergeschlagenen Augen verstummte sie für eine Weile und biß sich auf die Lippen. Dann sah sie erneut das junge Mädchen an. Sie hatte sich wieder in der Gewalt. Ihre Stimme klang nun geradezu gebieterisch: «Aber Franzl lebt, Liselotte. Also mußt du zurückkommen, hast du mich verstanden? Du mußt zurückkommen.»

«Sie konnte sich schließlich doch dazu entschließen. Ich habe sie gleich in meinem Wagen mitgenommen... Das Gesicht unseres Franzl hättest du sehen sollen, als sie im geöffneten Wagenschlag erschien. Seitdem ist er nicht wiederzuerkennen. Schier verrückt vor Freude ist er.»

Armand Kessner-Beauvallet ging im Park mit Mathilde spazieren, die ihm eben Liselottes Heimkehr geschildert hatte. Der Diplomat, der für einige Urlaubstage bei seiner Familie zu Besuch war, hatte die Gelegenheit nicht versäumt, auch auf Schloß Alsheim vorbeizusehen. Im Zuge ihrer Erzählung vom Französischunterricht für die Kinder im Dorf war Mathilde auf Liselottes Vermählung zu sprechen gekommen. Sie und Franzl hatten einen Monat nach ihrer Rückkehr geheiratet.

Armand wirkte nachdenklich. Zärtlich sah er Mathilde an. «Dieses junge Mädchen hatte auf das Glück verzichtet», murmelte er. «Und du mußtest erst kommen, um sie aus ihrem Kloster zu holen ... Aber es gibt noch andere, die sich dem Glück verweigern.»

Er musterte ihre dunkle Kleidung. Anstelle des offenen Haars und der vorwitzigen Löckchen, die ihr früher über die Stirn fielen und die jugendliche Sinnlichkeit ihrer Züge so gut hervorhoben, trug sie nun einen eleganten, aber nüchternen Knoten.

Ein sanfter Frühlingshauch bewegte zart das Laub der Bäume um sie her.

«Du bist immer noch so schön», sagte er leise.

«Erzähl mir von dir», sagte Mathilde unvermittelt. «Ich bin glücklich, daß du mich besuchen gekommen bist, Armand. Deine Briefe tun mir so gut. Was macht eigentlich deine Arbeit?»

«Ich habe eine Position in unserer Botschaft in Berlin abgelehnt. Diese Preußen werden vom Elsaß nie etwas begreifen. Man wollte mich mit der Begründung hinschicken, daß ich Elsässer bin und deutsch spreche ... Schließlich hat man mir Sankt Petersburg vorgeschlagen. Dort ist gerade die Stelle eines Attachés frei geworden.»

Mathilde hatte die Augen niedergeschlagen. Armand beobachtete sie aufmerksam. Es schien ihm, als sähe er einen Schatten über ihr Gesicht gleiten. Sie blieb stehen, um eine vertrocknete Blume aus einer Schale zu entfernen.

«Wirst du annehmen?» fragte sie leise, ohne ihn dabei anzusehen.

Er nickte. «Ja, Mathilde. Sicherlich. Außerdem muß ich dir sagen, daß meine Eltern beschlossen haben, nach Frankreich zu gehen.»

Sie ließ die verwelkte Blume zu Boden fallen. «Dann ist es mit dem Elsaß wohl aus und vorbei für dich», sagte sie versonnen. «Du wirst nicht wiederkommen ...»

Er antwortete nicht. Erneut wandte sie den Kopf ab, aus Furcht, ihre Augen könnten sich mit Tränen füllen und Armand könnte dies bemerken. Langsam ging sie weiter.

«Sankt Petersburg», wiederholte sie. «Warum so weit?»

Mit gerunzelten Augenbrauen starrte er auf seine Füße hinunter. Er schien zu zögern, dann plötzlich blickte blickte er auf und sagte: «Mathilde... Wenn du wolltest... Bei mir hat sich nichts geändert...»

«Ich weiß.» Sehr leise hatte sie das gesagt. Ihr Herz schlug heftig.

Mit veränderter Stimme fuhr er fort: «Ich frage dich also: Möchtest du nun endlich doch noch meine Frau werden?»

Den Blick irgendwo in der Ferne verloren, blieb sie stehen.

Armand trat an sie heran und nahm ihre Hände. «Komm mit, Mathilde», flehte er. «Ich bitte dich. Laß uns all die schlimmen Erinnerungen, dieses zum Unglück verurteilte Land vergessen.»

«Nein!» Sie versuchte ihm ihre Hände zu entziehen, die er festhielt. «Du hast kein Recht, so etwas zu sagen», protestierte sie.

«Ich werde dir neue Horizonte zeigen, neue Menschen. Weit weg von hier. Wir werden glücklich sein.»

«Hör auf, Armand. Hör auf.»

Er gab ihre Hände frei. Auch er hatte Herzklopfen. Zu sehr liebte er sie. Der Gedanke an ihre Liebe zu Charles, an die ihn die düsteren Farben ihrer Kleidung erinnerten, erdrückte ihn. «Du brauchst mir nicht sofort zu antworten», sagte er. «Ich bin noch drei Tage hier. Übermorgen komme ich wieder und hole mir deine Antwort.»

Noch oft sollte Mathilde sich später an diese Minute zurückerinnern und sich fragen, weshalb Armand, anstatt ihr wohlerzogen diese Bedenkzeit zu geben, sie nicht in diesem Moment einfach kurzerhand geküßt hatte.

Das Schicksal hängt oft nur an Kleinigkeiten.

«Schau an! *Le Temps* schreibt in seiner Rubrik ‹Das verlorene Land›, daß sich über 350000 Elsässer für Frankreich entschieden haben... Die Deutschen hüten sich wohlweislich, dergleichen hier laut werden zu lassen!»

Mathilde saß mit ihrem Vater in der Bibliothek und hatte auf einem Tischchen den Stoß französischer Zeitungen liegen, die Yerri Laugel ihr zu ihrem letzten Treffen im Wolfswinkel mitgebracht hatte. Unweit von ihr hatte sich Eugène-Victor Kempf vor dem Kaminfeuer in die deutsche Presse vertieft.

«In dieser Ziffer rechnen sie die 200 000 Elsässer mit ein, die bereits vor dem Krieg in Frankreich lebten», sagte er, ohne von seiner Zeitung aufzusehen. «In Wirklichkeit sind es nicht mehr als 80 000, die gegangen sind.»

«Freilich! Die Deutschen tun ja auch alles, um sie daran zu hindern.»

Stille kehrte wieder ein, lastende Stille. Diese Gespräche verliefen immer gleich. Vater und Tochter kannten einander gut genug, und diese langen Abende zu zweit in der Bibliothek hatten sie beide oft genug erlebt, um von vornherein zu wissen, was der andere jeweils sagen oder antworten würde.

Das war es aber nicht, was dem Baron Sorgen bereitete. Nach mittlerweile vier Jahren wäre es ihm lieber gewesen, wenn sich seine Tochter mehr um sich selbst, um ihre eigene Zukunft und ihr eigenes Leben gekümmert hätte. Er litt darunter, sie so jung und bezaubernd und gleichgültig so hinter ihrer Witwenschaft und ihren Ideen verschanzt zu sehen, die sich wie Klostermauern um sie schlossen.

«Franzl hat Nachricht von seinem Bruder Mathias bekommen», begann sie wieder nach einer Weile. «Er gewöhnt sich in Algerien gut ein und bedauert es nicht, fortgegangen zu sein.»

«Er hatte recht», sagte Eugène-Victor Kempf, nach wie vor in seine Lektüre vertieft. «Hier hat ihn schließlich nichts gehalten. Er ist jung und hat das ganze Leben noch vor sich.»

Wieder schwiegen sie lange. Mathilde las nicht mehr. Nachdenklich starrte sie auf das Spiel der Flammen über den Holzscheiten im Kamin.

«Armands Eltern gehen auch nach Frankreich», sagte sie schließlich.

«Ja, das habe ich gehört», meinte der Baron. Und diesmal legte er seine Zeitung beiseite und setzte die Brille ab.

«Und wir?» fragte sie leise. Der Ton in ihrer Stimme hatte sich verändert. Der Baron sah sie an, und sie sprach ihren Satz zu Ende: «Und wir? Wollen wir hier gefangen bleiben?»

Dieses Wort «gefangen», das ihn zwar irgendwie schmerzte, freute den alten Herrn dennoch insgeheim. Endlich sprach sie wie eine normale Frau von zweiundzwanzig Jahren. Er hoffte, daß diese Frage im Zusammenhang mit Armand Kessner-Beauvallets Besuch stand.

Er lächelte seiner Tochter zu, rückte seinen Sessel ein wenig näher und legte seine Hand auf ihr Knie. «Mathilde, du weißt, daß du mit deinem Sohn nach Paris gehen kannst, wann immer du willst. Ich werde dir dabei helfen. Das habe ich dir schon einmal gesagt. Deine verschwägerte Familie de La Tour wird dich mit offenen Armen empfangen und sich um dich kümmern.»

«Ja, aber Sie, Vater?»

«Ich? Ich bleibe.»

«Unter dem Joch dieser Leute, die Sie wie einen Dienstboten behandeln? Sie selbst sagen das doch! Ich kann Sie nicht verstehen.»

«Ja glaubst du denn, ich würde sie nicht beneiden, diejenigen, die von hier weggehen?» meinte der Baron verärgert. «Wenn es nur an mir läge, würde ich keinen Augenblick zögern. Doch was ist dann mit der Fabrik? Wenn ich jetzt gehe, wird man sie konfiszieren ... und das Schloß dazu. Dann verlieren wir alles!»

«Außer unserer Ehre.»

«Unsere Ehre! Du machst es dir ein bißchen leicht, mein Liebes. Die Fabrik stellt den Lebensunterhalt für Hunderte von Arbeitern und deren Familien dar. Sie ist das Werk meines Vaters und vor ihm meines Großonkels. Die Deutschen und die Franzosen kommen und gehen, aber das Elsaß bleibt. Ich bin Elsässer, und ich lasse mein Land nicht im Stich.»

Die Tür ging plötzlich auf und hinderte Mathilde daran, zu antworten. Emma erschien mit dem kleinen Louis im Nachthemd auf dem Arm.

«Dieser kleine Junge hier möchte seiner Mama gute Nacht sagen!»

Lächelnd erhob sich Mathilde und nahm ihn in die Arme. «Gute Nacht, mein Schatz!» sagte sie, indem sie ihn küßte. Sie reichte ihn ihrem Vater, der ihm ebenfalls einen Kuß gab.

«Gute Nacht, kleiner Mann.»

Emma nahm das Kind wieder entgegen. Während Mathilde den beiden nachsah, winkte sie ihrem Sohn noch einmal kurz hinterher. Als die Tür sich geschlossen hatte, kehrte sie zu ihrem Sessel zurück.

«Auf jeden Fall», griff Eugène-Victor das Thema wieder auf,

«darfst du dich nicht für mich opfern. Du hast das Recht, dein eigenes Leben zu führen. Was ich vor allem will, ist, daß du glücklich bist. Und wenn sich eine Gelegenheit bieten würde ...» Er war versucht, Armands Namen zu nennen, wagte es aber nicht.

«Ich weiß, Vater. Danke.» Sie lächelte ihm zu.

«Na ja», meinte er, «dann reich mir doch bitte mal eine Zeitung aus Paris.»

Sie gab ihm jene, die sie wenige Minuten zuvor ausgelesen hatte. Dann, während der Baron sich erneut der Lektüre widmete, versank sie wieder in die Betrachtung des Feuers.

Auch sie war versucht gewesen, Armand Kessner-Beauvallet zu erwähnen, hatte sich aber im letzten Moment zurückgehalten. Von ihm zu sprechen hätte bedeutet, zuzugeben, daß sie versucht war, seinen Antrag anzunehmen.

Von all dem, was der junge Diplomat zu ihr gesagt hatte, war es vor allem seine Bemerkung über Liselotte Laugel gewesen, die sie am meisten verwirrt hatte. «Sie hatte auf das Glück verzichtet ... Aber es gibt noch andere, die sich dem Glück verweigern.»

Das Glück? Sie war nicht verliebt in Armand. Sie liebte ihn seit jeher, wie man einen Bruder liebt, mehr nicht. Sie wußte, er war gut, ehrlich und großzügig. Für Louis wäre er der denkbar beste Stiefvater und für sie zweifellos der zuverlässigste, liebevollste und treueste Lebensgefährte. Armand wäre glücklich. Ihr Sohn wäre ebenfalls glücklich. Und vielleicht würde auch sie mit der Zeit glücklich werden ... Hier war es wirklich trostlos, wenn es Nacht wurde, wenn der Winter kam; und selbst dem Frühjahr vermochte sie nichts abzugewinnen.

Sie warf einen Blick zu ihrem Vater hinüber. Wie jeden Abend war er im Begriff, über seiner Lektüre einzunicken. Er wurde allmählich alt. Seine lange Witwerschaft und sein Einsatz für Alsheim und seine Fabrik, die es dem deutschen Verwaltungsapparat gegenüber zu verteidigen galt, hatten ihre Spuren hinterlassen. Es ging ihr durch den Kopf, daß Sankt Petersburg doch in recht weiter Ferne lag. Sie stellte ihn sich vor, wie er ohne sie und den kleinen Louis, den er über alles liebte, ganz allein in seinem großen Schloß alt wurde. Acht Jahre alt war sie gewesen, als ihre Mutter starb. Gemeinsam hatten sie damit fertig werden müssen. Ihr Verhältnis zueinander ähnelte ein wenig dem eines alten Ehepaares.

Dann dachte sie an die vielen Alsheimer, die nicht einfach so fortziehen konnten. Es war das Privileg der Reichen, leben zu können, wo sie wollten. Sie dachte an die Kinder, für die sie den Französischunterricht eingeführt hatte, der sonntags nach der Messe stattfand. Es gab da einen alten Einheimischen, den alle «Papa Laut» nannten und der ebenfalls regelmäßig zum Unterricht erschien. Sein ganzes Leben lang hatte er nie anders gesprochen als elsässisch. Alles, was er mit grausigem Akzent auf französisch konnte, war: *«Fife la France! Et merte la Prusse!»* Dann lachten die Kinder, und er war zufrieden. Für all diese Leute verkörperte sie, die «Schloßherrin» und Tochter des Alsheimer Bürgermeisters und wichtigsten Arbeitgebers dieser Gegend, eine Hoffnung. Fortgehen und dieses Land verlassen, das hieß in der Tat, wie Armand gesagt hatte, sie alle noch ein wenig mehr der Einsamkeit, der Niederlage und dem Unglück auszuliefern.

Und schließlich sah sie das Bild vor sich, das sie immer wieder quälte: Charles, ausgestreckt in einer Blutlache mitten auf einem Schlachtfeld. Charles, ein Franzose bis in den Tod, gestorben, um dieses Land zu verteidigen, in dem er nicht geboren war, nun aber begraben lag.

«Charles, liebster Charles, du bist nicht umsonst gestorben. Du darfst nicht umsonst gestorben sein. Frankreich wird zurückkehren. Das ist es dir schuldig.»

Und so geschah es, daß Mathilde de La Tour neben ihrem eingeschlafenen Vater in der sich mit dem verlöschenden Kaminfeuer allmählich verdunkelnden Bibliothek den Entschluß faßte, weiterhin zu warten.

1894

Mathilde hatte sich getäuscht. Vierundzwanzig Jahre waren vergangen, und die Heimkehr von Elsaß und Lothringen ins «Mutterland» wurde immer eindeutiger zum unrealisierbaren Wunschtraum. Frankreich war damit beschäftigt, seine Republik aufzubauen und in Indochina und Afrika sein riesiges Kolonialreich zu organisieren. Deutschland schleuste währenddessen 400 000 Beamte und Soldaten in Elsaß-Lothringen ein, wobei es abwechselnd Zuckerbrot und Peitsche einsetzte, dem Verwaltungsapparat seine Sprache, den eroberten Städten seine Architektur und den Schulkindern seine Geschichte und Kultur aufzwang. Für einen Großteil der neuen Generation war Frankreich nur noch eine abstrakte Erinnerung, eine überkommene Geschichte, von der die Alten redeten. Neue Ideen und neue Themen beschäftigten sie.

Eines Abends im April 1894 waren an die sechzig bis achtzig Personen in dem verrauchten Gastraum einer Bierhalle der Straßburger Altstadt versammelt. Rote Fahnen zierten die Wände. Tische und Stühle standen in Blickrichtung Schanktisch, über dem ein breites, deutsch abgefaßtes Spruchband verkündete: «Alle mit August Bebel, sozialistischer Abgeordneter Straßburgs, für die Sozialdemokratie!»

Der Redner, ein etwa fünfundvierzigjähriger Mann mit einem von grauem Haar und Spitzbart umrahmten, schmalen Gesicht, beendete eben seine Rede mit donnernder Stimme, jedes seiner Worte mit einem Faustschlag auf den Tisch hämmernd.

«Der Kampf für den Sozialismus und die Emanzipation der Arbeiterklasse ist auch ein Kampf für die Befreiung der Frau! Es lebe die Arbeiterbewegung! Und es lebe die sozialistische Republik!»

Dieses Schlußwort erntete allseits Beifall, darunter auch den besonders euphorischen einer jungen Frau, deren Begeisterungsbekundungen von Anfang an mehrmals bewirkt hatten, daß sich alle Köpfe nach ihr umdrehten. Sie war eine üppige, hochgewachsene Brünette mit fröhlichem Gesicht, die ohne jede Scheu mit dem Umstand fertig zu werden schien, daß sie die einzige Frau auf dieser Versammlung war. Sie war in Begleitung zweier Studenten hier. Das übrige Publikum setzte sich vorwiegend aus Arbeitern zusammen.

Die Rede war zu Ende. Einige Männer hatten sich bereits erhoben und waren auf den Sozialistenführer zugegangen, um ihm zu gratulieren. Einer der beiden Studenten, ein magerer, blasser junger Mann mit glühenden Augen und auf dem Schädel angeklatschtem, speckigen Haar, wandte sich der jungen Frau zu.

«Und, Rosa, hat unser Freund August die Worte gebracht, auf die du gewartet hast?»

«In zwei Sätzen», nickte diese und zog dabei einen Flunsch. «Und auch noch ganz am Schluß der Rede. Ich glaubte schon, es käme nie mehr dazu!»

Er wandte sich ihrem Kameraden zu, einem vielleicht dreiundzwanzigjährigen jungen Mann mit braunem Haar und einem fast noch kindlichen Gesicht, dessen gepflegte Erscheinung und dandyhafte Lässigkeit vom Stil der übrigen Gesellschaft deutlich abstachen.

«Na, Louis? Wie hat es dir gefallen?»

Louis kam aber nicht mehr dazu, seinem Kameraden zu antworten. Krachend war die Tür des Lokals aufgestoßen worden, und im Raum stand ein feister, in seinen mit Goldknöpfen besetzten Rock gezwängter Mann, hinter dem sich Gendarmen in Lackstiefeln und Pickelhauben drängten und ihre weißen Knüppel schwangen.

«Im Namen des Gesetzes! ... Keiner rührt sich von der Stelle!» brüllte der Dicke.

Augenblicklich erhob sich wildes Gepfeife und Geschrei. August Bebel, die Hauptperson dieser Versammlung, schob die sich um ihn scharenden Teilnehmer beiseite und schritt in seiner Eigenschaft als

Abgeordneter und politisches Oberhaupt würdevoll auf den Polizisten zu. Schon gerieten die Arbeiter mit den in den Saal strömenden Gendarmen handgreiflich aneinander.

«Die Bierhalle ist umstellt!» schrie der Kommissar sich schier heiser. «Es hat keinen Zweck, Fluchtversuche zu unternehmen!»

«Schnell, Rosa, versuch hinten raus zu verschwinden», zischte der Student hastig seiner Gefährtin zu. «Auf ein einzelnes junges Mädchen geben sie vielleicht nicht so acht...»

Doch es war zu spät. Die Beamten der öffentlichen Gewalt blokkierten bereits alle Ausgänge. Wenige Minuten später standen sämtliche Anwesenden, von den Gendarmen in Schach gehalten, in einer langen Schlange vor dem Tisch, an dem der Kommissar sich niedergelassen hatte, um die Personalien zu überprüfen.

Bald waren auch die beiden Studenten und ihre Freundin an der Reihe.

«Name, Vorname, Beruf!» schnauzte der Kommissar, ohne aufzublicken, den ersten von ihnen an.

«De La Tour, Louis, Jurastudent», antwortete der junge Mann mit ruhiger Stimme auf französisch. Der Kommissar blickte drohend zu ihm auf. «Hier wird deutsch gesprochen!» Mit denen kannte er sich aus, mit diesen quertreiberischen kleinen Studenten. Deutsch war die Amts- und Polizeisprache, das genügte ihnen, um den Anschein zu erwecken, als könnten sie nur Französisch.

Der junge Mann zuckte ostentativ mit den Schultern, dann wiederholte er, ohne die Ruhe zu verlieren, auf deutsch: «De La Tour, Ludwig, Jurastudent.»

Der Kommissar richtete sich auf seinem Stuhl auf und musterte den Studenten mit zugleich erstaunter und argwöhnischer Miene etwas aufmerksamer. Offensichtlich hatte er den Namen schon einmal irgendwo gehört. «De La Tour... Sollten Sie etwa ein Verwandter von Baron Kempf aus Alsheim sein?» fragte er.

«Ja, Herr Kommissar. Baron Kempf ist mein Großvater.»

«Ihr Großvater! Aber darf man Sie dann wohl fragen, was Sie unter dieser Bande von Anarchisten zu suchen haben, Herr de La Tour?»

«Es sind Freunde von mir», erwiderte Louis de La Tour kurz angebunden.

«Freunde! Merkwürdige Freunde, mit Verlaub, Herr de La Tour... Gut, gehen Sie... Na, verschwinden Sie schon!»

«Guten Tag, Herr Kommissar. Kommst du, Rosa?» Und als der Gendarm lauthals protestieren wollte, fügte er hinzu: «Diese junge Dame gehört zu mir.» Er drehte sich nach dem anderen Studenten um und flüsterte ihm ins Ohr: «Keine Sorge, Max. Ich bereinige das schon irgendwie für dich.»

Max machte Rosa ein Zeichen, die ihm eine angedeutete Kußhand zuwarf, dann trat er ebenfalls vor den Kommissar hin.

«Name, Vorname, Beruf!»

«Seligmann, Max, Jurastudent.»

«Ah! Seligmann! Du schon wieder. Na schön, Herr Jurastudent, kennen Sie den Artikel 11 des Bürgerlichen Gesetzbuches, Paragraph drei? ‹Jegliche politische Versammlung ist im Reichsland Elsaß-Lothringen verboten.› Was also lernst du eigentlich auf der Universität?»

Max Seligmann hob die Stirn und sah den Polizisten zornig an. «Die Rechte des Bürgers, Herr Kommissar.»

«Die Rechte des Bürgers! Hört euch das an. Nun gut, im Kittchen wirst du ausgiebig darüber nachdenken können. Los, ab mit dir!»

Ein Gendarm packte den jungen Mann am Arm. Doch mit einem Ruck riß dieser sich los und ging aus eigenem Antrieb zu der Gruppe Verdächtiger hinüber, die an diesem Abend dazu ausersehen war, die Nacht in der Zelle zu verbringen.

Am Tag nach dieser bewegten Nacht spazierte Louis de La Tour, der seine Studentenkleidung gegen einen eleganten hellen Anzug eingetauscht hatte, gegen sechs Uhr abends mit Rosa durch die Gärten der Orangerie von Straßburg. Rosa, die ein weiß und rosafarbenes Kleid trug, drehte lässig einen zugeklappten Sonnenschirm zwischen den Fingerspitzen. Es war herrliches Wetter, und so flanierten zahlreiche Stadtbewohner unter jenen Bäumen, wo die berühmteste Statue des Elsaß, «die Gänseliesl», steht – eine Gänsemagd, die von einem Gänserich verfolgt wird, der sich in ihren Rock verbeißt.

«Eigentlich hatte er recht, dieser Kommissar», sagte das junge Mädchen belustigt. «Louis de La Tour, künftiger Erbe eines Grafentitels und der Kempf-Werke, auf einer klammheimlichen Sozialistenversammlung... Das ist doch wirklich etwas eigentümlich, oder?»

«Nein, das ist gar nicht eigentümlich», antwortete Louis ernst. «Erstens ist Max mein bester Freund. Und zweitens finde ich, wenn ich auch kein leidenschaftlicher Sozialist bin wie er, daß in dem, was er und sein Freund Bebel sagen, einiges absolut richtig ist... Ach, da sehe ich ja die Person, mit deren Hilfe Max vielleicht aus dem Gefängnis kommen kann...»

«Und wer ist das?»

«Ein Freund meines Großvaters. Du wirst sehen, Rosa, es kann manchmal von Nutzen sein, der Erbe der Kempf-Werke zu sein.»

Etwa zwanzig Meter von ihnen entfernt spazierte in straffsitzender Uniform und das Monokel im Auge General von Wismar-Marbach. Trotz des graumelierten Haares und der leichten Körperfülle war er noch immer eine gutaussehende Erscheinung. Seine Frau am Arm, grüßte er mal hier, mal da einen Bekannten mit leichtem Kopfnicken. Ein junges Mädchen in Sommerkleid und breitkrempigem Hut begleitete sie. Es war ihre zwanzigjährige Tochter Frederike, ein hübsches brünettes Mädchen mit blassem Teint und rotem Kirschmund.

Sie war es, die die beiden als erste bemerkte. Bei Rosas Anblick runzelte sie die Augenbrauen und blieb wie angewurzelt stehen. Der junge Mann aber legte seiner Freundin die Hand auf den Arm.

«Warte hier einen Augenblick, ja?» sagte er. Dann ging er mit großen Schritten auf die Familie von Wismar zu.

«Sieh einer an», sagte der General. «Da ist ja unser junger Freund de La Tour...»

Louis verneigte sich und küßte Frau von Wismar-Marbach die Hand. «Meine Verehrung, gnädige Frau... Guten Tag, Herr General!»

Anschließend schenkte er Frederike sein schönstes Lächeln. Doch diese wandte sich kurzerhand ab, nachdem sie ihn mit einem vernichtenden Blick bedacht hatte.

«Mein lieber Louis», meinte der General, der davon nichts bemerkt hatte, «Sie kommen wie gerufen, um Frederike zu einem Eis einzuladen. Sie langweilt sich ein wenig mit ihren alten Eltern!»

«Eine gute Idee!» rief seine Frau aus. «Frederike, mein Liebling, wir vertrauen dich Herrn de La Tour an ...» Wofür sie jedoch einen giftigen Blick ihrer Tochter erntete, dessen Bedeutung sie gar nicht begriff.

«Fein, Frederike, kommst du?»

Mit einem strahlenden Lächeln bot Louis dem jungen Mädchen seinen Arm an. Um keinen unnötigen Wirbel zu verursachen, ergriff sie ihn verdrießlich, und so gingen beide davon.

«Wer ist denn die da?» Abfällig wies sie mit dem Kinn auf Rosa, die etwas abseits wartete.

«Diese junge Dame ist die Verlobte meines Freundes Max Seligmann», antwortete Louis. «Und gerade seinetwegen wollte ich dich herzlich bitten, mit deinem Vater zu reden ...»

«Sprich doch selber mit ihm!» gab Frederike schmollend zurück.

Der junge Mann verlegte sich nun auf seinen unwiderstehlichsten Ton: «Oh, ich glaube gar, du bist mir böse ... Glaubst du mir etwa nicht? ... Komm, ich werde sie dir vorstellen.»

Und noch ehe Frederike überhaupt reagieren konnte, hatte er sie bereits zu Rosa hinbugsiert.

«Fräulein Frederike von Wismar-Marbach», sagte er mit scherzhafter Feierlichkeit, «erlauben Sie mir, Ihnen Fräulein Rosa Blum vorzustellen ... Macht euch einstweilen miteinander bekannt, ich habe kurz mit dem General zu reden. Wenn ihr erlaubt ...»

Damit verbeugte er sich und ging raschen Schrittes davon. Frederike, der gar nicht recht wohl war in ihrer Haut, blickte verlegen in die Runde. Doch Rosa, die alles, nur nicht schüchtern war, ergriff als erste das Wort.

«Sie sind also Frederike, nicht wahr? Louis erzählt uns nämlich unentwegt von Ihnen. Ich freue mich sehr, Sie kennenzulernen.»

Frederike sah sie von der Seite her an. «Er spricht von mir?»

«Natürlich. Und ich hoffe, Sie lieben ihn ebensosehr wie er Sie. Er ist ein feiner Kerl.»

«Und Sie, Sie sind die Verlobte seines Freundes?»

«Nicht die Verlobte, eher die Geliebte.»

Frederike zuckte leicht zusammen.

«Verzeihen Sie mir, ich habe Sie schockiert», meinte Rosa lächelnd. «Aber ich nenne die Dinge gern beim Namen.»

Dieses Lächeln und auch der erleichternde Gedanke, daß sie hier keine Rivalin vor sich hatte, bewirkten endlich, daß Frederike sich entspannte. «Sie sind Deutsche?» fragte sie.

«Gewisserweise, ja. Ich bin Berlinerin. Und Jüdin.»

«Und was machen Sie in Straßburg?»

«Ich gehe hier zur Universität. Ich habe es vorgezogen, nicht so nah bei meiner Familie zu sein. Ich bin gern frei. Ich bin die einzige weibliche Medizinstudentin hier!»

Frederike betrachtete sie mit einer Neugier, in die sich Bewunderung mischte. «Also ich würde das nie wagen!» bekannte sie offenherzig.

«Meinen Sie? Da täuschen Sie sich. Die Frauen müssen lernen, mehr Selbstvertrauen zu gewinnen. Und zusammenzuhalten. Wollen wir Freundinnen sein, ja?»

Sie hielt Frederike die Hand hin. Freudig schlug diese ein.

Ein Stück von ihnen entfernt hatte Louis dem General Max Seligmanns Fall unterbreitet, während Frau von Wismar mit einer Freundin plauderte, die sie eben getroffen hatte. Von Wismar schüttelte nachdenklich seinen Kopf.

«Ihr Freund übertreibt etwas», brummte er väterlich und knurrig zugleich. «Mir ist einiges zu Ohren gekommen über diesen Seligmann! Bei der Polizei ist er schon seit langem registriert... Er ist ein Revolutionär.»

«Er ist der Sohn eines Rabbiners aus Hagenau, der wiederum ein Schützling meines Großvaters ist», erwiderte Louis.

«Darin sehe ich keinen mildernden Umstand! Von Ihnen übrigens ganz zu schweigen, mein Lieber. Meinen Sie denn, es würde Baron Kempf freuen, zu wissen, daß Sie Ihre Abende auf sozialistischen Kundgebungen zubringen?»

Louis machte ein betretenes Gesicht. «Herr General, Sie sagen es ihm doch bitte nicht... Sie sind sein bester Freund, da werden Sie ihm doch keinen unnötigen Kummer machen wollen. Und außerdem, was wollen Sie? Ich bin eben wie meine Mutter. Widerspenstig und aufsässig!»

«O ja... Das hätten Sie nicht besser sagen können!» Von Wismar verkniff sich ein Lächeln. Mit seiner Art, sich wie ein ewig zu Späßen aufgelegter, verwöhnter Junge zu benehmen, war Louis ein echter Charmeur.

«Na gut», sagte er in bemüht strengem Ton, «ich werde mal sehen, was sich da machen läßt. Aber lassen Sie es sich gesagt sein: Das ist das letzte Mal!»

«Danke, Herr General!» sagte Louis strahlend.

«Schon gut, schon gut. Ich habe mich in Ihrem Alter nicht um Politik gekümmert. Wir waren romantischer. Das war weniger gefährlich...» Verschwörerisch beugte er sich zu Louis hin. «Außer für die Damen, *n'est-ce pas?* Aber jetzt gehen Sie nur wieder zu Frederike hinüber. Sie wartet schon.»

«Ich glaube eher, sie schmollt...»

«Das ist ein gutes Zeichen! Glauben Sie mir. Da kenne ich mich aus.»

Nachdenklich blickte er Louis nach, wie er zu Frederike und Rosa hinüberging. Seine Frau war an seine Seite zurückgekehrt, und so setzten sie ihren Spaziergang fort.

«Louis würde wirklich einen ganz passablen Ehemann für unsere Tochter abgeben», sagte er.

«Sie scheinen zu vergessen, mein Lieber, daß seine Mutter uns verabscheut.»

«Das ist ja auch verständlich. Schließlich haben wir ihren Mann im Krieg getötet.»

«Mehr als zwanzig Jahre ist das jetzt her! Sie will und will nicht vergessen.»

Gelassen hob der General die Schultern. «Tja, so ist das eben.»

Beifall wurde laut, als Mathilde de La Tour hinter Franzl Imhof, der sie im Schloß abgeholt hatte, das Gasthaus *Zum Hirschen* betrat. Mit einer graziösen Handbewegung winkte sie ab.

«Grüß Gott, alle miteinander. Danke für euren Empfang. Aber hebt euren Beifall lieber für unseren Abgeordneten im Reichstag auf, der auch bald kommen dürfte!»

Gut fünfzig Dorfbewohner waren versammelt. An den Pfeilern waren Spruchbänder aufgehängt mit der Aufschrift: «Unserem elsässischen Abgeordneten im Reichstag ein herzliches Willkommen!» und «Es lebe der Sohn Alsheims!» Dieser Sohn Alsheims, der jüngst ins

Parlament gewählt worden war, war niemand anderes als Pfarrer Eberle, der einstige Vikar und spätere Nachfolger von Pfarrer Müller, der einige Jahre zuvor gestorben war. Eberle, der als exzellenter Redner und energischer Mann von Überzeugung und echtem Glauben galt, hatte sich sehr bald als einer der wichtigsten Männer in der streitenden katholischen Kirche durchgesetzt, wie auch jetzt seine Wahl bestätigte.

Mathilde trug ein schwarzes Kleid mit einer mauvefarbenen Pelerine darüber. Sie hatte die Vierzig inzwischen überschritten. Die weichen Züge und Grübchen ihrer Jugendjahre waren aus ihrem Gesicht verschwunden. Die straffe Frisur verlieh ihr eine gewisse Strenge, die durch ihr diskretes Lächeln und ihre schönen, klaren Augen gemildert wurde. Ihre natürliche Art und die noble, niemals aber hochmütige Zurückhaltung, die sie um sich her aufrechterhielt, bewirkten, daß man sie allgemein mit Sympathie und Hochachtung als eine «große Dame» erachtete. Sonntags nach der Messe blieb sie gern noch ein wenig stehen, um mit den Frauen des Dorfes zu plaudern, die allesamt stolz ihre traditionelle Haube trugen. Man sah sie bei den Prozessionen zum Fronleichnamsfest, an Christi Himmelfahrt und Pfingsten. Beim alljährlichen *mesti*, dem Alsheimer Patronatsfest, hielt sie es keinesfalls für unter ihrer Würde, zum Pfefferkuchenessen zu kommen und beim Hahnentanz Beifall zu klatschen. Gewiß, manche unterstellten ihr aufwieglerische Absichten; wenn sie aber auf ihrem Schloß geblieben wäre, hätten sie ihr wiederum Hochmut vorgeworfen.

Unter den freundschaftlichen Blicken der anwesenden Dorfbewohner ging sie quer durch die Gaststube, um Yerri Laugel und seine Frau Eugénie zu begrüßen.

Es war nun schon etliche Jahre her, daß Yerri, dem es einfach unerträglich geworden war, fern von seinem geliebten Elsaß leben zu müssen, nach Hause zurückgekehrt war und geheiratet hatte. Davon, daß er den Lehrberuf wiederaufnahm, hatte freilich nicht mehr die Rede sein können. Also hatte er sich entschlossen, den Gasthof seiner Eltern zu übernehmen.

«Na», sagte Mathilde herzlich, indem sie Eugénie umarmte, «ist das langersehnte Baby nun endlich da?»

Eugénies Gesicht leuchtete auf. «O ja, Frau Gräfin ... Schauen Sie nur, hier ist es, in seiner Wiege.»

Mathilde trat lächelnd näher und betrachtete das Kind. «Meinen Glückwunsch, Eugénie. Er ist ein Prachtkerl. Welchen Namen haben Sie ihm gegeben?»

«Albert, Frau Gräfin.»

«Albert Laugel», murmelte Mathilde. «Eines Tages wird er ein Franzose sein.»

«Das haben Sie uns schon vor zwanzig Jahren prophezeit», warf Yerri trübsinnig ein. «Und immer noch sind wir deutsch ...»

«Wir dürfen nicht verzweifeln, Yerri.»

In bestimmtem, geradezu schulmeisterlichem Ton hatte die Gräfin das gesagt. Jeden Sonntag nach der Messe setzte sie in der Schloßbibliothek ihren Unterricht fort. Doch Mathilde beschränkte sich nicht allein auf die französische Sprache, sie lehrte auch Geschichte und erinnerte an die Namen der elsässischen Generäle, die im Dienste Frankreichs gestanden hatten.

Die Gräfin ging zu einem Tisch hinüber, an dem sich Franzl Imhof, der ja mit ihr gekommen war, zu seiner Frau Liselotte gesetzt hatte. Ein fünfzehnjähriger Junge saß bei ihnen: Es war ihr Sohn Paul. Mathilde nahm auf dem Stuhl, den Franzl für sie zurechtgerückt hatte, Platz.

«Na, Liselotte», fragte sie, «macht dir dein großer Junge auch recht viel Freude?»

«Ja, Madame», sagte Liselotte. «Paul wird jetzt bald in die Landwirtschaftsschule von Ruffach gehen.»

«So wird er sich später um den Hof meines Vaters kümmern können», setzte Franzl hinzu. «Aber ich hätte es schon gern, wenn er bei Ihnen Französisch lernt.»

Diese Bitte bereitete Mathilde sichtlich Freude. «Paul kann jederzeit kommen, sobald er nur möchte», antwortete sie. «Ich würde mich ungemein freuen.»

Ihr Gespräch wurde von Hurrarufen unterbrochen. Die Tür war aufgegangen, und Pfarrer Eberle, der Held des Tages, war erschienen. Alle erhoben sich. Er lächelte breit, schüttelte einige Hände und steuerte dann, kaum daß er sie erblickt hatte, auf Mathilde zu.

«Frau Gräfin ... Ich fühle mich sehr geehrt durch Ihre Anwesenheit!»

«Und ich», erwiderte sie laut genug, daß alle Umstehenden es hören konnten, «ich freue mich zu hören, daß Sie das Elsaß im Berliner Reichstag verteidigen werden.»

«Ich will mein Bestes geben», versprach der Geistliche. «Aber ich vergesse nicht, daß ich nur dank Ihrer Unterstützung gewählt worden bin.»

In der Tat hatte Mathilde sich mit Feuereifer an der Wahlkampagne beteiligt, indem sie die Familien aufsuchte, im Schloß Versammlungen für die Anhänger von Pfarrer Eberle organisierte und überall verkünden ließ, daß er «ihr» Kandidat war.

Lächelnd hob die Gräfin die Hand, um den Dank des neuen Abgeordneten abzuwehren. «Sie sind wegen Ihrer Courage gewählt worden, Herr Pfarrer, und auch dank des Patriotismus und Glaubens der Elsässer. Von den fünfzehn Reichstagsabgeordneten aus unserem Land stammen sieben aus der Katholischen Partei!»

Alles im Raum applaudierte. Pfarrer Eberle ergriff die Gelegenheit beim Schopf.

«Bismarck wollte den Katholiken mit seinem ‹Kulturkampf› den Krieg erklären. Und dies hier ist nun die Antwort der Elsässer!» Wieder ertönten allseits Bravo- und Hurrarufe.

Jetzt ergriff Franzl, ein Glas in der Hand, das Wort: «Das Elsaß ist weder Togo noch Kamerun! Wir sind keine deutsche Kolonie!»

«Wir wollen unsere eigene Fahne, unser eigenes Parlament und unsere eigene Regierung!» fügte Yerri Laugel hinzu.

Erneutes Aufbranden von Applaus und Beifallsrufen.

«Und jetzt», schloß Yerri, «gebe ich eine Runde aus!»

Mit besorgter Miene sah ihn Eugénie an. «Meinst du nicht, daß du etwas übertreibst?» flüsterte sie. «Bei so vielen Leuten hier ...»

«Heute ist ein großer Tag, Eugénie!» erwiderte Yerri überschwenglich. «Ein Alsheimer im Reichstag ... Die werden sich noch wundern in Berlin!» Dann rief er wieder in den Raum hinein: «Ich schlage vor, wir trinken auf den Sieg unseres Abgeordneten ... Aber auch zu Ehren der Frau Gräfin de La Tour, deren Gegenwart und Unterstützung uns allen ein zusätzlicher Grund zur Hoffnung ist!»

Bewegt schlug Mathilde die Augen nieder und lächelte. Für solche Sympathiebezeigungen ihrer Landsleute war sie im Grunde empfänglicher, als sie zugeben wollte. Sie zeigten ihr, daß sie nach der Niederlage nicht umsonst geblieben war und daß ihr Leben und ihr Kampf einen Sinn hatten. Durch sie fühlte sie sich auch weniger allein, wenn sie im Spiegel sah, daß sich an ihren Augenwinkeln kleine Fältchen bildeten und in ihrem blonden Haar das eine oder andere graue Haar auftauchte.

Eine Woche nach diesem denkwürdigen Tag war Baron Kempf gerade in seinem Werksbüro, als General von Wismar sich melden ließ.

«Er soll nur gleich hereinkommen!» sagte der Industrielle erfreut zu seinem Sekretär.

Mit seinen dreiundsiebzig Jahren erregte Eugène-Victor Kempf bei all seinen Freunden und Angestellten Bewunderung, weil er nach wie vor sein Unternehmen mit energischer Hand führte und dabei auch noch seinen laufenden Pflichten als Bürgermeister von Alsheim gerecht wurde. Er allein wußte, was ihn diese verantwortungsvollen Aufgaben, die immer schwerer auf ihm zu lasten schienen, mit den Jahren kosteten.

Er legte seine Feder nieder und erhob sich, um von Wismar zu empfangen, dem er mit einem breiten Lächeln die Hand reichte. «Was für eine Freude, Sie zu sehen, lieber Freund. Sie sollten öfter kommen.»

«Tja, ich kann ja nicht alle Tage eine gute Nachricht bringen!» sagte der General, während er Platz nahm. «Es ist nämlich so, daß ich gestern den Bürgermeister von Straßburg getroffen habe, und der hat mir bestätigt, daß Sie den Auftrag für die Straßenbahnwagen bekommen sollen.»

«Sehr schön», meinte Eugène-Victor Kempf. «Ich danke Ihnen. Ich weiß ja, daß Sie Ihr möglichstes hierfür getan haben.»

«Nicht der Rede wert», protestierte der General lächelnd. «Ich bin doch nur ein Soldat.»

«Ein sehr einflußreicher Soldat.»

«Ach was! Lassen wir das. Dafür sähe es der Bürgermeister aber auch gern, wenn Sie ihm bei den Preisen ein wenig entgegenkommen wollten. Gewiß, die Behörden sind darum bemüht, die elsässischen Unternehmen mit Aufträgen zu versorgen, aber Ihre Konkurrenten im Ruhrgebiet unterbreiten einfach niedrigere Kostenvoranschläge.»

«Sicher», seufzte der Baron. «Die haben ja auch nicht dieselben Steuern wie wir zu zahlen ...»

«Das ist Ihr Problem», sagte von Wismar.

«Nein, General! Das ist das Problem des Elsaß. Verzeihen Sie, wenn ich mich wiederhole, aber nach mehr als zwanzig Jahren werden wir immer noch behandelt wie ein erobertes Land ... Ganz zu schweigen von den Taktlosigkeiten Ihrer Beamten. Hier, sehen Sie ...» Er griff nach einer Zeitung auf seinem Schreibtisch und setzte den Zwicker auf. «Einweihung des Kriegerdenkmals für die bayerischen Regimenter von 1870 in Wörth ... Der Gouverneur, Seine Exzellenz Prinz von Hohenlohe-Langenburg, erklärt: ‹Wir gedenken feierlich der Helden, die auf dem Feld der Ehre gefallen sind, um uns den Sieg über ein überhebliches und herausforderndes Frankreich zu sichern.› Mal ganz ehrlich, finden Sie nicht, daß er da ein bißchen übertrieben hat?»

Von Wismar zuckte die Achseln. «Was wollen Sie ... Drüben auf der anderen Seite der Vogesen reden die Franzosen von nichts anderem als von einer Revanche den Barbaren gegenüber. Und die Barbaren, das sind wir beide! Auch Sie, mein lieber Baron, sind jetzt ein teutonischer Barbar!»

Mürrisch vor sich hin brummelnd, ging Kempf den Artikel weiter durch: «Und das da! Hören Sie nur: ‹Sie vergossen ihr Blut, um den geheiligten Boden der Heimat zu verteidigen ...› Den geheiligten Boden der Heimat! Die Bayern! Daß ich nicht lache! Man fragt sich doch wirklich, was sie hier zu schaffen hatten ...»

Von Wismar, der selbst über diese absurden Worte lächeln mußte, hob die Hände, um diesem Thema ein Ende zu bereiten. «Lieber Freund ... *Cher ami* ... Zwingen Sie mich nicht, über Politik zu reden, dazu bin ich nicht der Richtige. Zurückhaltungspflicht! Dafür gibt es ein anderes Thema, das ich gern mit Ihnen besprechen würde: die Kinder.»

«Die Kinder?»

«Ich meine Ihren Enkel und meine Frederike. Wir sollten ernsthaft daran denken, sie miteinander zu verheiraten.»

Das Gesicht des Industriellen verfinsterte sich, was von Wismar keineswegs überraschte. Er ahnte, weshalb.

«Mein Gott», sagte Eugène-Victor, «ich habe selbstverständlich nichts dagegen, aber das hat doch Zeit, oder? Sie sind noch so jung...»

«Immerhin sind sie sich schon seit zwei Jahren zugetan. Es scheint ernst zu sein. Und außerdem denke ich, es würde Ihrem Enkel nur guttun. Er macht so seine Dummheiten in Straßburg.»

Der Baron runzelte die Augenbrauen. «Schulden?»

«Nein, nein, da kann ich Sie beruhigen!» meinte von Wismar. «Aber die Politik...» Und als ob er sich entschuldigen wollte, fügte er hinzu: «Das bleibt bitte unter uns, er nimmt nämlich an, daß ich Ihnen nichts davon erzähle. Aber Sie hatten mich gebeten, ein Auge auf ihn zu haben, und darum bemühe ich mich. Er ist erst kürzlich wieder auf einer sozialistischen Versammlung erwischt worden.»

«Ach so!» meinte Eugène-Victor. «Wenn es weiter nichts ist! Das wird sich sicher wieder legen. Sie kennen ja meine Devise: Wer mit Zwanzig kein Sozialist ist, hat kein Herz; wer es mit Dreißig noch ist, hat keinen Verstand.»

«Da bin ich vollkommen Ihrer Meinung. Nur würde er noch schneller zur Vernunft kommen, wenn er heiratete. Dann hätte er anderes im Kopf, *n'est-ce pas?*»

Nachdenklich nickte Kempf. «Sie wissen recht gut, von Wismar, daß mir nichts lieber wäre...»

«Aber da ist eben Gräfin Mathilde...»

«Ja, so ist es», bestätigte Kempf.

«Sie wird sich also nicht ändern?»

«Es sieht nicht so aus.»

«Sie müssen schon verzeihen», sagte von Wismar. «Aber ehrlich gesagt, Ihre Tochter macht uns arg zu schaffen. Sie hält sich offenbar für Jeanne d'Arc!»

«Da ist schon etwas dran... Mag sein, daß es auch ein wenig meine Schuld ist. Vor einigen Jahren hat sie sich eine Gelegenheit entgehen lassen: Kessner-Beauvallet, ein junger Diplomat und Freund aus ihrer Kindheit. Er hätte sie liebend gern geheiratet. Und ich hätte sie dazu ermuntern sollen. Denn er hätte sie da herausgeholt ...»

«Aber hätte sie ihn überhaupt haben wollen?»

«Ich denke schon. Es gab einen gewissen Zeitpunkt, wenn ich da ein wenig mehr begriffen hätte ... Doch ich hatte sie immer in meiner Nähe gehabt. Ich bekam einfach Angst, sie fortgehen sehen zu müssen. Der Egoismus muß mich blind gemacht haben. Das ist es, was ich in meinem Leben bisher am meisten bereue.»

«Und was ist aus diesem Kessner geworden?»

«Er hat schließlich eine andere geheiratet. Mathilde hat dazu nichts gesagt, aber ich glaube, daß es sie getroffen hat ... Um auf diesen Heiratsgedanken zurückzukommen, er gefällt mir sehr gut, das kann ich Ihnen nur wiederholen. Ich bin alt und würde zu gern noch die Geburt eines Urenkels erleben. Seien Sie versichert, ich werde mein möglichstes tun, um sie umzustimmen.»

«Ich vertraue da auch sehr auf Louis», meinte von Wismar. «Glauben Sie mir, er weiß recht gut, wie er es anstellen muß, um zu bekommen, was er will ...»

Gegen Ende des Frühjahrs 1894 erhielt Mathilde einen Brief von Armand Kessner-Beauvallet. Er beabsichtigte, einige Tage im Elsaß umherzureisen, um einem seiner Pariser Freunde das Land zu zeigen, einem jungen Schriftsteller, der viel von sich reden machte und Maurice Barrès hieß. Dabei äußerte er den Wunsch, gemeinsam mit diesem Freund für einen Tag aufs Schloß zu Besuch zu kommen.

Mathilde legte den Brief weg. Ihr Herz hatte schneller zu schlagen begonnen. Sie ärgerte sich über diese Gefühlswallung und schimpfte sich töricht. War Armand denn nicht seit zwölf Jahren verheiratet?

Zwölf Jahre ... Wie die Zeit verging. Obwohl sie doch alles andere als ein turbulentes Leben führte, in dem die Flut von Ereignissen, Neuheiten und Begegnungen die Jahre vergessen lassen könnte. Sie hatte Louis großgezogen, sie hatte sich um das Schloß, den Vater und die Dienstboten gekümmert. Gelegentlich empfing sie ihre politischen Freunde oder korrespondierte mit ihnen. All das bildete eine wohlgeregelte Welt aus Aufgaben, Pflichten und Ritualen.

Jahrelang hatte sie sich in ihre Trauer gehüllt. Mit der Zeit aber bereiteten ihr der Kummer und der Gedanke an ihre zerbrochene Jugend immer weniger Schmerzen oder nur noch einen dumpfen, vertrauten Schmerz. Sie war die Witwe eines französischen Soldaten, der durch den Feind, den Besatzer, ums Leben gekommen war. Sie war eine unter Tausenden von Elsässerinnen und Französinnen, die nie vergessen würden.

Es war, als gehörte sie sich nicht mehr selbst. Sie war das Gedächtnis ihres Landes, mit ihrer Treue Frankreich gegenüber, für das sich ihre und Charles' Vorfahren schon geschlagen hatten, der französischen Sprache gegenüber, die sie den Dorfkindern beibrachte, und dem katholischen Glauben gegenüber, einem gewissenhaft praktizierten und ehrlichen Glauben, den die Niederlage, die Trauer und die deutsche Präsenz verstärkten und kräftigten.

Um die Verzweiflung, die sie als junge Frau empfinden mußte, hatte sie sich ein Leben aufgebaut. Und ihr Louis, dieses Abbild des Rittmeisters Charles de La Tour, genügte ihrem Herzen. Irgendwann würde Louis Franzose sein ... Sie wartete auf diesen Tag, an dem ihr die Trikolore, die sich neu über dem Elsaß entfaltete, sagen würde, daß sie recht gehabt hatte.

All das hinderte sie jedoch nicht daran, daß sie die Sehnsucht nach Liebe, schlichtem Glück und Sorglosigkeit von Zeit zu Zeit wie eine Woge erfaßte. Es war dann, als winkte und riefe ein anderes Leben nach ihr.

Sie schüttelte plötzlich den Kopf, wie um unwillkommene Gedanken daraus zu vertreiben. Es galt zu leben, und zwar mit Würde zu leben. Sie setzte sich an ihren Sekretär und schrieb Armand, daß sie ihn und seinen Freund Barrès mit größtem Vergnügen empfangen werde.

«Ich bin bei den Pourtalès auf Schloß Robertsau den Dürckheims begegnet ... Weißt du eigentlich, daß er liberaler Reichstagsabgeordneter ist?»

«Ich sehe sie nicht mehr», sagte Mathilde.

Armand und sein Reisegefährte waren am Vormittag eingetroffen; Baron Kempf hatte sogleich den Schriftsteller in Beschlag genommen, um ihm die Fabrik zu zeigen. Mathilde war mit ihrem Kindheitsfreund allein zurückgeblieben. Die Konversation schleppte sich dahin. Der

Ton, der nun zwischen ihnen herrschte, war nur der zweier alter Bekannter mit gemeinsamen Erinnerungen.

Kessner-Beauvallet wunderte sich nicht über Mathildes Antwort. Er kannte ihre Kompromißlosigkeit. Sie hatte bereits mit einer Vielzahl ihrer Freunde gebrochen, die sich ihrer Meinung nach Preußen gegenüber viel zu entgegenkommend zeigten.

«Und die Lutolds», fragte er, «hast du von denen etwas gehört?»

«Die lädt keiner mehr ein», warf sie verächtlich hin. «Ist dir bekannt, daß sie sich inzwischen ‹von Lutold› nennen lassen?»

Armand mußte lachen. «Es gibt doch wirklich Leute, die selbst vor Lächerlichkeit nicht zurückschrecken.»

Doch Mathilde lächelte nicht. Also ließ Armand das Thema auf sich beruhen. Sie nahm immer alles von der tragischen Seite. Nie würde sie sich ändern.

Er fand, daß sie gealtert war. Wo war das süße junge Mädchen nur geblieben, in das er so verliebt gewesen war? Wo war die zauberhafte junge Braut am Arm ihres schönen Rittmeisters geblieben, deren glückstrahlendes Lächeln ihm einst das Herz gebrochen hatte? Es gab diese Mathilde nicht mehr. Es gab nur mehr die Gräfin Mathilde, eine würdevolle, finstere Dame mit Prinzipien, deren Unbeugsamkeit zuweilen an Bitterkeit grenzte; eine Provinzschloßherrin, die sich über den gesellschaftlichen Umgang der einen und den neuen Namen der anderen empörte. Dabei war doch Mathilde im Grunde eine intelligente und sensible Frau. Aber dieses auf ihr Schloß und ihre Erinnerungen beschränkte Leben hatte sie mit der Zeit immer engstirniger gemacht.

«Wie geht es deiner Frau?» fuhr sie nach einigem Schweigen fort.

«Danke, gut.»

«Und deine Kinder? Wie alt sind sie jetzt eigentlich?»

«Das Mädchen ist sechs und der Junge acht. Sie werden bald nachkommen, wenn ich in meiner neuen Stellung bin ... in Berlin.»

Mathilde schreckte hoch. «In Berlin?»

«Ja. Ich wurde kürzlich zum ersten französischen Botschaftsrat bei Seiner Majestät dem Kaiser ernannt.»

«Armand, ich dachte, du hättest geschworen, niemals einen Fuß nach Berlin zu setzen ...»

Er nickte. Nun war der gefürchtete Augenblick gekommen. «Ja, das ist wahr», sagte er. «Aber das ist zwanzig Jahre her. Die Zeiten haben sich geändert.»

«Nicht für mich.»

«Nicht für dich, aber für die anderen. Auch mir wäre ein französisches Elsaß lieber gewesen. Daran glaube ich aber nicht mehr. Und ich denke, man sollte auch nicht mehr daran glauben. Sieh dich um! Als ich nach Alsheim kam, entdeckte ich Dampfdreschmaschinen. Und überall Elektrizität. Selbst hier im Schloß. Und Straßburg? Hast du gesehen, wie Straßburg sich verändert hat? Das ist ein kleines Berlin, eine kleine Hauptstadt. All das, Mathilde, ist das Werk der Deutschen. Das ist eine Tatsache, die wir nicht leugnen können. Die Mehrzahl der Elsässer ist mit Deutschland einverstanden.»

Mathilde zuckte die Achseln und meinte: «Mit der Elektrizität und den schönen Bauwerken wollen sie uns kaufen. Aber gesprochen wird in Straßburg französisch, zumindest in den Familien, die etwas auf sich halten!»

«Ja, ja, ich weiß. Die Elsässer haben ihr Herz in Frankreich ... und ihren Geldbeutel in Deutschland.»

Diesen Scherz schien sie geschmacklos zu finden. «Bei dieser Einstellung», seufzte sie, «erstaunt es mich, daß du der Freund dieses Monsieur Barrès sein kannst ...»

«Barrès? Ah, wußte ich es doch, daß dir seine Ansichten gefallen würden!»

«Es sind eben die Ansichten eines echten Franzosen.»

«Auf jeden Fall sind es die Ansichten, auf denen er seine Karriere aufbaut.»

Als Louis de La Tour am frühen Nachmittag im Schloß eintraf, eilte ihm die alte Emma, glücklich, ihn zu sehen, gleich entgegen.

«Wie Ihre Mama sich freuen wird ... Aber Sie sehen mir recht blaß aus! Ich bin sicher, Sie essen nicht richtig in Straßburg ...»

«Mach dir nur keine Sorgen um mich, Emma, ich werde es überleben!» meinte der junge Mann fröhlich. «Ist meine Mutter im Salon?»

«Ja. Aber Sie gehen besser leise hinein ... Da ist ein Herr aus Paris zu Besuch, der Bücher schreibt und gerade irgend etwas vorliest.»

«Schon verstanden!»

Sacht öffnete Louis die Tür zum Salon und trat auf Zehenspitzen ein. Mathilde, Baron Kempf, Kessner-Beauvallet und Pfarrer Eberle hörten sich ein Gedicht an, das der Schriftsteller, ein eleganter, schlanker Mann, dem eine Strähne braunen Haares über die glutvollen Augen fiel, mit Emphase vortrug.

«Nein, wir vergessen nichts. Lothringen, Elsaß, teures
Franzosenvolk, geweihtes Land, seid ohne Sorge!
Wir kommen ungesäumt. Schon ist das Schwert gezückt,
das Judith in den Leib des Holofernes senkte.
Wir sinnen unbeirrt auf Krieg, auf Krieg und Rache!»

Nach einem kleinen Wink in die Runde setzte sich Louis so unauffällig, wie er nur konnte, und lauschte dem restlichen Vortrag. Da er sich wenig angesprochen fühlte von dem wortreichen Patriotismus, der in Paris derzeit en vogue war, tauschte er einen skeptischen Blick mit Kessner-Beauvallet. Mathilde hingegen lauschte, die Augen auf den Schriftsteller geheftet, mit Hingabe.

Mit dem Heranwachsen war sich Louis über diesen Persönlichkeitsaspekt seiner Mutter allmählich klargeworden. In Straßburg hatte er gelernt, sich über ihre Ansichten sein eigenes Urteil zu bilden. Es gefiel ihm nicht, sie so zu sehen, wie sie die Worte dieses Schreiberlings in sich aufsog, der doch nur ins Elsaß gekommen war, um Reklame für sich zu machen.

Als Maurice Barrès endete, klatschte Mathilde als erste, gefolgt von Pfarrer Eberle und, schon um einiges weniger enthusiastisch, dem Rest der Gesellschaft. Mit einer Verneigung reichte ihr Barrès das Buch.

«Dieses Gedicht wurde vor zwanzig Jahren von Victor Hugo geschrieben. Es wurde in diese Gedichtsammlung aufgenommen, in der noch andere berühmte Schriftsteller das Elsaß zur Sprache bringen. Sie soll Ihnen beweisen, Madame, daß Sie nicht vergessen sind!»

«Ich danke Ihnen unendlich», sagte sie. «Was Sie uns eben vorgelesen haben, ist wundervoll.» Sie drehte sich nach ihrem Sohn um. «Du kommst gerade recht, mein Liebling. Du hast soeben Monsieur Barrès gehört ... Erlauben Sie mir, Ihnen meinen Sohn Louis vorzustellen.»

Der junge Mann stand auf und reichte dem Schriftsteller höflich die Hand.

«Was Sie uns geben, ist wie Balsam für unsere Herzen, werter Freund», wandte sich die Gräfin wieder an Barrès.

«Sie können sich nicht vorstellen, Madame, wie sehr ich von dieser ersten Reise in Ihr Land beeindruckt bin. Sie dürfen sich darauf verlassen, daß meine Feder künftig dafür sorgen wird, daß Frankreich niemals die verlorenen Provinzen vergessen und seine Augen fortan auf die blaue Linie der Vogesen gebannt halten wird!»

Mathilde wandte sich Eberle zu und sagte: «Ist es nicht eine Wohltat, solche Worte zu hören?»

«Ganz gewiß, Frau Gräfin», pflichtete ihr der Pfarrer bei. «Nur hört die Politik der Französischen Republik, die immer stärker antiklerikale Züge aufweist, nicht auf, mich zu beunruhigen ...»

«Die Dritte Republik ist nicht für die Ewigkeit», schaltete sich Barrès ein. «Sie dürfen nicht vergessen, daß sie 1875 nur provisorisch gewählt wurde!»

«Ein Provisorium, das immerhin schon zwanzig Jahre andauert ...»

Eugène-Victor, der bislang nichts gesagt hatte, ergriff das Wort: «Nun, sehen Sie, was mir persönlich an dem, was Sie uns eben vorgelesen haben, nicht so recht gefallen will, ist der Krieg und die Revanche... Victor Hugo war zweifellos ein großer Dichter und edelmütiger Mensch, aber ich finde, daß er über diese Dinge doch recht leichtfertig spricht.»

«Der Krieg ist der Preis für die Freiheit, Herr Baron!» äußerte sich Barrès schulmeisterlich.

«Mag sein», erwiderte Eugène-Victor Kempf. «Doch was wir Elsässer am besten kennen, ist der Preis für den Krieg. Nicht wahr, Mathilde?»

Sichtlich getroffen, blieb diese stumm.

«Ich bin der gleichen Meinung wie der Baron», stimmte Kessner-Beauvallet zu. «Es wird Sie gewiß nicht wundern, wenn ich die Diplomatie den Waffen vorziehe.»

Mathilde, die ihrem Vater nichts zu erwidern gewußt hatte, ließ jetzt die Gelegenheit nicht aus, zurückzuschlagen: «Die Diplomatie!

Wo hat sie bislang denn hingeführt, eure Diplomatie? Könnt ihr mir das sagen?» Sie wandte sich ihrem Sohn zu und fragte ihn: «Und du, Louis, wie denkst du über all das?»

Abwechselnd sah der junge Mann den Schriftsteller, dann seine Mutter und schließlich Armand und den Baron an. «Ich finde, Monsieur Barrès hat eine sehr schöne Stimme», sagte er dann seelenruhig.

«Für wie viele Personen soll ich das Abendessen zubereiten?»

Mathilde, die damit beschäftigt war, im Salon einen Blumenstrauß hübsch anzuordnen, wandte sich nach Emma um. «Drei. Für meinen Vater, Louis und mich.»

«Und Monsieur Armand? Bleibt er nicht?»

«Nein. Die Herren werden gleich nach ihrem Spaziergang im Park wieder abreisen.»

«Ach! Das finde ich aber schade.»

Mathilde wolle eben antworten, als Kessner-Beauvallet hereinkam. Emma verdrückte sich sogleich. Befangen trat der Diplomat näher.

«Tja, Mathilde... Ich bin gekommen, um dir auf Wiedersehen zu sagen, Barrès wird auch gleich dasein.»

«Auf Wiedersehen, Armand. Ich habe mich sehr gefreut über euren Besuch.»

Sie reichte ihm die Hand, die Armand ergriff und in der seinen behielt. «Mathilde... Wenn du nur gewollt hättest...» murmelte er.

Sie entzog ihm ihre Hand. «Beim letzten Mal», sagte sie, «war es zu früh. Und diesmal ist es zu spät. So ist das Leben!»

Sie wandte sich ab. Sie hätte diese Worte gern leichthin gesprochen. Doch es war ihr nicht gelungen, sosehr sie es auch wünschte. In diesem Augenblick ging die Tür auf, und Louis stand auf der Schwelle.

«Oh! Pardon, Mama, ich wußte nicht, daß Monsieur Kessner-Beauvallet bei Ihnen ist...»

«Komm nur herein, Louis, Armand und Monsieur Barrès sind im Begriff, sich zu verabschieden... Was möchtest du?»

«Ich wollte etwas mit Ihnen besprechen», sagte der junge Mann. «Aber das kann warten. Dieses Kleid steht Ihnen fabelhaft, Mama. Ich bin sicher, daß auch Monsieur Armand das bemerkt hat.»

Lächelnd nickte dieser.

«Du siehst», meinte Mathilde zu ihm, «Louis ist mein einziger Verehrer.»

Als der Wagen, in dem der Diplomat und der Schriftsteller Platz genommen hatten, zum Tor des Schloßhofes hinausgefahren war, folgte Louis seiner Mutter in den Park nach. Er fürchtete diesen Moment, durfte ihn aber nicht hinauszögern. Zwei Tage zuvor hatte er ein langes Gespräch mit Frederike gehabt. Dabei hatte er von seinem Studium geredet, von seiner Militärzeit und schließlich auch von seiner Mutter.

«Ich weiß sehr wohl, daß sie uns haßt! Aber du wirst ihr doch hoffentlich nicht dein ganzes Leben lang gehorchen wollen?» hatte Frederike gesagt.

«Hab Geduld. Es wird mir noch gelingen, sie umzustimmen.»

«Das erzählst du mir jetzt schon seit einem Jahr. Wenn das so weitergeht, ende ich noch als alte Jungfer!»

Also hatte Louis versprochen, mit seiner Mutter zu reden. Jetzt war der Augenblick gekommen.

Er nahm Mathildes Arm, und sie gingen langsam und schweigend dahin.

«Du fehlst mir sehr, Louis», sagte die Gräfin schließlich. «Ich fühle mich sehr allein, seitdem du Alsheim verlassen hast.»

«Auch Sie fehlen mir, Mama...»

«Sicher nicht im gleichem Maße... Weißt du eigentlich, daß dein letzter Besuch schon drei Monate zurückliegt?»

«Ich habe viel zu arbeiten für meine Examina.»

«Freilich! Du hast recht, schließlich sollst du sie ja auch glänzend bestehen! Jedenfalls freue ich mich, daß du Gelegenheit hattest, Maurice Barrès kennenzulernen.»

Der junge Mann zuckte die Achseln und meinte: «Ach na ja, der! Wenn man auf den hörte, hätte man morgen früh schon Krieg! Nebenbei sei übrigens bemerkt, daß diese gräßlichen Deutschen, diese Feinde der Freiheit, ihn immerhin hierher kommen lassen, damit er seine Propagandatrommel für die Revanche rühren kann...»

«Louis, du bist wohl nicht recht gescheit! Straßburg verdirbt dir die Gesinnung. Diese Stadt ist ein deutscher und sozialistischer Pfuhl geworden. Ich bedaure es mehr und mehr, daß dein Großvater nicht auf mich gehört hat und nicht wollte, daß du in Frankreich studierst.»

«Mama... Was für eine Bedeutung sollte das für mich haben, Frankreich? Ich bin als Deutscher geboren worden. Ich habe in deutscher Sprache mein Studium absolviert. Und nächstes Jahr werde ich im deutschen Heer dienen. Ich *bin* ein Deutscher!»

«Louis! Ich verbiete dir, so zu sprechen. Das Andenken an deinen Vater –» Doch sie brach ab. Der junge Mann war plötzlich stehengeblieben und starrte, ganz blaß geworden, ins Leere. «Was ist mit dir? Fühlst du dich nicht gut?» fragte sie beunruhigt.

«Mama... Ich muß etwas Ernstes mit Ihnen besprechen, bitte.» Durch die Erregung war er unwillkürlich ins Deutsche gefallen, die ihm vertrautere Sprache.

«Aber nicht in dieser gräßlichen Sprache!» sagte Mathilde.

Genau das war es, was ihm an seiner Mutter so auf die Nerven ging. Allmählich wurde es zur Manie. Was machte es schon aus, einen Satz auf deutsch zu sagen? Würde sich dadurch irgend etwas ändern? Er verzichtete darauf, die Diskussion auf diesem Terrain weiterzuführen.

«Ja ja, ist ja schon gut», sagte er. Dann holte er tief Luft. «Mama... Ich möchte Frederike von Wismar heiraten.»

«Nein!» Sie hatte es fast herausgeschrien. «Ich habe dir bereits gesagt, daß ich davon nichts hören will. Nicht diese Preußin!»

«Mama, ich bin volljährig, habe ich nicht das Recht, mein Leben zu gestalten, wie ich es für richtig halte?»

«Und ich habe das Recht, dich nie mehr sehen zu wollen, wenn du so etwas tust!«

Ihre Augen funkelten. In diesem Moment haßte Louis sie aus ganzem Herzen. Er hatte hier nicht mehr die Mutter vor sich, die er über alles liebte, sondern ein von Rachegefühlen entstelltes Ungeheuer, das nicht einmal mehr seinen Sohn erkannte. Und daß er nicht umhin konnte, sie so zu verabscheuen, zerriß ihm schier das Herz.

Er nahm sich schwer zusammen und versuchte, auf sie einzureden. «Aber Mama, Sie kennen sie doch nicht einmal...»

«Das ist nicht die Frage. Um sie geht es hier gar nicht! Hast du einmal daran gedacht, daß ihr Vater den deinen getötet haben könnte?»

Beinahe hätte Louis gelacht. «Mama! Als Papa starb, war von Wismar hier im Schloß!»

«Das läuft auf dasselbe hinaus. Du weißt sehr wohl, was ich damit sagen will.»

«Und was mich angeht, ich war nicht einmal geboren ... All das ist doch längst Vergangenheit, Geschichte!»

«Bist du dir eigentlich im klaren über die Roheit dessen, was du eben gesagt hast?»

Louis senkte den Kopf. Und sie, war sie sich im klaren darüber, was sie ihm antat? War es recht, sich ihm gegenüber auf das Andenken eines Vaters zu berufen, den er nie gekannt hatte?

«Verzeihen Sie mir», sagte er leise. «Ich wollte Ihnen nicht weh tun ... Aber die Geschichte der Nationen und die der Menschen sind schließlich zweierlei.»

«Nicht für mich.»

Jetzt platzte ihm der Kragen. «Ich liebe Frederike! Ich liebe sie, verstehen Sie? Mein Glück interessiert Sie wohl nicht?»

«Wie kannst du dergleichen sagen? Ich habe dir zwanzig Jahre meines Lebens geopfert!»

«Nein! Das haben Sie nicht für mich getan. Sie haben es für sich getan, aus purem Stolz!»

Mit voller Wucht getroffen, starrte sie den jungen Mann, der ihr mit seinen zwanzig Jahren so entgegentrat, entgeistert an. Ihr kleiner Louis. Sie erkannte ihn nicht wieder. «Du bist abscheulich!» sagte sie.

Dann drehte sie sich auf dem Absatz um und eilte dem Schloß zu. Nach kurzem Zögern begann er zu laufen und holte sie ein. Sie blieb stehen.

«Verzeihen Sie mir», wiederholte er. «Ich wollte Sie nicht verletzen.»

Ohne ihn einer Antwort zu würdigen, setzte sie sich erneut in Bewegung.

«Mama!» rief er ihr hinterher.

Noch einmal hielt sie an und drehte sich um. «Was denn noch?»
Er blickte ihr fest in die Augen und sagte: «Ich *werde* Frederike heiraten.»

Zweiter Teil

1904

Das graumelierte Haar im Bürstenschnitt und sehr elegant mit seinem dunklen Zivilanzug und dem ans Bein gelehnten Spazierstock mit Silberknauf, lächelte General von Wismar zu seinen beiden Enkeln hinüber, die auf dem Teppich saßen und sich ein Bilderbuch ansahen.

«Also», fragte er verschmitzt, «wer von euch möchte sich ein Zuckerstück aus meinem Kaffee verdienen?»

«Ich! Ich, Großpapa!» Karl und Edouard, neun und acht Jahre alt, stürzten auf ihn zu.

Wie jeden Sonntag seit Jahren waren Louis de La Tour, mittlerweile Rechtsanwalt in Straßburg, seine Frau Frederike und ihre beiden Kinder zum Mittagessen an den Quai Saint-Thomas gekommen, wo sich der seit zwei Jahren verwitwete General in einer komfortablen Wohnung eingerichtet hatte.

Baron Eugène-Victor versäumte es ebenfalls nie, bei diesem Familientreffen zu erscheinen; sein getreuer Franzl Imhof pflegte ihn vom Schloß zum Alsheimer Bahnhof zu bringen, wo er den vierundachtzigjährigen Herrn persönlich in den Zug setzte. Louis holte ihn dann bei der Ankunft mit den beiden Jungen ab.

«Heute will ich einmal Karl befragen», meinte der General, indem er dem älteren der beiden zulächelte. «Ich hoffe, du hast deine Lektion gut gelernt.»

«Ja, Großpapa.»

«Dann wollen wir doch mal sehen. Wer bist du?»

Frederike sah ihren Vater tadelnd an. «Papa», sagte sie, «dieses Spiel mag ich nicht sonderlich. Du machst mir richtige kleine Snobs aus ihnen!»

«Ich finde, da hat sie nicht ganz unrecht, Edwin», schaltete sich Baron Kempf so behutsam wie möglich ein. «Sind Karl und Edouard nicht noch ein bißchen zu klein, um diese Dinge zu verstehen?»

«Nur keine Aufregung», entgegnete der General pikiert. «Mit Snobismus hat das nichts zu tun. Das habe ich euch schon hundertmal gesagt. Um zu wissen, wohin man geht, muß man zuerst wissen, woher man kommt. Wir sind alle Erben von irgend etwas... Also, Karlchen, wer bist du?»

Gerade wie eine Eins sagte der Junge sein Sprüchlein auf: «Karl de La Tour Maubeuge, Sohn von Louis Charles de La Tour Maubeuge, Rechtsanwalt, und Frederike von Wismar-Marbach; Enkelsohn von Graf Charles de La Tour Maubeuge, Rittmeister im Ersten Regiment der Chasseurs d'Afrique, gefallen auf dem Feld der Ehre, und der Gräfin de La Tour, geborene Mathilde Kempf –»

«Warum kommt sie eigentlich nie zu uns, die Großmama?» erkundigte sich plötzlich Edouard.

Diese kindliche Frage löste peinlich berührtes Schweigen aus. Frederike blickte zu ihrem Mann und dann zu ihrem Schwiegervater hinüber.

«Mach weiter, Karl», meinte der General schließlich unbeirrbar.

«Enkelsohn von Graf Edwin von Wismar-Marbach, Generalmajor», fuhr der Kleine fort, «Inhaber des preußischen Schwarzen Adlerordens mit Stern; und Urenkel von Baron Eugène-Victor Kempf, Industrieller in Alsheim.» Glücklich darüber, daß er seine Abstammung ordentlich hinbekommen hatte, drehte sich Karl mit einem strahlenden Lächeln zu Eugène-Victor um. «Der Baron, das sind Sie!»

«Bravo!» rief von Wismar aus. «Du hast dir dein Zuckerstückchen verdient. Hier, nimm!»

«Ja und ich?» fragte Edouard besorgt.

«Dich befrage ich nächste Woche... Aber um dich ein bißchen anzuspornen, bekommst du auch eins!»

Und er tunkte ein zweites Zuckerstück in seinen Kaffee. Hochzufrieden griff der Kleine zu.

Frederike erhob sich. «So, Kinder, jetzt geht schön spielen! Übrigens scheint draußen die Sonne. Ich werde Phinele bitten, mit euch ein wenig in der Orangerie spazierenzugehen.»

«Bleib ruhig sitzen, ich werde sie rufen», meinte Louis und erhob sich ebenfalls. «Ach Großpapa, ich habe ja vergessen, Ihnen zu sagen, daß der Gerichtstermin für Ihren Prozeß auf nächste Woche angesetzt ist.»

«Ein Prozeß?» fragte von Wismar. «Und gegen wen?»

«Gegen Roederer, einen Gewerkschaftler aus der Fabrik... Und nun ratet einmal, wer die Anklage übernimmt?»

«Hm, keine Ahnung», antwortete Eugène-Victor Kempf.

«Max! Max Seligmann. Erinnern Sie sich noch an ihn?»

«Ja, aber natürlich...»

«Na, und ich erst!» meldete sich der General. «Dein Sozialistenfreund, den ich dir alle acht Tage aus dem Gefängnis holen sollte!... Und was ist aus ihm geworden?»

«Er ist immer noch Sozialist», sagte der junge Mann. «Und ein sehr guter Rechtsanwalt. Er wird uns ordentlich zu schaffen machen.»

«Ach was!» meinte der General, «mit dir als Gegenspieler mache ich mir da gar keine Sorgen. Du bist der beste Rechtsanwalt von ganz Straßburg.»

«Ihr Wort in Gottes Ohr... Trotzdem, wenn ich gewußt hätte, daß ich eines Tages die Kempfschen Werke gegen die Gewerkschaftler verteidige...»

«Ich sagte ja schon, Louis: Wir sind alle Erben von irgend etwas», wiederholte der General.

«Deine Kinder sind sehr gut erzogen, Frederike», bemerkte Baron Kempf, als Karl und Edouard mit ihrem Vater hinausgegangen waren. «Meinen Glückwunsch dazu.»

«Danke, Großpapa. Aber es gibt da ein Thema, über das ich mit Ihnen sprechen möchte, obwohl ich Sie ungern damit belästige.»

«Nur immer heraus damit...»

«Sie haben Edouards Frage vorhin gehört? Die Kinder werden allmählich größer, sie begreifen nicht, was mit Louis' Mutter los ist und weshalb sie sich weigert, uns zu sehen und zu sprechen. Im nächsten Monat sind es zehn Jahre, daß sie uns aus dem Wege geht! Könnten Sie nicht noch einmal den Vermittler spielen?»

Der alte Baron seufzte. «Ich habe es hundertmal versucht, mein Kind, und das weißt du ... Ich fürchte, es ist hoffnungslos. Was willst du machen, Frederike? Sie hat zur selben Zeit, wie Frankreich das Elsaß verlor, ihren Mann verloren. Für sie ist das eine nicht vom anderen zu trennen.»

«Ich verstehe das sehr gut», räumte die junge Frau ein. «Ich nehme es ihr auch nicht übel ... Aber ich sage das wegen der Kinder. Ihnen gegenüber ist es nicht recht. Seit Mamas Tod ist sie ihre einzige Großmutter, und sie sehen sie monatlich nur einmal in Alsheim.»

Mit ihren zweiundfünfzig Jahren war Mathilde noch immer unerbittlich. Vor zehn Jahren hatte sie sich geweigert, zur Hochzeit ihres Sohnes zu kommen. Etwas später hatte Louis dann gedacht, daß Karls Geburt die Gelegenheit für sie sein könnte, sich mit den von Wismars auszusöhnen, ohne das Gesicht zu verlieren. Seine Hoffnungen waren enttäuscht worden. Sie lehnte weiterhin jeglichen Kontakt mit jenen ab, die sie nie anders als «die Preußen» nannte.

Nichts hatte sich in ihrem Leben geändert. Sie kümmerte sich um das Schloß und ihren Vater, versammelte ihre Freunde von der Katholischen Partei um sich und unterrichtete die Dorfjugend weiterhin in Französisch und Geschichte. Hundertmal hatte Eugène-Victor, wie er sagte, sie zu erweichen versucht. Alle Überredungskunst zerschellte am eisernen Starrsinn der Gräfin, sobald es um diese «Preußen» ging, die ihr den Mann getötet und zu guter Letzt auch noch den Sohn genommen hatten.

Der Baron war durch seine Vaterliebe nicht so verblendet, als daß er nicht bemerkte, daß diese fanatische Leidenschaft, die bei der jungen Witwe nur erschütternd auf andere gewirkt hatte, mit zunehmendem Alter beinahe Züge von lächerlicher Halsstarrigkeit annahm.

Dennoch lachte keiner darüber. Ihr Verhalten wurde nicht gutgeheißen, man bedauerte sie. Sowohl General von Wismar wie auch seine Tochter, die beide über diese Haltung sehr betrübt waren, hätten es mit Freuden gesehen, wenn sie sich mit ihnen ausgesöhnt hätte. Mathilde war sich überhaupt nicht bewußt, daß sie trotz allem geachtet und geliebt wurde.

Obwohl er sich aus Furcht, indiskret zu erscheinen, davor hütete, sich einzumischen, betrachtete von Wismar seinen alten Freund voller Mitgefühl. Im Laufe der Jahre waren sie sich immer nähergekommen. Oft hatte ihn Kempf nach Alsheim eingeladen, um mit ihm und Franzl Imhof einen Tag auf der Jagd zu verbringen. Seit drei oder vier Jahren allerdings waren diese Gelegenheiten immer seltener geworden, denn Baron Kempf verließen allmählich seine Kräfte.

«Wie dem auch sei», sagte der alte Herr, «ich verspreche dir, es noch einmal zu versuchen. Du weißt, Frederike, es wäre auch mir sehr lieb, wenn ich euch alle versöhnt zurücklassen könnte, wenn ich abtrete.»

«Großpapa! Daran dürfen Sie nicht einmal denken.»

«Ach was ... Lange wird es nicht mehr dauern ... Aber weil wir gerade bei dem Thema sind, ich muß jetzt leider gehen. Mein alter Freund Dr. Deutsch erwartet mich. Da ich schon einmal in Straßburg bin, nutze ich gleich die Gelegenheit. Ich nehme eine Droschke.»

«Ist irgend etwas nicht in Ordnung?» erkundigte sich von Wismar besorgt.

«Oh, eigentlich nichts ... Oder alles ein wenig. Ich sage es ja: Meine alten Knochen sind einfach abgenutzt.»

«Die Entlassung meines Mandanten entbehrt jeglicher seriösen Rechtsgrundlage! Sie repräsentiert nichts anderes als das Gottesgnadentum des kapitalistischen Unternehmertums!»

Max Seligmann ließ jenen angriffslustigen, gebieterischen Blick, der typisch für ihn war, über die Zuhörerschaft im Saal schweifen. Er trug jetzt eine Halskrause, die ihn älter erscheinen ließ. Der zwanzigjährige Gewerkschaftsarbeiter Alphonse Roederer, allgemein Fonse genannt, hatte Klage eingereicht, woraufhin die Kempf-Werke nun vor dem Arbeitsgericht zu erscheinen hatten. Roederer war ein Aktivist, Seligmann auch. Louis de La Tour hatte seinen ehemaligen Studienfreund keineswegs überschätzt. Mit allen Kniffen des Arbeitsrechts vertraut, wußte Max Seligmann die Gerichtsverhandlung hervorragend auf sozialen Boden zu verlagern und das Schuldgefühl, das er bei Louis vermutete, auszunutzen.

Dieser erhob sich nun, um ebenfalls das Wort zu ergreifen: «Ich möchte das hohe Gericht daran erinnern», sagte er ruhig, «daß besagter Roederer die drei vorschriftsmäßigen Abmahnungen erhalten hat. Sein fachliches Versagen steht außer Frage!»

Doch Seligmann wollte sich nicht in Fragen der Rechtsverordnung abdrängen lassen. «Mein Mandant wird beschuldigt, Streiks angezettelt zu haben», erinnerte er. «Der Streik aber gehört zu den Rechten des Arbeiters, wenn er unterdrückt wird, wie es in den Kempf-Werken bei unmenschlichem Arbeitstakt und Leistungsanspruch der Fall ist!»

«Absurd ist das! Die Sozialgesetze des Deutschen Kaiserreiches, die als die fortschrittlichsten von ganz Europa gelten, werden in den Kempf-Werken gewissenhaft angewandt. Im übrigen könnte die Direktion gar nicht anders verfahren, selbst wenn sie wollte, und das wissen Sie sehr wohl!»

In diesem Augenblick entstand eine gewisse Unruhe in der Zuhörerschaft, die etwa zwanzig Personen zählte, unter ihnen auch Frederike. Louis warf einen kurzen Blick zur Tür hin, in der eben General von Wismar erschienen war. Nachdem er den Gruß des Richters, mit dem er bekannt war, erwidert hatte, setzte sich von Wismar neben Frederike und sprach leise mit ihr.

Der General hatte sich niemals sonderlich neugierig gezeigt, was Rechtsangelegenheiten betraf, und so fragte sich Louis, was seine Anwesenheit im Gericht wohl zu bedeuten hatte. Frederikes Blick begegnete dem seinen, wich ihm aber sogleich wieder aus. Er mußte an seinen Großvater denken, der sich seit einigen Tagen sehr matt fühlte und ihn daher hatte wissen lassen, daß er dem Prozeß nicht beiwohnen werde.

Indessen setzte Seligmann seine Offensive fort: «Ich finde es amüsant, Rechtsanwalt de La Tour sich auf die Sozialgesetze berufen zu hören! Wir, die Sozialisten, waren es, die sie über den Reichstag gegen Sie und Ihresgleichen durchgebracht haben!»

«Meine Herren», schaltete sich da der Richter ein, «kommen wir bitte nicht vom Thema ab. Wir sind hier, um Recht zu sprechen, und nicht, um Politik zu machen!»

Doch Seligmann, dem es allzuviel Freude bereitete, den Gegner aus den Angeln zu heben, beachtete den Verweis nicht im geringsten und fuhr fort: «Es gab übrigens eine Zeit, da führte der Kollege de La Tour noch ganz andere Reden ... Weshalb hat er seine Meinung wohl so grundlegend geändert? Sollte er etwa hier stehen, um sein Erbe zu verteidigen?»

Bei dieser Attacke platzte Louis der Kragen. «Max, du bist ein gemeiner Kerl!» zischte er ihn an. Dann verließ er seine Bank und trat im Gerichtssaal nach vorne: «Euer Ehren», wandte er sich an den Richter, «ich protestiere in aller Form gegen diese persönlichen Unterstellungen, die mit der Angelegenheit, um die es sich hier handelt, nichts zu tun haben. Im übrigen könnte ich dem Herrn Kollegen Seligmann antworten, daß er hier mehr die sozialistische Partei als seinen Mandanten vertritt!»

Gereizt hob der Richter seinen Hammer und ließ ihn vor sich auf das Pult fallen. «Das genügt, meine Herren! Die Argumente beider Parteien wurden vom Gericht angehört. Die Sitzung ist geschlossen. Urteilsverkündung binnen acht Tagen.» Woraufhin er sich erhob und, gefolgt von seinem Beisitzer, durch die den Richtern vorbehaltene Tür verschwand.

Ohne Seligmann und Roederer, die ihm spöttisch nachsahen, eines Blickes zu würdigen, ging Louis quer durch den Saal auf den General und Frederike zu, deren versteinerte Gesichter ihm nichts Gutes verhießen.

«Guten Tag, Vater ... Was ist denn passiert, um Himmels willen?»

Sie antworteten nicht. Frederike nahm lediglich seine Hand und zog sie an sich.

«Louis, aus Alsheim ist eine schlimme Nachricht eingetroffen», murmelte endlich der General.

«Eine schlimme Nachricht? Großpapa?»

Frederikes Hand drückte die seine noch fester. Von Wismar schlug die Augen nieder.

Eugène-Victor Kempf war am Morgen nicht zur gewohnten Stunde aufgestanden. Sein Diener hatte ihn in seinem Bett tot aufgefunden.

«Deine Mutter ist unausstehlich, Louis. Ich kann sie nicht länger ertragen!»

Nachdem sie nach der Beerdigung in ihr Zimmer auf Schloß Alsheim zurückgekehrt waren, hatte sich Frederike, die am Ende ihrer Nerven war, in einen Sessel fallen lassen.

«Wir haben eben erst meinen Großvater beerdigt», versetzte Louis schroff. «Glaubst du wirklich, daß dies der passende Moment ist, um mir eine Szene zu machen?»

Gleich darauf aber wollte er diese übellaunige Reaktion wiedergutmachen. Auch er litt unter Mathildes Benehmen.

«Die Haltung deines Vaters hat mich sehr berührt», lenkte er ein. «Ich glaube, er hatte Großpapa sehr gern...»

«Aber wir hatten ihn doch alle gern! Ich genauso! Auch wenn wir ‹Teutonen› sind, wie sie zu sagen beliebt... Ach, es ist einfach unerträglich!»

Eugène-Victor Kempfs Beisetzung hatte Gelegenheit zu neuen Unmißverständlichkeiten von seiten der Gräfin geboten. Sie hatte sich geweigert, sich gleichzeitig mit den von Wismars zur Familiengruft auf den Alsheimer Friedhof zu begeben, wo bereits Charles de La Tour begraben lag. Die Dorfbewohner und Werksangestellten hatten sie abseits von allen stehen sehen können. Erst als alle anderen gegangen waren, hatte sie die Grabeinfriedung betreten, und da, ganz allein, war sie vor dem Grab niedergekniet.

«Seit zwei Tagen sind wir nun im Schloß», fuhr Frederike fort. «Nicht ein einziges Mal hat sie das Wort an mich gerichtet. Und sie weigert sich, mit uns die Mahlzeiten einzunehmen. Eins kann ich dir sagen: Für die Testamentseröffnung nachher brauchst du nicht mit mir zu rechnen. Ich habe keine Lust, mich schon wieder demütigen zu lassen.»

Schweigend kam Louis auf sie zu, kniete mit einem Bein nieder und ergriff ihre Hand. «Frederike... Du bist meine Frau, und dein Platz zu diesem Anlaß ist an meiner Seite. Ich bitte dich zu kommen.»

Schmollend wandte Frederike den Blick ab.

«Außerdem», fuhr er fort, «mußt du meiner Mutter nicht aus dem Weg gehen. Wenn sie dich ignoriert, brauchst du es ihr doch nur gleichzutun.»

Louis wußte, daß er an Frederikes Stolz appellieren konnte. Und so geschah es, daß die Tochter des Generals von Wismar, um nicht den Eindruck zu erwecken, daß sie vor ihrer Schwiegermutter das Feld räumte, tatsächlich am Arm ihres Mannes in der Bibliothek des Schlosses erschien.

Es war der Raum, in dem sich der Verstorbene am liebsten aufgehalten hatte. Zu aller Überraschung war der General von Notar Schumann gebeten worden, ebenfalls anwesend zu sein. Und Mathilde richtete es so ein, daß sie als letzte kam. Demonstrativ nahm sie drei Meter von den anderen entfernt Platz.

Nachdem er den größten Teil von Eugène-Victor Kempfs Testament verlesen hatte, wandte sich Schumann an die Gräfin, um eine Zusammenfassung des Inhalts abzugeben: «Das bedeutet, daß Ihr Herr Vater Ihnen ein Viertel seines Vermögens zur Nutzung hinterläßt und Ihr Sohn alles übrige erbt, mit der Auflage, daß er das Ganze verwaltet und die Fabrik leitet; dies allerdings unter der Bedingung, daß er seinem Namen den Namen Kempf hinzufügt und sich demzufolge Kempf de La Tour nennt.»

Überrascht sah Frederike ihren Mann an, dem sich nun auch der Notar zuwandte.

«Herr Graf, vielleicht wünschen Sie, was diesen letzten Punkt betrifft, eine gewisse Bedenkzeit?»

Louis betrachtete zuerst seine Frau, dann wandte er sich seiner Mutter zu. Sie hatte sich nicht gerührt. Kerzengerade saß sie da und starrte vor sich hin ins Leere.

«Ich brauche keine Bedenkzeit», sagte der junge Mann schließlich. «Ich erkläre mich bereit, beide Namen zu tragen. Ich bin ebenso stolz auf den einen wie auf den anderen.»

In diesem Augenblick sah sich Mathilde nach ihm um, und er begegnete ihrem leuchtenden Blick, dem einzigen, den sie ihm während der ganzen Zeremonie gegönnt hatte.

«Schließlich und endlich gibt es da noch einen Zusatz», fuhr der Jurist fort, indem er sich an den General wandte. «Meinem lieben, alten Freund, General Graf von Wismar-Marbach, vermache ich meine Jagdhütte, wo wir so schöne Zeiten miteinander verlebt haben, und das Jagdrecht auf Lebenszeit auf unseren Ländereien.»

Der Offizier richtete sich auf und hüstelte mit tränenfeuchten Augen. Mit einem kleinen Nicken gab er seine Zustimmung zu verstehen.

«Somit wären wir nun am Ende angelangt», schloß der Notar, während er seine Unterlagen zusammensuchte. «Ich möchte Sie bitten, in den nächsten Tagen in meiner Kanzlei vorbeizukommen, um die nötigen Dokumente zu unterzeichnen. Meine Damen, Herr Graf, Herr General...»

Louis erhob sich, um den Juristen zur Tür zu begleiten, und kehrte dann auf seinen Platz zurück. Keiner sagte etwas. Mathilde war aufgestanden und ans Fenster getreten. Sie blickte hinaus. Langsam trat Louis hinter sie und merkte plötzlich, daß sie zitterte. Als er ihr ganz nah war, drehte sie sich um, sah ihn lange an und lehnte sich dann hilfesuchend an ihn. Er legte ihr den Arm um die Schultern. In diesem Augenblick erschien sie ihm zerbrechlich, einsam und wehrlos.

Schließlich fing sich die Gräfin wieder. Indem sie ihren Sohn in einer Weise ansah, daß jedermann sofort begriff, daß sie nur mit ihm sprach, verkündete sie: «Ich werde in den linken Seitenflügel des Schlosses ziehen. Alles andere steht euch zur Verfügung. Ich hätte es lediglich gern, daß du mir sonntags für meinen Französischunterricht die Bibliothek überläßt. Emma behalte ich in meinen persönlichen Diensten. Guten Abend.» Dann begab sie sich, ohne auch nur einen Blick an die anderen zu verschwenden, zur Tür.

Louis sah seine Frau an. Frederike erriet, was ihm durch den Kopf ging. Vielleicht war der Augenblick günstig für einen Annäherungsversuch. Tapfer steuerte sie auf Mathilde zu.

«Mutter... Falls Sie etwas benötigen sollten...»

Die Gräfin blieb stehen und sah sich ein wenig erstaunt nach ihr um. Eine Sekunde lang dachte Louis schon, sie würde jetzt ihren Widerstand aufgeben. Doch nichts dergleichen.

«Nennen Sie mich Madame», sagte sie eisig. Und verließ den Raum.

Gleich am nächsten Tag, es war ein Sonntag, ließ Louis anspannen und begab sich zur Kempfschen Fabrik. Frederike und die Kinder waren mit dem General zusammen nach Straßburg zurückgefahren. Der Umzug ins Schloß sollte erst in zwei oder drei Monaten stattfinden. Louis hatte beschlossen, bis Montag zu bleiben, um sich darum kümmern zu können, daß seine Mutter, wie sie es gewünscht hatte, bequem im linken Seitenflügel des Schlosses untergebracht wurde.

Die großen Ziegelbauten lagen wie ausgestorben. Er öffnete die Türen mit seinem Schlüsselbund und stieg in das Direktionsbüro hinauf, wo vierunddreißig Jahre zuvor sein Großvater und sein Vater von Frankreichs Kriegserklärung an Preußen erfahren hatten.

Nichts hatte sich an der Ausstattung geändert. Neu war auf einem runden Tischlein lediglich das Modell des prächtigen, für Seine Majestät den Kaiser gebauten Staatswaggons, das Besuchern stolz präsentiert wurde. Eine weitere Neuerung war das Telefon auf dem Schreibtisch.

Louis setzte sich in Eugène-Victors Sessel und betrachtete den Aktenstoß, der neben der Schreibunterlage auf ihn wartete. Er hatte das Bedürfnis verspürt, an diesen Ort zu kommen, um allein zu sein, und schon bedrückte ihn diese Einsamkeit.

Er hob den Hörer ab und drehte an der Kurbel.

«Grüß Gott, Fräulein», sagte er auf deutsch. «Hier spricht die Nummer eins in Alsheim...»

Dann verlangte der Graf die Nummer zwei in Alsheim. Das Schloß und die Fabrik waren die ersten mit Telefon ausgestatteten Einrichtungen in der ganzen Umgebung. Es war Mathilde, die abhob.

«Hallo, sind Sie es, Mama?»

«Ja, ich bin am Apparat. Wo bist du denn?»

«In der Fabrik. Können Sie mich hören?»

«Sehr gut, und du?»

«Ich auch.»

Es gab eine Pause.

«Wolltest du mir etwas Bestimmtes sagen?» erkundigte sich die Gräfin.

«Ach, nichts Besonderes... Es ist doch hübsch, einfach so miteinander reden zu können, finden Sie nicht?»

«Ja, wenn man sich etwas zu sagen hat...»

Deutlicher konnte der Wink kaum sein. Louis erging sich noch in ein paar Nichtigkeiten, um das Gesicht zu wahren. Dann hängte er ein.

Er hatte lange auf Frederike einreden müssen, bis sie die Idee, nach Alsheim zu ziehen, akzeptierte. Mathildes Auftritt bei der Testamentseröffnung hatte sie schier zur Raserei gebracht. Louis konnte sie gut verstehen. Mathilde hatte einfach nicht das Recht, ihre Angehörigen in dieser Weise mit einer Vergangenheit und einem Tod zu belasten, für die keiner von ihnen verantwortlich war.

Andererseits mußte er wohl oder übel im Schloß wohnen, wenn er die Leitung des Werks übernehmen wollte. Sicher, zumindest theorethisch hätte er einen Geschäftsführer anstellen und in Straßburg seiner Anwaltstätigkeit weiter nachgehen können, in der er ja recht erfolgreich war. Doch seit Jahren schon hatte ihn Eugène-Victor in dem Wunsch, daß er seine Nachfolge antrat, mit der Leitung des Unternehmens vertraut gemacht. Louis stellte die vierte Generation der Kempfs seit der Firmengründung dar. Er war der Sproß und Erbe jener Verstorbenen, deren Namen er soeben angenommen hatte.

Er überlegte, daß man in diesem Büro eigentlich ein Porträt von Eugène-Victor Kempf aufhängen sollte. Gedankenverloren zog er eine der Schreibtischschubladen auf und fand darin eine lederne Mappe, die etliche Fotografien enthielt.

Er entdeckte, daß es samt und sonders Bilder von ihm waren. Eins davon zeigte ihn im Alter von vier oder fünf Jahren mit seinem Großvater. Auf einem anderen war er im Kommunionsanzug mit seinem in Leder gebundenen Meßbuch in der Hand zu sehen. Ein drittes wiederum zeigte ihn neben Max Seligmann. Da mochten sie wohl zwanzig Jahre alt gewesen sein.

Er versank in Wehmut. Großpapa lebte nicht mehr, und Seligmann war nicht mehr sein Freund. Er war der Geschäftsinhaber der Kempf-Werke. Und seine alternde Mutter klammerte sich an eine Vergangenheit, mit der sie fortan allein war.

Damit mußte er nun fertig werden.

«Sagen Sie, Großmama, nehmen Sie mich einmal mit nach Paris? Ich möchte so gern den Eiffelturm sehen und ganz hinaufsteigen!»

Wie so oft, seitdem sie im Schloß Alsheim wohnten, waren

Edouard und Karl Gräfin Mathilde für ein Weilchen besuchen gekommen, die ihnen immer einen wohlwollenden Empfang bereitete.

«Aber natürlich nehme ich dich einmal mit, Edouard, mein Schatz. Du wirst sehen, Paris ist die schönste Stadt der Welt.»

«Schöner als Straßburg?» fragte Karl auf deutsch.

«Zehnmal schöner, Charles. Aber sprich bitte französisch.» Erneut wandte sie sich Edouard zu und sagte: «Und außerdem kannst du dann deine Cousins La Tour wiedersehen ... Du hast sie doch gern, deine französischen Cousins, nicht wahr?»

Zerstreut nickte der Junge. Er hatte sie bisher nicht allzuoft gesehen, die Cousins La Tour. Er ging zu der Vitrine hinüber, in der sie die Erinnerungsstücke an ihren Mann zusammengetragen hatte: ein Foto von ihm in Paradeuniform, mit seinem Käppi von den Chasseurs d'Afrique, seinem Säbel, seinen Sporen und Orden.

«Sie haben mir Großvater Charles' Säbel versprochen», sagte er. «Wann krieg ich den?»

Sanft korrigierte sie ihn: «Es heißt: ‹Wann bekomme ich ihn?› Du mußt korrektes Französisch sprechen, Edouard. Eines Tages wirst du schließlich Franzose sein. Du möchtest doch gern Franzose sein, oder?»

«O ja!» rief der Junge aus. «Genau wie Großvater Charles und wie der General Kempf bei Napoleon!»

Gerührt lächelte Mathilde. Sie liebte sie alle beide, doch einer heimlichen Vorliebe für den kleinen Edouard konnte sie sich nicht erwehren. Es war nämlich so, daß die Familie sich mit der Zeit über eine Art Aufteilung einig geworden war: Karl – den die Gräfin «Charles» zu nennen pflegte – war dazu bestimmt, die deutsche Linie seiner Abstammung fortzusetzen, und Edouard die französische. Das war freilich nie offen ausgesprochen worden. Doch es setzte sich allmählich durch. Wenn nun also Edouard Mathildes besondere Gunst besaß, so erkannte sich dafür der General, das war deutlich zu beobachten, in dem älteren der beiden wieder.

«Du wirst ein Franzose!» versprach sie. «Du wirst auf die Pariser Ingenieursschule gehen, und dort, warte nur ab, dort hast du dann eine hübsche Uniform und einen ebenso schönen Säbel wie diesen hier. Aber du sollst diesen hier schon bekommen, auf jeden Fall.»

«Großvater Edwins Generalssäbel...» begann Karl wieder auf deutsch.

«Charles!» schnitt sie ihm das Wort ab.

Er korrigierte sich und wiederholte, nun auf französisch: «Pardon, Großmama. Ich wollte sagen: Großvater Edwins Generalssäbel ist auch sehr hübsch.»

«Ja, ja, sicher. Jedenfalls möchte ich dich erneut daran erinnern, Charles, daß ich wünsche, daß du hier in diesem Haus französisch sprichst. Verstanden, mein Liebling?»

«Sogar mit Mama?»

«Sogar mit deiner Mama.»

In diesem Moment klopfte es an der Tür, die sich öffnete, noch bevor Mathilde antworten konnte. Es war Frederike.

«Ich such euch im ganzen Haus. Das Essen wartet», sagte sie zu den beiden Buben.

Mathilde hatte den Kopf abgewandt. Verwundert sah Karl seine Großmutter an. Warum sagte sie eigentlich nichts, wenn seine Mama deutsch sprach? Die beiden Kinder gingen zu ihrer Mutter hin.

«Guten Tag, Madame», bemerkte Frederike kühl.

Sie erhielt keine Antwort. Alle drei gingen sie hinaus.

Die beiden Jungen beendeten eben ihr Mittagessen mit der Mutter, als sich auf dem Reitweg ein Motorengeräusch bemerkbar machte, das immer lauter wurde, je mehr sich das Fahrzeug dem Schloß näherte. Karl stürzte ans Salonfenster.

«Ein Automobil! Schau mal, es ist Papa!»

Außer Rand und Band stürmten Karl und Edouard in den Hof hinaus, wo das Fahrzeug angehalten hatte. Es war ein viersitziger, offener Wagen mit Speichenrädern, einer weißen Karosserie und einem zusammenklappbaren Verdeck über den beiden Rücksitzen.

Am Steuer saß Louis Kempf de La Tour. Neben sich hatte er einen Beifahrer. Sie hatten sich alle beide Lederhauben mit Ohrenklappen und große Brillen aufgesetzt, mit denen sie wie Insekten aussahen.

Behende sprang Louis aus dem Wagen, schob seine Brille auf die Stirn und löste dann den Riemen der Lederhaube. Der Motor lief noch. Auch Frederike erschien nun in der Eingangstür des Schlosses.

«Anschauen dürft ihr euch alles, Kinder, aber nichts anfassen!» warnte Louis. «Ach Liebling, einfach grandios ist das! Sechzig Kilometer in der Stunde, kannst du dir das vorstellen?»

Der andere Insasse hatte sich nun ebenfalls unter den faszinierten Blicken der beiden Buben aus dem Wagen gezwängt. Lächelnd ging Frederike auf ihn zu.

«Frederike, ich darf dir Herrn Ettore Buzatti vorstellen...»

«Bugatti, wenn Sie erlauben. Gatti. Mit einem G!» erklärte der Ankömmling.

«Oh, verzeihen Sie... Der Herr ist Italiener, und er ist es, der diesen fabelhaften Wagen entworfen hat, dessen Produktion wir im Werk übernehmen wollen. Denn das ist doch wohl beschlossene Sache, nicht wahr?»

Der andere nickte eifrig und antwortete: «Ja, das ist beschlossene Sache, da können Sie sich auf mich verlassen! Soll ich ihn ins Werk zurückfahren?»

«Ja, danke.»

«Also dann, bis morgen?»

«Bis morgen, Herr Buzatti. Nochmals vielen Dank.»

«Bugatti, mit G. Meine Verehrung, gnädige Frau!»

Karl und Edouard sperrten ordentlich ihre Augen auf, um nur ja nichts vom Start zu verpassen, während Louis und seine Frau schon mal die Eingangshalle betraten.

«Sechzig Stundenkilometer», wiederholte Louis immer noch überwältigt. «Das ist wirklich großartig!»

Als Anwalt hatte Louis kaum Gelegenheit bekommen, seinen Sinn für Fortschritt und Modernismus zu bekunden. Nun, da er die Fabrik leitete, hatte er diesen Punkt der Übereinstimmung zwischen seinen Neigungen und seinem neuen Metier entdeckt.

Er merkte plötzlich, daß seine Frau seine gute Laune ganz offensichtlich nicht teilte.

«Was ist denn, Liebling?»

«Louis, so kann das nicht weitergehen.»

«Was kann nicht so weitergehen?»

«Deine Mutter wiegelt die Kinder ständig gegen mich auf. Weißt du, was sie sich ausgedacht hat?»

«Nein.»

«Sie sollen hier nicht länger deutsch sprechen dürfen, nicht einmal mit mir! Eddy hat mir das vorhin erzählt. Sie erklärt ihnen, daß sie Franzosen seien.»

Dieser immerwährende Krieg zwischen den beiden Frauen bedrückte Louis. Er versuchte, es von der humorvollen Seite zu nehmen. «Da ist ja auch was dran», sagte er, indem er ihr den Arm um die Taille schlang. «Sie sind beides, halb und halb. Zur Hälfte du und zur Hälfte ich!»

Doch Frederike machte sich frei von ihm; zu Scherzen fühlte sie sich nicht aufgelegt.

«Louis, ich kann dir nur sagen, ich halte es hier nicht länger aus. Wenn das so weitergeht, kehre ich mit den Kindern nach Straßburg zurück.»

Es war klar, daß sie mit ihren Nerven am Ende war. Louis stand eine Weile nachdenklich da, dann ging er plötzlich mit großen Schritten zur Treppe.

«Wo willst du hin?»

«Ich gehe zu ihr. Sie muß damit aufhören.»

Immer zwei Stufen auf einmal nehmend, stieg er hinauf, ging den Flur entlang und klopfte energisch an die Tür des Zimmers, das seine Mutter zu ihrem Boudoir gemacht hatte.

Ein Buch in der Hand, saß die Gräfin auf ihrem Récamier und las *Die Oberle* von René Bazin. Fragend sah sie zu ihm auf.

«Mama, ich muß mit Ihnen reden.»

Niemals ließ es ihn ungerührt, wie zerbrechlich und verletzlich sie wirkte. Doch er wußte auch, daß er sich nicht davon beeinflussen lassen durfte, daß dies eine Falle war, die sie ihm alle Augenblicke stellte. Heute allerdings fühlte er sich gar nicht erst versucht, dem nachzugeben.

Sie erriet seinen Zorn und entschloß sich, ihm zuvorzukommen. «Auch ich habe mir dir zu reden», meinte sie. «Deine Frau erzieht die Kinder in beklagenswerter Art und Weise.»

Ganz offensichtlich suchte sie die Konfrontation. Wieder einmal begann er sie zu hassen und litt darunter, sie hassen zu müssen.

«Sie haben nicht das Recht», sagte er, jedes seiner Worte einzeln betonend, «diese Kinder gegen ihre Mutter aufzuhetzen, nur weil sie eine Deutsche ist. Dabei denke ich insbesondere an Edouard, der dafür sehr empfänglich ist. Wir alle hier sind Deutsche, ob uns das nun paßt oder nicht!»

Sie legte ihr Buch beiseite, erhob sich und baute sich unmittelbar vor ihm auf.

«Du wirst mich nicht hindern, daran zu erinnern, was anscheinend jeder in diesem Haus zu vergessen bemüht ist, daß das Elsaß französisch war und daß es das wieder werden wird! Und gerade Edouard versteht das sehr gut!»

Louis enthielt sich eines Kommentars über seinen jüngsten Sohn, von dem er wußte, wie nah er seiner Großmutter stand. Doch die Wut begann in ihm aufzusteigen.

«Zum Teufel, was wollen Sie?» knurrte er. «Den Krieg? Kein Elsässer will davon etwas wissen! Nicht einmal diejenigen, die lieber Franzosen wären! Der Krieg ist ihnen zu teuer zu stehen gekommen! Genau wie Ihnen! Oder sollten Sie das etwa vergessen haben?»

Mathilde war bleich geworden. Sprachlos setzte sie sich wieder hin. «Wie kannst du es wagen, mir solche Dinge ins Gesicht zu sagen?» flüsterte sie.

Er bedauerte, was er gesagt hatte, aber sein Zorn überwog. «Lassen Sie es sich gesagt sein, Mama. Diesmal gehen Sie zu weit. Sie machen jedermann hier das Leben unerträglich!»

Sie sprang auf und schrie: «Hinaus mit dir!»

«Mein Sohn weigert sich also, Ihre Zeitung finanziell weiter zu unterstützen, Herr Pfarrer?»

«Leider ja, Frau Gräfin», sagte Pfarrer Eberle. «Monsieur Louis ist der Meinung, daß der *Elsässer* Berlin gegenüber zu radikale Ansichten vertritt...»

Wenige Tage nach ihrer Auseinandersetzung mit Louis hatte die Gräfin den Geistlichen bei sich empfangen. Ebenso wie sie hatte Pfarrer Eberle all die Jahre hindurch in seinem Kampf gegen die Annektierung und ihre Konsequenzen nicht nachgelassen. Eugène-Victor Kempf hatte sich aus persönlicher Sympathie für den Mann und auch, um seiner Tochter einen Gefallen zu tun, regelmäßig an der Finanzierung der Partei der streitenden katholischen Kirche beteiligt.

Dem hatte Louis als Chef der Kempf-Werke nun ein Ende gesetzt. Eberle, der sich in großer Verlegenheit befand, hatte sich dazu entschlossen, die Gräfin darauf anzusprechen.

Sie fragte sich sofort, ob es sich dabei um einen Gegenschlag handeln konnte, den Louis wegen ihres Verhaltens bezüglich der Kinder gegen sie führte.

Eberle seinerseits war sich im klaren darüber, daß er sich hier auf ein äußerst gefährliches Terrain vorwagte. «Ich verstehe vollkommen die Situation, in der sich Monsieur Louis befindet», fügte er hinzu. «Seine verantwortungsvolle Stellung, seine Geschäfte... Die deutschen Märkte... Der Herr Baron selbst hat oft großen Mut bewiesen, dessen bin ich mir sehr wohl bewußt und –»

«Herr Pfarrer», unterbrach ihn die Gräfin, «Sie sollen wissen, daß Sie immer auf die Kempfs zählen können. In der Zukunft werde ich es eben sein, die den *Elsässer* finanziert, wenn mein Sohn dazu nicht mehr bereit ist.»

«Frau Gräfin! Unser Dank –»

«Sie brauchen mir nicht zu danken. Gottlob bin ich ja in der Lage, Ihnen diese Unterstützung zu gewähren. Machen Sie sich da nur keine Sorgen.»

Zufrieden ging der Pfarrer. Aber er fürchtete doch, irgendwie eine Ungeschicklichkeit begangen zu haben, in dem er auf die mutige Haltung des verblichenen Vaters der Gräfin hingewiesen hatte. Dies konnte leicht mit einer versteckten Kritik an Louis' Gesinnung verwechselt werden. Er fürchtete, Gräfin Mathilde brüskiert zu haben.

Der gute Mann täuschte sich da auch nicht ganz. Gewiß, Mathilde billigte keineswegs die Entscheidung ihres Sohnes. Trotzdem hatte sich irgend etwas in ihr aufgebäumt, als sie hörte, wie der Pfarrer sich in Lobesreden über den verstorbenen Baron Kempf erging. Aus diesem Grund war sie ihm so ins Wort gefallen. Um nichts auf der Welt hätte sie es zulassen wollen, daß ihm ein negatives Urteil über Louis entschlüpfte.

Noch am gleichen Abend nutzte sie die Gelegenheit, daß Frederike die Jungen zu einem Waldspaziergang mitgenommen hatte, und kam die Treppe herunter, sobald sie den Wagen gehört hatte, mit dem ihr Sohn immer aus der Fabrik zurückkehrte. Sie traf Louis bei der Durchsicht seiner Post in der Bibliothek an.

«Pfarrer Eberle hat mir heute einen Besuch abgestattet», sagte sie und trat dabei, die Schultern in eine Stola gehüllt, näher.

Louis hob die Augen von dem Brief, den er soeben geöffnet hatte. «Wie geht es ihm denn?»

«Ich habe beschlossen, ihm weiterhin Geld zu geben, wie es dein Großvater getan hat.»

Louis begriff. Sie beschuldigte ihn, dem Andenken an den Baron untreu geworden zu sein. Er hob die Hände zum Zeichen seiner Gleichgültigkeit. «Ganz wie Sie wünschen», meinte er. «Meine Pflicht jedenfalls ist es, die Zukunft und den Wohlstand des Werks zu sichern. Er gibt gewisse Dinge, die ich mir eben nicht mehr leisten kann. Das ist alles.»

Sie hatte direkt ihm gegenüber Platz genommen.

«Du beugst das Knie vor diesen Leuten, die sich unser aller Meinungen untertan machen wollen! Ich verstehe dich nicht.»

«Wir müssen es endlich schaffen, mit diesen Feindseligkeiten aufzuhören. Wenn Leute wie Sie und Ihre Freunde nicht eine wütende Separatistenkampagne führten, könnte Berlin sich unserer Provinz gegenüber wesentlich liberaler zeigen.»

«Da haben wir es! Seid gute Deutsche, vielleicht erlaubt man euch dann auch, Elsässer zu sein. Das hören wir nun schon seit dreißig Jahren. Was hat sich geändert? Wir leben weiter unter der deutschen Diktatur.»

«Die deutsche Diktatur, wie Sie sagen, hat uns die Erhöhungen der Arbeiterlöhne und die Sozialgesetze gebracht. Ständig erschließen die deutsche Industrie und der deutsche Wirtschaftsaufschwung neue Absatzmärkte für unsere Produktion. Ich bin entschlossen, in diesem Spiel mitzuspielen. Was sollte ich auch anderes tun?»

Mathilde zuckte die Achseln. «Es ist immer das gleiche. Da gibt es die einen, die bereit sind, sich kaufen zu lassen, und die anderen ... Du, du stehst auf der Seite derer, die sich kaufen lassen.»

«Nein. Ich stehe auf der Seite unserer Provinz, die ein Recht auf Frieden und Fortschritt hat. Ich stehe auf der Seite meiner Angestellten, die ein Recht auf Arbeit haben. Wenn ich mit den Deutschen Geschäfte machen will, kann ich ihnen nicht gleichzeitig ins Gesicht spucken!»

«Geschäfte! Und unsere Seele, was macht du damit?»

«Großpapa dachte genau wie ich, Mama. Und was immer Sie davon halten mochten, er handelte auch wie ich. Das wissen Sie nur zu gut.»

Mathilde schwieg. Sie wollte es sich nicht anmerken lassen, aber der ruhige und bestimmte Ton, in dem ihr Sohn zu ihr sprach, beeindruckte sie. Louis war jetzt ein Mann. Obwohl sie auf ihn böse war, konnte sie nicht umhin, aus der Offenheit und Entschlossenheit, die er bewies, eine Art von Trost zu schöpfen.

«Da wir schon einmal dabei sind», fuhr er fort, «will auch ich Ihnen ein paar wichtige Neuigkeiten mitteilen. Es ist die Rede davon, das Elsaß wie alle anderen deutschen Regionen mit einer lokalen Regierung und einem Parlament zu versehen. Berlin ist bereit, dies in Absprache mit einer gewissen Anzahl Elsässern, zu denen ich gehöre, in Erwägung zu ziehen. Ich habe den Statthalter und General von Huene wie auch einige meiner Freunde für einen Tag zur Jagd eingeladen, um mit ihnen darüber zu diskutieren.»

«Zur Jagd? Hierher aufs Schloß?»

«Seien Sie unbesorgt, ich werde Sie nicht um Ihr Erscheinen bitten. Gerade deswegen sogar habe ich an einen Jagdausflug gedacht, um Ihnen diese Pflicht zu ersparen.»

«Ein lokales Parlament … Dafür also läßt du unsere Freunde im Stich? Du hoffst wohl darauf, hohe Funktionen zu bekleiden?»

«Ich sage es Ihnen besser gleich, daß ich mich nicht entziehen werde, falls man dabei an mich denkt. Daß ich mir davon keinerlei persönliche Befriedigung erwarte, werden Sie mir hoffentlich glauben. Ich bin schlicht und einfach der Überzeugung, daß ich meine Pflicht als Elsässer erfüllen muß.»

Während der nun folgenden Zeit unterließ es Mathilde, ihrem Sohn gegenüber noch einmal auf diese Themen zu sprechen zu kommen. Stumm und stolz vergrub sie sich in ihrer Einsamkeit. Und Louis, der ganz und gar mit den Vorbereitungen für diesen entscheidenden Tag beschäftigt war, schien es aufgegeben zu haben, sich ihretwegen Gedanken zu machen. Er weihte seine Frau in die Geheimnisse delikater örtlicher Diplomatie ein.

«Abgesehen vom Statthalter und General von Huene werden wir Graf Dürckheim und den Bankier Reinhardt-Bussière zu Besuch haben. Ich konnte sie für unsere Sache gewinnen.»

Frederike lächelte. Ihre Augen strahlten vor Bewunderung, als sie sagte: «Die öffentliche Hand, die Armee, die Industrie und die Finanzwelt... Ludwig, du hast großartige Arbeit geleistet!»

Glücklich darüber, Verständnis und Lob zu ernten, lehnte er sich entspannt zurück. «Da ist vor allem General von Huene, bei dem man sich in acht nehmen muß», fuhr er fort. «Die Militärs verkrampfen sich schon, sobald man nur von Liberalisierung spricht. Ihrer Meinung nach sollte das Elsaß ein Bollwerk gegen Frankreich bleiben. Wenn es uns gelingt, ihn zu beruhigen, ist das Spiel bereits gewonnen. Zum Glück hat mir dein Vater geholfen, weißt du. Ich verdanke ihm eine ganze Menge in dieser Angelegenheit. Und zum Glück können wir auch auf Franzls Dienste zählen.»

«Franzl Imhof? Und weshalb?»

«Weil wir ihn hinter General von Huene postieren werden, der keine drei Meter weit sieht... Weil unsere Treiber das Wildschwein in ihre Richtung hetzen werden... Und weil Franzl genau gleichzeitig mit dem General abdrücken soll, damit der den Eindruck hat, er selbst hätte das Tier geschossen! Das wird ihn in blendende Laune versetzen.»

Frederike lachte. «Du bist mir ja ein ausgekochtes Schlitzohr. Aber in Franzls Fähigkeiten als Schütze scheinst du wohl blindes Vertrauen zu setzen?»

«Natürlich! Vergiß nicht, er hat immerhin bei der französischen Armee gelernt!»

Die Regionalregierung wurde noch gegen Ende desselben Jahres ins Leben gerufen. Louis Kempf de La Tour erklärte sich bereit, ihr als Wirtschaftsminister anzugehören.

Er hatte beschlossen, den kleinen Edouard zur Fortsetzung seiner schulischen Ausbildung nach Frankreich zu schicken. Er erwog, ihn danach die französische Staatsbürgerschaft erwerben zu lassen. Zahlreiche elsässische Aristokratenfamilien hatten sich dazu entschlossen, auf diese Weise eine neutrale Haltung zwischen beiden Ländern einzunehmen; und auch für Mathilde wäre dies ein Trost.

Von Wismar, der mit der gesamten deutschen Verwaltungsspitze in Verbindung stand, unterstützte seinen Schwiegersohn, wo er nur konnte. Er hatte für den Enkel seines alten Freundes Eugène-Victor immer schon eine besondere Zuneigung gehegt, mittlerweile empfand er auch Hochachtung für ihn. Er wußte, daß Louis mit Brillanz ein höchst schwieriges Spiel zwischen den gegensätzlichen Bestrebungen spielte, die sowohl die Elsässer wie auch den preußischen Verwaltungsapparat in sich spalteten. Und er war glücklich darüber, daß der junge Industrielle den Weg in die deutsche Integration gewählt hatte.

Mathilde hüllte sich in Schweigen. Sie hatte das Gefühl, daß ihr die Welt unweigerlich entglitt und daß sie einer anderen Epoche angehörte. Sie vergrub sich in ihren Erinnerungen. Auch wenn sie seine Haltung nicht gutheißen konnte, imponierten dieser Frau, die an der Seite ihres alternden Vaters ganz allein gelebt hatte, der Mut, das politische Geschick und die Energie ihres Sohnes. Es gab da nun in Alsheim einen starken, energischen jungen Mann, wie ihr Charles es hätte sein können, wenn er aus dem Krieg zurückgekehrt wäre. An ihn mußte sie denken, konnte seine Gegenwart spüren und ihn sogar vor sich sehen, wenn sie Louis betrachtete. Insgeheim bewunderte und liebte sie ihren Sohn.

1914

«Spiel für Edouard ... Vier beide. Aufschlag Karl!» verkündete Alexandra Reinhardt-Bussière vom Schiedsrichterstuhl herab.

Das braune Haar durch ein Band nach hinten zusammengebunden, zierlich und elegant in ihrem weißen Kostüm, dessen Rock die Beine bis zur Wadenmitte entblößt ließ, blickte sie mit triumphierendem Lächeln abwechselnd auf die beiden Brüder hinunter. Einem verwöhnten kleinen Mädchen gleich, hatte sie mit ihren achtzehn Jahren ein unbändiges Vergnügen daran, zu beobachten, wie sie vor ihren Augen miteinander rivalisierten.

Sich die Stirn abwischend, ging Edouard einen Ball vom Rand des Spielfelds holen und kehrte dann wieder in die Mitte zurück. Der von gestrichenen Holzplanken begrenzte Tennisplatz war der neuste Renner, den die beiden Brüder ihrem Vater abgeluchst hatten.

«Ach, übrigens, wir haben ja gar keinen Einsatz gemacht», sagte Edouard. «Worum spielen wir eigentlich?»

«Derjenige, der verliert, kauft neue Bälle», schlug Karl vor. «Diese hier sind allmählich wirklich durchgespielt.»

Edouard verzog das Gesicht und erwiderte: «Das ist aber nicht sehr originell ...»

«Worum willst du dann spielen?» fragte Alexandra.

Der junge Mann sah ihr keck in die Augen und sagte: «Um einen Kuß von der Schiedsrichterin.»

«Einverstanden!» rief Karl augenblicklich.

«Und ich? Mich fragt ihr wohl gar nicht erst?»

Alexandra tat, als sei sie entrüstet. Abwartend tauschten die Brüder untereinander einen Blick.

«Einverstanden», sagte sie dann und lächelte.

«Hurra!» schrie Karl. «Paß auf, Edouard, jetzt mach ich dich nieder!»

Alexandra Reinhardt-Bussière war die Tochter eines Straßburger Bankiers, der ein persönlicher Freund von Louis Kempf de La Tour und auch dessen Geschäftspartner war. Frederike und Louis hatten sie eingeladen, während der Ferien der beiden Jungen ein paar Tage auf dem Schloß zu verbringen. Es war Mitte Juli.

Unter den Bäumen unweit des Tennisplatzes saß, ein Bein von sich gestreckt und seinen Spazierstock mit dem Silberknauf an sich gelehnt, General von Wismar in Gesellschaft seiner Tochter Frederike und seines jüngsten Sohnes Ernst, der dreißig Jahre alt und ebenfalls Kavallerieoffizier war. Letzterer, der eine halbe Stunde zuvor überraschend zu einem Besuch vorbeigekommen war, beobachtete das Spiel. Oder genauer gesagt, er beobachtete Alexandra.

«Wirklich reizend, die Kleine», urteilte er mit Kennermiene.

«Ja, in der Tat», nickte der General. «Und noch dazu eine fabelhafte Partie... Die zweitgrößte Bank im Elsaß.»

«Und welcher meiner Neffen wird das Privileg haben, sie zu erobern?» erkundigte sich Ernst.

«Ich weiß es nicht», antwortete Frederike und drehte ihren Sonnenschirm. «Sie denken beide daran, das ist sicher. Aber was sie betrifft, so habe ich den Eindruck, daß sie noch zögert...»

«Ich kann sie gut verstehen», meinte der Großvater mit unverhülltem Stolz. «Beide sind sie gleich attraktiv, jeder auf seine Weise.»

Da konnte man ihm nicht widersprechen. Nicht ganz so schlank von Wuchs wie sein älterer Bruder, glich Edouard diese Unterlegenheit der Figur durch natürliche Eleganz in den Umgangsformen und durch den bestechenden Zug seiner hohen Stirn, seines offenen Blicks und der leicht gebogenen Nase aus. Karl mit seinem widerspenstigen Haar und dem samtweichen Blick haftete etwas Romantischeres oder Feminineres an. Er hatte etwas von einem schwarzen Engel, was durchaus faszinieren konnte.

«Allerdings würde ich mal auf eine leichte Vorliebe für Karl tippen», fügte Frederike hinzu.

Der alte General sah ihnen von neuem zu, wie sie mit verbissener Hartnäckigkeit ihr Spiel austrugen.

«Fünf zu vier!» vermeldete Alexandra. «Aufschlag Edouard!»

Edouard jagte seinem älteren Bruder einen Ball hinüber, als wollte er damit eine Mauer durchbrechen. Karl machte einen Satz, strauchelte und sank auf den Rasen. Er versuchte aufzustehen, verzog dabei aber das Gesicht vor Schmerz. Augenblicklich kletterte Alexandra von ihrem Sitz herunter und rannte zu ihm.

«Karl! Hast du dir weh getan?»

«Den Knöchel verstaucht...»

«Warte, ich helfe dir beim Aufstehen.»

«Nein, es wird schon gehen, danke.»

Edouard auf der anderen Platzhälfte schlug nervös mit dem Schläger gegen sein rechtes Bein. «Na, was ist? Spielen wir jetzt eigentlich Tennis oder Patient und Krankenschwester?»

Durch das Netz sandte Alexandra ein versöhnliches Lächeln zu ihm hinüber.

Mit liebevollen Blicken beobachtete von Wismar das Trio. «Sie wirken so glücklich», murmelte er. «Sie sollen es nur ausnutzen...»

Weder Frederike noch Ernst brauchten ihn groß zu fragen, was diese melancholisch hervorgebrachten Worte zu bedeuten hatten.

Das helle Julilicht in dem von Vogelsang erfüllten Park, diese Partie Tennis, die gute Laune, die fröhliche Rivalität der beiden Brüder um Alexandra, all das wirkte irgendwie unecht, wie ein mühsam aufrechterhaltenes Trugbild; es stimmte traurig wie schöne Sommertage, von denen man weiß, daß sie die letzten sein werden.

Ja, sie wirkten glücklich, allen Widerständen zum Trotz, seit sie zu Beginn der Ferien nach Alsheim zurückgekehrt waren. Sie waren sogar die einzigen im Schloß, die nie vom Krieg redeten, und insgeheim kam man überein, vor ihnen nicht darüber zu sprechen. Aber hieß das auch, daß sie gar nicht daran dachten? Dazu hätten sie dem Lärm der Welt gegenüber schon ungemein taub sein müssen. Im vergangenen Jahr hatte Frankreich die Dauer des Militärdienstes auf drei Jahre verlängert, während Deutschland die Stärke seiner Armee in Friedenszeiten auf nahezu neunhunderttausend Mann erhöhte. Die Vergrößerung der militärischen Budgets, die Stärkung der Tripelentente auf der einen und die russisch-englischen Abkommen auf der anderen Seite, alles wies auf die Vorbereitung zu einem bewaffneten Konflikt hin. Die Ermordung Erzherzog Franz Ferdinands in Sarajewo am vergangenen 28. Juni hatte plötzlich den Funken in den Balkanländern, die seit drei Jahren von sporadischen, nie ganz erstickten Kriegen erschüttert wurden, neu entfacht.

Wenn der Krieg ausbrach, wären von der ganzen Familie die beiden Brüder als erste davon betroffen. Und wie es so mit unangenehmen Wahrheiten, die jedermann kennt, zu geschehen pflegt, zog man es allgemein vor, nicht darüber zu reden.

Der Druck aber wurde immer lastender und spürbarer. Zwei Tage zuvor hatte sich Louis Kempf de La Tour geweigert, dem Regionalparlament Kriegskredite zu bewilligen, und war dann, nachdem man ihn vor vollendete Tatsachen gestellt hatte, von seinem Ministeramt zurückgetreten. Alles, was er sich vorgenommen und seit einigen Jahren im Rahmen der vom Kaiser bewilligten regionalen Institutionen erfolgreich durchgeführt hatte, war somit in Nichts aufgelöst worden.

Seufzend wandte der General sich auf seinem Stuhl um und sagte: «Apropos Karl, es gibt da etwas, das du wissen solltest, Frederike. Sein Jahrgang könnte von einem Tag auf den anderen einberufen werden. Der Führungsstab in Straßburg spricht von nichts anderem mehr.»

«Karl einberufen? Aber er ist doch zurückgestellt... Er hat noch ein Jahr Jurastudium in Heidelberg zu absolvieren.»

«Zurückgestellt! Liebes Kind, erklär das denen mal... Ganz Europa macht mobil. Und du, Ernst, hast du eine Ahnung, wie es mit dir jetzt weitergeht?»

«Alles, was ich weiß, ist, daß die Rede davon ist, unser Regiment aufzulösen. Pferde scheinen in der modernen Kriegsführung zu nichts mehr nütze zu sein.»

Der General fuhr auf seinem Stuhl hoch. «Ernst, sag mir jetzt nur nicht, daß du bei der Infanterie dienen wirst? Zu Fuß, im Dreck?» Angewidert verzog er das Gesicht zu einer Grimasse.

Ernst schien das zu amüsieren. «Nein, Vater, nur die Ruhe, ich weiß, was ich meinen Ahnen schuldig bin!» sagte er mit leicht ironischer Feierlichkeit. «Ich habe mich für einen Fliegerlehrgang beworben.»

«Fliegerei? Und wofür?»

«Um Krieg zu führen. Es heißt, von da oben sollen Bomben abgeworfen werden.»

«Bomben! Gott, wie stillos!» knurrte von Wismar.

«Tja, Vater, das ist eben der moderne Krieg.»

«Ja, ja, ich weiß schon. Aber ich mag ihn nicht, euren modernen Krieg. Zu meiner Zeit kämpfte man von Soldat zu Soldat und ermordete die anderen nicht feige vom Himmel aus.»

«Glauben Sie wirklich, daß wir Krieg bekommen werden?» fragte Frederike.

Der General zuckte mit den Achseln. «Sicher. Alle Welt will ihn. Wir, die Franzosen, die Engländer und die Russen. Alle!»

«Außer den Italienern vielleicht?» meinte Ernst lächelnd. «Jedenfalls haben die Franzosen erst kürzlich ebenfalls die Kriegskredite bewilligt. Edouard wird sicher bald nach Paris zurückgerufen werden.»

Louis Kempf de La Tour, der vor einer Weile aus der Fabrik nach Hause gekommen war und rasch noch einen Sommeranzug übergestreift hatte, erschien auf der Schloßterrasse und gesellte sich zum von Wismarschen Trio.

«Guten Tag, Vater. Grüß dich, Ernst!» Er beugte sich über Frederike, küßte sie auf die Wange und setzte sich zu ihr. «Nun», sagte er mit bemüht heiterer Stimme, «wie steht es denn bei unseren Champions?»

Doch von Wismar wandte ihm ein besorgtes Gesicht zu. «Louis, ich muß dich warnen: Der Generalstab hat ein wachsames Auge auf dich. Man verzeiht dir deinen Staatsstreich nicht.» Damit spielte er auf Louis' Rücktritt von all seinen offiziellen Ämtern tags zuvor an.

«Ich war nicht der einzige», erwiderte letzterer ruhig. «Sämtliche Elsässer in der Regionalregierung haben es genauso gemacht. Ich hatte diese Funktion angenommen, um an der Zukunft unseres Landes zu arbeiten, und nicht, um einen Krieg auszulösen.»

«Ich verstehe dich ja, Louis!» sagte der General. «Und ich respektiere deine Einstellung. Nur, der Generalstab ist allmächtig, und er will ihn, seinen Krieg. Und in solchen Fällen, das weißt du sehr wohl, tragen die Ultras immer den Sieg über die Gemäßigten davon.»

Louis blieb ungerührt. «Wir werden ja sehen», meinte er.

«Deine Mutter jedenfalls», bemerkte seine Frau, «hat triumphiert.»

«Meine Mutter wird auch noch eines Tages begreifen, daß ich am Elsaß niemals Verrat begangen habe.»

Vom Tennisplatz her ertönte plötzlich ein Hurraschrei.

«Sechs zu vier, Satz und Spiel!» rief Alexandra aus. «Bravo, Karl, du hast gewonnen!»

Sie stieg von ihrem Schiedsrichterstuhl hinunter. Die Bälle einsammelnd, kamen die beiden jungen Männer zu ihr herüber. Karl klopfte seinem Bruder auf die Schulter.

«Nichts für ungut, Bruderherz, oder?»

«Pah!» entgegnete Edouard. «Das ist nur der Triumph der Kraft über die Intelligenz... Aber beim Schach ziehe ich dich über den Tisch, wann ich will.»

Karl lächelte Alexandra zu. «Also? Wo bleibt meine Belohnung?»

Er hielt ihr seine Wange hin. Alexandra reckte sich auf die Zehenspitzen und gab ihm einen freundschaftlichen und liebevollen Kuß. Mit verdrossener Miene schaute Edouard weg. Doch das junge Mädchen bemerkte es und fing an zu lachen.

«Komm schon her, Edouard...» Sie wandte sich ihm zu und küßte auch ihn. «Eifersüchtig braucht keiner zu sein», erklärte sie. Dann hakte sie sich rechts und links bei den beiden ein und zog sie zum Rest der Familie hinüber.

«Kinder, ich darf euch daran erinnern, daß eure Großmutter euch zum Tee erwartet», sagte Louis.

Frederike erhob sich und sagte: «Ich werde uns auch einen machen. Kommst du mit, Ernst?»

Sie entfernte sich mit ihrem Bruder, während die drei jungen Leute ebenfalls zum Schloß hinübergingen. Louis blieb mit seinem Schwiegervater allein.

«Um auf unser Gespräch zurückzukommen», begann er wieder,

«ich wollte es vor Frederike nicht sagen, aber Berlin hat mich aufgefordert, die Produktion der Eisenbahnwaggons einzustellen, um dafür Kanonen zu bauen.»

«Das ist normal. Und?»

«Ich habe mich geweigert. Erst heute morgen.»

General von Wismar blieb eine Weile stumm. Eines stand fest, die Dinge überstürzten sich. Die Forderung der Behörde konnte nur bedeuten, daß die Krise unmittelbar bevorstand. Louis' Weigerung brachte ihn in eine gefährliche Situation.

«Sie werden dir deine Fabrik konfiszieren, Louis. Hast du dir das auch wirklich gut überlegt?»

«Papa, Sie sind Zeuge, daß ich mich Deutschland gegenüber immer an die Spielregeln gehalten habe. Aber ich bin Elsässer, und außerdem...»

Wismar sah ihn von der Seite an und legte ihm die Hand auf den Arm. «Außerdem ist es Frankreich, nicht wahr?»

«Ja, Papa. Und ich habe auch diesbezüglich sehr starke Bindungen...» Dabei machte er eine Kopfbewegung zum Schloß hin.

Von Wismar nickte nachdenklich und meinte: «Deutschland, Frankreich... Ein kompliziertes Spiel. Ich verstehe.»

«Mit einem Sohn, der Franzose und Absolvent der *Ecole Polytechnique* ist, und einem Sohn, der Deutscher und Jurist ist», fuhr Louis fort, «meinte ich, das Gleichgewicht gewahrt und die alten Bindungen neben den neuen erhalten zu haben.»

«Du hofftest aber auch, auf beiden Seiten Gewinn herauszuschlagen, oder?» bemerkte der General ohne Bitterkeit.

«In gewissem Sinne schon», mußte Louis zugeben. «Aber ich hatte die Rechnung ohne den Krieg gemacht. Wenn es Krieg gibt, werde ich, ganz egal, wer ihn gewinnt, auf der Verliererseite stehen.»

«Das hier ist euer Urgroßvater zwischen einigen seiner Arbeiter... Es war einer seiner letzten Besuche in der Fabrik...»

Mathilde saß in einem Lehnsessel in ihrem Boudoir im ersten Stock und blätterte in einem Fotoalbum. Sie trug ein schwarzes Kleid. Ihr einst blondes Haar bildete jetzt eine weiße Gloriole um ihren Kopf. Ihre Stimme war ein ganz klein wenig brüchig geworden. Edouard und Karl, die auf die Sessellehne gestützt hinter ihr standen, blickten ihr über die Schultern, während Alexandra neben ihr kniete.

«Und hier nun meine beiden großen Buben!» sagte sie lächelnd.

Sie hob den Kopf, um sie nacheinander alle beide anzusehen. Ihre schönen Augen strahlten immer noch in dem verwelkten und von kleinen Fältchen übersäten Gesicht.

Auf dem Foto trugen Edouard und Karl stolz der eine seine Uniform der Ingenieursschule und der andere seine Jurastudentenrobe zur Schau. Edouard mußte lachen.

«Du meine Güte, wie bekloppt wir da ausschauen!»

«Edouard! Zügle dein Französisch», wies Mathilde ihn sanft zurecht.

«Außerdem, was dich betrifft, kannst du ja recht haben!» meinte Karl. «Mich finde ich jedenfalls ganz gut.»

«Sonderlich anspruchsvoll bist du nicht!»

Mathilde legte das Album beiseite und wandte sich an Alexandra: «Möchtest du wohl so nett sein, die Tochter des Hauses zu spielen, und uns den Tee servieren? Du wirst sehen, der Gugelhopf hier ist der beste im ganzen Elsaß. Und du, Edouard, nun bist du schon seit fünf Tagen da und hast mir immer noch nichts von deiner Tante Caroline de La Tour erzählt...»

«Es geht ihr gut», antwortete der junge Mann. «Sie lädt mich jeden Sonntag in Paris zum Mittagessen ein.»

«Hat sie nach wie vor die gleiche Köchin?»

«Ja, eine absolute Meisterköchin.»

«Und sie? Immer noch so ein verrücktes Huhn?»

«Immer noch.»

«Mein Gott», rief Mathilde aus, «was habe ich doch letztes Mal, als ich in Paris war, mit ihr lachen müssen! Das ist schon wieder lange her. Wir waren im Theater, um Sarah Bernhardt zu sehen. Sie war brillant.»

«Sie betrügt immer noch ihren Mann», fuhr Edouard fort.

«Wer?» fragte Karl. «Sarah Bernhardt?»

«Nein, du Idiot. Tante Caroline», gab Edouard zurück.

«Ist doch nicht verwunderlich», meinte Karl. «Paris war schon immer eine Stadt frivoler Ausschweifungen, nicht wahr?» Dabei ahmte er recht zweideutig das steife Gebaren seines Großvaters nach. «Und natürlich», setzte er hinzu, «wird es nicht die Republik sein, die die Dinge ins Lot bringt.»

«Ich jedenfalls ziehe meine verderbte Republik deinem Kaiser vor», entgegnete Edouard.

«Was hast du ihm denn vorzuwerfen, meinem Kaiser?»

«Zwing mich nicht, vor Großmama näher darauf einzugehen, daß er ein bißchen allzuviel übrig hat für die jungen Offiziere seiner Leibgarde. Alle Welt weiß das!»

«Kinder! Bei mir wird nicht über Politik geredet», schaltete sich Mathilde ein.

«Wirklich?» meinte Edouard. Er lächelte ihr liebevoll zu und legte seine Hand auf die ihre. «Dann haben Sie sich aber gewaltig geändert, Großmama!»

Die Pickelhauben neben sich am Tischrand, verlangten die vier deutschen Soldaten lauthals nach ihrem sechsten Seidel Bier.

Vom Schanktisch des Wirtshauses *Zum Hirschen* aus sah Katel Wahl ihren Dienstherrn, den Wirt, vielsagend an und stellte die schweren Krüge aus Steingut und Zinn wortlos unter den Kupferhähnen auf. Die Soldaten beobachteten sie alle vier mit begehrlich leuchtenden Augen.

«Das hübsche Fräulein kümmert sich aber gut um uns!»

«Fräulein, ich möchte Ihre Hand küssen!»

Katel Wahl war ein hochgewachsenes, schlankes Mädchen mit üppigem Haar, das sie nach hinten gekämmt trug und an den Seiten mit perlmuttbesetzten Haarspangen im Zaum hielt. Sie war sehr schlicht gekleidet, sie trug einen schwarzen Rock und eine schwarzweiß quergestreifte Bluse. Ihre großen strahlenden Augen und ihr offenes Lächeln gefielen den Gästen für gewöhnlich. Heute aber trug sie eine abwesende und irgendwie beunruhigte Miene zur Schau, wie es junge Mädchen angesichts männlicher Avancen zu tun pflegen, die ihnen durchaus nicht willkommen sind. Seufzend drehte sie sich nach der Küchentür um und rief: «Anselme! Bedien du mal die Herrschaften hier ...»

Augenblicklich tauchte ein vielleicht fünfzehnjähriger Junge auf und wartete ab, bis sie fertig eingeschenkt hatte. Dann, während er das Tablett hochwuchtete, verließ Katel den Schanktisch und begab sich in aller Ruhe zum anderen Ende der Gaststube, wo sich eben Pfarrer Eberle dem alten Yerri Laugel gegenüber niedergelassen hatte.

Auch er hatte einige Zeit zuvor sein Mandat als elsässischer Reichstagsabgeordneter niedergelegt, um eine Kriegsanstrengung nicht gutheißen zu müssen, der sich keiner mehr zu widersetzen vermochte. Vor zwei Tagen war er nach Alsheim zurückgekehrt.

«Und für Sie, Herr Pfarrer, was darf es für Sie sein?» fragte sie laut und deutlich.

Die Soldaten, die sie sehr wohl gehört hatten, tauschten enttäuschte Blicke untereinander und gaben mit gedämpfter Stimme einige Kommentare dazu ab.

«Bitte ein Glas Sylvaner, Mademoiselle», sagte der Pfarrer, und Katel kehrte zur Theke zurück.

Yerri wies mit dem Kinn nach den vier Soldaten und meinte: «Es sind jetzt immer mehr, die hier durchkommen und zur Grenze in Richtung Vogesen hinaufziehen ... Es wird nicht mehr lange dauern, bis sie uns wieder einen Krieg bescheren.»

Der ehemalige Dorflehrer hatte mittlerweile die Siebzig überschritten. Er arbeitete kaum noch, verbrachte aber trotzdem einen Großteil seiner Tage im Gasthaus, um mit den Gästen zu schwatzen, die er ja alle kannte.

«Dein Dienstmädel jedenfalls macht nicht gerade den Eindruck, als hätte sie viel für sie übrig», bemerkte der Pfarrer. «Wer ist sie eigentlich?»

«Ach, sie ist die Tochter von François Wahl.»

Der Pfarrer wirkte überrascht. «Wahl, der Druckereibesitzer in Hagenau? Der sollte seine Tochter in einem Gasthaus arbeiten lassen?»

«Aber, Herr Pfarrer, Sie wissen noch gar nichts?» Er senkte die Stimme und fuhr fort: «Die Deutschen haben sie doch alle beide, ihn und seine Frau, nach Ostpreußen deportiert.»

«Herr im Himmel! Die auch ... Ich kenne nun schon mindestens zehn oder zwölf Familien, denen es so ergangen ist.»

«Es heißt, sie hätten deutschfeindliche Lieder in französischer Sprache gedruckt», fuhr der Gastwirt fort. «Und da habe ich halt die Kleine und ihren Bruder Anselme bei mir aufgenommen.»

«Eine gute Tat, Yerri. Gott wird sie dir lohnen.»

«Na ja... Ich komme schon auch auf meine Kosten. Ich habe nicht mehr den rechten Mumm für die Arbeit. Trotzdem, Herr Pfarrer, Frankreich zu lieben tut nicht gut in diesen Zeiten.»

Die Tür der Gaststube ging auf. Ein etwa zwanzigjähriger junger Mann trat ein, warf einen Blick auf die deutschen Soldaten, winkte zu Katel hinüber und kam dann, nachdem er seinen Vater und den Pfarrer entdeckt hatte, auf deren Tisch zu.

«Grüß Gott, Herr Pfarrer. Tag, Papa.»

«Zum Donnerwetter noch mal, Yerri», rief der Geistliche aus, «der Junge da ist also dein Albert?»

«Natürlich, Herr Pfarrer, einen anderen habe ich nicht!»

«Aber der ist ja gekleidet wie ein vornehmer Herr...»

Albert Laugel trug einen Stadtanzug, der sich recht deutlich unterschied von der Weste, dem runden Hut und der groben, weiten Hose seines Vaters.

«Weil er doch studiert, Herr Pfarrer!» erklärte der alte Yerri stolz. «Ich bin wieder zum Dörfler geworden seit der Zeit, als ich meinen Schulunterricht aufgeben mußte. Aber Albert, der soll einmal Arzt werden.»

«Meinen Glückwunsch, Albert», sagte der Geistliche. «Aber ich hätte dich wirklich nicht erkannt... Ich bin nicht mehr allzuoft in Alsheim... Sag mal, du versäumst doch wohl hoffentlich nie die Messe?»

«Nie, Herr Pfarrer», antwortete der junge Mann mit größter Ernsthaftigkeit.

«Schön.»

Wieder warf Albert einen Blick zu den Soldaten hinüber und begann dann mit gedämpfter Stimme: «Papa, ich würde gern etwas mit dir besprechen... Und mit Ihnen auch, Herr Pfarrer. Aber kann ich erst einmal kurz auf ein Wort zu Katel hinüber?»

«Aha», meinte der Pfarrer, «das hört sich ja recht geheimnisvoll an. Na schön, Albert, einstweilen trinke ich ein Gläschen!»

Während sich der junge Mann entfernte, wandte Eberle Yerri einen fragenden Blick zu. «Könnte es wohl zufällig sein, daß er ans Heiraten denkt?»

«Gut möglich... Die Kleine ist hübsch, das muß man ihr lassen. Und ich habe den Eindruck, daß die beiden sich ganz gut verstehen.»

Der Medizinstudent war in der Küche verschwunden. Katel folgte ihm. Zärtlich faßte er sie um die Taille. Sie legte ihm die Arme um den Hals, und sie küßten sich auf die Lippen.

Albert kam immer noch nicht ganz aus dem Staunen heraus, daß sie etwas an ihm hatte finden können. Er jedenfalls war gleich von Anfang an, schon als sie mit ihrem Bruder ins Gasthaus kam, von ihr hingerissen gewesen. Er hatte sie beobachtet, wie sie trotz der Verhaftung ihrer Eltern immer fröhlich, tapfer und ohne ein Wort der Klage arbeitete. Schüchtern hatte er sie hie und da angesprochen, ohne sich jedoch weiter vorzuwagen. Sie ihrerseits wagte nicht daran zu denken, daß ein kluger Medizinstudent sich für sie interessieren könnte. Es hatte eine ganze Weile gebraucht, bis das Mißverständnis geklärt war. Seither aber tauschten sie, einer so glücklich wie der andere, unablässig Küsse und Schwüre aus.

«Katel», seufzte der junge Mann, «ich muß dir etwas sagen: Ich habe meinen Einberufungsbefehl bekommen.»

«Dann werde ich dich also nicht mehr zu sehen bekommen?»

«Doch, doch. Aber darum geht es gar nicht, Katel. Ich habe nämlich beschlossen, nicht hinzugehen.»

Entsetzt sah sie ihn an. «Du wirst doch nicht etwa desertieren wollen?»

«Ich will nur nicht in der deutschen Armee kämpfen. Ich gehe nach Frankreich und komme erst zurück, wenn alles vorbei ist.»

Sie senkte den Kopf und sagte: «Albert... Wenn du erst einmal die hübschen Französinnen gesehen hast, wirst du nicht mehr an mich denken. Und außerdem, als Arzt...»

Er ergriff ihre Hände und zog sie an sich. «Rede kein dummes Zeug. Du bist es, die ich liebe, Katel, und ich schwöre dir, daß ich zurückkommen werde. Und dann wollen wir heiraten.»

«Ist das wirklich wahr?»

«Es sei denn, du hättest nicht auf mich gewartet! Es wird immerhin eine ganze Menge hübscher Soldaten geben, die hier durchkommen werden.»

Sie machte eine Kopfbewegung nach der Gaststube hin. «So wie die da? Herzlichen Dank! Nein, ich werde auch warten, Albert.»

«Hand aufs Herz?»

«Hand aufs Herz.»

Wiederum küßten sie sich.

«Aber wie willst du es anstellen, nach Frankreich zu kommen?» begann das junge Mädchen wieder.

«Ich habe da so meine Idee. Aber darüber muß ich erst mit meinem Vater und dem Pfarrer reden. Wir sehen uns dann nachher.»

Er kehrte mit ihr in die Gaststube zurück, und Katel ging wieder an ihren Platz hinter dem Schanktisch. In dem Augenblick, als Albert sich gerade zu seinem Vater und Pfarrer Eberle setzen wollte, ging die Tür auf, und zwei Gendarmen kamen herein.

«Sieh da», rief der Geistliche aus. «Unsere Gendarmerie! Mademoiselle, bringen Sie doch den Herrschaften Winter und Conrad einen Schoppen Wein. Auf meine Rechnung.»

Mit sichtlich verlegener Miene sahen die beiden Gendarmen einander an. Sie traten auf den Tisch zu. Der eine von ihnen nahm seinen Helm ab und sagte auf deutsch:

«Nein, danke, Herr Pfarrer... Heute nicht.»

«Wie das, heute nicht?» wunderte sich Eberle. «Du wirst uns doch wohl nicht weismachen wollen, daß du im Dienst nichts trinkst?»

«Das ist es nicht...» Der Gendarm drehte sich nach seinem Kollegen um. «Ich krieg's einfach nicht raus... Sag du es ihm.»

Der andere schüttelte mißvergnügt den Kopf. «Du bist gut! Äh... Herr Pfarrer... Entschuldigen Sie uns bitte vielmals... Aber wir haben Anordnung bekommen, Sie... Sie nach Straßburg zu bringen. Hier ist unser Haftbefehl.»

Yerri Laugel sprang auf. «Nach Straßburg? Ihr verhaftet ihn? Ja seid ihr denn von allen guten Geistern verlassen? Er ist ein Abgeordneter!»

«Er *war* ein Abgeordneter, Herr Laugel. Und eben darum...»

Eberle hatte nach dem Schrieb gegriffen, den ihm der Gendarm hinhielt. Rasch überflog er ihn und reichte ihn zurück. Sein Gesicht hatte alle Farbe verloren. «Ich habe es geahnt», sagte er.

«Aber warum nur?» fragte Laugel.

«Du hast mir doch vorhin von Wahl erzählt... Das hier ist genau das gleiche. Deutschfeindliche Einstellung. Sie haben mir meinen Rücktritt nicht verziehen. Und jetzt befürchtet man, daß ich jedesmal, wenn ich die Kanzel besteige, die Stimmung der Bevölkerung untergrabe...»

Katel, Anselme, die vier deutschen Soldaten und die paar übrigen Gäste im Wirtshaus beobachteten stumm die Szene.

«Verzeihen Sie, Herr Pfarrer...» stammelte erneut der Gendarm mit Namen Conrad.

«Ihr armen Jungs könnt ja nichts dafür», murmelte der Priester. Traurig lächelte er. «Aber trotzdem, diesen Schoppen... Ihr werdet es mir doch nicht abschlagen wollen, ihn auf mein Wohl zu trinken? Wißt ihr, es könnte leicht der letzte für ziemlich lange Zeit sein!»

Die beiden Gendarmen sahen sich verunsichert an.

«Zu Befehl, Herr Pfarrer», brummte Winter mit einem Kloß im Hals.

«Na dann, nur zu! Unterdessen habe ich diesem jungen Mann hier noch ein Wort zu sagen», sagte er und wies dabei auf Albert Laugel. «Oh, keine Angst, nichts Staatsgefährdendes: Er wollte mit mir übers Heiraten sprechen.»

Seufzend traten die beiden Gendarmen an die Theke, während der Pfarrer Albert beim Arm nahm und ihn zu ihrem Tisch zog. Auch Yerri setzte sich wieder zu ihnen.

«Nun, mein Junge...»

«Herr Pfarrer, Papa, es handelt sich nicht ums Heiraten», murmelte Albert Laugel.

«Und worum dann?»

Albert blickte ängstlich zur Theke hinüber und beugte sich dann über den Tisch.

«Ich bin eingezogen worden», flüsterte er. «Aber ich will keine Pickelhaube tragen. Ich will nach Frankreich hinüber.»

Yerris Augen leuchteten auf.

«Ich wollte euch beide fragen, ob ihr das gutheißen könnt. Dich, weil du mein Vater bist, und Sie, Herr Pfarrer, weil... weil ich einfach sicher sein möchte, daß ich damit nichts Schlechtes tue.»

Eberle wandte sich dem Gastwirt zu und fragte: «Was halten Sie davon, Yerri?»

«Was ich davon halte? Herr Pfarrer, Sie fragen mich wirklich, was ich davon halte?» Die Augen des ehemaligen Dorfschullehrers funkelten vor Erregung und Stolz. Seine Hände zitterten.

«Fein», meinte der Pfarrer. «Vater und Sohn sind sich also einig. Aber was hast du vor, wenn du in Frankreich gelandet bist?»

«Mein Medizinstudium fortsetzen. In französischer Uniform.»

Eberle nickte und dachte dann eine Weile nach.

«Schön, Albert. Sehr schön. Meinen Segen hast du! Nur, du siehst ja» – er wies mit dem Kopf nach den beiden Gendarmen – «recht viel werde ich für dich jetzt nicht mehr tun können. Weißt du schon, wie du es anstellen willst?»

«Eigentlich», erklärte der junge Mann, «hatte ich gerade gehofft, daß Sie so freundlich sein würden, auf dem Schloß oben mit Gräfin Mathilde zu reden. Wegen des Grenzübergangs, der sich auf ihrem Land befindet... Na ja, nach dem, was Papa mir so erzählt hat...»

Yerri Laugel nickte eifrig. «Er meint den Weg zum Wolfswinkel», sagte er an den Pfarrer gewandt. «Franzl Imhof kennt da oben einen Übergang.»

«Stimmt, ich habe davon gehört», bestätigte Eberle. «Nun gut, mein Junge. Die Frau Gräfin kannst du auch ohne mich aufsuchen. Sie wird damit einverstanden sein, darauf kannst du dich verlassen! Du kannst ihr ja sagen, daß ich es bin, der dich schickt.»

«Danke, Herr Pfarrer.»

«Du brauchst mir nicht zu danken. Bleib ein guter Christ, das ist alles, was ich mir von dir wünsche. So, meine Freunde, und jetzt muß ich wohl gehen... Ich werde erwartet», fügte er seufzend hinzu. Er erhob sich und reichte ihnen beiden die Hand. «Auf Wiedersehen, Yerri. Adieu, Albert. Gott beschütze dich, mein Junge.» Dann wandte er sich würdevoll zu Winter und Conrad um. «Na dann, Freunde... Ich stehe euch zur Verfügung.»

Zwei Tage später, Louis und Frederike saßen im Salon und lasen Zeitung, hörte man draußen Motorengeknatter und das Geräusch von knirschendem Kies. Louis stand auf und ging ans Fenster.

«Na so was. Es ist dein Vater, Frederike...»

«Mein Vater? Was kann der hier wollen?» Mit Hilfe des Chauffeurs stieg der General in schwarzem Mantel und mit Melone eben aus seinem Wagen. Auf seinen Spazierstock gestützt kam er auf sie zu.

«Guten Tag, Kinder.»

«Guten Tag, Papa. Nur herein mit Ihnen, kommen Sie und setzen Sie sich erst mal.»

Im Salon angelangt, legte von Wismar seinen Hut auf einem kleinen Tisch ab, dann schritt er langsam auf einen Sessel zu. Er wirkte erschöpft. Das lag vielleicht am Alter oder auch an den Sorgen.

«Ich wollte euch nicht anrufen», sagte er. «Ihr werdet abgehört.»

«Abgehört?»

«Ja. Es ist nicht schwer, sämtliche Gespräche einer Telefonleitung abzuhören. Also nehmt euch in acht. Dabei denke ich vor allem an dich, Louis... und selbstverständlich an deine Mutter.» Er hatte sich gesetzt und streckte die Beine aus. «Eure Lage ist sehr speziell. Einerseits gehört ihr zu meiner Familie. Andererseits... Nun ja, ihr versteht.» Ihm war scheinbar unbehaglich zumute. Er zögerte einen Moment, bevor er sich ein Herz faßte und sagte: «Louis, ich habe erreicht, daß deine Mutter nicht, wie eigentlich vorgesehen, nach Deutschland deportiert wird. Ich habe die Listen eingesehen. Tausende von Menschen wurden verhaftet. Du übrigens warst ebenfalls auf diesen Listen. Schließlich und endlich wurde bestimmt, daß ihr Alsheim als festen Aufenthaltsort nicht zu verlassen habt. Das konnte ich leider nicht verhindern.»

Louis brauchte eine Weile, um die Bestürzung zu überwinden, die diese Worte in ihm hervorgerufen hatten. Endlich stieß er einen langen Seufzer aus. «Danke, Papa. Ich weiß, was diese Schritte Sie gekostet haben.»

«Das ist ohne Bedeutung. Ich bin aber noch nicht fertig», fuhr dieser fort. «Wie zu befürchten war, werden deine Fabrikanlagen konfisziert. Ich habe die unterzeichnete Verfügung zu sehen bekommen. Und dagegen kann ich nun absolut nichts machen.»

Louis schwieg. Dann machte er plötzlich eine wegwerfende Handbewegung und meinte: «Im Grunde ist es besser so. Wenigstens ist dann alles klar. Und ich habe ein ruhiges Gewissen.»

«Ihr müßt jetzt damit rechnen», fuhr von Wismar fort, «daß Karl seinen Einberufungsbefehl erhält. Höchstwahrscheinlich kommt er nach Ostpreußen. Sie wollen die zweihunderttausend eingezogenen Elsässer an die Ostfront, das heißt so weit wie möglich weg von hier, schicken.»

«O Gott...»

Frederikes Augen hatten sich mit Tränen gefüllt. Bedrückt blickte Louis zu Boden.

«Es sieht schlimm aus, Kinder. Die Ereignisse überstürzen sich.» Mit zutiefst niedergeschlagener Miene starrte von Wismar ins Leere.

Nachdenklich war Louis aufgestanden und ans Fenster getreten. «Wenn man bedenkt, daß es unsere Kinder sind, die dorthin ziehen sollen... Dabei wäre es doch an uns. An den Männern meiner Generation.»

«Am besten, Sie bleiben erst mal bei uns, Papa», sagte Frederike. «Sie machen mir einen recht erschöpften Eindruck.»

Mit einer Handbewegung fegte der alte Herr den Vorschlag beiseite. «Um mich macht euch mal keine Sorgen. Ich denke da vor allem an Karl und Edouard...» Wieder starrte er vor sich hin ins Leere. «Seht ihr», murmelte er, «sogar in dem Alter, das ich nun erreicht habe, beschert einem das Leben noch merkwürdige Überraschungen: Ich hätte niemals gedacht, daß ich den Krieg eines Tages so sehr verabscheuen würde.»

«Ja, so ist das nun, Frau Gräfin. Der Herr Pfarrer hat mich zu Ihnen geschickt. Nur Sie können mir helfen.»

Eingeschüchtert standen Albert Laugel und Katel Wahl vor Mathilde. Katel sah die alte Dame mit großen Augen an. Sie hatte oft im Dorf von ihr reden hören, sie aber noch nie zu Gesicht bekommen.

Wohlwollend betrachtete Mathilde die beiden. Sie trat zur Klingelschnur und zog zweimal daran. «Franzl wird gleich heraufkommen», sagte sie. «Ich denke, das läßt sich alles arrangieren. Und du wirst trotzdem dein Studium fortsetzen, Albert?»

«Selbstverständlich, Frau Gräfin. Auch wenn es durch den Krieg eine Verzögerung geben sollte, will ich es bis zum Examensabschluß durchziehen, das verspreche ich Ihnen. Dank der Stipendien, die Sie mir verschafft haben...»

«Gut, gut, Albert. Ich bin sicher, daß du ein ebenso guter Arzt wirst, wie du ein guter Franzose bist. Katel, du kannst stolz sein auf deinen Verlobten.»

«Ja, Frau Gräfin.»

«Und du, Albert, mach dir mal keine Sorgen um sie. Ich werde mich um sie kümmern. Sie kann jederzeit aufs Schloß kommen. In Ordnung, Katel? Ah, das wird Franzl sein. Herein!»

Es hatte geklopft, und herein trat tatsächlich Franzl Imhof mit struppigem, weiß ergrautem Haar.

«Grüß dich, Onkel Franzl», sagte Albert.

«Grüß Gott, Frau Gräfin. Grüß dich, Albert.»

«Franzl», erklärte nun Mathilde, «du wirst wohl wieder einmal den Weg durch den Wald nehmen müssen. Dein Neffe hat nämlich beschlossen, sich Frankreich wieder anzuschließen.»

«Geht in Ordnung, Frau Gräfin. Aber wenn Sie erlauben, macht das vielleicht besser mein Sohn Paul. Ich bin einfach zu alt dafür, und Paul kennt den Weg ebensogut wie ich.»

Mathilde nickte. Paul Imhof war zwei Jahre nach Liselottes Heimkehr und ihrer Hochzeit mit Franzl geboren worden. Inzwischen war er verheiratet, hatte zwei Kinder und bewirtschaftete den elterlichen Hof.

«Albert, ich freue mich, daß du mit deiner Bitte zu mir gekommen bist», sagte Mathilde. «Seit nun schon mehr als dreißig Jahren gehe ich immer wieder diesen Weg mit deinem Onkel oder deinem Cousin.»

«Frau Gräfin», sagte der junge Mann, «niemals werde ich vergessen können, was ich Ihnen verdanke.»

Sie trat auf ihn zu, legte ihm die Hände auf die Schultern und küßte ihn auf die Wangen. «Geh nur, Albert! Geh und verteidige Frankreich.»

Die beiden Cousins schritten tüchtig aus auf ihrem Weg durch den sommerlich duftenden Wald. Albert trug einen Beutel über der Schulter, der seine Papiere und etwas Wegzehrung enthielt.

«Paul, warum kommst du eigentlich nicht mit nach Frankreich?» fragte er plötzlich. «Das wäre doch auch besser für dich.»

«Mich haben sie nicht geholt», entgegnete sein Cousin. «Und das werden sie auch nicht tun. Ich bin schließlich älter als du, und ich habe eine Frau und zwei Kinder.»

«Das glaubst aber auch bloß du! Da bist du ordentlich auf dem Holzweg... Wenn sie erst einmal gezwungen sind, alles zusammenzukratzen, was irgendwie aufzutreiben ist, dann muß jeder daran glauben, ob er nun Kinder hat oder nicht! Du willst also für Deutschland kämpfen? Gegen Frankreich?»

Paul Imhof hob die Arme zum Himmel und meinte: «Du bist gut! Gegen niemanden will ich kämpfen. Ich habe deutsche Cousins und französische Cousins. Mit dem Krieg von denen da oben will ich nichts zu schaffen haben.»

«Ja, aber wir werden alle gezwungen sein, ihn zu führen. Dann sucht man sich wenigstens besser gleich das richtige Lager aus.»

«Und du meinst wirklich, ich würde meine Frau mit den Kindern allein lassen?»

Schweigend setzten sie ihren Weg fort. Albert wußte sehr gut, daß es hierüber nichts mehr zu sagen gab. Dieses Problem war unlösbar.

Endlich kam die Holzfällerhütte in Sicht. Albert blieb stehen und betrachtete die Lichtung.

«Ist schon ein komisches Gefühl, diesen Ort vor Augen zu haben», sagte er. «Mein Vater hat mir oft erzählt, wie er nach 1870 alle zwei Wochen von Nancy hierherkam... Mit Knaster für den Onkel Franzl und französischen Zeitungen für die Gräfin. Stimmt es, daß auch sie bis hierher mitkam?»

«Ja, stell dir vor», antwortete Paul Imhof. «Zu Fuß, genau wie er. Und bei jedem Wetter. Mein Vater hat mir erzählt, daß sie ihn nicht ein einziges Mal gehen ließ, ohne ihn zu begleiten.»

«Nicht schlecht!»

Paul nickte. «Ja, eine verdammt mutige Frau! Das kann man wohl sagen. So, und nun mußt du in diese Richtung weiter. Du gehst ungefähr einen Kilometer und kommst dann an einen großen Sandsteinfelsen. Von dem Moment an bist du in Frankreich.»

Albert reichte ihm die Hand und sagte: «Danke, alter Kumpel.»

Paul zog seine Uhr aus der Tasche. «Du hast eine halbe Stunde, bevor die Wachpatrouille vorbeikommt ... Das Gute an den Preußen ist, daß sie pünktlich sind. Da kann gar nichts schiefgehen. Also dann, *salut*!»

Albert marschierte los. Nach einigen Schritten drehte er sich um, um Paul noch einmal zuzuwinken.

«*Mach's guet!*» rief ihm dieser nach. Dann machte er kehrt und ging in entgegengesetzter Richtung davon.

Am 28. Juli erklärte Österreich Serbien den Krieg. Einen Tag später machte Rußland mobil. Am 1. August dann folgten Deutschland und Frankreich nach.

An diesem Tag klopften gegen sieben Uhr morgens Edouard und Karl Kempf de La Tour auf Schloß Alsheim an Mathildes Tür im ersten Stock.

«Es tut uns leid, daß wir Sie so früh stören müssen, Großmama», entschuldigte sich Edouard.

«Ich habe nicht geschlafen. Also ist es wohl schon soweit, daß ihr fortmüßt.» Mit großen, sorgenvollen Augen sah sie die beiden an.

«Der Wagen steht unten bereit», meinte Edouard. «Ich muß nach Paris zurück. Man hat mich einem Artillerieregiment zugewiesen.»

«Und du, mein lieber Charles?»

«Ostfront», antwortete er lakonisch. «Der Kaiser schickt uns gegen die Russen. Uns gegen Frankreich kämpfen zu lassen traut er uns nicht zu.»

Mathilde schlug die Augen nieder. Hier war er nun, der Krieg. «Setzt euch noch einen Augenblick», sagte sie leise.

Sie ließen sich ihr gegenüber auf einem Sesselpaar nieder. Sie schob ihren Lehnsessel näher heran.

«So, ihr beiden, ich werde euch jetzt etwas sagen, was euch bei dem Ruf, den ich in der Familie genieße, gewiß erstaunen wird. Über vierzig Jahre lang, seit dem Abend, an dem uns Franzl Imhof die Nachricht brachte, daß euer Großvater gefallen war, habe ich auf

Vergeltung gewartet. Jeden Tag habe ich daran gedacht, wegen ihm, meinem Charles. Tja, und nun, da dieser Augenblick gekommen ist, wißt ihr... nun will ich sie nicht mehr, die Vergeltung. Ich will sie einfach nicht mehr. Ich habe solche Angst...» Sie schlug die Augen nieder und wischte sich über die Lider. Dann hob sie wieder den Kopf. «Nun denn», fuhr sie fort. «Laßt euch noch einmal umarmen.»

Alle drei erhoben sie sich. Stumm drückte sie sie fest an sich.

Sie hätten ihr so gern etwas Beruhigendes gesagt, ihr gesagt, daß es ja nicht lange dauern würde, daß sie ja wiederkämen. Aber was sollte das schon heißen, da sie schließlich beide in verschiedenen, feindlichen Lagern zu kämpfen hatten? Selbst untereinander wußten sie nicht mehr, was sie sich sagen sollten. Sie hatten einander Glück gewünscht. Und auch das war ein Wort zuviel, geradezu lachhaft. Es gab einfach nichts zu sagen.

Kaum hatte sich die Tür hinter ihnen geschlossen, lehnte sich Mathilde schwankend dagegen. Sie schloß für einen Moment die Augen, dann öffnete sie sie wieder und sah das Zimmer vor sich, dieses Zimmer, in dem sie vierundvierzig Jahre zuvor zum letzten Mal mit Charles zusammengewesen war.

Es war ein Sommermorgen gewesen, genau wie heute. Dasselbe Licht war durch die Vorhänge gedrungen. Sie war noch jung gewesen, und Charles hatte ihr gesagt, daß sie die Schönste sei.

Mathilde verfluchte diesen Krieg, der ihr ihre Liebe entrissen hatte. Inzwischen war sie nur noch eine alte Frau. Wie ein Traum waren die Jahre über alldem vergangen. Es existierten nur noch diese beiden einander gleichenden Augenblicke. Ihr ganzes Leben hing zwischen diesen beiden schmerzlichen Einschnitten. Es ist nicht viel, so ein Leben.

Die Gräfin spürte, wie sich ihr die Kehle zuschnürte und sie alles nur noch wie durch einen Schleier sah. Einige Male aufschluchzend, schwankte sie vorwärts. Sie lehnte sich ans Fenster und schob den Vorhang beiseite.

Edouard und Karl waren eben in Begleitung von Louis und Frederike auf den Hof hinausgetreten. General von Wismar hatte seinen Wagen geschickt, der sie nach Straßburg bringen sollte. Sie hatten ihr Gepäck im Fond verstaut. Sie umarmten ihren Vater, dessen Gesicht sie nicht sehen konnte, nur den Rücken, der unter der Last der Angst gebeugt schien.

Nun war Frederike an der Reihe. Mathilde beobachtete, wie sie ihre Söhne an sich preßte, sie mit Küssen bedeckte und ihnen letzte Ermahnungen mit auf den Weg gab. Dann sank sie ihrem Mann an die Brust, während Edouard und Karl in den Wagen stiegen.

Langsam rollte das Automobil auf das große Tor zu. Edouard beugte sich heraus und warf noch einen Blick zu den Fenstern im ersten Stock hinauf. Mathilde antwortete auf seinen Wink mit einem Handzeichen. Nun tauchte auch Karl auf und warf ihr lächelnd eine Kußhand zu.

Langsam fuhr der Wagen durch die Allee davon. Unten weinte Frederike in den Armen ihres Mannes, und Mathilde ließ den Vorhang sinken.

Eine Stunde später verließ sie ihr Zimmer.

Sie hatte sich aus ihrem Sessel erhoben und war dann mit langsamen Schritten zur Tür gegangen. Sie trat hinaus und ging den Flur entlang bis hin zur Treppe. Langsam begann sie, die zitternde Hand auf dem Geländer, hinunterzusteigen.

Am Fuße der Treppe angelangt, blieb die Gräfin vor der Tür der Bibliothek stehen. Sie hörte Louis telefonieren. Nun ging sie quer durch die Vorhalle und klopfte nach einem allerletzten Zögern an die Tür zum Salon. Sie vernahm die Stimme ihrer Schwiegertochter, die zum Eintreten aufforderte. Sie öffnete die Tür.

Frederike saß regungslos in einem Sessel. Die Augen der beiden Frauen begegneten sich und ließen einander nicht mehr los.

Ohne ein Wort ging Mathilde auf sie zu. Frederike erhob sich aus ihrem Sessel. Lange hielten sie einander umarmt, weinend, mit bebenden Schultern.

1917–1918

«Das kaiserliche Stabsquartier bedauert zutiefst, Ihnen das Ableben von Unteroffizier Imhof Paul mitteilen zu müssen, gefallen für die deutsche Heimat am 20. September 1917 auf dem Feld der Ehre bei Verdun. Es lebe der Kaiser!»

Die Nachricht erreichte sie mitten in den Imhofschen Weinbergen von Alsheim. Das Land wollte bestellt sein; man hielt also Weinlese. Der Briefträger Otto war eigens den Hang hinaufgestiegen, um ihnen das amtliche Schreiben zu überbringen. Recht außer Atem war er bei ihnen angekommen und hatte seine Mütze gezogen. Der Himmel war grau, es wehte ein leichter Wind, feucht und heimtückisch, der einem die Finger um die Erntescheren erstarren ließ.

Alle fünf waren sie da: Franzl und Liselotte Imhof, Gretel – ihre Schwiegertocher und Pauls Frau –, die Kinder Maria und René, sechzehn und fünfzehn Jahre alt – alle fünf mit rotgefrorenen Händen und vor Besorgnis großen Augen.

Der Briefträger Otto war Deutscher, und ihm war durchaus klar, daß die Imhofs kaum Gesinnungsgenossen waren, aber was änderte das schon? Seit ewig langer Zeit war er schließlich ebenso Alsheimer wie sie. Ebenso wie alle anderen hatten auch sie ihm auf dem Hof unten öfter ein Gläschen eingeschenkt. Und es war immer eine elende Pflicht, seit nunmehr drei Jahren, zu den Leuten gehen zu müssen, um ihnen den Tod eines Sohnes, Ehemannes oder Vaters zu melden. Egal, ob sie nun für Kaiser Wilhelm oder für die Französische Republik waren.

Es tat ihm in der Seele weh, sie alle fünf so in ihrem Weinberg stehen zu sehen, um den alten Franzl geschart, der, die Pfeife im Mund, zitternd den blauen Umschlag aufgerissen hatte.

«Unteroffizier Imhof Paul, gefallen für die deutsche Heimat am 20. September 1917 auf dem Feld der Ehre», las er.

Sie wirkten gar nicht überrascht. Ebensowenig wie all die anderen. Es traf die Nachbarn oder die eigene Familie, es traf die einen, dann die anderen, diejenigen, die man gern hatte, genauso wie diejenigen, die man weniger gern hatte. Und dann, eines Tages, traf es einen selber, ja, so war das.

Franzl Imhof stand eine Weile regungslos da, mit gesenktem Kopf und dem Papier in den Händen. Dann faltete er es zweimal zusammen und stopfte es sich in die Hosentasche. Dabei starrte er vor sich hin, ohne etwas wahrzunehmen. Seine Lippen bewegten sich, aber kein Wort kam heraus. Gretel, plötzlich weiß wie die Wand, trat zu Liselotte hin, die sie fest an sich drückte. Gretel war im dritten Monat schwanger, seit Pauls letztem Heimaturlaub.

Paul Imhof, der immer gesagt hatte, daß ihn dieser Krieg einen Dreck scherte. Paul Imhof, der gemeint hatte, daß er wegen seiner Frau und seiner Kinder nicht eingezogen würde. Albert Laugel hatte recht behalten: Der Krieg hatte ihn trotzdem geholt – und umgebracht.

Und wenn man auch noch bedachte, daß sich das alles gleich da hinter den Hügeln, nur ein paar Kilometer Luftlinie entfernt, abgespielt hatte. Die Franzosen waren in den ersten Tagen drauflosgestürmt und hatten bei Münster, Gebweiler und Schirmeck die Vogesenpässe überschritten. Sogar bis nach Mülhausen waren sie gelangt. Dann war von dieser Seite her der Gegenangriff geführt worden. Und seit nunmehr drei Jahren ging es weder vor noch zurück. Zu Tausenden schlachteten sie sich ab, da drüben.

Der Briefträger Otto wußte nicht, was er sagen sollte. Er nickte mit dem Kopf und stieg langsam den Weg wieder hinunter.

Es war der Junge, der das Schweigen brach. Seit einer Weile schon sah er seine Mutter an.

«Mama, es sind doch net d'Franzose, die de Babe umgebrocht hen?» fragte René mit zittriger Stimme.

Immer noch in Liselottes Armen, die mit geschlossenen Augen und unter ganz leisen Schluchzern, die sich ihrer Kehle entrangen, weinte, schüttelte Gretel den Kopf. «*Doch. Es sind d'Franzose, leider.*»

«Ach, redet doch keinen Unsinn», knurrte Franzl und nahm sich die Pfeife aus dem Mund. «Es sind nicht die Franzosen, die ihn umgebracht haben, es ist der Krieg.»

Und dann, wie um seine eigenen Worte zu korrigieren, fügte er hinzu: «Aber trotzdem, in der deutschen Uniform sterben zu müssen. *Schissereii!*»

Der Junge ballte die Fäuste. «Es ist keine Schande, Deutscher zu sein!» rief er aus. «Deutschland ist ein großes Land. Und Papa ist für Deutschland gestorben, von diesen Dreckskerlen von Franzosen umgebracht worden!»

Franzl antwortete nicht. Wie alle Jungen seines Alters war René seit jeher auf eine deutsche Schule gegangen. Man konnte nicht erwarten, daß er anders redete. Die Franzosen hatten ihm den Vater getötet. Wie hätte er es anders auffassen sollen? Das war es nun, was seit drei Jahren ständig erzeugt wurde: Haß. Haß für weitere dreißig Jahre, für eine Generation mehr, für Tausende und Abertausende von Kindern wie diesem hier, und das zu beiden Seiten der Grenze. O Herr, wann würde das endlich aufhören?

Franzl blickte auf seinen Enkel, der jetzt stocksteif dastand und zu Boden starrte. Aber trotzdem, noch nie hatte der Junge so geredet. Er war fünfzehn Jahre alt, und sein Vater würde nie zurückkehren. Was würde er später einmal daraus machen, der kleine René Imhof? Keiner konnte das wissen.

«Na kommt. Wir müssen uns wieder an die Arbeit machen.»

Es war Gretel, die das gesagt hatte, während sie sich mit dem Ärmel über die Augen wischte. Und ohne ein weiteres Wort zu verlieren, trat sie wieder zwischen die Weinstöcke.

Da griffen sie alle wieder nach ihren Geräten und setzten am Abhang ihres Hügels, unter dem großen, grauen, endlos leeren Himmel, ihre Weinlese fort.

Ohne den Krieg wäre Alexandra Reinhardt-Bussière, die Tochter des zweitgrößten Bankiers im Elsaß, sicherlich nie die Freundin von

Katel Wahl geworden, der Tochter des kleinen Hagenauer Druckereibesitzers und Bedienung im Gasthaus *Zum Hirschen*. Ohne den Krieg wäre es undenkbar gewesen, daß dieses junge Mädchen aus besten Kreisen Schloß Alsheim verließ und ganz allein ins Dorf hinunterging, um sich mitten unter den alten Einheimischen eine Weile an den mächtigen Kachelofen der holzgetäfelten Gaststube mit ihren dicken, rustikalen Balken zu setzen. Aber es gab so viele Dinge, die ihre Bedeutung verloren hatten. Die geliebten Männer waren an der Front: Das zählte mehr als alles andere.

Da Alexandras Eltern befürchteten, daß Straßburg bombardiert werden könnte, hatten sie Louis gebeten, sie im Schloß zu behalten. Bereitwillig hatte er sich damit einverstanden erklärt. Jeder in der Familie Kempf hatte Alexandra gern. Und außerdem war es hier durch ihre Gegenwart nicht ganz so trostlos.

An diesem Januarnachmittag – vier Monate, nachdem man von Paul Imhofs Tod erfahren hatte – waren nicht viele Leute im Gasthaus. Die beiden jungen Mädchen hatten sich an einen Tisch gesetzt. Alexandra las zum wiederholten Mal einen Brief, den sie am Morgen erhalten hatte. Katel, die dabei war, Rotkreuz-Postkarten zu schreiben, legte plötzlich entmutigt aufseufzend die Feder nieder.

«Das hängt mir allmählich zum Hals raus! Ich frage mich, wozu das noch gut sein soll. Meinst du, Albert und Edouard bekommen unsere Karten überhaupt in Frankreich?»

«Normalerweise schon», antwortete Alexandra und schaute von ihrer Lektüre auf. «Das Schweizer Rote Kreuz wird von den Behörden anerkannt.»

«Ja, aber du hast ja immerhin in drei Jahren drei Karten von Edouard bekommen. Von Karl, der dir jede Woche schreibt, wollen wir gar nicht erst reden. Und ich? Nichts! Nicht eine Nachricht von Albert. Von meinen Eltern übrigens auch nicht ... Sind das deine, die dir da geschrieben haben?»

«Ja. Sie wollen immer noch nicht, daß ich wieder nach Straßburg zurückkehre. Erst in den letzten Tagen haben die Bombardements erneut Todesopfer gefordert.»

Katel stand auf und ging ein paar Schritte Richtung Schanktisch. Plötzlich drehte sie sich um und meinte schmollend: «Das ist einfach nicht gerecht. Ich habe die Nase voll von diesem Krieg. In der Zwischenzeit werden wir noch alt und häßlich. Ich möchte jetzt endlich mein Leben genießen!»

«Katel! Und unseren Jungs, denen wird es genommen, das Leben.»

Es geschah nicht zum erstenmal, daß Alexandra bei ihrer Freundin solche Reaktionen, die sie als egoistisch empfand, beobachtete. Katel regte sich über den Krieg auf wie ein verwöhntes kleines Mädchen, das man eines Vergnügens beraubt und das nicht begreifen will, daß es dafür gute Gründe geben könnte. So war ihre ganze Wesensart. Oft schon war Alexandra der Gedanke durch den Kopf gegangen, daß ihre Freundin eines Tages untreu werden könnte. Trotzdem gelang es ihr nicht, ihrer Freundin böse zu sein. Seit nun schon drei Jahren war Katel allein, nachdem ihre Eltern nach Ostpreußen deportiert worden waren. Sie mußte arbeiten und sich um ihren jüngeren Bruder kümmern. Und im Grunde genommen sprach sie nur laut aus, was Alexandra oft selbst dachte. Sie waren zwanzig Jahre jung, sie sehnten sich danach, zu lieben und glücklich zu sein.

«Sieh mal, da ist ja dein Bruder.»

Durch die Fensterscheiben hindurch hatte Alexandra Anselme Wahls Blondschopf bemerkt. Und wirklich, die Tür ging auf, und er kam völlig außer Atem herein.

«Was ist denn mit dir los, Anselme?» fragte Katel. «Du hast es aber eilig!»

Doch der Knabe wandte sich sofort an Alexandra und sagte: «Er ist im Schloß. Er sucht dich!»

«Wer denn?»

«Karl!»

Alexandra sprang in die Höhe. «Karl?»

Sie drehte sich zu Katel um und fiel ihr um den Hals. Lachend freute sich die andere mit ihr. Dann rannte Alexandra zum Kleiderhaken, an dem ihr Mantel hing.

«Ich muß hin ... Ich komme sofort. Katel, du entschuldigst, daß ich dich einfach so stehenlasse?»

«Das verzeihe ich dir nie!» scherzte Katel. «Red keinen Unsinn und mach, daß du fortkommst, du Glückspilz!»

«Karl, du hast ja gar nichts gegessen. Du bist doch nicht etwa krank?»

«Entschuldige, Mama, ich habe keinen Hunger.»

Im Eßzimmer des Schlosses sah Frederike Kempf de La Tour besorgt ihren Sohn an. Er war seit dem frühen Morgen unterwegs gewesen, und obwohl es vier Uhr nachmittags war, hatte sie für ihn eine warme Mahlzeit auftragen lassen. Er hatte nicht nein gesagt, doch jetzt rührte er nichts an.

Mathilde und Louis hatten sich ebenfalls an den Tisch gesetzt. Karl trug seine deutsche Oberleutnantsuniform, auf der das Eiserne Kreuz blinkte, eine Auszeichnung, die er einige Monate zuvor erhalten hatte. Keiner wußte, wodurch er sie verdient hatte. Er hatte nichts darüber sagen wollen, was um so beunruhigender war. Welche Risiken war er wohl eingegangen?

Sein Gesicht war schmaler und härter geworden. Der Krieg hatte die letzten Spuren knabenhafter Jugendlichkeit getilgt. Seit seiner Ankunft hatte er nicht ein einziges Mal gelächelt, und der abwesende, zerstreute Blick seiner Augen hatte etwas Verzweifeltes.

Besorgt legte Mathilde ihre Hand, auf der das Alter die Adern hervortreten ließ, auf den groben Stoff seiner Jacke. «Du möchtest uns wirklich nichts erzählen, mein Junge?»

«Was sollte ich schon erzählen, Großmama? Mir ist nicht danach. Vielleicht ein andermal.»

«Lassen Sie ihn, Mama», mischte sich Louis ein. «Sie sehen ja, daß er todmüde ist.»

«Das ist wahr», erwiderte Mathilde. «Er sollte sich ein wenig ausruhen. Nicht wahr, Karl?»

Der junge Mann tauschte mit seinem Vater einen vielsagenden Blick. Die beiden Frauen merkten gar nicht, daß ihm diese ganze wohlgemeinte Fürsorglichkeit auf die Nerven ging. Plötzlich legte er seine Gabel hin. «Entschuldigt bitte. Es ist so stickig hier. Ich mache einen Gang durch den Park.»

«Ich begleite dich!» beschloß Frederike und erhob sich bereits. Doch im Vorbeigehen griff ihr Mann nach ihrem Handgelenk und sagte: «Laß ihn.»

Als Karl draußen war, saßen sie alle eine Weile schweigend da.

«Wie er sich verändert hat», sagte Frederike endlich mit leiser Stimme.

Das stimmte. Es war, als lebte er in einer anderen Welt, zu der sie keinen Zugang hatten. Was konnten sie schon in den Augen eines Zwanzigjährigen sehen und begreifen, der den Krieg von Angesicht zu Angesicht erlebt hatte? Den Krieg, von dem man nichts zu sehen bekam, man wußte ja nur, was die Militärzensur zur Freigabe für geeignet hielt. Von Zeit zu Zeit hörte man drüben die Kanonen donnern. Was aber die Geschehnisse auf der anderen Seite von Europa betraf, dort, wo Karl war... Den Krieg, man stellte ihn sich als wildes Chaos aus Dreck, Eisen und Feuer vor. Truppenbewegungen, Tragbahren mit blutverschmierten Männern darauf. Und er, er war mittendrin.

Louis vergrub sein Gesicht in den Händen. «Ich sollte dort sein, ich», stöhnte er. «Nicht sie.» Er blickte wieder auf. Seine Gesichtszüge hatten sich verzerrt.

Frederike nahm seine Hand. Sie wußte, daß ihr Mann sich seit drei Jahren mit dem Bewußtsein quälte, daß seine Söhne an der Front und in einem Krieg waren, den die Männer seiner Generation nicht zu verhindern gewußt hatten, während er selbst hier im Schloß in Sicherheit war. Er schämte sich dafür. Alle schämten sich dafür.

Karl hatte sich draußen eine Zigarette angezündet und war dann, die Hände in den Taschen, mit langsamen Schritten unter den großen, winterlich kahlen Bäumen dahingewandert. Von den Querholzlatten, die den mit faulendem Laub bedeckten Tennisplatz begrenzten, blätterte die weiße Farbe ab. Ferne Stimmen, aus einer anderen Welt, ertönten in seiner Erinnerung: «Einen Kuß von der Schiedsrichterin... Paß auf, Edouard, jetzt mach ich dich nieder!... Nur der Triumph der Kraft über die Intelligenz.»

In diesem Augenblick mischte sich eine andere Stimme darunter, die ihn beim Namen rief. Er wandte den Kopf nach dem fünfzig Meter entfernten schmiedeeisernen Tor, wo eben eine zarte Gestalt mit Mantel und Hut, unter dem sich schwarzes Haar hervorstahl, aufgetaucht war.

Alexandra winkte ihm zu und rief erneut: «Karl!»

Dann begann sie, über das ganze Gesicht strahlend, auf ihn zuzulaufen. Er blieb unbeweglich stehen, die eine Hand immer noch in die Tasche gebohrt, in der anderen die Zigarette. Er rührte sich auch nicht, als sie, schon fast im Begriff, ihm um den Hals zu fallen, vor ihm stand. Er sah sie nur an.

In ihrem Schwung und ihrem Lächeln jäh gebremst, erstarrte sie abrupt. Auch sie hatte eben den Schock empfunden, den kurz zuvor schon Mathilde, Frederike und Louis erlebt hatten.

«Karl ...» sagte sie noch einmal.

«Alex ...»

Endlich warf er seine Zigarette weg und trat auf sie zu. Sie umarmten sich und blieben dann, ein wenig verschämt, voreinander stehen.

«Wie schön du bist», meinte er schließlich. «Du bist eine richtige Frau geworden.»

Dabei lächelte er immer noch nicht. Verwirrt von dem eigentümlich feierlichen Ernst, mit dem er diese Worte gesagt hatte, senkte sie den Kopf.

«Komm», sagte er nur.

Er nahm sie bei der Hand. Sie drückte sich dicht an ihn, und so gingen sie schweigend dahin. Sie war enttäuscht, sie hatte ein glückliches, fröhliches Wiedersehen erwartet. Doch wie hatte sie nur vergessen können, daß er, wenn sie ihn wiedersah, Gefahr, Angst, Erschöpfung kennengelernt, daß er Verwundete und Tote gesehen haben würde? Sie wollte das Gespräch anders wiederaufnehmen.

«Ich hatte solche Angst um dich, Karl.»

«Wir sterben alle irgendwann.»

Diese Antwort ließ sie erstarren.

Eine steinerne Bank stand am Rande der Allee. Dort setzten sie sich. Sie wußte nicht mehr, was sie sagen sollte, und sah ihn nur traurig an. Er betrachtete den Park. Sie lehnte ihren Kopf an seine Schulter.

«Alexandra ... Es ist alles verloren. Alles, alles», sagte er mit ernster Stimme.

«Der Krieg?»

«Alles. Einfach alles ist verloren.»

Sie wußte nicht, wie sie das auffassen sollte. Und auch in ihr stieg die Angst auf, genau wie sie in Louis, Frederike und Mathilde aufgestiegen war. Die Angst, daß es ihnen nicht mehr, nie mehr gelingen könnte, Karl noch einmal zu verstehen.

Nach dem Essen an diesem Abend schlug Louis seinem Sohn eine Partie Schach vor, und sie begaben sich in die Bibliothek. Als die beiden Jungen zehn Jahre alt waren, hatte ihr Vater ihnen das Schachspiel beigebracht, und ihre endlosen Schachpartien waren in der Familie häufiger Anlaß zu Scherzen gewesen. Für Louis war es nun ein Versuch, den Kontakt wiederherzustellen. Und Karl hatte es nicht über das Herz gebracht, abzulehnen.

Nachdem sie eine Weile gespielt hatten, merkte Louis jedoch, daß sein Sohn mit seinen Gedanken nicht bei der Sache war, und fragte ihn: «Bist du sicher, daß du deine Dame so ohne Deckung lassen willst?»

«Ach ja... Nein, natürlich nicht.»

«Na ja, wenn du möchtest, können wir auch aufhören. War wohl keine gute Idee, oder?»

Karl brachte ein schiefes Lächeln zustande. Louis kam sich plötzlich lächerlich vor, weil er dieses Spiel vorgeschlagen hatte.

Sie gossen sich ein Glas Mirabellenschnaps ein, und Karl zündete sich eine neue Zigarette an, denn er rauchte eine nach der anderen.

«Nun laß doch mal hören, wie du die allgemeine Situation siehst», begann Louis aufmunternd. «Der Austritt der Russen hat den Kriegsverlauf doch geändert, oder?»

Seit Dezember hatte sich das sowjetische Rußland in der Tat aus diesem «kapitalistischen» Krieg zurückgezogen. Karl jedoch schien dem keine sonderliche Bedeutung beizumessen.

«Das verhindert nicht, daß Deutschland im Begriff ist, den Krieg zu verlieren», murmelte er, dann stand er auf und ging ein paar Schritte. Ganz offensichtlich beschäftigte ihn etwas anderes. Schließlich drehte er sich um und sagte: «Papa, ich muß dir etwas sagen... Mein Regiment wird an die Westfront verlegt. Mit der Ankunft der Amerikaner wird sich das Ganze nun in Frankreich abspielen.»

«In Frankreich... Du wirst in Frankreich kämpfen?»

«Wohl oder übel.»

«In feindlicher Linie deinem Bruder gegenüber also...»

«Ja, Papa.»

Louis wirkte wie betäubt. «Karl, das ist unmöglich», murmelte er schließlich. «Man darf doch nicht... Du wirst nicht mitgehen, oder?»

«Was willst du damit sagen? Daß ich desertieren soll?»

Louis blickte flehend zu ihm auf. «Wir könnten dich hier verstekken... Im Wolfswinkel...»

«Nein! Kommt gar nicht in Frage. Das kann ich nicht. Mich in Sicherheit bringen, während die Kameraden im Dreck der Schützengräben liegen...»

«Aber es ist doch nicht einmal unser Krieg! Wir sind Elsässer, Karl. Es ist nicht unser Krieg!»

Karl klang jetzt schroff, beinahe aggressiv, als er sagte: «Du, Papa, du warst nie im Krieg. Du kannst das nicht verstehen.»

«Was verstehen?»

«Man hätte gar nicht erst damit anfangen dürfen. Man hätte aus uns keine Soldaten machen dürfen. Jetzt ist es zu spät, begreifst du? Zu spät!»

Louis starrte seinen Sohn an. Vielleicht konnte er es tatsächlich nicht verstehen. Angst überkam ihn.

In dieser Nacht öffnete Frederike die Augen, als die Wanduhr drei Uhr schlug. Louis saß reglos in der hintersten Ecke des Zimmers. Neben sich hatte er eine kleine Lampe brennen.

«Kannst du nicht schlafen?» fragte sie ihn.

«Nein.»

«Woran denkst du?»

«Ich müßte dort sein, *ich*, Frederike...»

Sie hatte plötzlich den Eindruck, daß er weinte.

Am nächsten Morgen stand Karl als letzter auf. Er ging direkt in die Küche, um sich eine Tasse Kaffee einzuschenken. Dann erschien er unrasiert im Salon. Die anderen machten sich gerade fertig, um zur Kirche zu gehen. Louis stand im Mantel da, den Hut in der Hand, während Mathilde und Frederike vor dem Spiegel noch ihr Haar ordneten. Auch Alexandra war mit dabei.

«Wir wollten dich nicht wecken», sagte Frederike. «Aber du hast noch Zeit genug, dich anzuziehen, wenn du dich beeilst.»

«Ihr braucht nicht auf mich zu warten», sagte er. «Ich komme nicht mit.» Er betrachtete die vier ängstlichen Gesichter, die ihn anstarrten. «Ihr müßt entschuldigen, aber ich glaube nicht mehr daran», fügte er hinzu.

Es gab einen kurzen Augenblick der Unschlüssigkeit. Dann nahm Louis seine Frau und seine Mutter am Arm und schob sie sanft zur Tür. Nur Alexandra hatte den jungen Mann nicht aus den Augen gelassen.

«Geht nur», sagte sie unvermittelt. «Ich bleibe bei ihm.»

Unschlüssig, was sie dazu sagen sollten, sahen Frederike und Louis einander an. Diesmal war es Mathilde, die ihnen jeweils ihre Hand auf den Arm legte und sie zum Aufbruch bewegte.

Auf dem Rücken liegend, rauchte Karl eine Zigarette und starrte zur Decke hinauf. Alexandra, die nackt neben ihm lag, hatte sich eng an seine Schulter geschmiegt. Den Blick unverwandt ins Leere gerichtet, träumte sie vor sich hin.

«Ich bitte dich um Verzeihung», murmelte er.

Abrupt hob sie den Kopf und fragte: «Wofür?»

«Ich hätte das nicht tun sollen.»

Sie richtete sich auf und beugte sich über ihn. Mit unendlicher Zärtlichkeit streichelte sie seine Wange und sagte: «Aber ich wollte es doch auch!»

«Ja... Aber es ist verpatzt. Ich habe es geschafft, sogar das zu verderben», entgegnete er bitter.

Wieder flößte er ihr Angst ein. Er wirkte so verzweifelt. Sie lehnte ihre Wange an die seine und sagte: «Karl, es ist nicht verpatzt... Ich bin glücklich, so mit dir zusammenzusein. Hör auf, dich zu quälen. Laß uns einfach alles vergessen.»

«Das kann ich nicht.»

«Sei doch nicht so unglücklich, ich bitte dich... Oder aber sprich. Sprich mit mir.»

Sie suchte seine Lippen, doch er stieß sie schroff zurück.

«Reden! Wozu denn? All das hat keinen Sinn. Im übrigen hast du doch immer Edouard vorgezogen.»

«Aber nein. Es klingt vielleicht merkwürdig, wenn ich das sage, aber ich liebe euch alle beide gleichermaßen. Das ist wohl eher das Problem bei mir.»

«Dann ist es keine Liebe.»

«Ich kann nichts dafür. Lassen wir doch das Leben darüber entscheiden.»

«Oder den Tod.»

Einen Augenblick lang blieb sie ohne Reaktion, dann begann sie zu weinen. «Warum willst du eigentlich alles kaputtmachen?» fragte sie.

«Aber es ist doch schon alles kaputt. Es ist alles vorbei. Alles … Alles.»

Alexandra schluchzte. Mit Karl war nicht mehr zu reden. Niemand vermochte ihn noch zu verstehen. Immer weiter zog er sich in eine furchtbare, quälende Verzweiflung zurück. Und er war darin allein.

Noch am gleichen Abend teilte er seinem Vater mit, daß er sich dazu entschlossen hatte, am nächsten Morgen bei Tagesanbruch wieder abzureisen.

«Aber du hast doch noch zwei Tage Urlaub.»

«Ach was. Zwei Tage mehr oder weniger. Das ändert nichts.»

«Bleib wenigstens deiner Mutter und deiner Großmutter zuliebe. Und wegen Alexandra.»

«Nein. Und laß bitte heute abend nichts darüber verlauten. Ich breche früh auf. Sag ihnen, ich sei plötzlich zurückbeordert worden. Ich werden ihnen dann schreiben. Aber sie sollten besser nicht erfahren, daß ich nach Frankreich muß.»

Louis schüttelte ratlos den Kopf. «Ich verstehe das nicht. Du hättest diese beiden Tage doch noch bleiben können …»

«Die anderen sind da draußen. Ich muß wieder hin.»

Auch in dieser Nacht fand Louis kaum Schlaf. Er saß in einem Sessel in der Bibliothek und dämmerte zeitweilig vor sich hin.

Mit dreiundzwanzig Jahren hatte Louis darum gekämpft, Frederike von Wismar-Marbach heiraten zu dürfen. Später hatte er sich für die Freiheit des Elsaß eingesetzt. Aus Familientreue hatte er das Werk geleitet und auf seinen Anwaltsberuf verzichtet. Er hatte versucht, seine beiden Jungen so zu erziehen, daß sie später einmal ein Bindeglied zwischen zwei Ländern sein konnten. Und jetzt war alles, was er aufzubauen versucht hatte, in sich zusammengebrochen. Nichts mehr blieb übrig. Mit dreiundvierzig war sein Leben gescheitert. Ihm blieb nichts als der nagende Schmerz, seine Söhne im Krieg zu wissen, dem Tod überlassen.

Wieder vergingen Monate, und in Lastwagen und Zügen rollten neue Ladungen von Männern an die Front, die unterwegs ihren toten oder verwundeten Brüdern begegneten, ohne sie allerdings zu Gesicht zu bekommen, damit der Anblick ihres Elends nicht ihrer Entschlossenheit oder Schicksalsergebenheit Abbruch tun konnte.

Deutschland hatte 700 000 Mann, die aus Rußland zurückgeholt worden waren, in die Hölle der Westfront geworfen. Im April erhielt Foch in Beauvais das interalliierte Kommando und setzte zu den wiederholten Offensiven der zweiten Marne-Schlacht an. In Bulgarien, der Türkei, Italien und im Orient wurden die deutschen Streitkräfte nach und nach besiegt, zurückgedrängt und zersetzt. Anfang November schließlich begannen ihre Kräfte auch auf den französischen Schlachtfeldern nachzulassen.

In Alsheim machte sich Gräfin Mathilde daran, die Rückkehr des Elsaß in den Schoß von Mutterland Frankreich vorzubereiten. In den Wirtschaftsgebäuden versammelte sie abends immer mehrere Frauen um sich, um Fahnen und Festtagsgewänder anfertigen zu lassen. Mit dabei waren Katel Wahl und Alexandra, Yerri Laugels Frau Eugénie, Liselotte Imhof und ihre Schwiegertochter Gretel, die gewöhnlich ihr drittes Kind, den kleinen Peter, dabeihatte, den Paul Imhof nie mehr zu Gesicht bekommen hatte. Die beiden Frauen trugen Schwarz. Von nun an waren sie es, die, von Franzl, so gut es eben ging, unterstützt, den Hof zu bewirtschaften versuchten.

In der Runde um den riesigen Tisch, auf dem sich Stoffe und Nähzeug häuften, tauschten sie die wenigen Neuigkeiten aus, die sie über Soldaten aus ihren eigenen oder anderen Familien von Alsheim wußten.

Von Karl hatten sie seit seinem letzten Urlaub kein Lebenszeichen erhalten. Und was Edouard betraf, so wußte man schon seit einem Jahr nichts mehr über ihn. Auch von Albert Laugel, der im Juli 1914 nach Frankreich gegangen war, gab es keine Nachricht.

Diese Abende, an denen die Vorbereitungen für das Freudenfest getroffen wurden, waren grauenhaft trist. Einmal warf Alexandra urplötzlich ihre Arbeit hin und begann zu weinen.

«Ich habe es so satt! Ich habe dieses Warten so satt! Mir reicht's jetzt. Ich will diese Fahne nicht mehr nähen! Überhaupt keine Fahne mehr...»

Katel Wahl stand auf und trat zu ihr. «Komm Alex...»

Sie nahm sie bei der Hand, und die beiden Freundinnen gingen hinaus. Von Mitleid ergriffen, hatten die anderen ihre Arbeit sinken lassen.

«Arme Kleine, es wird ihr guttun, sich einmal tüchtig auszuweinen», meinte Mathilde. «Na, Kopf hoch! All das wird bald vorbei sein, und dann kehren die Männer nach Hause zurück.»

«Die, die noch am Leben sind», präzisierte eine traurige Stimme.

Alle Köpfe drehten sich nach Gretel Imhof um.

Als er auf dem Weg vom Bahnhof her zu Fuß am Quai Saint-Thomas anlangte, blieb Louis Kempf de La Tour abrupt stehen: Eine Schar rote Fahnen schwenkender und Parolen brüllender Menschen war soeben aus einer Nebenstraße aufgetaucht. Er versteckte sich in der Nische einer Toreinfahrt und schob seine rechte Hand in die Manteltasche, in der sich sein geladener Revolver befand.

Bereits seit Ende Oktober zeichnete sich aufgrund des Zusammenbruchs des deutschen Militärs der Tod des Kaiserreichs ab. Ganze Regimenter waren aufsässig geworden. Überall in Deutschland waren Krawalle ausgebrochen. Die Räte hatten Berlin fest im Griff. Andere Städte waren diesem Beispiel gefolgt.

Nachdem Frederike tags zuvor in den Zeitungen gelesen hatte, daß die in Straßburg gebildeten revolutionären Soldaten- und Arbeiterräte die rote Fahne über dem Münster gehißt hatten, hatte sie versucht, General von Wismar anzurufen, doch das Telefon funktionierte nicht mehr. Daraufhin hatte Louis beschlossen, selbst hinzufahren, um den alten Herrn zu holen. Obwohl Frederike sehr um ihren Vater besorgt war, hatte sie jedoch versucht, ihn davon abzubringen.

«Louis, du bist angewiesen, deinen Aufenthaltsort nicht zu verlassen. Wenn sie dich erwischen, stecken sie dich ins Gefängnis.»

«*Sie?* Wer, sie? Die Behörden gibt es nicht mehr. Und was die Russen angeht, da herrscht das reinste Chaos.»

«Genau. Und das ist noch viel schlimmer! Die können tun, was ihnen paßt.»

«Die kümmern sich einen Dreck um mich.»

Vorsichtshalber hatte er aber doch für alle Fälle seine Waffe mitgenommen.

Glücklicherweise schwenkte die Demonstrantengruppe, noch bevor sie ihn erreichte, zu einer Brücke hin ab. Er wartete, bis sie auf der anderen Seite des Flusses weit genug entfernt war, und gelangte dann endlich zu seinem Schwiegervater. Die Haushälterin Phinele öffnete ihm.

«Der Herr Louis! Wie ich mich freue, Sie zu sehen ...»

«Wie geht es dem General?»

«Er ist einfach erstaunlich. Alle Welt ist in Panik, aber er bleibt die Ruhe selbst. Herr Ernst ist auch da. Er ist heute morgen eingetroffen.»

Louis folgte Phinele in den Salon, wo der General, ein schottisches Plaid über den Knien, in seinem Sessel saß. Neben ihm saß sein Sohn Ernst in Uniform.

Louis fielen die Auszeichnungen, insbesondere das Ritterkreuz, auf, die seine Brust zierten. Er wußte, daß sein junger Schwager inzwischen zu den «Assen» der deutschen Luftwaffe gehörte. Er enthielt sich jeglichen Kommentars und schüttelte ihm freundschaftlich die Hand.

«Louis, du Ärmster», brummte von Wismar, «was suchst du denn hier?»

«Ich will Sie hier herausholen, Papa. Und du, Ernst?»

«Ich auch», antwortete der Flieger, «ich bin auch gekommen, um meinen Vater zu holen.»

Der alte Herr winkte ab. «Hast du die rote Fahne oben auf dem Münster gesehen, Louis? Das ist das Ende der Welt. Das Ende *unserer* Welt.»

Ernst schob das Kinn vor und sagte: «Wir werden die Roten nicht einfach so gewähren lassen!»

«Zu spät, mein Junge. Die ganze Welt ist umgekippt. Der Kaiser von Österreich, der deutsche Kaiser, der Zar, alle sind sie geschaßt worden... Sämtliche Kaiserreiche brechen zusammen. Das ist der Sieg der Massen.» Dieses letzte Wort hatte er ohne Gehässigkeit ausgesprochen, in einer Art Ergebenheit. Frei von Zorn schien er das Aufkommen einer Welt zu konstatieren, in der für Menschen wie ihn kein Platz mehr sein würde.

«Aber, aber», mischte sich Louis ein. «Wir sollten nichts dramatisieren. Ich denke, die französische Armee wird nicht lange auf sich warten lassen, um die Ordnung hier wiederherzustellen.»

«Zu spät, sage ich euch. Es gibt nur mehr Besiegte. Europa hat Selbstmord begangen.»

«Sie sind da etwas voreilig, Papa!» rief Ernst aus. «Ich jedenfalls werde vor den Kommunisten nicht kapitulieren. Ich kehre mit meinen Kameraden nach Preußen zurück. Etliche von ihnen sind mit mir einer Meinung, daß wir den Kampf durchziehen und die Räte aus Deutschland vertreiben müssen. Kommen Sie doch mit mir mit.»

Liebevoll sah der alte Offizier seinen Sohn an, dann sagte er: «Nein, Ernst. Ich begreife, daß du darum kämpfen willst. Folge du nur deinem Stern. Aber ich, ich bin zu alt dafür. Ich möchte hier im Elsaß bleiben, beim Grab deiner Mutter.»

«Dann kommen Sie», sagte Louis, «ich bringe Sie nach Alsheim. Frederike ist schier verrückt vor Sorge, Sie hier allein zu wissen. Ernst, hast du einen Wagen?»

«Ja, wenn man ihn mir nicht schon gestohlen hat.»

«Fährst du uns zum Bahnhof?»

Nur wenig später nahm der General, das Monokel im Auge, ehrwürdig und schwerfällig in seinem weiten, dunklen Mantel, zusammen mit seiner Haushälterin, im Fond des offenen Militärwagens Platz, den ein Wimpel mit schwarzem Kreuz zierte. Er schien lediglich aus Rücksicht auf seine Kinder, um ihnen Sorgen zu ersparen, darauf eingegangen zu sein, Straßburg zu verlassen. Louis setzte sich nach vorn, neben Ernst.

Drei Straßen weiter mußten sie bei einer improvisierten Sperre, die von Matrosen bewacht wurde, anhalten. Sie versuchten trotz ihrer Besorgnis völlig gelassen zu wirken. Den Blick auf Ernst von

Wismar-Marbachs Auszeichnungen gerichtet, näherte sich ihnen einer der Seeleute.

«He, Genosse Offizier!» sagte er lachend. «Du bist wohl nicht ganz auf dem laufenden? Es ist vorbei mit dem Plunder da...»

Mit einer scharfen Erwiderung auf der Zunge, biß Ernst die Zähne zusammen. Doch ein zweiter Mann war inzwischen auf den General zugetreten.

«Los, Opa, jetzt wird immer hübsch brav die Revolution gegrüßt. Und zwar so, mit erhobener Faust!»

Er streckte den Arm aus, um den alten Herrn zum Gehorsam zu zwingen. Da fuhr Ernst wie von der Tarantel gestochen herum, den Revolver im Anschlag, den er neben sich liegen gehabt hatte.

«Ihr Kanaillen! Dem ersten, der ihn anrührt, jage ich eine Kugel in den Schädel!»

Doch schon richteten die übrigen Wächter der Absperrung ihre Gewehre auf ihn. Louis packte seinen Schwager beim Arm und riß diesen gewaltsam hoch. Der Schuß ging nach oben in die Luft ab.

«Du bist wohl komplett verrückt geworden, Ernst! Willst du, daß sie uns alle umbringen?»

Die Kerle vor ihnen waren nun in Wallung geraten.

«So, jetzt ist Schluß mit den Späßen! Alle Mann raus aus dem Wagen!» rief einer von ihnen.

«Machen wir sie kalt?» fragte ein anderer.

«Nein, wir schaffen sie zum politischen Kommissariat!»

Die Gewehrläufe im Rücken und immer wieder rücksichtslos vorwärts gestoßen, mußte die vier Wageninsassen zum ehemaligen Sitz des Militärgouverneurs laufen, über dem nun eine rote Fahne aufragte. Ernst und Louis hielten sich zu beiden Seiten des Generals, der so tüchtig ausschritt, wie es ihm seine alten Beine noch erlaubten. Undurchdringlich starrte der gedemütigte alte Herr vor sich hin. Sie traten in jenes Gebäude, das der mit Orden beladene Offizier schon so viele Male früher unter dem Gruß der strammstehenden Wachposten betreten hatte.

Man hieß sie einen Flur im Erdgeschoß entlanggehen. Einer der Matrosen ging der Gruppe voraus und klopfte an eine Tür, die er gleich darauf öffnete.

«Vorwärts!» schnauzte er, indem er sich nach seinen Gefangenen umdrehte.

Die vier Verdächtigen traten ein. Vor ihnen, in einem prächtigen Büro mit Blick auf den Garten, stand ein dunkelhaariger Mann in Zivil, über dessen Gesicht ein strammer Schnurrbart verlief.

Verblüfft erkannte Louis Seligmann.

Einen Moment lang maßen die beiden Männer einander mit kühlem Blick. Dann trat Max Seligmann näher.

«Was zum Teufel suchst du hier, Louis?» knurrte er leise. Man hätte meinen können, er fürchtete, von den anderen gehört zu werden.

«Frag die doch», erwiderte Louis und wies nach dem Bewachungstrupp hin.

Einer der Männer war vorgetreten und sagte nun: «Genosse, das sind bourgeoise Konterrevolutionäre. Sie waren bewaffnet und haben zu fliehen versucht. Und der da» – er zeigte verächtlich auf Ernst – «das ist ganz sicherlich ein Deserteur.»

«Das alles ist doch grotesk», empörte sich Louis. «Ernst ist mein Schwager und der Sohn des hier anwesenden Generals von Wismar. Wir waren auf dem Heimweg nach Alsheim.»

Bei der Erwähnung des Namens von Wismar hatte sich plötzlich Seligmanns Miene verändert. Er wandte sich nach den Seeleuten um und sagte: «Gute Arbeit, Genossen! Ihr könnt jetzt gehen. Ich danke euch. Um die da kümmere ich mich schon.»

Die Männer grüßten, und der Anwalt geleitete sie bis zur Tür.

«Du kennst diesen Kerl?» flüsterte Ernst seinem Schwager ins Ohr.

«Ja. Er heißt Seligmann. Wir haben gemeinsam Jura studiert.»

«Ein Jude... Und noch dazu ein Roter!»

«Er war mein bester Freund.»

Nachdem er wohlweislich den Schlüssel zweimal im Schloß umgedreht hatte, kam Max quer durch den Raum wieder auf sie zu.

«‹Genossen›», äffte Louis ihn nach. «Mein Kompliment für deine ‹Genossen›, Max! Diesmal ist es also soweit, nun hast du deine Revolution. Und? Bist du zufrieden?»

Der Anwalt sah die drei Männer der Reihe nach an und schließlich auch die alte Phinele, die, am ganzen Leib zitternd, angsterfüllte Blicke um sich warf. Er schien gedanklich mit etwas völlig anderem als mit einer Antwort auf die beißend spöttischen Bemerkungen seines ehemaligen Freundes beschäftigt zu sein.

«Du hast nichts begriffen, Louis. Das ist kein Spiel», sagte er endlich.

Der Anwalt stand auf, ging die Fenstertür öffnen, die auf den Garten hinausführte, und drehte sich dann zu ihnen um. «Folgt mir», sagte er zu ihnen.

Erstaunt sahen sie einander an und gingen hinter ihm her. Sie befanden sich nun hinter dem Gebäude. Seligmann führte sie zwischen Sträuchergruppen und Blumenrabatten hindurch bis zu einer kleinen, ganz hinten in die Gartenmauer eingelassenen Tür. Dort zog er einen Schlüssel aus der Tasche, steckte ihn ins Schloß und öffnete. Die Tür führte auf ein Gäßchen hinaus. Er drehte sich zu ihnen um.

«Ihr seid frei.»

Louis sah ihn an. Er wollte eben etwas sagen, als Seligmann ihn mit einer Handbewegung zum Schweigen brachte.

«Nur keine Gefühlsduselei. Macht, daß ihr wegkommt.» Er schien sich ziemlich unbehaglich zu fühlen. Bestimmt setzte er dabei einiges aufs Spiel. «General», setzte er noch an von Wismar gewandt hinzu, «ich vergesse nicht, daß Sie mich damals aus dem Gefängnis geholt haben. Nun denn, wir sind jetzt quitt.»

Einer nach dem anderen drückten die drei Männer ihm die Hand. Dabei fielen dem Anwalt die Auszeichnungen an Ernsts Uniform auf.

«Ernst von Wismar-Marbach. Ich habe schon von Ihnen gehört. Schade nur, daß ein so mutiger Mann einer so schlechten Sache dient.»

Louis war es, der daraufhin antwortete: «Und schade, daß ein so intelligenter Mann wie du desgleichen tut.»

Schon seit einigen Wochen gab es in Alsheim und Umgebung kein Benzin mehr. Daher legten Louis und sein Schwiegervater die Strecke vom Bahnhof zum Schloß mit dem alten, offenen Einspänner zurück, den früher immer Eugène-Victor benutzt hatte und den man aus dem Wagenschuppen wieder hervorgeholt hatte. Louis hielt die Zügel.

Im starken Trab fuhr das Gespann vom Park her in das Schloßgelände ein. Frederike tauchte sogleich auf der Terrasse auf.

«Na, endlich! Da seid ihr ja!»

Louis sprang aus dem Wagen, ging außen herum und reichte seinem Schwiegervater den Arm, um ihm beim Aussteigen behilflich zu sein. Frederike warf sich ihm in die Arme, im gleichen Augenblick aber ertönte hinter ihr eine Stimme.

«Seien Sie willkommen in meinem Haus, General!»

Alle Köpfe drehten sich der Fenstertür zu, in der soeben Gräfin Mathilde erschienen war.

Sie wirkte ganz klein und zart in ihrem dunklen Kleid und dem großen Quastentuch, das ihre Schultern umhüllte. Unter den Blicken ihres Sohnes und ihrer Schwiegertochter ging sie langsam, ohne die beiden zu beachten, auf von Wismar zu.

Dieser sah sie näher kommen und verneigte sich, um ihr die Hand zu küssen. «Meine Verehrung, Frau Gräfin.»

«Wenn Sie erlauben, Mama», begann Louis, «wird der General hier bei uns bleiben, bis –»

«Louis, das versteht sich doch von selbst!» Sie hatte von Wismar nicht aus den Augen gelassen. «Der General ist mein Gast», fuhr sie fort, «und zwar so lange, wie er es für gut hält. Ich habe das grüne Zimmer für ihn richten lassen.»

Louis konnte es gar nicht fassen. «Das grüne Zimmer?» fragte er.

«Ja, das Zimmer meines Großvaters, General Baron Kempf. Sie kennen es, General. Sie waren 1870 darin untergebracht. Heute nun soll das hier Ihr Zuhause sein.» Das Wort «heute» hatte sie dabei leicht betont.

«Ich begreife jetzt, was Sie gefühlt haben müssen», sagte General von Wismar leise, «als Ihr Land besiegt war. Daher danke ich Ihnen, Mathilde. Sie erlauben doch, daß ich Sie Mathilde nenne, *n'est-ce pas*?»

«Aber natürlich», sagte sie. «Natürlich, Edwin.»

Am 11. November, nachdem der Sarg mit dem Leichnam von Paul Imhof seiner Familie überstellt worden war, begaben sich Mathilde, Louis und Frederike zur Beisetzung auf den Alsheimer Friedhof.

Während der Pfarrer die letzten Gebete am Grab sprach, begannen die Kirchenglocken plötzlich ein feierliches Geläut anzustimmen. Fast gleichzeitig erschien Anselme Wahl am Friedhofstor und näherte sich so unauffällig wie möglich Louis de La Tour, dem er etwas ins Ohr flüsterte.

Gleich darauf beugte sich Louis zu Franzl Imhof hinüber und sagte: «Entschuldigen Sie bitte. Ich muß dringend zum Rathaus hinüber.»

Imhof nickte, und Louis verließ gemeinsam mit dem Jungen den Friedhof.

Soeben war der Waffenstillstand unterzeichnet worden.

Als sie mitten in dem Glockengedröhne, das die Dorfbewohner aus ihren Häusern trieb, vor dem Rathaus ankamen, bemerkten sie eine Menschengruppe, die mit Fußtritten und Faustschlägen den Briefträger Otto und die beiden Gendarmen Winter und Conrad vor sich herstieß.

«Raus mit den *Boches! Vive la France!* Es lebe Frankreich!»

Sie verschwanden im Rathaus. Louis eilte ihnen nach. Am Eingang des Gebäudes sah er sich plötzlich drei Männern gegenüber, von denen einer die preußische Fahne schwang.

«Die werden wir jetzt draußen verbrennen!»

«Sieh einer an», sagte Louis, während er sich vor ihm so aufbaute, daß er ihm den Weg versperrte, «ein alter Bekannter. Der Fonse Roederer!»

Es war der Gewerkschaftler, der einige Jahre zuvor gegen die Kempf-Werke einen Prozeß angestrengt hatte.

«Geben Sie mir diese Fahne», fuhr Louis fort. «Den besiegten Feind soll man respektieren.»

«Ach ja? Und wer ist das für Sie, der Feind, Herr Minister von Kaiser Wilhelms Gnaden?» entgegnete Fonse.

«Der Feind», sagte Louis ruhig, «das sind Dummköpfe wie Sie.» Er riß ihm die Fahne aus den Händen und eilte rasch die Treppe hinauf.

Im Büro des Bürgermeisters fühlten sich indessen die beiden Gendarmen und der Briefträger, umringt von einem Dutzend Hitzköpfen, ganz und gar nicht wohl in ihrer Haut. Vergeblich versuchte Yerri Laugel, Ruhe zu schaffen. Louis trat hinzu.

«Laßt diese Leute in Frieden!»

Sein Auftritt bewirkte, daß es ringsum plötzlich still wurde.

«Was haben sie euch denn getan?» fragte er und schaute dabei der Reihe nach jeden einzelnen der Männer an. «Conrad und Winter sorgten für die Sicherheit eurer Familien. Otto trug eure Briefe aus. Ist das etwa ein Verbrechen?»

Doch Roederer, der wütend darüber war, daß er sich den Rang hatte ablaufen lassen, hatte wieder kehrtgemacht und war ebenfalls ins Büro gestürmt.

«Drecksdeutsche sind das, und damit basta!»

«Du, Roederer, bist bis auf Widerruf auch ein Deutscher!»

«O nein! Damit ist es jetzt vorbei, Monsieur Kempf! Vorbei! Ich, ich bin Franzose! Ich habe mich nicht an die Preußen verkauft!»

Louis zuckte die Achseln. «Zu ihrer Sicherheit», sagte er, «bleiben diese drei Männer hier im Rathaus. Yerri, ich beauftrage Sie damit, zwei zuverlässige Männer zu finden, die ihnen Schutz gewähren sollen. Danach werden wir uns etwas einfallen lassen, um sie nach Hagenau zu überstellen.»

Roederer aber gab sich nicht geschlagen und sagte: «Mit welchem Recht geben Sie hier eigentlich noch Befehle?»

«Ich bin der Bürgermeister.»

«Ein deutscher Bürgermeister! Wenn die Franzosen erst da sind, wird das alles anders!»

«Das wird sich zeigen, Roederer. Vorläufig aber haben Sie, wie alle anderen auch, zu gehorchen.»

Louis blieb ein oder zwei Stunden im Ort und ging ein wenig von Haus zu Haus, um die allgemeine Stimmung der Leute einschätzen zu können. Danach kehrte er ganz allein zu Fuß zum Schloß zurück.

Er ahnte, daß noch schwierige Zeiten auf sie zukamen, vor allem, wenn der Freudentaumel über den Sieg vorüber war. Jetzt schon hatten die Imhofs, deren Sohn in deutscher Uniform gekämpft hatte, einige unflätige Bemerkungen zu hören bekommen. Von heute auf morgen würden so manche Leute urplötzlich eine unerbittliche Franzosenseele in sich entdecken.

Und er, er war eine hohe Persönlichkeit im Deutschen Reich gewesen: Wirtschaftsminister des Reichslandes Elsaß-Lothringen. Fonse Roederer war sicherlich nicht der einzige, der sich daran erinnerte.

«... Madame, es ist mir eine Ehre, Ihnen heute feierlich den Dank der Republik aussprechen zu dürfen. Ihr Mut und Ihre Treue zu Frankreich, die weit über die Grenzen Ihrer elsässischen Lande hinaus bekannt sind, waren uns ein Symbol für die Verbundenheit der verlorenen Provinzen mit unser aller Mutterland!»

In straffer Haltung war ein Oberleutnant vorgetreten. Er trug ein rotes Kissen vor sich her, auf dem der Orden lag. Oberst Lavigne, ein großer, kräftiger Mann mit leicht ergrautem Haar, ergriff ihn und sprach mit lauter Stimme weiter:

«Mathilde Kempf de La Tour, im Namen des französischen Staatspräsidenten und kraft der mir übertragenen Vollmachten verleihe ich Ihnen hiermit den Militärorden der Ehrenlegion.» Behutsam steckte er Mathilde die Medaille an die Bluse. Dann beugte er sich für die zeremonielle Akkolade zu ihr hinab.

Applaus erhob sich im großen Salon des Schlosses, der zu diesem Anlaß festlich beleuchtet worden war. Außer dem strammstehenden Stab von Oberst Lavigne waren auch Louis, Alexandra, Pfarrer Eberle und noch andere Persönlichkeiten der französischen Partei versammelt. In einer Ecke standen schweigend Franzl und Liselotte Imhof. Katel Wahl stand strahlend neben Hauptmann Albert Laugel, Träger des Kriegsverdienstkreuzes und Ritter der Ehrenlegion, der gleichzeitig mit den französischen Truppen eine Woche nach dem Waffenstillstand ins Elsaß gekommen war.

Über und über beflaggt mit den Trikoloren, die auf die Initiative der Gräfin hin angefertigt worden waren, hatte Schloß Alsheim Oberst Lavigne mit seinem Stab empfangen.

Mathilde, die tief bewegt und nahezu linkisch mit ihrer Auszeichnung dastand, blickte wie ein kleines Mädchen verlegen umher.

«Danke, Oberst», sagte sie mit leicht zittriger Stimme. «Ich habe niemals die Hoffnung auf Frankreich verloren.»

Prüfend betrachtete Louis seine Mutter. Sie war dünner geworden, ihr Rücken hatte sich gekrümmt. Sie war jetzt eine alte Dame. Ihm allein, der sie ja gut kannte, fiel auf, daß ihr der langersehnte Sieg sowie die Revanche nicht die Freude zu vermitteln schienen, wie man sie eigentlich hätte erwarten können.

Mit einer Handbewegung deutete Oberst Lavigne an, daß er noch etwas sagen wollte. «Im übrigen bin ich sehr glücklich», meinte er, «Ihnen mitteilen zu können, daß Ihr Enkel Edouard Kempf de La Tour, über den ich Erkundigungen aus Val-de-Grâce einziehen ließ, trotz des Granatsplitters im Bein nun endlich außer Gefahr ist. Ich kann Ihnen versichern, daß er sich in diesem Krieg prächtig geschlagen hat, ebenso wie ein weiterer, hier anwesender Sohn Alsheims: Hauptmann Albert Laugel, der zweimal verwundet wurde.»

Erneut wurde applaudiert. Die Champagnergläser begannen zu kreisen. Ein Oberleutnant setzte sich ans Klavier und spielte einen Walzer. Katel und Albert eröffneten den Ball. Auch Alexandra nahm die Aufforderung von einem der Offiziere an.

Mathilde jedoch schien mit ihren Gedanken weit weg zu sein. Nur Louis hörte, wie sie murmelte: «Ich möchte so gern meine Enkel sehen.»

Gegen elf Uhr, während das Fest im Salon seinen Fortgang nahm, klopfte es im rückwärtigen Teil des Schlosses plötzlich heftig ans Küchenfenster. Nicht ohne eine gewisse Unruhe öffnete General von Wismars Haushälterin Phinele das Fenster. Draußen stand ein Mann in einem weiten, dunklen Mantel. Zwischen den Mantelschößen erkannte sie eine deutsche Offiziersuniform.

«Mein Gott... Was machen Sie hier?» flüsterte sie auf deutsch. «Überall hier wimmelt es von französischen Soldaten...»

«Ich bin unbemerkt über den Rhein gekommen», sagte der Besucher. «Ich muß unbedingt mit General von Wismar sprechen. Es ist sehr wichtig.»

«Er ist oben. Ich werde ihm Bescheid geben –»

«Nein! Führen Sie mich direkt zu ihm.»

Der Ton, in dem er das sagte, war durchaus höflich, duldete aber keinen Widerspruch. Sich bekreuzigend, eilte Phinele zur Tür und ließ den Besucher ein.

Von Wismar hatte der Ordensverleihung an Gräfin Mathilde, die die Niederlage seines Landes nur unterstrich, nicht beigewohnt. Er hatte Frederike zugeredet, sich doch dazuzugesellen – schließlich war sie Louis Kempf de La Tours Frau und somit inzwischen auch eine Französin –, doch es war auch ihr nicht danach gewesen.

Der General saß in seinem Zimmer nahe am Feuer und las gerade in Voltaires *Geschichte Karls XII.*, als es an die Tür klopfte.

«Herein!»

In heller Aufregung erschien Phinele in der Tür und sagte: «Dieser Herr hat darauf bestanden, daß ich ihn hierherbringe –»

Doch schon betrat der Besucher das Zimmer und sagte, in korrekter Habachtstellung die Hacken zusammenschlagend: «Herr General ... Oberleutnant Gottfried von Saxhofen. Ihr Sohn schickt mich.»

Aufhorchend hatte von Wismar sein Buch beiseite gelegt und sich erhoben. «Mein Sohn ... Ich bitte Sie, nehmen Sie doch Platz!»

«Ich habe nicht viel Zeit, Herr General. Zunächst soll ich Ihnen sagen, daß es Ernst gutgeht. Gemeinsam mit unserem Freund Salomon haben wir ein Freikorps aus ehemaligen Offizieren auf die Beine gestellt, um die Bolschewisten zu bekämpfen.»

«Ein Freikorps ...» Von Wismar tat verwundert. Es war offensichtlich, daß sein Gast nicht nur deshalb auf eigene Gefahr in die französische Besatzungszone eingedrungen war, um ihm das zu erzählen.

«Herr General», fuhr dieser auch schon mit belegter Stimme fort, «ich bringe Ihnen auch eine schlechte Nachricht.»

Der Oberleutnant senkte den Kopf. Von Wismar trat einen Schritt auf ihn zu.

«Eine schlechte Nachricht ... Karl?»

«Ja, Herr General. Ihr Sohn wollte nicht, daß Sie es durch ein amtliches Telegramm erfahren. Er starb in aller Tapferkeit. Durch eine Kugel in den Kopf.»

Schweigend stand von Wismar mit hängenden Armen da und starrte lange mit einem verwunderten Ausdruck im Gesicht ins

Leere. Endlich schien er aus seiner Versunkenheit aufzutauchen. «Danke, Oberleutnant», murmelte er, «ich bin Ihnen sehr dankbar für die Risiken, die Sie auf sich genommen haben.»

Saxhofen nahm wieder stramme Haltung ein und sagte: «Herr General, der Mann, der mich über den Rhein setzen soll, erwartet mich. Darf ich jetzt gehen?»

Von Wismar sah ihn an, als hätte er Mühe, den Sinn seiner Worte zu erfassen. «Selbstverständlich», sagte er schließlich tonlos. «Und nochmals vielen Dank. Grüßen Sie meinen Sohn. Ich wünsche Ihnen viel Glück. Wir haben es alle nötig.» Er drückte ihm die Hand. Dann fügte er leise hinzu: «Dringend nötig.»

Unten war das Fest in vollem Gange. Louis hatte sich zu seiner Mutter gesetzt. Er beobachtete Alexandra, die sich lebhaft mit dem Adjutanten des Obersts unterhielt.

«Es scheint mir ganz, als wollte dieser fesche Offizier ihr den Hof machen», bemerkte er lächelnd.

«Und ich denke, er vergeudet seine Zeit», erwiderte Gräfin Mathilde. «Alexandra wird eines Tages zur Familie gehören, das weiß ich schon, seitdem sie zum erstenmal hierherkam.»

«Meinen Sie? Und wen von beiden wird sie letztendlich heiraten? Edouard oder Karl?»

«Ich habe da so meine Idee...», murmelte die alte Dame. «Ach, Louis, es verdrießt mich richtig, daß Frederike nicht mit uns feiert.»

«Nehmen Sie es ihr nicht übel, Mama.»

«Natürlich nicht! Aber die Ärmste fühlt sich sicher recht allein.»

«Ich denke, sie ist bei ihrem Vater.»

«Was meinst du? Sollen wir kurz einmal zu ihnen hinaufschauen? Das wäre doch eine nette Geste.»

Gerne fügte sich Louis dem Wunsch seiner Mutter. Seitdem sie sich mit ihrer Schwiegertochter und General von Wismar versöhnt hatte, gab sie ihnen gegenüber all die Großherzigkeit zu erkennen, die ihrem Charakter zugrunde lag.

Sie stiegen die Treppe hinauf. Louis wunderte sich darüber, daß die Tür zu Frederikes Zimmer halb offen stand, wo es in den Fluren doch eigentlich recht kühl war. Er stieß den Türflügel auf.

Der General saß in einem Sessel, mit gesenktem Kopf und völlig niedergeschmettert. Zu seinen Füßen kauerte, die Stirn auf seinen Knien, Frederike und weinte. Louis stürzte zu ihr.

«Frederike, mein Liebes, was ist denn?»

Sie erhob sich und warf sich ihm in die Arme. «Karl... Mein kleiner Karl...»

Mit einem fragenden Blick sah Louis seinen Schwiegervater an. Auch er weinte.

«Ein Bote ist gekommen», flüsterte er, während er sich mit dem Ärmel über die Augen wischte. «Da... Vor ein paar Minuten... Karl wurde getötet.»

Mathilde schluchzte auf und fiel auf die Knie.

«Charles», stöhnte sie. «Mein Gott, Charles...»

1919

Louis Kempf de La Tour hatte sich nicht getäuscht, als er befürchtete, daß auf die Freude über den Sieg sehr bald schon die Begleichung alter Rechnungen folgen würde und daß das Elsaß nach diesen Zeiten der Zerrissenheit und des Krieges nun in die Phase der Mißverständnisse eintreten würde.

Bereits in den ersten Wochen des Jahres 1919 gründete ein in aller Hast erstellter französischer Verwaltungsapparat die sogenannten «Aussonderungsausschüsse», die dazu bestimmt waren, das Elsaß von prodeutschen Elementen oder Personen, die zumindest als solche erachtet wurden, zu säubern. Mit anderen Worten, man machte es im umgekehrten Sinne genau wie Preußen nach seinem Sieg von 1870. Nicht nur General von Wismar, sondern auch Frederike und sogar Louis wurde angekündigt, daß sie vor der Kommission zu erscheinen hätten. Im selben Zeitraum wurde erwogen, die Kempf-Werke als Feindesgut zu verstaatlichen. Solche, die auf die letzte Minute schnell noch gute Franzosen geworden waren, hatten es nicht versäumt, bei der Beschaffung des nötigen Aktenmaterials zu helfen.

Gräfin Mathilde, die Karls Tod bereits sehr mitgenommen hatte, empfand diesen Angriff gegen die Kempf de La Tours wie einen Dolchstoß. Gewiß, vor dem Krieg hatte sie in ihrer absoluten Frankreichtreue die Loyalität ihres Sohnes den deutschen Behörden gegenüber und seinen Beitritt ins Regionalparlament verurteilt. Doch dann war der Krieg gekommen. Mathilde hatte das wahre Gesicht dieser lang ersehnten Vergeltung zu sehen bekommen. Viele ihrer Überzeugungen waren ins Schwanken geraten. Der Tod eines ihrer Enkelsöhne hatte diese schließlich endgültig zunichte gemacht. Ja, sicher, sie war glücklich darüber, daß das Elsaß wieder zu Frankreich gehörte. Aber welchen Preis hatte man dafür bezahlen müssen...

Von nun an warf sie sich ihre frühere Kompromißlosigkeit als den größten Fehler ihres Lebens vor. Sie durchlief noch einmal all diese Jahre und begriff jetzt, daß Louis nur als Kind seiner Zeit gehandelt hatte. In einem deutschen Elsaß geboren und in Schulen erzogen, wo deutsch gesprochen wurde, hatte er die Welt eben genommen, wie sie war. Dann war Frederike aufgetaucht. Durfte man seine Kinder daran hindern, sich zu lieben, nur weil die vorangegangene Generation sich gegenseitig umgebracht hatte? Hätte er sein Glück, seine Zukunft und seinen persönlichen Erfolg einer Vergangenheit opfern können, die er nicht einmal kennengelernt hatte? Und dann schließlich, in der Stunde der Konfrontation, hatte Louis seine Wahl zu treffen gewußt. Klar und deutlich hatte er sich öffentlich geweigert, Deutschland gegen Frankreich zu dienen. Worüber wagte man also von ihm Rechenschaft zu fordern? Sie sah nur noch das Unrecht, das ihm und mit ihm allen Kempfs angetan wurde.

Mathilde wandte sich an Pfarrer Eberle. Vor Beginn der Kriegsgeschehnisse von den Deutschen inhaftiert und später dann unter Hausarrest gehalten, genoß diese bedeutende Gestalt der profranzösischen Partei derzeit großes Ansehen. Er erklärte sich bereit, sich für Louis einzusetzen.

«Ich werde Albert Laugel bitten, mich dabei zu begleiten», meinte er.

Im Dezember hatte er persönlich die Trauung von Albert und Katel Wahl abgehalten. Diese erwartete ein Kind. Albert hatte in Alsheim eine Arztpraxis eröffnet. Ihm wurde nachgesagt, er liebäugle mit einer politischen Karriere. Eberle dachte, daß sich eine Einmischung seinerseits zugunsten der Familie Kempf durchaus positiv auswirken konnte. Albert hatte auf französischer Seite gekämpft und nicht gezögert, deswegen sogar zu desertieren, und daß er Alsheim damals überhaupt verlassen konnte, hatte er nur der Gräfin zu verdanken.

Im März wurden die beiden Männer von einem gewissen Giraudet, seines Zeichens Kabinettsdirektor des Kommissars der Republik, das heißt des Präfekten von Straßburg, zur Audienz empfangen.

Er war ein dunkelhaariger Mann um die Vierzig, mit mächtigem Schnurrbart und einem starken südwestfranzösischen Akzent; einer jener energischen und gefühlsarmen Beamten, wie die Dritte Republik sie zuhauf hervorbrachte.

Albert Laugel legte den Anlaß für ihren Besuch dar: «Es wäre ein schwerwiegender Irrtum, die Kempf-Werke als Feindesgut zu konfiszieren. Hören Sie nicht allzusehr auf die ‹Gespenster›, die in den Aussonderungskommissionen sitzen.»

«Die ‹Gespenster›?»

Laugel und der Pfarrer tauschten einen kurzen Blick miteinander. Wenn der Herr Kabinettsdirektor den Sinn dieses Ausdrucks nicht kannte, dann bedeutete das, daß ihm reichlich viel von der wahren Situation des Elsaß entging.

«So bezeichnen wir», erklärte Pfarrer Eberle, «die 1870 ausgewanderten Elsässer oder deren Kinder, die jetzt nach fünfzig Jahren Exil ins Land zurückkehren. Vom Elsaß haben sie keine Ahnung mehr. Manche von ihnen haben alles verloren, als sie fortgingen. Sie können nur schwer akzeptieren, daß ein Mann wie Louis Kempf während dieser ganzen Zeit seine Aktivitäten und auch sein Vermögen aufrechterhalten konnte. Das kann man ihnen gewiß nicht verdenken, aber alles, was sie sagen, für bare Münze zu nehmen ...»

Nichts wies darauf hin, daß Giraudet den Erläuterungen des Priesters überhaupt zugehört hatte. Er hatte die Akte der Kempf-Werke vor sich aufgeschlagen und blätterte darin. «Was ich hieraus jedenfalls klar ersehen kann», sagte er schließlich, «ist, daß die Kempf-Werke in der Tat eine deutsche Kriegsfabrik waren.»

«Eine beschlagnahmte!» präzisierte Albert Laugel. «Ihre Akte müßte, falls sie vollständig ist, auch dies enthalten. Monsieur Kempf de La Tour hat es kategorisch abgelehnt, Kriegsmaterial zu produzieren. Seine Mutter und er durften ab 1914 ihren Wohnort Alsheim nicht mehr verlassen. Ich darf hinzufügen, daß diese Familie seit fünf Generationen nie aufgehört hat, ihre Treue zu Frankreich unter Beweis zu stellen.»

Albert hatte kaum Gelegenheit gehabt, seinen Satz zu beenden; der Beamte, der die ganze Zeit über, während er sprach, weiter in seinen Unterlagen gelesen hatte, hob plötzlich den Kopf.

«Hartmann! Hartmann!» brüllte er zur Tür hin.

Während sich Albert Laugel seufzend gegen die Lehne seines Sessels zurückfallen ließ, ging die Tür auf, und ein etwa sechzigjähriger Angestellter der Präfektur erschien.

«Hartmann», dröhnte Giraudet und schwenkte dabei ein Blatt Papier, «welches Rindvieh hat diese Eintragung hier gemacht?»

«Hm... Ich, äh, Herr Direktor.» Er sprach mit stark ausgeprägtem elsässischen Akzent.

«Ah ja! Nun, mein Bester, Sie werden mir gleich nächste Woche einen Französischkurs belegen! Also nein, wirklich, ein Kauderwelsch ist das! Und bis Sie wieder zurück sind, fordere ich in Paris einen Redakteur an, der wenigstens französisch schreiben kann. Sie können gehen!»

Der Angestellte neigte den Kopf und verließ gedemütigt den Raum. Wieder hatten Eberle und Laugel einen vielsagenden Blick getauscht.

Albert Laugel hatte begriffen. Es war von vornherein ein verlorenes Spiel. Er beschloß, sich seinen Ärger von der Seele zu reden: «Herr Direktor, verzeihen Sie bitte meine Offenheit, aber als französischer Frontsoldat halte ich mich für berechtigt, Ihnen zu sagen, daß Frankreich im Begriff ist, hier denselben Fehler zu begehen wie die Deutschen. Ihrem Akzent glaube ich entnehmen zu dürfen, daß Sie aus Südfrankreich stammen...»

«Aus Cahors», präzisierte Giraudet trocken. «Haben Sie was dagegen?»

«Keineswegs, verehrter Herr, nur daß Sie eben, wie alle anderen Beamten, die unlängst aus Paris, Bordeaux oder Korsika hier aufgetaucht sind, nicht die geringste Ahnung vom Elsaß haben!»

«Die werde ich mir schon noch aneignen. Schließlich ist das mein Beruf.»

«Ja, das werden Sie! Nachdem Sie mit Taktlosigkeiten nur so um sich geworfen und die wohlgesonnensten Elsässer gegen sich aufgebracht haben! Nehmen Sie sich in acht, Herr Direktor. Uns muß man nehmen, wie wir sind, mit unserem Herz eines Franzosen und dem Akzent eines *Boche*, wie Sie zu sagen belieben. Und auch mit unserer Geschichte.»

Der Kabinettsdirektor hatte die Farbe gewechselt. Mit verschlossener Miene erhob er sich abrupt und sagte: «Nun, ich danke Ihnen für Ihre Ratschläge, Doktor Laugel. Wenn Sie mich jetzt bitte entschuldigen wollen. Ich bin mit Arbeit überlastet. Und was die Kempf-Werke angeht, so obliegt die diesbezügliche Entscheidung dem Kommissar der Französischen Republik.»

Mehr war da nicht auszurichten. Die beiden Männer kehrten mit dem dumpfen Gefühl nach Alsheim zurück, daß ihre Einmischung, weit entfernt davon, die neuen Behörden milder zu stimmen, sie nur noch stärker verärgert hatte.

«Ach wissen Sie», meinte Louis, nachdem sie ihm von der Unterredung berichtet hatten. «Man kann sagen, was man will. Wenn man es mit Leuten zu tun hat, die gar nichts davon hören wollen, ist sowieso alles umsonst. Ich danke Ihnen dafür, daß Sie sich für mich eingesetzt haben. Vor der Aussonderungskommission werden wir dann schon klarer sehen, was man mit uns vorhat.»

Pfarrer Eberle legte ihm die Hand auf die Schulter und sagte: «Kopf hoch, Louis. Sie haben Feinde, aber die meisten Leute hier wissen, wer Sie sind, und die unterstützen Sie auch.»

«Meinen Sie? Ach, eigentlich ist das alles jetzt ohnehin nicht mehr so wichtig ...»

Seit dem Tod seines Sohnes war Louis Kempf nicht mehr der alte. Ohne Beschäftigung, da die Werksanlagen geschlossen waren, irrte er schweigsam und zerstreut im Schloß umher und fand nur dann zu ein wenig Energie zurück, wenn es darum ging, Frederike am Zusammenbrechen zu hindern. Doch sie sollten noch bei weitem nicht am Ende ihres Kreuzweges angelangt sein.

Eine Woche nach Laugels und Eberles Besuch in der Präfektur erschienen Frederike und Louis Kempf de La Tour, würdevoll in Schwarz gekleidet, vor der Kommission. Diese setzte sich aus einem vorsitzenden Richter, einem Zivilpolizisten der Spionageabwehr und drei weiteren Personen, zwei Beisitzern und einem Sekretär, zusammen. Aber was da auf ihn zukam, wurde Louis erst dann so richtig klar, als er den Vertreter der «Opfer der Deutschen» hereinkommen sah.

Es war Fonse Roederer.

Der Vorsitzende wandte sich zunächst an Frederike: «Madame, Sie sind die Tochter des deutschen Generals Edwin von Wismar?»

«Ja», sagte sie. «Und ich bin stolz darauf.»

«Diese Kommission, Madame, ist nicht dazu da, über Ihre Gefühle zu urteilen, sondern über Ihren rechtlichen Status. General von Wismar wurde jüngst in die Kategorie D, das heißt ‹unerwünscht›, eingestuft. Er wird demnächst aus dem Elsaß ausgewiesen.»

Frederike erbleichte und wankte. Sie suchte nach dem Arm ihres Mannes.

«Und was Sie betrifft, Madame, Sie sind Deutsche –»

«Alle Elsässer waren Deutsche!»

Es war Louis, der nun dazwischengefahren war. Die akute Feindseligkeit, die er in dieser Sache um sich her spürte, und der Umstand, Roederer erneut in der Klägerposition vor sich zu haben, hatten bewirkt, daß er von vornherein darauf verzichtete, seine Angelegenheit zu verteidigen. Es kam für ihn gar nicht in Frage, um Milde zu flehen. Er wollte jetzt sagen, was er dachte, ganz egal, was dabei herauskam.

Fonse Roederer bat nun um das Wort: «Nein, Monsieur! Nicht alle Elsässer waren Deutsche. Nicht die 150 000 Elsässer, die sich wie mein Großvater 1870 für Frankreich entschieden haben.»

Louis maß den Gewerkschaftler mit einem eisigen Blick und wandte sich dann dem Richter zu. «Herr Vorsitzender», fragte er von oben herab, «darf man erfahren, in welcher Eigenschaft dieser Mensch hier zugegen ist?»

«Opfer der Deutschen. Sie haben es ja gehört.»

Louis zuckte die Achseln und sagte: «Ich begreife nicht, was man darunter versteht, vor allem was diesen Herrn angeht. Wir alle sind Opfer! Frankreich hat uns nach dem Krieg von 1870 mit gebundenen Händen und Füßen durch einen formgerechten Vertrag an die Deutschen ausgeliefert. Und nun wirft es uns das vor!»

Der Vorsitzende schüttelte den Kopf und meinte: «Kommen wir nicht vom Thema ab. Gesetz ist Gesetz. Hier ist der ergangene Erlaß:

‹Gebürtige Deutsche werden in Kategorie D eingestuft, für unerwünscht erklärt und des Landes verwiesen. Elsässer mit einem deutschen Blutsverwandten in aufsteigender Linie werden in die Kategorie B eingestuft, Elsässer mit rein elsässischen Eltern in die Kategorie A.› Ich wende lediglich das Gesetz an.»

«Herr Vorsitzender», begann Louis wieder, «diese Menschenjagd ist doch unwürdig. Die Deutschen behandelten uns als Franzosen. Und nun kommen Sie und behandeln uns als Deutsche.»

«Ihr Werk», kläffte Roederer, «produzierte Geschosse und Kanonen, um Franzosen zu töten!»

Louis, der es für unter seiner Würde hielt, ihm zu antworten, sprach weiter an den Vorsitzenden gewandt: «Ich darf Sie daran erinnern, daß meine Mutter wegen ihrer Verdienste Frankreich gegenüber mit dem Militärorden der Ehrenlegion ausgezeichnet wurde und daß mein Sohn Edouard, der als Artilleriehauptmann und Ritter der Ehrenlegion das Kriegsverdienstkreuz mit dreifach ehrenvoller Erwähnung trägt, sich wegen seiner Kriegsverletzungen immer noch im Hospital von Val-de-Grâce in Behandlung befindet.»

«Und daß Ihr Sohn Karl in deutscher Uniform gefallen ist, das sagen Sie wohl nicht!» schleuderte ihm Roederer entgegen.

Louis stand wie versteinert durch die Niedertracht dieser Attacke. Frederike brach in Tränen aus.

«Louis, das ist einfach abscheulich», stöhnte sie, an seinen Arm geklammert.

In diesem Augenblick zerbrach etwas in ihm. Er hatte sich fest vorgenommen, wenigstens laut zu sagen, was er dachte. Jetzt hatte er nicht einmal mehr den Wunsch, geschweige denn die Kraft dazu. Er beugte nur noch den Kopf. «Komm», sagte er zu seiner Frau. «Von dieser Farce von einem Rechtsverfahren haben wir nichts zu erwarten. Meine Herren, beschließen Sie, was Sie für gut befinden.»

Er legte Frederike den Arm um die Schultern und schob sie sanft zur Tür. Sie wirkten beide plötzlich steinalt.

«Monsieur Kempf!» brüllte der Vorsitzende. «Monsieur Kempf!»

In einer letzten Kraftanstrengung drehte sich Louis noch einmal um und sagte: «Kempf de La Tour, Herr Vorsitzender. Vergessen Sie nicht: de La Tour.»

Drei Tage später erhielt General von Wismar die Strafverfügung, die ihn als «unerwünscht» einstufte und ihm Anweisung erteilte, das französische Territorium zu verlassen.

Frederike weinte. Louis sagte gar nichts mehr, er war völlig zerstört.

Der alte Offizier verzichtete auf jeglichen Kommentar und traf seine Vorkehrungen, um gleich am nächsten Tag abzureisen. Er hatte vor, sich wieder im Schloß der Familie von Wismar in Preußen niederzulassen. Louis und Frederike würden ihn mitsamt der alten Phinele bis zum Grenzposten an der Brücke von Kehl bringen, so war es vereinbart.

Der Morgen seiner Abreise war kalt und regnerisch. Louis hievte das Gepäck seines Schwiegervaters und dessen Haushälterin in den Kofferraum des Wagens.

In ein großes Schultertuch gehüllt, bestand Mathilde darauf, ihren Gast bis zur Außentreppe hinunter zu begleiten. Sie konnte einem leid tun, wenn man sie so ansah. Das brutale Vorgehen Frankreichs, dessen Rückkehr sie so lange Zeit ersehnt hatte, machte sie völlig ratlos. Sie verstand nichts mehr. Alles, wofür sie ihr Leben lang gekämpft hatte, alles, woran sie bis hin zur Ungerechtigkeit und Selbstquälerei geglaubt hatte, schien in sich zusammenzustürzen.

Von Wismar nahm Mathildes Hände und drückte sie fest in den seinen. «Es wäre mir schon recht lieb gewesen, hier bei euch allen sterben zu dürfen», sagte er leise. «Tja, was ist das nun eigentlich, Heimat? Für mich sind dieses Land, du und unsere Kinder zur Heimat geworden.»

Mit ihren schönen, klaren Augen, die alles waren, was ihr aus ihrer Jugend geblieben war, sah sie zu ihm auf. «Lieber Edwin», flüsterte sie, «wie habe ich dich doch gehaßt...»

Und es war das erstemal, daß er sie deutsch sprechen hörte.

«Nein, Mathilde», erwiderte er, «nicht mich hast du gehaßt, sondern den Sieger. Tja, das Leben ist schon seltsam. In dem Augenblick, da wir uns versöhnen, trennen uns prompt unsere Länder.»

«Du hast recht», sagte sie. «Was eigentlich bedeutet Heimat?»

Er nahm sie in die Arme, und sie küßten einander auf die Wange. Allein blieb sie vor dem Schloß stehend zurück und sah dem davonfahrenden Wagen hinterher, genauso wie sie einst ihren jungen Ehemann auf seinem Pferd davontraben und vor fünf Jahren dann ihre Enkel abfahren sah. Sie überlegte, daß sie im Laufe des Tages Franzl bitten wollte, den Wagen anzuspannen, damit sie zum Friedhof fahren und sich dort innerlich ein wenig sammeln konnte.

Die Fahrt bis zur Grenze verlief unter allgemeinem Stillschweigen. Schließlich erblickten sie vor sich die Stahlbrücke. Die an der Brükkenauffahrt gelegene Zollstelle wurde vom Militär bewacht. Etwa zwanzig Meter davor stellten sie den Wagen ab.

«Ich bringe Ihr Gepäck noch bis zur Schranke», schlug Louis vor, nachdem sie ausgestiegen waren.

«Nein. Nur keine Bange», meinte von Wismar mit erzwungener Heiterkeit. «Ich bin noch ganz rüstig! Na dann, laßt euch umarmen, Kinder.»

Frederike warf sich ihm an die Brust. Er klopfte ihr sanft auf den Rücken.

«Ist ja gut, mein kleines Mädchen. Kopf hoch! Ihr könnt mir doch schreiben und mich besuchen kommen, oder? Verlier nur nicht den Mut, Louis. Du wirst ihn nötiger haben als ich.»

Frederike wandte sich nun Phinele zu und umarmte auch sie. «Danke, Phinele. Sie waren immer so gut zu den Kindern. Sie hatten Sie sehr gern. Wir werden Sie nie vergessen.»

«O gnädige Frau ...»

Die Haushälterin weinte heiße Tränen. Ohne sie anzusehen, legte ihr von Wismar die Hand auf den Arm.

«So, Phinele», sagte er, «jetzt ist aber genug geweint! Vorwärts!»

Vorwärts. Dieses Wort, das er fünfzig Jahre zuvor an der Spitze seiner Kavallerieschwadron so viele Male gerufen hatte, war ihm wieder auf die Lippen gekommen.

Louis ließ ihn nicht aus den Augen. Er ahnte, was in ihm vor sich ging. Diesem alten Soldaten, der im Dienst der Ehre, Tapferkeit, all dessen, was man sich selbst schuldig ist, aufgewachsen war, stand hier nun etwas bevor, das an Schwierigkeit den größten Heldentaten gleichkam.

Von Wismar rückte seine Melone gerade und klemmte sich das Monokel ins Auge, dann ergriff er seine beiden Koffer und ging langsam und hinkend auf die Brücke zu. Er schritt erhobenen Hauptes dahin, wobei er sich zwang, sich von der Anstrengung, die er seinen fünfundsiebzigjährigen Beinen abverlangte, nichts anmerken zu lassen. Zwei Meter hinter ihm folgte Phinele.

Ein paar Zivilisten saßen auf den Grenzsteinen und sahen den beiden zu, wie sie daherkamen.

«Raus mit euch, deutsches Pack!» stieß einer von ihnen aus, als sie an ihm vorübergingen.

Von Wismar schien ihn gar nicht zu hören. Unbeirrbar ging er auf die Soldaten zu und setzte die Koffer ab, um ihnen seine Papiere zu zeigen. Einer von ihnen nahm sie und prüfte sie aufmerksam.

«General Edwin von Wismar... Führen Sie Geld mit sich?»

«Die erlaubte Menge, 200 Mark für meine Haushälterin und 200 Mark für mich.»

Ein alter französischer Gendarm war hinzugetreten, als er den Namen des Generals hörte.

«Sie haben nur Anspruch auf einen einzigen Koffer!» meinte der Soldat barsch, während er ihm seinen Ausweis zurückgab.

Da mischte sich der Gendarm ein: «Komm, vergiß es, Junge. Ich kenne die beiden.» Dann nahm er Haltung an und salutierte. «Guten Tag, Herr General. Sie können die Grenze passieren.»

Mit einem Kopfnicken dankte ihm von Wismar, während er mühsam wieder sein Gepäck aufnahm.

Und so geschah es, daß diese beiden Gestalten, der ehrwürdige alte Herr und die hinter ihm hertrottende alte Haushälterin, ohne sich noch einmal umzudrehen, über die Brücke davongingen.

Mit Gedröhn bog der Militärlastwagen auf den Alsheimer Marktplatz ein, der inzwischen Place de la République hieß, und hielt unweit der *Auberge du Cerf*, vormals Gasthof *Zum Hirschen*, an.

Ein Stabsfeldwebel der Fremdenlegion mit nicht mehr ganz so weißem Käppi hob hinten die Plane hoch und sprang heraus. Dann öffnete sich die rechte Wagentür, und ein weiterer Soldat stieg, weit mühsamer wegen seines steifen Beines, aus. Er nahm seinen Stock und seine Tasche, grüßte den Fahrer und schlug die Tür zu.

Während der Lastwagen wieder anfuhr, war der Legionär auf den anderen zugetreten und beäugte nun mit Kennermiene dessen Uniform – es war die eines Artilleriehauptmannes – und die Auszeichnungen, die sie zierten: Ehrenlegion, das Kriegsverdienstkreuz mit dreifach lobender Erwähnung, Verwundetenabzeichen. Er salutierte.

«Sie sind auch aus Alsheim, Herr Hauptmann?»

Der andere bejahte mit einem Kopfnicken. Nachdenklich und wie abwesend sah er sich auf dem Platz um.

«Tja», meinte der Legionär wieder, «ein Empfang mit Pauken und Trompeten ist das ja nicht gerade. Man könnte meinen, die haben uns schon vergessen!»

«Vielleicht hat man uns nur nicht mehr erwartet», murmelte der junge Hauptmann. «Vier Jahre, das ist eine lange Zeit.»

«Ich heiße übrigens Emile Gerber», sagte der Legionär, der zum Plaudern aufgelegt schien. «Mein Vater war Kupferschmied in den Kempf-Werken. Kennen Sie die?»

«Ja.»

«Zehn Jahre Afrika! Mann o Mann, das reicht. Als ich erfuhr, daß das Elsaß wieder zu Frankreich gehört, habe ich meinen Krempel zusammengepackt und bin heimgefahren. Und Sie?»

«Ingenieursschule, dann kam der Krieg», gab der junge Offizier Auskunft. Eine kurzangebundene Antwort, mit der er allerdings keineswegs Herablassung oder Ungeduld zu bekunden schien. Immer noch stand er einfach so da, während sein Blick über die Kirche, die Schule und das Gasthaus schweifte.

«Ich versteh schon», meinte Emile Gerber. «Und dann noch das da alles ...» Dabei wies er auf die Auszeichnungen an der Uniform.

Doch der andere legte ihm die Hand auf die Schulter und erklärte ernst: «Ja, aber die Regel lautet, daß man darüber nicht mehr spricht. Nie wieder.»

«Ach so. Na ja. Also dann, viel Glück!»

«Ihnen auch.»

Sie gaben sich die Hand. Dann schlug Edouard Kempf de La Tour, auf seinen Stock gestützt, den Weg zum Schloß ein.

«Alexandra, Kleines, du wirst uns doch jetzt nicht verlassen wollen? Wo uns doch Edouard seine Ankunft angekündigt hat!»

Gräfin Mathilde, die sich seit einigen Tagen recht matt fühlte, hatte Albert Laugels Rat befolgt und hütete nun das Bett. Sie hatte Schwindelanfälle und unregelmäßigen Blutdruck. Der Arzt befürchtete einen Schlaganfall. An diesem Morgen hatte Alexandra zaghaft an die Tür angeklopft, um anzukündigen, daß sie nach Straßburg zurückkehren wollte. Sie hatte sich zu Mathilde ans Bett gesetzt, die blaß und schmal in ihren Kissen lag.

«Meine Eltern erwarten mich», sagte sie. «Ich muß zu ihnen. Ich wollte Ihnen nur noch einmal für alles danken.»

Mathilde lächelte und erwiderte: «Lenk nicht vom Thema ab. Sag mir lieber, weshalb du so auf und davon willst. Deine Eltern werden auch noch ein oder zwei Tage länger auf dich warten können, nicht?»

Alexandra wich ihrem Blick aus.

«Ist es wegen dem, was zwischen dir und Karl passiert ist?» setzte Mathilde behutsam hinzu.

Alexandra schrak zusammen und errötete. «Wie... Sie wissen?»

Mathilde ergriff ihre Hand. «In meinem Alter, meine Liebe, braucht man nicht erst zu wissen. Man errät es. Hast du ihn geliebt?»

«Ich weiß es nicht mehr.»

«Nun, Alexandra, aber ich weiß es. Du hast sie alle beide geliebt, schon seit jeher. Das Leben hat die Wahl für dich getroffen.»

Alexandra mußte an Karls Antwort an jenem Sonntag denken, als sie einander geliebt hatten.

«Nein, nicht das Leben», sagte sie. «Der Tod.»

«Aber das ist doch dasselbe!»

«Nein. Ich muß fort. Sonst müßte ich sie alle beide betrügen.»

Da richtete sich Mathilde mühsam auf und drückte fest Alexandras Hand. «Ich bitte dich, mein Kind», sagte sie sanft, «ich flehe dich an, lauf nicht vor dem Glück davon. Mach es nicht so wie ich.»

In diesem Augenblick sah Alexandra wieder die Fotografien der jungen Mathilde, die sie in den Alben gesehen hatte, vor sich: die Braut von 1870, blutjung, glückstrahlend und lebensfroh, mit ihrem Diadem, den Löckchen in der Stirn und dem bezaubernden Lächeln.

Und plötzlich hatte sie das nahezu körperliche Gefühl, daß sie es war, die sie hier ansah und die durch die brüchige Stimme der Gräfin Mathilde zu ihr sprach.

Edouard hatte die große schmiedeeiserne Pforte erreicht. Er blieb eine Weile stehen und betrachtete die Schloßfassade und das Laubwerk der Bäume. Anstatt direkt auf den Eingang zuzugehen, lenkte er seine Schritte in den Park und stand plötzlich vor dem Tennisplatz.

«Spiel für Edouard ... Vier beide. Aufschlag Karl!»

Er hatte seine Tasche fallen lassen. Den Stock in der Hand stand er unbeweglich da. Sein abwesender Blick ging den Erinnerungen nach. Karl. Alex. Der Krieg. Er sah Karl wieder vor sich, wie er strauchelte und zu Boden fiel und das junge Müdchen zu ihm stürzte. Er entsann sich der Eifersucht, die er damals empfunden hatte. Seit Monaten, seitdem er vom Tod seines Bruder erfahren hatte, hatten diese Bilder ihn in seinen Alpträumen heimgesucht, ihn, den Überlebenden, auf seinem Lazarettbett.

Alexandra war nach der Unterredung mit Mathilde in ihr Zimmer zurückgekehrt. Immer noch zur Abreise entschlossen, räumte sie ihre Sachen zusammen. Dabei geschah es, daß sie ihn, als sie zufällig am Fenster vorbeikam, unten erblickte. Abrupt blieb sie stehen. Dann durchquerte sie mit klopfendem Herzen das Zimmer und ging hinaus.

Als sie vor das Schloß trat, hatte er sich immer noch nicht gerührt. Nach wie vor in die Betrachtung des Tennisplatzes versunken, wandte er ihr den Rücken zu. Mit raschen, leichten Schritten eilte sie zu ihm hin und berührte seine Schulter. Da drehte er sich um.

Lange sahen sie einander an. Dann plötzlich machte sie eine Kehrtwendung und rannte davon, wieder zurück ins Haus.

Er nahm seine Tasche auf, ging zum Schloß hinüber und trat ein. Dabei zwang ihn sein steifes Bein, auf jeder Stufe haltzumachen.

Als er nach vergeblichem Klopfen die Tür zu ihrem Zimmer öffnete, hatte er gerade noch Gelegenheit, Alexandra auf dem Bauch quer über ihrem Bett liegen zu sehen. Doch schon richtete sie sich auf, mit tränenüberströmtem Gesicht.

Hinkend ging er durch den Raum auf sie zu, dann hielt er ihr seinen Stock hin.

«Ist es das, was dich so in die Flucht geschlagen hat?» fragte er.

«Nein, Edouard, nein, das ist es nicht ... Aber laß mich bitte. Geh!»

Er rührte sich nicht vom Fleck. «Weshalb fliehst du dann vor mir? Willst du mir das nicht sagen?»

Gequält wandte sie stumm den Kopf ab.

«Oder aber», fuhr er fort, «du kannst es mir nicht sagen ... Er war es, den du geliebt hast.»

Sie schüttelte den Kopf. «Nein, Edouard. Ich muß mit dir reden, aber jetzt ... jetzt kann ich einfach nicht.»

«In diesem Fall sag mir lieber nichts», murmelte er. «Aber ich will dir etwas sagen.» Er mußte einmal schlucken und begann dann mit bebender Stimme: «Alexandra, seit vier Jahren habe ich nur an dich gedacht. Vier Jahre lang habe ich mir diesen Augenblick ausgemalt und ersehnt, in dem ich dich wiederfinden und dir sagen würde, daß ich dich liebe, und in dem ich dich fragen würde: ‹Willst du meine Frau werden?› So, nun ist es heraus.»

Stumm saß sie mit gesenktem Kopf auf ihrer Bettkante. Da machte er, ohne eine Antwort abzuwarten, kehrt und ging, die Tür hinter sich zuziehend, hinaus.

Louis betrachtete seinen Sohn, und er zitterte bei dem Gedanken, ihn womöglich nicht mehr verstehen und mit ihm reden zu können, wie es schon mit Karl der Fall gewesen war. Nach den Gefühlsausbrüchen, die seine Heimkehr rundum bewirkt hatte, und dem Mittagessen, dem Mathilde ungeachtet ihres Gesundheitszustandes hatte beiwohnen wollen, hatte er ihn unter dem Vorwand, man wolle eine Zigarette rauchen, in die Bibliothek entführt.

Er hatte nicht mehr den eleganten und selbstsicheren jungen Mann von 1914 vor sich, der immer einen lockeren Spruch auf der Zunge hatte. Vor ihm stand ein nachdenklicher, verwundeter Frontsoldat, der mehrere Monate Lazarett hinter sich hatte. Und die Worte, vor denen er sich gefürchtet hatte, die bekam er nun zu hören.

«Alles ist hin. Verpfuscht! Wie soll ich mit der Vorstellung leben können, daß Karl mir womöglich in der Champagne gegenüberstand?»

Doch auch Edouard beobachtete seinen Vater prüfend. Er fand, er sei gealtert. Seine Haare waren grau geworden, der Rücken stärker gebeugt. Eine unendlich große Zärtlichkeit, die er nie zuzugeben gewagt hätte, überkam ihn, als er diesen Mann so betrachtete. Er ahnte, wie weh er ihm tat, wenn er solche Dinge sagte.

«Aber, Edouard. Der Krieg ist vorbei. Man muß das Vergangene hinter sich lassen können und wieder lernen zu leben. Ich weiß, was du jetzt antworten wirst. Das sagt sich leicht, nicht wahr? Aber was bleibt uns sonst anderes übrig?»

Edouard ahnte, wie sehr die Männer jener Generation, der auch sein Vater angehörte, von Gewissensbissen gequält wurden, weil sie ihre Söhne dieser Metzelei ausgesetzt und ihnen kein anderes Schicksal als dieses zu bescheren gewußt hatten. Doch was konnte er dagegen tun?

«Ich bin ein Versehrter, Papa. Körperlich wie auch seelisch. Wenn du nur wüßtest, wie sehr man sich selbst verabscheuen und sich mitunter von allem angewidert fühlen kann, nur wegen... dem da.» Dabei wies er auf sein Bein.

«Und für uns, für mich», erwiderte Louis heftig, «ja meinst du denn, das sei einfach? Ich weiß, ich war nicht im Krieg, scheinbar war ich zu alt dafür. Aber seit dreißig Jahren habe ich für dieses Land gekämpft. Den Deutschen war ich zu französisch, und den Franzosen war ich zu deutsch. Ich wurde verurteilt von denen, die ich liebte, und mußte ein freundliches Gesicht machen für diejenigen, die ich nicht liebte. Ich habe versucht, meinen Teil dazu beizutragen, daß das Elsaß in Wohlstand und Frieden leben kann. Von allen Seiten her wurden wir verraten und verkauft. Wir haben deinen Bruder verloren. Ich brauche dich jetzt. Ich habe nur noch dich.»

«Mich brauchen?»

«Ja. Deine Mutter und ich, wir haben beschlossen, uns in der Schweiz niederzulassen.»

Beunruhigt sah ihn Edouard an.

«Ihr wollt Alsheim verlassen?» fragte er.

«Natürlich wird es schmerzlich. Aber ich kann es nicht mehr ertragen, zusehen zu müssen, wie deine Mutter bei jeder Gelegenheit gedemütigt wird. Die Aussonderungskommission, der Tratsch der Leute und die Bemerkungen, die uns zu Ohren kommen oder mir zugetragen werden... Mit Müh und Not, und das haben wir hauptsächlich deiner Großmutter zu verdanken, weil bis ins Ministerium hinauf Vorstöße unternommen wurden, hat man sich bereit erklärt, deine Mutter hier zu dulden. Man drückt in gewisser Weise die Augen zu! Als hätten wir uns etwas zuschulden kommen lassen. Nein, ich ziehe es vor zu gehen.»

«Aber ihr werdet doch nicht vor irgendwelchen engstirnigen Beamten kapitulieren wollen ...»

«Ja, ich weiß, was du sagen willst. Aber ich bin zu alt, um mich noch herumzuschlagen. Enttäuscht und müde bin ich. Ich habe getan, was ich konnte. Bei dir ist das etwas anderes. Du bist ein Kriegsheld. Kein Mensch wird wagen, dir die Fabrik zu konfiszieren.»

«Aber ...»

«Ja, Edouard. Ich war beim Notar, und wir haben die Schenkungsmöglichkeiten studiert. Das ließe sich jetzt alles ziemlich schnell regeln, natürlich nur, wenn du einverstanden bist. Aber ... Du wirst es doch tun, oder? Wenn wir erst einmal von hier fort sind, wird sich deine Mutter leichter von Karls Tod und dem Abschied von ihrem Vater erholen können. Zumindest darf man wohl darauf hoffen.»

Edouard fiel aus allen Wolken. «Na ja, aber ... Das hatte ich eigentlich nicht geplant.» In diesem Augenblick befiel ihn ein schreckliches Bewußtsein: Sein Vater war schlicht und ergreifend dabei, ihm zu sagen, daß er gar keine andere Wahl hatte. Der Krieg hatte ihn mit fünfundzwanzig Jahren zum Kriegsversehrten gemacht, ihm vier Jahre seines Lebens gestohlen. Und sein Vater verlangte ihm nun den Rest ab. «Aber das hieße ja, daß ich ganz allein hier zurückbleibe.»

«Du wirst heiraten.»

Als Edouard eben eine Antwort darauf geben wollte, klopfte jemand heftig an die Tür.

«Herein!»

Es war eine Bedienstete. «Monsieur! Kommen Sie schnell», sagte sie. «Der Frau Gräfin geht es schlecht. Man muß Doktor Laugel benachrichtigen.»

Es war genau das eingetreten, was Albert befürchtet hatte: Mathilde hatte einen Schlaganfall bekommen.

Der Anfall war rasch wieder vorbei gewesen. Noch am selben

Abend konnte man davon ausgehen, daß die Kranke außer Gefahr war. Doch Albert Laugel verschwieg Louis nicht, daß jederzeit eine neue Attacke eintreten konnte.

«Ich fürchte, die Trauer und all die Enttäuschungen der vergangenen Monate haben ihre Widerstandsfähigkeit sehr geschwächt», erklärte er. «Was ich vor allem spüre, ist, daß sie keine Lust mehr zum Leben hat. Sie hat mir bereits mehrfach gesagt, ihre Zeit sei abgelaufen. Wenn ein Patient das auf eine bestimmte Weise immer wieder erwähnt, ist das ernst zu nehmen. Es kommt zuweilen vor, daß jemand einfach beschließt, nicht mehr weiterleben zu wollen.»

Im Laufe des nächsten Tages kam er zweimal vorbei. Frederike beobachtete, daß Edouard und er, obwohl sie einander wenig kannten, sich duzten. Zwischen ihnen herrschte instinktiv ein Gefühl der Kameradschaft, das vom Krieg herrührte. Frederike machte Albert den Vorschlag, Katel zum gemeinsamen Abendessen aufs Schloß zu holen.

Diese Einladung hatte einen besonderen Grund. Sie war eine diskrete Art, Edouard und Alexandra als Paar einander näherzubringen und zwischen ihnen wie auch um sie her Verbindungen zu knüpfen.

Wegen Mathildes Gesundheitszustand hatte Alexandra ihre Abreise verschoben. Edouard und sie vermieden es, allein miteinander zu sein. Doch am zweiten Tag nach ihrem Anfall bat Mathilde sie alle beide zu sich.

Sie stiegen zu ihrem Zimmer hinauf und näherten sich ihr zu beiden Seiten des Bettes. Dabei vermieden sie es, einander anzusehen. Mathilde war abgemagert, fast ein Schatten ihrer selbst. Sie hatte violette Ringe unter den Augen. Seit dem Anfall sah sie schlecht, und ein Arm war so gut wie gelähmt.

«Versucht nur nicht, mir weismachen zu wollen, daß ich gut aussähe und daß es mir bald besser ginge», sagte sie ganz gelassen zu ihnen. «Ich weiß sehr wohl, daß ich nicht mehr viel Zeit habe. Louis und Frederike werden ohne mich in die Schweiz gehen können. Offen gesagt hatte ich gar keine Lust dazu. Ihr kennt mich ja», setzte sie mit einem verschmitzten Augenzwinkern hinzu. «Für Neutralität bin ich nicht geschaffen ...»

Sie konnten sich ein Lächeln nicht verkneifen.

«Edouard», begann sie wieder, «du sollst deiner Mutter noch einmal sagen, was ich ihr bereits gesagt habe: Ich hätte so gern, daß sie mir verzeiht. Ich war ungerecht ihr gegenüber. Sie soll dafür nicht böse sein. Ich war so unglücklich.»

«Sie hat Ihnen schon längst vergeben», antwortete der junge Mann.

«So, und jetzt habe ich euch beiden etwas zu sagen. Rückt nur ein wenig näher.»

Sie gehorchten. Mathilde nahm Edouards Hand. Ihr anderer Arm ließ sich kaum bewegen, und so legte Alexandra ebenfalls ihre Hand in die ihre. Mathilde sprach langsam und ohne zu stocken, wie jemand, der sich alles reiflich überlegt hat.

«Ich denke, daß ich euch gut kenne, alle beide. Und ich habe euch zu sagen, daß ihr nun endlich aufhören müßt, euch zu quälen. Ihr wißt schon, wovon ich rede. Ich möchte, daß ihr mir versprecht zu heiraten.»

Für den Bruchteil einer Sekunde begegneten sich ihre Blicke. Beide spürten gleichermaßen den Schlag, den es ihnen dabei versetzte, und wandten den Kopf ab.

«Was für ein hübsches Mädchen du bist, Alexandra», flüsterte Mathilde. «Und du, mein kleiner Edouard, du ähnelst deinem Großvater. Seht ihr, ich bin mein Leben lang allein geblieben, weil ich ihn nicht vergessen wollte und weil ich meinen kleinen Louis hatte ... Habe ich recht gehandelt? Ich weiß es nicht. Was geschehen ist, ist geschehen. Aber bei euch beiden ist das anders. Ihr lebt, ihr habt ein Recht darauf, glücklich zu sein. Na kommt schon ... Gebt mir euer Versprechen.»

Wieder sahen sie einander zaghaft an. Diesmal aber wandte Edouard die Augen nicht ab. Und obwohl er nichts sagte, verstand Alexandra sofort. Sein Blick sagte ihr, daß er bereit war, gemeinsam mit ihr die Tränen, Dramen und Schmerzlichkeiten der Erinnerung zu überwinden.

Noch einmal überkam sie das Gefühl, daß es eine andere Mathilde war, die da zu ihr sprach: die junge Mathilde, so lebhaft, fröhlich, verliebt und lebenshungrig, wie sie mit achtzehn gewesen war. Sie war hier, um sie herum, in diesem Krankenzimmer. Und Alexandra mußte zugeben, daß sie recht hatte.

«Ich verspreche es Ihnen», flüsterte sie.

«Und ich verspreche es Ihnen auch», sagte Edouard.

«Das ist gut», sagte Mathilde ruhig. «Danke. Und nun gebt bitte Bescheid, daß man einen Priester holen soll.»

Dritter Teil

1927

Katel Laugel stand vor dem Schaufenster von *Modische Neuheiten & Galanterieartikel* und wandte den Kopf erst nach links, dann nach rechts, um sicherzugehen, daß der Zufall ihr auf dem Bürgersteig dieser Straßburger Straße nicht irgendeinen Bekannten über den Weg führte. Nachdem sie sich vergewissert hatte, warf sie noch einen Blick auf die Auslage und entschloß sich dann, den Laden zu betreten.

Eine Viertelstunde später kam sie mit einem verschnürten, rechteckigen Karton in der Hand wieder heraus. Noch einmal blickte sie sich aufmerksam um und ging dann eilig durch die Geschäftsstraße davon, die wegen des bevorstehenden Weihnachtsfestes überall mit elektrischen Lichtergirlanden und Tannenbäumen geschmückt war.

Fünfzig Meter weiter blieb sie vor einem anderen Schaufenster stehen, wo sie sich in einigen hohen Spiegeln betrachten konnte. Sie öffnete ein wenig ihren Pelzmantel. Das kurze Kleid, die schwarzen Strümpfe und der kleine Glockenhut auf ihrem Bubikopf betonten ihre hochgewachsene, schlanke Gestalt. Ihr Make-up schien ihr gerade richtig dosiert: diskret genug, um nicht vulgär zu wirken, und betont genug, um den gewünschten Effekt zu erzielen.

«Nicht schlecht», sagte sie zu sich selbst und ging weiter. Der Haarschnitt, nach dem sie an diesem Morgen bei ihrem Friseur verlangt hatte, verursachte ihr allerdings doch ein etwas mulmiges Gefühl. Er galt als Markenzeichen der emanzipiertesten jungen

Frauen in Paris. In Alsheim würde sie nun als erste eine solche Kühnheit an den Tag legen. Und Albert würde ganz bestimmt nicht begeistert sein. Es war nicht gut, wenn die Frau des Abgeordneten und Bürgermeisters wie ein «liederliches Frauenzimmer» herumlief, wie die Leute mit Sicherheit sagen würden.

Trotzig begehrte sie innerlich auf: «Ach was, ich pfeif drauf! Ich werde mir doch deswegen nicht den Nachmittag verderben lassen.»

Nach etwa zehn Minuten langte sie vor einem schönen, modernen Haus an, dessen Eingangstür mit geometrischen Kunstschmiedeornamenten verziert war. Sie trat in ein Entree mit Marmorböden und Spiegelwänden. Während der Aufzug sacht zu steigen begann, wühlte sie in ihrer Handtasche, aus der sie einen Schlüssel hervorzog. Wenig später betrat sie eine hübsche Wohnung, die nach dem neuesten Geschmack eingerichtet war. Bei einem Grammophon neben dem breiten grünen Ledersofa lagen ein paar aus der Hülle gezogene Walzen herum. Drei afrikanische Masken schmückten eine weiße Trennwand. Schwere roséfarbene Vorhänge mit Rokokofaltenwurf bildeten einen Kontrast zu der übrigen modernen Einrichtung und sorgten für angenehmes Halbdunkel.

Leise vor sich hinpfeifend, warf sie ihren Mantel auf einen Sessel und schleuderte die hochhackigen Schuhe von den Füßen, dann ging sie ins Bad.

Als sie wieder herauskam, trug sie ihre neuesten Errungenschaften: Seidenstrümpfe, schwarze Spitzendessous unter einem Satinmorgenmantel mit orientalischen Motiven. Sie setzte sich auf das Sofa und zündete sich an einer vergoldeten Zigarettenspitze eine Zigarette an. Dann hob sie den Telefonhörer ab und verlangte die Nummer 27 in Alsheim.

Während sie auf das Gespräch wartete, betrachtete sie sich in dem ihr gegenüberliegenden Spiegel. Sie fand sich hübsch, ein ganz klein wenig verrucht. Ihr Herz schlug etwas schneller bei dem Gedanken, daß sie sich heimlich in dieser Männerwohnung aufhielt.

Endlich hörte sie, wie am anderen Ende der Leitung jemand abhob.

«Hallo? Bertel? Ja, ich bin es ... Ja, ich bin noch in Straßburg. Sagen Sie dem Doktor, daß er nicht auf mich warten soll, ich komme heute abend spät nach Hause... Ja, genau, geben Sie Odile ihr Abendessen und bringen Sie sie zu Bett... Noch etwas? Schön. Danke, Bertel.»

Sie atmete tief durch. Diese lästige Pflicht war also erledigt. Es schien ihr, als hätte sie aus jeder Silbe, die die Haushälterin gesprochen hatte, einen Vorwurf herausgehört.

Sie hatte gerade zwei Minuten zuvor eingehängt, als sie die Wohnungstür aufgehen hörte. Schnell warf sie noch einen letzten Blick in Richtung Spiegel und schlug die Beine so übereinander, daß der Strumpfhalter gut zur Geltung kam.

Ein Mann Anfang Dreißig, elegant gekleidet und mit pomadisiertem Haar, erschien in der Doppeltür, die die Diele vom Wohnraum abtrennte.

«Thierry... Ich hatte schon Angst, daß dein gräßlicher Präfekt dich nicht gehen läßt!»

«Es traf sich gut. Madame Dumont hatte einen Wohltätigkeitsbasar. Er mußte wohl oder übel teilnehmen.»

Er setzte sich zu ihr und küßte sie. Kokett entwand sie sich seinen Armen, stand auf und drehte vor ihm eine Pirouette.

«Na, wie findest du mich?»

«Zauberhaft. Aber hast du dir ja die Haare schneiden lassen?»

«Ah! Du hast es also doch noch gemerkt. Gefällt es dir?»

«Sehr.»

«Und das?»

Sie stand vor ihm und schob ihren rechten Fuß leicht nach vorne. Der Satinmorgenrock glitt auseinander und enthüllte den seidenbestrumpften Schenkel.

«Hm, das... das finde ich toll», murmelte er. «Komm her. Wir haben den ganzen Nachmittag für uns.»

Er faßte sie am Handgelenk, das er mit seinen Lippen berührte, erhob sich gleichzeitig und zog sie ins Schlafzimmer hinüber.

«Louis-Charles, Pauline... geht doch ein bißchen raus zum Spielen. Helena!»

Ein Kindermädchen in blauer Dienstkleidung mit weißer Schürze und Haube erschien in der Tür zu Alexandras und Edouards Schlafzimmer. Auf dem Teppich spielten laut und lärmend die siebenjährige Pauline und der vierjährige Louis-Charles.

«Helena, nehmen Sie doch bitte die Kinder zum Frühstück mit.»

Alexandra Reinhardt-Bussière, die nun seit acht Jahren Alexandra Kempf de La Tour hieß, saß im Morgenrock vor ihrem Frisiertisch und kämmte sich sorgfältig das schwarze Haar. Edouard hinter ihr war eben im Begriff, seine Krawatte zu binden.

Unter gegenseitigem Gekitzel folgten Pauline und Louis-Charles ihrem Kindermädchen hinaus. Ihr Gekicher verklang im Treppenhaus.

«Was machst du heute vormittag, Edouard?» fragte die junge Frau.

«Albert Laugel hat mich gebeten, im Rathaus vorbeizuschauen. Danach fahre ich nach Pechelbronn. Die Bank deines Vaters hat sich bereit erklärt, eine weitere Ölbohrung zu finanzieren. Ein neues Texas ist es wohl nicht gerade, aber vermutlich auch nicht ganz unbedeutend.»

Alexandra und Edouard hatten ihr Versprechen Mathilde gegenüber gehalten und im Sommer 1919, vier Monate nach dem Tod der Gräfin, geheiratet.

Bei deren Begräbnis hatte man erst so richtig ermessen können, welch große Beliebtheit und Sympathie sie sich allseits erworben hatte. Mehr als tausend Menschen aus der gesamten Region waren durch die Straßen auf den Friedhof von Alsheim geströmt. Darunter auch Vertreter von Militär, Kirche, Schulwesen und Politik. Hunderte von Briefen waren im Schloß eingetroffen, die alle von der Dankbarkeit der Familien zeugten, denen sie nach 1870 geholfen hatte, von der Hoffnung, die ihr Patriotismus aufrechterhalten hatte, und von der Hochachtung, die ihr Mut und ihre Beharrlichkeit ihr sogar unter ihren einstigen Gegnern eingebracht hatten.

Diese einhellige Ehrung, verbunden mit Louis Kempf de La Tours Entscheidung, die Geschäfte an seinen Sohn weiterzugeben, setzte den Plänen, das Werk zu konfiszieren, ein jähes Ende. Ohnehin hatten sich viele Stimmen gegen eine solche Maßnahme erhoben. In Paris hatte das Akademiemitglied Maurice Barrès, der seinen Besuch von 1894 bei Gräfin Mathilde nicht vergessen hatte, persönlich an den Ministerpräsidenten geschrieben. Der Präfekt Dumont stattete auf Schloß Alsheim einen diskreten Besuch ab, in dessen Verlauf er Louis und seinem Sohn gegenüber Formulierungen wählte, die sich sehr nach einer inoffiziellen Entschuldigung anhörten.

Trotzdem hatten Louis und Frederike an ihrem Entschluß festgehalten, die Vergangenheit hinter sich zu lassen. Gegen Ende des Sommers ließen sie sich in Basel nieder, wo sie ein Haus erworben hatten.

Beherzt nahmen Alexandra und Edouard diese neue Existenz in Angriff. Mathilde hatte sich nicht getäuscht, als sie alles daran setzte, die beiden zu einem gemeinsamen Leben zu bewegen. Das Einverständnis zwischen ihnen war tief, ehrlich und um so inniger, als sie sich geschworen hatten, Karls Tod zu überwinden. Sie waren nicht nur ineinander verliebt, sie waren miteinander verbündet.

«Ich mache mir Sorgen um Katel», sagte Alexandra, während sie von ihrem Frisiertisch aufstand, um sich in der Kleiderkammer ein Kleid auszusuchen. «Sie rief mich gestern abend aus Straßburg an. Ich fürchte sehr, daß sie irgendwelche Dummheiten macht.»

«Wenn es nur das ist», antwortete Edouard lachend, «da gibt es nichts mehr zu befürchten. Die Dummheiten sind längst gemacht. Ich habe mir immer schon gedacht, daß Albert und sie nicht füreinander geschaffen sind. Deine Freundin denkt mit ihren Dessous.»

«Werde bitte nicht vulgär.»

«Na dann sagen wir eben, sie hat den Teufel im Leib.»

«Sie steuert direkt auf eine Katastrophe zu. Sie setzt ihre Ehe aufs Spiel wegen dieser Liaison mit einem Kerl, der sich offensichtlich überhaupt nicht darum schert, und sie will nichts davon hören.»

«Was willst du machen? Wenn sie erst einmal in der Patsche sitzt, wird sie schon begreifen.»

«Trotzdem, sie ist immerhin meine beste Freundin. Und ich bin die Patentante ihrer Tochter.»

Edouard hatte aufgehört zu lachen und sagte: «Albert ist auch unser Freund. Und wenn ich ehrlich bin – sei mir nicht böse –, mache ich mir in diesem Fall mehr Sorgen um ihn als um sie.»

Zur selben Zeit schickte sich in seinem Haus in Alsheim auch der Bürgermeister und Abgeordnete Dr. Albert Laugel an, seinen Arbeitstag anzugehen.

Während er seine Jacke zuknöpfte, trat er ins Schlafzimmer, wo Katel noch schlaftrunken im Bett lag.

«So, ich gehe», sagte er. «Zum Mittagessen bin ich nicht da. Ich habe eine Versammlung im Rathaus und dann noch einige Hausbesuche.»

Sie antwortete nicht.

Mißbilligend sah er sie an und meinte: «Du hättest mich wenigstens fragen können, bevor du dir eine solche Frisur hast machen lassen. Du siehst aus wie ... ach, ich weiß nicht was.»

«Wie ein Flittchen. Das ist es doch, was du denkst, oder? Mein guter Albert, wie gräßlich altmodisch du manchmal bist. Wach auf! Wir haben das Jahr 1927!»

«Ja, aber wir leben schließlich in Alsheim. Hast du daran gedacht, was meine Patienten dazu sagen werden? Und meine Wähler?»

«Na fein! Da haben wir es mal wieder», stöhnte sie. «Deine Wähler, deine Patienten. Und ich, denkst du auch manchmal an mich?»

«Daß dir meine Aufgaben egal sind, ist traurig genug, aber du könntest wenigstens vermeiden, mir das Leben schwerzumachen, indem du den Leuten Grund zum Tratschen gibst.»

Sie sah zum Fenster hinaus.

Albert zögerte, bevor er mit düsterer Stimme fortfuhr: «Schließlich frage ich dich ja nicht einmal, was du drei Tage die Woche in Straßburg treibst, anstatt dich um deine Tochter zu kümmern.»

Wie angestochen fuhr die junge Frau hoch. «Was ich in Straßburg treibe? Na dann frag mich doch! Ich werde es dir sagen.» Trotzig bot sie ihm die Stirn.

Er schlug die Augen nieder. «Es ist jetzt nicht der rechte Augenblick, mir eine Szene zu machen», sagte er.

«So, ich bin es also, die hier eine Szene macht ...»

Doch er verließ bereits das Zimmer. Die Tür schlug er hinter sich zu. Er ging die Treppe hinunter, griff nach Aktentasche, Mantel und Hut im Vorraum und trat auf die Außentreppe hinaus.

Vor fünf Jahren hatte er dieses Haus, das eines der schönsten

Bürgerhäuser der ganzen Gegend war, gekauft. Binnen weniger Jahre hatte er eine recht steile Karriere als Arzt und Politiker gemacht. Jedermann in Alsheim erinnerte sich an seinen Vater Yerri Laugel, den ehemaligen Schullehrer und späteren Gastwirt, der 1922 verstorben war. Jedermann erinnerte sich auch an seine Entscheidung, 1914 aus dem deutschen Heer zu desertieren. Als die Stunde der Rückkehr Frankreichs schlug, waren diese Erinnerungen dann entsprechend in die Waagschale gefallen. Albert Laugel wurde zum Inbegriff des französischen Elsaß.

Mit dem schüchternen Studenten, der Katel in den Zeiten, als sie noch im Gasthaus *Zum Hirschen* bediente, umarmte, ohne sein Glück fassen zu können, hatte er kaum noch Ähnlichkeit. Aus dem Krieg war er reifer und ernster zurückgekehrt. Seine füllige Statur und seine ruhige, zurückhaltende Art zu reden wirkten etwas bärenhaft, aber vertrauenerweckend.

Verdrossen ging er durch den Garten auf die Straße hinaus. Ja, er hatte Erfolg. Er war «jemand» geworden in Alsheim. Trotzdem, all das war nichts mehr wert, wenn Katel ihn betrog. Er hatte es seit Wochen schon geahnt. Doch erst seit gestern war er sich sicher.

Dabei liebte er sie doch. Oder hatte sie zumindest geliebt. Er wußte es nicht mehr. Alles, was er im Augenblick begriff, war, daß sie nicht die Frau war, wie er sie brauchte. Sein Leben bestand aus seiner Arbeit als Arzt, der Verwaltung von Alsheim und Politik. Als Mann von Ordnung, Tatkraft und Vernunft und als überzeugter, frommer Christ hätte er an seiner Seite eine hingebungsvolle und liebende Hausfrau gebraucht, die mit beiden Beinen auf dem Boden stand und das Los einer Honoratiorenfrau in einer Kleinstadt akzeptierte.

Aber es war Katel, in die er sich verliebt hatte und deretwegen er jetzt litt. Nein, er hatte nicht die richtige Wahl getroffen mit seiner Frau. Doch sucht man sich denjenigen wirklich aus, den man liebt? Und weshalb hatte sie ihn überhaupt geheiratet? Weil sie nichts hatte, weil sie im Gasthof arbeitete und er eine Medizinerlaufbahn vor sich hatte? In diesem Fall hätte sie ihn also seit jeher belogen. Dann wäre ja alles Lüge gewesen, all die Blicke, Küsse und verliebten Worte. Er hätte heulen können.

Vor dem Rathaus traf er Eberles Nachfolger Pfarrer Wolf im

Gespräch mit dem jungen René Imhof an, dem Sohn des 1917 bei Verdun gefallenen Paul Imhof. René Imhof war inzwischen fünfundzwanzig Jahre alt.

Laugel schüttelte ihnen die Hand, und gemeinsam gingen sie in den Rathaussaal hinauf, wo die Mariannenbüste nun unter dem Bild von Präsident Doumergue thronte.

Wenig später stießen Edouard Kempf de La Tour und gleich darauf Fonse Roederer zu ihnen. Die beiden grüßten sich, ohne einander anzusehen. Roederer war inzwischen Mitglied der Kommunistischen Partei Frankreichs geworden, die 1920 auf dem Kongreß von Tours gegründet worden war. Departementssekretär war Max Seligmann.

Nachdem er sie alle begrüßt und aufgefordert hatte, Platz zu nehmen, ergriff Albert Laugel das Wort: «Zunächst einmal danke ich Ihnen, daß Sie so freundlich waren, meiner Einladung zu folgen. Es ist keine alltägliche Sache, Männer um sich zu versammeln, die so unterschiedliche und sogar divergierende Interessen vertreten. Aber es gibt da noch etwas anderes, das uns alle eint: das Elsaß. Und das Gefühl, daß alles wieder genau so anfängt wie zu Zeiten unserer Väter und der deutschen Herrschaft. Man behandelt uns wie eine Kolonie. Uns wird kein Vertrauen entgegengebracht. Man könnte meinen, wir seien eine Region und Bürger zweiter Kategorie! Sie alle kennen mich. Keiner kann an meiner Verbundenheit Frankreich gegenüber zweifeln. Heute allerdings bin ich enttäuscht und verbittert. Ich stelle fest, daß das Elsaß sich verteidigen muß. Wie Sie wissen, haben etliche prominente Persönlichkeiten und gewählte Vertreter die Entscheidung getroffen, sich in einer neuen Bewegung, dem Heimatbund, zusammenzuschließen, der sich als überparteilich definiert.»

Fonse Roederer begann, ganz wie zu erwarten war, hämisch zu feixen: «Überparteilich, daß ich nicht lache. Entweder man steht im einen Lager oder eben im anderen.»

Albert Laugel erwiderte nichts darauf. Er ergriff ein Schriftstück, das er vor sich liegen hatte, und fuhr fort: «Der Heimatbund hat dieses Manifest verfaßt, dessen Unterzeichnung ich Ihnen vorschlagen möchte. Ich darf Ihnen kurz die wichtigsten Punkte vergegenwärtigen. Erstens: Wir lehnen die Gesetze über die Trennung von

Kirche und Staat ab und fordern den Fortbestand des Religionsunterrichts an den Schulen.»

«Ich stimme zu!» erklärte Pfarrer Wolf mit Nachdruck.

Roederer zuckte die Achseln.

«Zweitens», fuhr Laugel fort, «fordern wir, daß Deutsch als unsere Muttersprache in Schule, Verwaltung und Gerichtshöfen erhalten bleibt.»

Hier nun fühlte sich René Imhof aufgerufen, sich zu äußern: «Bravo! Dies ist ein sehr wesentlicher Punkt.»

Als erklärter Gegner der Wiedereingliederung des Elsaß in die Französische Republik ließ der junge Imhof keine Gelegenheit aus, das sprachliche Sektierertum der Lehrer anzuprangern.

«Drittens: Wir wollen die Autonomie des Elsaß innerhalb Frankreichs.»

Jetzt meldete sich Edouard Kempf zu Wort: «In diesem Punkt glaube ich, ehrlich gesagt, daß Sie ein bißchen zu weit gehen», sagte er. «Ohnehin gibt es an Ihrem Heimatbund einiges, was mich stark beunruhigt. Er ist eine zusammengewürfelte Sammlungsbewegung von Leuten, die ansonsten alles trennt. Ich bin mir beispielsweise nicht sicher, ob René Imhof und der Herr Pfarrer in vielen Meinungsfragen auf einen Nenner kämen ... Aber lassen wir das beiseite. Das Wort ‹Autonomie› dagegen im Mund zu führen, ist purer Wahnsinn. In Paris wird das wie eine Bombe einschlagen. Man wird uns als Separatisten beschimpfen. Sie wissen doch, wie die Französische Republik sich definiert: eins und unteilbar. Frankreich ist mindestens ebenso zentralistisch eingestellt, wie es Deutschland war – vielleicht sogar noch stärker.»

Gereizt brauste René Imhof auf: «Dann müssen die Franzosen eben endlich was kapieren! Sonst können wir ebensogut wieder Deutsche werden!»

Edouard sah ihn eine Weile an. Mit seinem rundlichen Gesicht und dem blonden Haar wirkte René Imhof sanft wie ein Lamm, solange er nichts sagte. Machte er aber den Mund auf, entdeckte man, daß er ein gefährlicher Hitzkopf war. Er gehörte zu der Sorte Menschen, die, egal welche Meinung sie vertreten, immer Extremisten sind. Edouard wandte sich Laugel zu und meinte: «Sehen Sie, wo er hinführt, Ihr

Autonomiegedanke? René hat es uns eben gesagt. Wenn man uns verdächtigen kann, wieder Deutschland angehören zu wollen, brauchen wir uns nicht zu beklagen, wenn wir auf Unverständnis stoßen.»

«Ich denke, Edouard hat recht», pflichtete der Pfarrer bei: «*Qui scribit, bis legat*: Was man unterschreiben will, sollte man zweimal lesen.»

Albert hob abwehrend beide Hände. «Gut, gut... Jeder soll frei entscheiden. Wie sieht also Ihre Antwort aus, Edouard?»

«Ich bin dagegen. Ich unterschreibe nicht.»

«Herr Pfarrer?»

«Mit der grundsätzlichen Idee bin ich einverstanden, nicht aber mit der äußeren Form, und zwar aus denselben Gründen wie Edouard. Ich unterzeichne auch nicht.»

«René?»

«Ich unterschreibe – wobei ich betonen möchte, daß ich, was mich betrifft, dieses Programm noch viel zu zurückhaltend finde.»

«Und du, Roederer?»

Der aktive Kommunist nahm Anlauf: «Der Nationalitätentheorie gemäß, wie sie Genosse Stalin formuliert hat –»

«Fonse! Ich bitte dich, nicht bei uns. Heb dir das für deine Versammlungen auf.»

«... sprechen sich die Kommunisten für die Selbstbestimmung des elsässischen Volkes aus. Doch es steht fest, daß der Heimatbund deutschreaktionäre Elemente birgt» – dabei sah er René Imhof an – «und folgerichtig sind wir bereit, die Sache zu unterstützen, nicht aber beizutreten.»

Albert Laugel hatte die Entscheidung eines jeden notiert. «Was mich angeht», sagte er, «so werde ich unterschreiben, in meinem eigenen Namen. Ich danke Ihnen.»

Nachdenklich sah Edouard ihn an. «Paß auf, Albert. Ich kann dich nur warnen. Du spielst mit dem Feuer. Paris wird das niemals zulassen.»

Als Albert Laugel nach Einbruch der Dunkelheit nach Hause kam, erwartete ihn Bertel, die Haushälterin und Köchin, deren Aufgabe es auch war, die Patienten zu empfangen. Nachdem sie vor vier Jahren bei dem Ehepaar in Dienst genommen worden war, hatte diese Junggesellin um die Vierzig nicht lange gebraucht, um ihre Autorität in Haushaltsfragen durchzusetzen, ein Vorrecht, das Katel ihr keineswegs streitig machte. Sie ihrerseits scheute sich nicht, durchblikken zu lassen, wie sie über die Dinge im allgemeinen und speziell über das Benehmen ihrer Dienstherrin dachte.

Sehr bald schon hatte sie sich eine Meinung gebildet: «Madame» war keine seriöse Frau und ganz bestimmt nicht die Richtige für «den Doktor». Katel hatte sich mit dieser geheimen Feindseligkeit abgefunden, zumal Bertel ansonsten jemand war, auf den man sich absolut verlassen konnte.

An der mürrischen Miene, mit der ihn die Haushälterin empfing, erriet Albert gleich, was los war.

«Madame ist nicht da?»

«Noch nicht heimgekommen!» Der Ton, in dem sie das sagte, sprach Bände. «Und Mademoiselle Odile hatte Fieber, als sie aus der Schule kam», fügte sie hinzu. «Ich mußte sie früh ins Bett stecken, die arme Kleine.»

Albert nickte. «Danke, Bertel. Ich werde gleich nach ihr sehen.»

«Einstweilen richte ich Ihnen Ihr Abendessen.»

«Nicht nötig. Ich habe keinen Hunger.»

Noch während er sprach, hatte er sich seines Mantels entledigt. Im Umdrehen überraschte er Bertel dabei, wie sie ihn mit einer Mischung aus Mitleid und Strenge betrachtete, die zu sagen schien: «Na, da haben Sie sich ja was Schönes aufgehalst mit einer solchen Frau.»

«Nun gut, Sie können sich jetzt schlafen legen!» meinte er recht schroff.

«Ich habe meine Küche noch nicht geputzt.»

«Ah ja, schön. Ich jedenfalls gehe nach oben. Gute Nacht.»

Scheinbar ohne den Blick zu bemerken, mit dem sie ihm nachsah, ging er zur Treppe.

Die siebenjährige kleine Odile war eingeschlafen. Albert legte ihr die Hand auf die Stirn. Tatsächlich hatte sie leichtes Fieber. Vermutlich hatte sie sich erkältet. Den ganzen Nachmittag über war es regnerisch und windig gewesen.

Er vergewisserte sich, daß Bertel eine Karaffe Wasser mit einem

Glas bereitgestellt hatte, löschte dann das Licht und verließ das Zimmer.

In voller Bekleidung streckte er sich auf seinem Bett aus, den Blick an die Decke geheftet, und dachte nach.

Bertel hatte nicht unrecht. Es tat einem in der Seele weh, daß die Kleine, krank, wie sie war, keine Mutter bei sich hatte, die sich um sie kümmerte. Vor allem, wenn man wußte, was man von dieser Abwesenheit zu halten hatte. Und leider wußte er nur zu gut, was er davon zu halten hatte.

Gegen elf Uhr hörte er das Geräusch eines Autos, das vor dem Haus anhielt. Eine Wagentür wurde zugeschlagen. Das Auto fuhr wieder an, und das Motorengeräusch erfüllte die ganze Straße.

Albert erhob sich, verließ das Schlafzimmer und ging die Treppe hinunter. Unten zog Katel eben ihren Mantel aus. Sie sah zu ihm auf und wandte dann wortlos den Blick ab. Mit verschränkten Armen baute er sich unten vor der Treppe auf.

«Wo kommst du her?»

«Aus Straßburg.»

«Bringt er dich jetzt schon bis vor meine Haustür?»

«Wer denn bitte?»

Albert trat zwei Schritte auf sie zu und holte tief Luft, bevor er sagte: «Thierry Beaulieu, dreiunddreißig Jahre alt, Generalsekretär an der Präfektur. Du brauchst gar nicht erst lauthals zu protestieren! Stell dir vor, eine gute Seele, anonym natürlich, hat mich umfassend informiert. Sogar Adresse und Telefonnummer habe ich! Alles, kann ich dir versichern!»

Unter der Wucht des Angriffs war sie erstarrt. Er mußte sich zusammennehmen, um nicht zu schreien, als er fortfuhr.

«Nicht nur, daß du mich also betrügst, nein, du mußtest dir auch noch ausgerechnet so einen dafür aussuchen! Einen von diesen Popanzen im Ministerium, die zu allem bereit wären, um mich vor meinen Wählern in Mißkredit zu bringen, nur weil ich für die Freiheit des Elsaß kämpfe!»

«Ach so.» Sie trat ihrerseits auf ihn zu. «Da also liegt der Hund begraben!» fuhr sie fort. «In der Politik! Na schön, ja, ich betrüge dich mit Thierry Beaulieu. Stimmt genau!»

Da knallte die Ohrfeige. Katel schrie auf vor Schmerz und starrte ihren Mann dann sprachlos an.

Selbst erschrocken über seine Gewalttätigkeit stand er wie gelähmt vor ihr. Sie spürte das und ergriff, die aufsteigenden Tränen hinunterschluckend, erneut die Offensive.

«Wunderbar! Bravo! Sehr intelligent, was du da getan hast! Aber das ändert nichts. Ja, ich betrüge dich, Albert, weil ich neunundzwanzig Jahre alt bin und es satt habe, auf dich warten zu müssen, in einem elenden Kaff zu leben, und das mit einem Ehemann, den ich tags nicht zu sehen bekomme und der nachts schläft!»

«Das ist noch lange kein Grund, dich aufzuführen wie eine Nutte!»

«Jetzt wirst du ordinär ... Aber ich weiß schon, was dich stört. Du hast es längst geahnt, nicht wahr? Nur hast du es lieber totgeschwiegen. Nur kein Aufsehen, nur keinen Skandal! Was hätten die Patienten von uns denken sollen? Was dich stört, ist nicht, daß ich dich betrüge, sondern daß man es weiß! Und daß ich es zugebe! O ja, bravo, Albert, du hast was aus dir gemacht. Der Sohn vom Wirt ist ein echter Spießbürger geworden, ein Egoist und ein Heuchler!»

«Raus hier! Ich will dich nie wieder sehen.»

Weiß wie die Wand stand er mit geballten Fäusten da. Sie rührte sich nicht vom Fleck. Da ging er auf sie los.

«Ich sage, du sollst verschwinden, hast du verstanden? Mach, daß du wegkommst!»

Er hatte sie am Arm gepackt und stieß sie zur Tür. Sie leistete Widerstand, indem sie sich an den Möbeln festklammerte.

«Nein!»

«Hau ab, sag ich dir!»

Er war außer sich. Sie schrie vor Angst, denn gegen seine Kraft, die durch die Raserei um ein Vielfaches gesteigert war, kam sie nicht an. Er hielt sie am Arm fest und öffnete ohne Rücksicht auf ihr Geschrei die Tür. Ein eisiger Windstoß schlug ihnen entgegen. Er stieß sie hinaus, riß den Mantel vom Kleiderhaken und schleuderte ihn ihr hinterher.

«Du gemeiner Hund, du!» schluchzte sie.

Krachend warf er die Tür zu und sperrte zweimal ab. Völlig außer Atem lehnte er sich dann gegen die Tür und begann zu weinen.

Alexandra Kempf, die gerade in der Schloßbibliothek saß und las, fuhr erschrocken hoch, als sie an der Fenstertür wiederholtes Klopfen hörte. Beunruhigt stand sie auf, um den Vorhang beiseite zu schieben.

«Katel ...»

Eilends öffnete sie. Vor ihr stand ihre Freundin, schlotternd vor Kälte, in ihrem leichten Stadtmantel und mit vom Regen triefenden Haaren. Sie war völlig in Tränen aufgelöst.

«Aber was ist denn mit dir passiert? Schnell, komm rein. Setz dich nur dicht ans Feuer ...»

Wenig später hockte Katel zusammengekrümmt und in eine Decke gehüllt, die Alexandra ihr geholt hatte, auf einem Sessel und weinte immer noch laut schluchzend, während ihre Freundin bei ihr kniete.

«Es gab einen regelrechten Kampf. Er hat mich geschlagen. Er hat mich eine Nutte genannt.»

Von Weinkrämpfen geschüttelt, zitterte sie am ganzen Leib.

«Aber Katel, beruhige dich doch.»

«Ich kann nicht mehr, Alex. Ich kann nicht mehr.»

«Ist ja schon gut. Aber mal ehrlich, meinst du nicht, daß du etwas über die Stränge geschlagen hast? Alle Welt sprach schon davon. Es war reine Provokation.»

«Und du, hast du dir etwa Zwang angetan, als du mit Karl schlafen wolltest?»

Alexandra schüttelte den Kopf. «Du weißt ja nicht mehr, was du redest. Wenn du in einem normalen Zustand wärst, würde ich dich jetzt mit ein paar Ohrfeigen hinauswerfen.»

Erneut brach Katel in wildes Schluchzen aus und warf sich ihr in die Arme. «Verzeih mir. Ich bin so am Ende, Alex. Im Krieg haben sie uns unsere Jugend gestohlen. Und gleich danach habe ich mich an Küchenherd und Kinderbett ketten lassen, mit einem Mann, der sich nur um seine Kranken und seine Wähler kümmert ... Ich will leben, verdammt noch mal!»

«Aber Katel, deine nachmittäglichen Rendezvous in Straßburg sind doch nicht das Leben.»

Allmählich ließen die Schluchzer nach. Durch die Tränen hindurch lächelte Katel sogar ein wenig.

«Also du, du bist wirklich ein echtes Heimchen am Herd! Ein Luxusheimchen natürlich, mit deinen Hausangestellten, deinem Wagen, deinem Chauffeur.»

«Was willst du? Ich bin glücklich so.»

«Na schön, aber ich ... ich erwarte mir anderes. Mit Albert und mir ist es jedenfalls aus. Das werde ich ihm nie verzeihen. Ich gehe fort von hier. Ich werde woanders leben.»

Sanft tätschelte Alexandra ihr die Schultern und meinte: «Na, darüber reden wir morgen noch einmal in aller Ruhe. Und einstweilen wohnst du erst mal auf dem Schloß bei deiner hausbackenen Freundin. In Ordnung?»

«Alex, ich ... Danke.»

«Wir können da nicht so tatenlos zusehen, Herr Präfekt. Das wächst sich allmählich zur Revolte aus!»

In dem prächtigen, mit Gobelins und Louis-quinze-Möbeln eingerichteten Büro des Präfekten Dumont saßen an diesem nebligen Nachmittag Mitte Dezember zwei Männer dem Vertreter der Französischen Republik gegenüber. Der eine war sein Generalsekretär Thierry Beaulieu. Der andere, Combet, war der Leiter des allgemeinen Nachrichtendienstes. Er war es, der diese energischen Worte eben von sich gegeben hatte.

«Hinter seiner respektablen Fassade», fuhr er nun fort, «ist der Heimatbund nichts anderes als ein Werkzeug in den Händen der germanophilen Separatisten. Sie beziehen übrigens finanzielle Unterstützung aus Deutschland.»

Der Präfekt hob die Augenbrauen. «Aha! Das ist ja interessant. Haben Ihre Leute Beweise dafür?»

«Konkretes Beweismaterial noch nicht, Herr Präfekt. Aber alle Indizien weisen darauf hin. Hier haben Sie die Berichte meiner Agenten.»

Der Präfekt legte die kartonierte Sammelmappe, die ihm der Polizist reichte, neben sich ab. «Und wie steht es mit dem Aufruf zum Schulstreik?» erkundigte er sich.

«Der wird morgen fortgeführt», erklärte Beaulieu.

Der Präfekt seufzte. «Und all das natürlich mit der ermunternden

Unterstützung der Geistlichen. Wenn die dem staatlichen Schulwesen irgendwie schaden können, sind sie zufrieden.»

«Sie machen gemeinsame Sache mit den Kommunisten, Herr Präfekt», fuhr Combet fort. «So etwas kann man, weiß Gott, nur hier erleben!»

«Und hierfür haben Sie auch einen Beweis?»

«Sie können sich wohl denken, daß sie das nicht öffentlich ausrufen. Aber es genügt schon, ihre Zeitungen zu lesen.»

«Leider», erklärte der Präfekt, «habe ich noch nicht meine Übersetzung der heutigen Presse bekommen! Herrgott noch mal, was für ein Land! Wenn es nur an mir läge, würde ich ihnen all diese deutschsprachigen Zeitungen verbieten... Nun denn. Meine Herren, hier nun also meine Instruktionen: Wir müssen größte Entschiedenheit demonstrieren. Setzen Sie die Untersuchungen auf deutscher Seite fort. Wir brauchen Beweise, um handeln zu können. Und was den morgigen Streik betrifft, so ist wohl klar, wie man sich zu verhalten hat: Die Schulen sind um jeden Preis offenzuhalten. Alle Kinder, die überhaupt antreten, müssen wie gewöhnlich hineinkönnen.»

Combet verneigte sich und sagte: «Es ist alles vorbereitet, Herr Präfekt. Außerdem sollten wir uns nicht übermäßig Sorgen machen: Die Elsässer sind disziplinierte Leute. Wenn sie erst ein paar Gendarmen zu Gesicht bekommen haben, kehrt rasch wieder Ordnung ein.»

Schnee fiel auf Alsheim. Im Hof der Schule marschierte der jetzige Dorflehrer, ein dicker, feister Mann, mit Gendarmerieoberleutnant Le Garrec auf und ab.

«Bald zehn Uhr», stellte Le Garrec fest. «Monsieur Bénazet, ich glaube, heute bekommen Sie keine Schüler mehr.»

«Ich fürchte auch», brummte der Lehrer. «Und es überrascht mich nicht im mindesten. Seit einer Woche rührt Pfarrer Wolf schon seine Propagandatrommel.»

«Ist er Mitglied beim Heimatbund?»

«Nein. So dumm ist er nicht. Aber es kommt bei ihm auf dasselbe raus. Und die meisten Eltern der Schüler sind so und so gegen uns. Erst kürzlich sagte mir ein Junge, daß er seine Aufgabe nicht verstanden habe. Ich erwidere ihm: ‹Du hättest doch deine Eltern bitten können, es dir zu erklären!› Der Bub antwortet: ‹Sie können kein Französisch.› Ich daraufhin: ‹Na, dann brauchen sie es nur zu lernen.› Und wissen Sie, was er mir da erwidert? ‹Ja, Monsieur, aber sie sagen, Sie bräuchten nur Elsässisch zu lernen.›»

Le Garrec mußte herzlich lachen, was den Lehrer zu entrüsten schien.

«Sie müssen schon entschuldigen, wenn ich das nicht so amüsant finde», meinte er. «Sind wir nun eigentlich im republikanischen Frankreich, ja oder nein?»

«Ja *und* nein», antwortete Le Garrec.

«Was heißt das, ja *und* nein?»

«Nun ja, wir sind eben im Elsaß. Ich kann die Leute hier schon ein wenig verstehen.»

«Sie können sie *verstehen*?»

«Tja, wissen Sie, ich bin Bretone ...»

«Was halten Sie von diesem Mirabellenschnaps, Herr Pfarrer? Er hat den Jahrgang 1914.»

Pfarrer Wolf schnalzte mit der Zunge. «Ein miserables Jahr ... Außer für den Wein und den Schnaps. Hmm! Ausgezeichnet, Edouard. *Vinum bonum laetificat cor hominis!* Ein guter Wein erfreut des Menschen Herz.»

Man feierte Weihnachten auf Schloß Alsheim. Außer Pfarrer Wolf hatten Alexandra und Edouard auch Albert Laugel und seine Tochter eingeladen, mit ihnen zu feiern. Katel war, nachdem sie einige Tage auf dem Schloß zugebracht hatte, nach Straßburg gefahren und bei Thierry Beaulieu eingezogen.

Während sie in ihren blauen Samtkleidern mit Spitzenjabot auf das Christkind warteten, spielten Louis-Charles und Pauline Kempf de La Tour mit der kleinen Odile und den Kindern der Dienstboten, die ebenfalls zum Fest eingeladen waren.

Und während Edouard mit dem Pfarrer plauderte, hatte sich Alexandra Albert zugesellt. Sie beobachtete Odile.

«Mein kleines Patenkind ist wirklich entzückend», sagte sie. «Albert, ich wollte dir sagen, daß ihre Mutter vorhin aus Straßburg angerufen hat –»

Mit einer kurzen Handbewegung schnitt der Arzt ihr das Wort ab. «Ich will von Katel nichts mehr hören.»

«Aber Albert. Sie hat ihre Schwächen, doch dafür gibt es auch Erklärungen, meinst du nicht? Schließlich wurde sie sehr früh von ihren Eltern getrennt. Und sie mußte arbeiten, um für Anselme zu sorgen. Zeitweise war sie schon recht übel dran.»

Albert zeigte sich unzugänglich und meinte: «Das ist für mich keine Entschuldigung.»

«Schau, jeder kann doch mal einen Fehltritt machen.»

«Es war kein Fehltritt, es war Verrat. Nein, Alexandra, mach dir keine Mühe. Ich will nichts mehr von ihr wissen.»

«Und deine Tochter? Hast du an die gedacht?» fragte Alexandra.

«Odile spricht nie von ihrer Mutter.»

«Das besagt nichts. Um Himmels willen, Albert, bedenke es gut. Odile zuliebe.»

Edouard trat zu ihnen.

«Die Kinder möchten für uns *Stille Nacht* singen. Alex, bist du so lieb und setzt dich ans Klavier? Ach ja, beinahe hätte ich vergessen, dir zu sagen, daß meine Eltern vorhin aus der Schweiz angerufen haben, um uns frohe Weihnachten zu wünschen. Es wäre nett, wenn du sie nachher zurückrufst.»

«Aber natürlich», meinte Alexandra. «Ich wollte sie ohnehin anrufen. Wie geht es deiner Mutter?»

«Leider nicht besser. Papa ist sehr beunruhigt, und zu Silvester werden sie auch nicht herkommen können.»

Der Pfarrer hatte die Kinder bereits beim Klavier in Aufstellung gebracht. Alexandra setzte sich auf den Hocker und schlug die ersten Takte an.

Während sich die Kinderstimmen im Salon erhoben, war das Kindermädchen Helena hereingekommen und an Edouard herangetreten, um ihm etwas ins Ohr zu flüstern. Die Augenbrauen zusammenziehend, forderte er daraufhin Albert Laugel mit einem Wink auf, ihm zu folgen. Die beiden Männer gingen in die Halle hinaus.

An der Tür stand mit verlegener Miene Oberleutnant Le Garrec in Begleitung zweier weiterer Gendarmen. Er hob die Hand an seine Mütze und sagte: «Doktor Laugel?»

«Das bin ich», antwortete Albert aufhorchend.

«Herr Doktor, ich sehe mich gezwungen, Sie zu bitten, uns zu folgen. Hier habe ich einen Haftbefehl.»

Damit reichte er ihm das amtliche Schreiben.

Edouard riß die Augen auf. «Aber Herr Oberleutnant, Dr. Laugel ist Abgeordneter ...»

«Es tut mir leid. Ich führe lediglich meine Befehle aus.»

Fassungslos wandte sich Edouard zu Albert um.

«Das ist wegen des Heimatbundes», seufzte dieser. «Allerdings hätte ich nicht gedacht, daß sie so weit gehen würden.»

Eine ernste Sache, in der Tat. Der jähe Auftritt der Gendarmen hatte zu bedeuten, daß die Französische Republik, argwöhnisch gegen das Elsaß, das noch keine zehn Jahre der Nation wieder angegliedert war, und beunruhigt über die Situation in Deutschland, sich zum Gewaltstreich gegen eine Bewegung entschlossen hatte, deren angeblich illegale Umtriebe durch nichts bewiesen waren. Man ging sogar so weit, am Weihnachtsabend einen Abgeordneten zu verhaften.

«Das ist doch unmöglich, die sind ja völlig übergeschnappt!» sagte Edouard. «Ich bitte Sie um einen Augenblick Geduld, meine Herren. Ich werde rasch den Präfekten zu Hause anrufen.»

«Ich fürchte nur, das wird nichts nützen, Herr Graf», warf Oberleutnant Le Garrec ein. «Der Präfekt persönlich hat den Befehl unterschrieben. Herr Doktor, falls Sie noch etwas mitnehmen wollen, können wir bei Ihnen zu Hause vorbeifahren.»

Laugel nickte. «Gut. Ich komme.» Er sah Edouard an und sagte: «Odile ...»

«Keine Sorge, wir kümmern uns um sie. Gewiß ist das nur ein Mißverständnis. Morgen bist du wieder da.»

«Danke, Edouard. Nun, Oberleutnant, ich stehe Ihnen zur Verfügung.»

Albert hielt ihm seine Handgelenke hin. Le Garrec winkte jedoch ab.

«Herr Abgeordneter, wir werden Ihnen doch keine Handschellen anlegen.»

«O doch. Da bestehe ich drauf. Alle Welt soll wissen, daß man elsässische Abgeordnete wie Schwerverbrecher behandelt.»

Da ertönte nur wenige Meter von ihnen entfernt eine Kinderstimme, die sie herumfahren ließ: «Die Gendarmen nehmen Odiles Papa mit!»

Niemand hatte auf Louis-Charles geachtet, der sich gleichzeitig mit den beiden Männern aus dem Salon geschlichen und die ganze Szene miterlebt hatte.

Die Musik brach ab. Die kleine Odile rannte zur Tür und brach in Tränen aus.

Die Klänge eines Walzers strömten durch die geräumigen Salons der Präfektur. Thierry Beaulieu, der kurz in ein angrenzendes Büro verschwunden war, tauchte wieder auf und näherte sich mit einem triumphierenden Lächeln dem Präfekten Dumont.

«Der Fischzug war ein voller Erfolg, Herr Präfekt. Sieben Protagonisten des Heimatbundes wurden verhaftet, dazu noch ein paar Randfiguren. Nur zwei oder drei sind uns entwischt, darunter auch der junge René Imhof.»

«Der Imhof aus Alsheim?»

«Ja. Unseren Informationen zufolge ist er ein fanatischer Hitzkopf. Sein Vater fiel im deutschen Heer. Allem Anschein nach hat er sich nach Deutschland abgesetzt.»

Die Augen des Präfekten funkelten auf, als er sagte: «Nach Deutschland? Aber das ist ja genau das, was wir brauchen! Geheimes Einverständnis mit dem Ausland. Damit ist der Heimatbund geliefert, mein lieber Beaulieu! Ah, wir haben es ihnen prächtig arrangiert, ihr deutsches Weihnachten. So, ich muß zurück zu meinen Gästen. Sie erwarte ich morgen früh um neun im Büro. Bis dahin haben Sie, nehme ich mal an, sicherlich Besseres vor, nicht wahr?»

Diese Bemerkung unterstrich er mit einem verschmitzten Augenzwinkern. Beaulieu machte eine Verbeugung und verdrückte sich eilends.

Vor sich hin pfeifend ging der junge Beamte nach Hause. Er hatte diese Aktion hervorragend durchgeführt. An höherer Stelle würde man zufrieden mit ihm sein.

Katel traf er in einem tief ausgeschnittenen schwarzen Seidenkleid an. Der Tisch war für ein kleines Souper bei Kerzenlicht gedeckt. Mit einem leeren Champagnerglas neben sich lag sie auf dem Sofa und hörte *Stille Nacht* auf dem Grammophon.

«O nein, bloß nicht diesen sentimentalen Kitsch!» rief Thierry scherzhaft, indem er den Tonabnehmer abhob.

«Das ist nicht nett von dir», beklagte sich Katel. «Du kannst eben nicht begreifen, was uns das bedeutet.»

Er hatte sich zu ihr gesetzt. «Na so was», stellte er spöttisch fest, «haben diese schönen Augen hier etwa geweint?»

Mürrisch wandte sie sich ab. «Das muß an meinem deutschen Hang zur Sentimentalität liegen», sagte sie. «Es ist eben Heiligabend, und ich muß an meine Tochter denken. Ich habe nach Alsheim telefoniert, um zu hören, wie es so geht.»

«Nach Alsheim? Aber dann haben sie dir sicher gesagt...»

«Mir was gesagt?»

Beaulieu biß sich auf die Lippen. Nur durch Katel selbst hatte er nämlich erfahren, wo Laugel an diesem Abend zu finden sein würde. Doch er hatte keinen Augenblick daran gedacht, daß sie im Schloß anrufen könnte. Nun gut. Jetzt jedenfalls mußte er wohl oder übel Farbe bekennen.

«Es ist ohnehin besser, wenn du es gleich erfährst», sagte er. «Dein Mann ist verhaftet worden.»

Mit einem Satz war sie auf den Beinen. «Verhaftet?»

«Ja, mit mehreren anderen Mitgliedern des Heimatbundes. Verschwörung gegen die Staatssicherheit, geheime Verbindungen zu Deutschland.»

Ungläubig starrte sie ihn an. «Albert, eine Verschwörung? Ja seid ihr denn noch zu retten?»

Beaulieu sah das Gewitter auf sich zukommen. Er hatte ihr die Sache eigentlich in aller Ruhe beibringen wollen. Und außerdem, hatte sie denn nicht ihren Mann verlassen? Jetzt aber wurde ihm plötzlich klar, daß das Ganze gar nicht so einfach zu sein schien. Er versuchte die Angelegenheit zu bagatellisieren.

«Ach was, darüber brauchst du dir keine Gedanken zu machen! Er wird doch nicht gleich an die Wand gestellt. Ich gehe mal davon aus, daß er schlau genug war, sich nicht wirklich in etwas verwickeln zu lassen.»

Sie starrte ihn mit entsetzten Augen an. Dann stammelte sie: «Thierry, sag mir, daß das alles ein Scherz ist. Du wirst ihn doch da sofort herausholen, oder?»

«Also das, Liebling, das wäre nicht so einfach. Immerhin hat der Präfekt persönlich die Angelegenheit geleitet. Alles, was du tun kannst, ist, ihm einen guten Anwalt zu suchen.» Er trat auf sie zu und nahm ihre Hand. «Na komm, laß uns das Ganze vergessen, ja? Heute ist Weihnachten ...»

Mit einem verführerischen Lächeln zog er sie zu sich heran. Doch sie stieß ihn heftig zurück.

«Rühr mich nicht an.»

Sie rannte in den Flur hinaus und riß ihren Mantel vom Haken.

«Scheiße!» knirschte der junge Beamte zwischen den Zähnen.

Mit langen Schritten durchquerte er den Salon und holte sie im Vorraum ein.

«Wo willst du hin?»

«Zu meinem Bruder», antwortete sie.

«Zu Anselme? Und wozu?»

«Sein Juraprofessor gilt als der beste Rechtsanwalt von Straßburg. Du sagtest doch, ich soll einen Anwalt suchen, und genau das mache ich jetzt.»

Eisig sah sie ihn an.

«Aber Katel ... Ich dachte, es wäre aus zwischen dir und deinem Mann.»

Ihre Kälte wich blankem Mitleid. «Ja, es geht hier um meinen Mann. Du hast nichts begriffen, Thierry. Rein gar nichts! Weder von mir noch von diesem Land.»

«Aber du kannst doch nicht einfach so auf und davon!»

«Ich werde meine Sentimentalität jetzt woanders ausleben. Adieu!»

Der Prozeß gegen die «elsässischen Autonomisten» fand im darauffolgenden Mai vor dem Gerichtshof von Colmar statt, in rettungslos vergifteter Atmosphäre.

Vier Männer – Laugel, Rossé, Schall und Ricklin – saßen auf der Anklagebank. Das Publikum, das sich im überfüllten Gerichtssaal drängte, stand zu neunundneunzig Prozent auf ihrer Seite. Aus Alsheim waren Alexandra und Edouard Kempf de La Tour gekommen – wobei letzterer als Zeuge vorgeladen worden war –, ferner Pfarrer Wolf, Anselme Wahl und Katel Laugel.

Die Haushälterin Bertel, die die Verhaftung ihres hochverehrten «Herrn Doktor» zutiefst erschüttert hatte, hatte es sich nicht nehmen lassen, ebenfalls anzureisen. Unversöhnlich, wie sie war in ihrem Groll, ging sie ihrer Dienstherrin tunlichst aus dem Wege und hielt sich vorwiegend an Pfarrer Wolfs Seite.

Katel und ihr Bruder waren unzertrennlich. Anselme Wahl machte zur Zeit gerade sein Juraexamen. Er war ein blonder, zierlicher junger Mann, hinter dessen schwächlicher Erscheinung sich sehr viel Willenskraft und Intelligenz verbargen. Er hing sehr an seiner älteren Schwester und hegte auch für Albert sehr freundschaftliche Gefühle. Gemeinsam hatten sie Himmel und Hölle bewegt, um ihm und seinen Freunden vom Heimatbund zu Hilfe zu kommen. Gleichzeitig war Katel nach Alsheim zurückgekehrt und hatte sich, ohne sich von Bertels finsteren Blicken beeindrucken zu lassen, um ihre Tochter gekümmert. Und wenn sie noch so giftig über Küchenherd und Kinderbett herzog – sie war eben doch eine Mutter.

Mehrfach hatte sie versucht, Albert im Gefängnis zu besuchen. Doch er hatte sich kategorisch geweigert, sie zu sehen.

Alexandra hatte zwar auf jeglichen Kommentar verzichtet, aber das Verhalten ihrer Freundin in dieser ganzen Angelegenheit überraschte sie doch sehr. Was wohl in ihr vorgehen mochte? Vermutlich empfand sie ihrem Mann gegenüber Gewissensbisse. Das hätte sie allerdings niemals zugegeben, und Alexandra hütete sich tunlichst, sie dazu bringen zu wollen, aber das mußte wohl doch eine Rolle gespielt haben. Katel war kein schlechter Mensch. Gewiß, sie hatte Albert betrogen, sich gegen eine erdrückende Ehe aufgelehnt und bedauerte sicherlich nichts; aber sie wußte, daß sie Albert sehr weh getan hatte, und das hatte nicht in ihrer Absicht gelegen. Im Augenblick jedenfalls tat sie für ihn, was sie nur konnte.

Doch es gab da noch etwas anderes – und das war es, was Alexandra am meisten verwunderte. Und bei diesem anderen ging es um das Elsaß, das einmal mehr verhöhnt worden war.

Auch hierüber sprach Katel nicht. Aber in dieser oberflächlichen Katel, die sich sonst um Politik nicht scherte, die so viele Male auf das Leben in der Provinz geschimpft hatte, in dieser jungen Frau, die immer mit der neuesten Mode ging, die Pariser Zeitschriften verschlang und für Jazz und Foxtrott schwärmte, war irgend etwas durch die Verhaftung ihres Mannes mitten am Weihnachtsabend erwacht. Vielleicht war es die Erinnerung an ihre Eltern, die von den deutschen Behörden nach Ostpreußen fortgeschafft worden waren; vielleicht auch die Gespräche, die sie früher im Gasthaus oft mitbekommen hatte, und überhaupt alles, was sie vom Elend des Elsaß erfahren, erfühlt und begriffen hatte.

Es war Unrecht geschehen. Und Katel hatte sich dagegen aufgebäumt.

«Gelder aus Deutschland zur Bewaffnung der Miliz!» hatten etliche Zeitungen als Schlagzeile gebracht. Diese Behauptung der Polizei, die auf keinerlei zuverlässigen Beweisen beruhte, bildete einen der Hauptpunkte des Prozesses. Wieder einmal sah sich das Elsaß in ein verdächtiges Licht gerückt. Diejenigen vom Heimatbund, die sich dazu entschlossen hatten, sich nach Deutschland abzusetzen, hatten die Sache nur noch schlimmer gemacht. Ein René Imhof, der jenseits der Grenze verschwunden war, bewies nichts, was gegen seine Landsleute hätte sprechen können, aber Paris hatte klar erkannt, welchen Nutzen es aus dieser Flucht ziehen konnte, um sämtliche elsässischen Forderungen in Mißkredit zu bringen. Daher wurde die Aussage des Abteilungsinspektors Combet vom allgemeinen Nachrichtendienst gleich am ersten Prozeßtag zu einem der ausschlaggebenden Momente in der ganzen Verhandlung.

«Wir verfügen über ausreichende Beweise, um behaupten zu können, daß die elsässischen Autonomisten finanzielle Unterstützung aus dem Ausland erhalten!» verkündete er mit aller Entschiedenheit.

Protestgeschrei erhob sich. Der vorsitzende Richter schwang sein Glöckchen.

«Ruhe, oder ich lasse den Saal räumen! Herr Inspektor, wenn Sie bitte Ihre Behauptung präzisieren wollen. Um welches Ausland handelt es sich?»

«Um Deutschland.»

«Weshalb wurden die Beweise, von denen Sie sprechen, nicht zu den Akten genommen?»

«Das hieße, das Leben unserer Informanten zu gefährden.»

Ein Sturm von Pfiffen und Geschrei erhob sich. Katel war aufgesprungen. «Lügner! Wo sind die Beweise?» forderte sie ihn heraus. Sogleich stimmte die Zuhörerschaft im Chor mit ein und begann, mit den Füßen stampfend zu skandieren: «Die Beweise! Die Beweise!» Alexandra hatte Katel am Ärmel auf ihren Sitz zurückgezogen. Sie spürte, daß diese drauf und dran war, in den Gerichtssaal zu stürzen, um den Polizisten zu ohrfeigen.

Die Ordensbandschleife der Ehrenlegion und sein Kriegsverdienstkreuz allen gut sichtbar auf der Brust, machte Edouard am zweiten Tag dann seine Zeugenaussage.

«Nein, meine Herren», erklärte er vor allem, «die Elsässer haben sich nicht geändert. Sie wollen Franzosen sein, dabei aber Elsässer bleiben. Wo liegt da das Verbrechen? Außerdem ist das wohl nichts Neues, und der Autonomiegedanke richtet sich keineswegs gegen Frankreich. Er existierte bereits zur Zeit der deutschen Besatzung.»

Dann waren die Angeklagten an der Reihe, ihre letzte Aussage vor Gericht zu machen.

«Ich, der ich im Krieg aus dem deutschen Heer desertiert bin», erklärte Albert Laugel, «und aus diesem Grund von einem deutschen Militärgericht zum Tode verurteilt wurde, ich versichere unter Eid, daß keinerlei Verschwörung vorliegt. Es gibt lediglich eine friedliche, legale und legitime Forderung. Überdenken Sie doch einmal unser Dilemma. Was ist eigentlich unsere Heimat? Frankreich? Deutschland? Wir wechseln ja so oft!»

Diese Worte lösten unter den Geschworenen mißbilligendes Gemurmel aus. Doch Laugel ließ sich davon nicht beeindrucken.

«Wir wollen eine einzige Heimat: unser Elsaß, und zwar im Rahmen eines friedlichen Europa!»

Diesmal brandete donnernder Applaus im Saal auf.

Pfarrer Wolf lehnte sich zu Anselme hinüber, der in seiner Nähe saß, und flüsterte: «Er ist mutig. Trotzdem aber denke ich, daß er einen Fehler begeht, wenn er die Richter vor den Kopf stößt. Das werden sie ihn büßen lassen.»

Da hatte er nicht so unrecht. Allerdings war die Angelegenheit von Anfang an verfehlt gewesen. Das hatte Edouard schon im Vorjahr bei ihrer Versammlung im Rathaus gespürt, in deren Verlauf Laugel für seinen Beitritt zum Heimatbund geworben hatte. Die Zielsetzungen dieser Bewegung und die verschiedenen Tendenzen, die sie in sich zusammenschloß, waren einfach zu vieldeutig. Man konnte nicht verleugnen, daß die Bewegung selbst die Knüppel geliefert hatte, mit denen sie sich jetzt schlagen lassen mußte.

Nach acht Verhandlungstagen fiel der Urteilsspruch. Die vier Angeklagten wurden zu einem Jahr Gefängnis ohne Bewährung und zu fünf Jahren Aufenthaltsverbot im Elsaß verurteilt. Die Republik schlug hart zu, auch auf die Gefahr hin, die deutschfreundliche Strömung, die sie zu zerstören gedachte, noch zu verstärken.

Die Verlesung des Strafmaßes löste im Saal empörtes Protestgeschrei aus. Der Tumult wurde so schlimm, daß der Richter die Räumung befahl.

Katel allerdings machte diesmal nicht bei dem Geschrei der anderen mit. Sich nach Kräften gegen eine Gendarmenkette stemmend, die sie alle hinauszudrängen suchte, sah sie starr zu Albert hinüber und versuchte verzweifelt, dessen Aufmerksamkeit auf sich zu lenken.

Endlich, als man ihm gerade die Handschellen anlegte, fiel zufällig sein Blick auf sie. Unbewegt hielt er dem ihren stand, dann wandte er sich ab.

«He, hören Sie auf, Sie!» Katel stieß einen Gendarmen, der ihr für ihren Geschmack zu nah auf den Leib rückte, kraftvoll von sich und verließ dann ohne jede Eile ebenfalls den Gerichtssaal.

In der Halle des Gerichtshofes wartete Alexandra auf sie.

«Edouard holt eben den Wagen. Fährst du mit uns nach Alsheim zurück?»

Katel nickte.

«Albert war einfach fabelhaft», meinte Alexandra wieder. «Du kannst stolz auf ihn sein.»

«Ach was ...»

Sie gingen dem Ausgang zu. Dabei beobachtete Alexandra aus den Augenwinkeln ihre in Gedanken versunkene Freundin. Ja, wirklich,

Katel erstaunte und beeindruckte sie sogar. Im Grunde war sie geradlinig und bedingungslos. In die Verteidigung der Autonomisten hatte sie sich mit gleichem Ungestüm gestürzt wie ein Jahr zuvor in den Ehebruch. Sie schien dabei auf ihre Kosten zu kommen. Man hätte meinen können, sie bräuchte um jeden Preis starke Gefühle und ein wildbewegtes Leben. Sie hatte nicht unrecht, wenn sie Alexandra als hausbackenes Heimchen am Herd bezeichnete. Denn Alexandra fühlte sich wunderbar wohl mit ihrem Haushalt, ihren beiden Kindern und ihrem friedlichen, bequemen Leben. Ihren Mann liebte sie innig und lebte nur für das Glück ihrer Familie. Mehr verlangte sie nicht.

Sie entschloß sich, das Schweigen zu brechen. «Und? Was hast du jetzt vor?» fragte sie Katel.

Diese tauchte aus ihrer Gedankenverlorenheit auf. «Ich dachte gerade darüber nach, daß ich wohl fortgehen werde. Ich habe die Nase voll vom Elsaß. Ich gehe nach Paris.»

«Mit Thierry Beaulieu?»

Obwohl ihr eigentlich nicht nach Scherzen zumute war, gelang Katel beinahe ein Lachen. «Du machst wohl Witze! Thierry, der träumt doch nur davon, Unterpräfekt in der Corrèze oder Ardèche zu werden und die wohlversorgte Tochter eines Notars zu heiraten. Nein danke!»

«Du hast ihn also nicht geliebt?»

«Sagen wir mal, ich mochte ihn ganz gern.»

Für Alexandra war das eine völlig fremde Vorstellung. Entweder liebte man einen Mann, oder man liebte ihn eben nicht. Er war entweder ein Freund oder ein Ehemann. Über einen Liebhaber aber zu sagen, daß man ihn «ganz gern mochte», das überstieg ihr Begriffsvermögen. «Aber was willst du ganz allein in Paris?» fragte sie weiter.

«Und hier? Was soll ich hier? Zwischen Albert und mir ist es sowieso aus.»

Alexandra wirkte bekümmert. «Und doch hast du ihn einmal geliebt. Denk daran. Du hast ihn wirklich geliebt. Was ist nur geschehen?»

«Er hat mich nicht genug geliebt. Ich brauche jemanden, der mich liebt, wie ich bin.»

«Wirst du dich scheiden lassen?»

«O nein, bestimmt nicht! Denk doch, ein katholischer Abgeordneter! Das kostet ihn womöglich sein Mandat. Er wird die Trennung von Tisch und Bett verlangen und das Sorgerecht für Odile. Und er wird sie bekommen. Gegen eine Ehebrecherin, was glaubst du denn! Nein, weißt du, für mich ist es das beste, einfach neu anzufangen ... Du kommst mich doch in Paris besuchen, ja? Dann amüsieren wir uns so wie früher. Erinnerst du dich? Damals, als wir noch an das Glück geglaubt haben ...» Katel hatte ihre beiden Hände genommen und lächelte ihrer Freundin traurig zu.

Nachdenklich sah Alexandra sie an. «Weißt du, Katel», murmelte sie, «in gewisser Weise bewundere ich dich.»

1936

Schnaufend hielt der kurzatmige Überlandbus vor dem Park. Die Vordertür öffnete sich, und eine junge Frau um die Dreißig stieg aus. Dann drehte sie sich nach einer dicken Reisetasche um, die sie heraushievte und auf dem Boden neben sich absetzte.

Sie trug ein dunkles Kostüm, das, wie nach einer langen und beschwerlichen Reise, etwas zerknittert aussah. Üppiges braunes Haar, über dem ein schwarzes Hütchen saß, fiel ihr in Locken über die Schultern.

Während der Bus hinter ihr mit lautem Getöse anfuhr, betrachtete sie eine Weile die bunt zusammengewürfelte Architektur von Schloß Robertsau mit seinem Fachwerk, dem rosa Sandstein und den unterschiedlich geneigten Dächern.

Leute, die weder nach Schloßbesitzern noch nach Spaziergängern aussahen, schlenderten durch die Parkalleen. Manche von ihnen waren recht elegant gekleidet, andere wiederum machten einen bescheidenen, wenn nicht gar ärmlichen Eindruck. Eine alte Frau spielte mit einem kleinen Mädchen. Auf einer Bank saßen, die Hände auf ihre Spazierstöcke gestützt, zwei Männer und unterhielten sich.

Sie griff wieder nach ihrer Tasche und ging zu dem von einem Ziegelvordach überragten Eingangsportal. Überall in der Halle waren die Wände mit Plakaten bedeckt. Manche trugen nur die Aufschrift einer Parole, andere wieder zeigten Arbeiter mit muskulösen Armen oder auch eine Fabrik mit ihren Zickzackdächern und Schloten. Eins davon verkündete: «Hitler will das Elsaß.» Auf den meisten waren Hammer und Sichel abgebildet. Von ganz hinten lächelte ein großes Stalinporträt den Hereinkommenden entgegen.

Sie betrat ein kleines, seitwärts gelegenes Büro, wo sie der jungen Angestellten, die sie dort antraf, ihren Ausweis zeigte.

«Mir wurde gesagt, daß ich hier Unterkunft finden würde. Ich komme aus Deutschland und heiße Rachel Bernstein.»

Nachdem sie ihren Namen in eine Liste eingetragen hatte, lächelte das junge Mädchen ihr freundlich zu.

«Fein», sagte sie. «Kommen Sie, Mademoiselle Bernstein. Ich zeige Ihnen, wo Sie Ihre Tasche abstellen können, danach bringe ich Sie zum Büro des Abgeordneten.»

Rachel Bernstein ging hinter dem jungen Mädchen her; diese führte sie in einen Raum, der einmal ein Salon gewesen war und nun einen improvisierten Schlafsaal darstellte, in dem an die zwanzig Feldbetten standen. Da und dort sah man einen offenen Koffer herumliegen. An der Fenstertür saßen schweigend zwei ältere Paare. Neugierig musterten sie die junge Frau.

«Dieses hier ist noch frei», sagte das Mädchen und wies dabei auf eines der Betten. «Ich helfe Ihnen gleich, es herzurichten.»

Sie verschwand in ein angrenzendes Zimmer, aus dem sie bald mit ein paar Laken und einer Decke auf dem Arm zurückkehrte, die sie gemeinsam über dem Bett auszuspannen begannen.

Eine der beiden älteren Frauen, deren Kleidung von vergangenem Wohlstand zeugte, war damit beschäftigt, Wäsche zusammenzulegen. Sie sprach die neu eingetroffene Frau an: «Wo kommen Sie denn her, Fräulein?»

«Aus Berlin.»

«Ah ja ... Wir» – sie zeigte auf ihren Mann neben sich – «wir sind aus Leipzig. Das hier ist nicht gerade das Paradies, aber zumindest kann man ruhig schlafen, ohne Angst haben zu müssen, daß man von der Gestapo aus dem Bett geholt wird.»

«Sind alle hier Juden?»

Der Mann tauchte aus seinem Buch auf, in das er vertieft gewesen war. «Juden oder Kommunisten, wie dieses Fräulein da», sagte er und wies dabei auf die Büroangestellte.

Diese Bemerkung veranlaßte seine Frau zu einem Schulterzucken. «Ich jedenfalls», meinte sie, «sage nichts Schlechtes mehr über die Kommunisten. Der Bürgermeister und der Abgeordnete von Straßburg sind beide Kommunisten, und die tun, was sie können, um uns zu helfen!»

«Frankreich hat Flüchtlinge immer schon gut aufgenommen», fügte das junge Mädchen hinzu, während sie das Laken über der Bettdecke zurückschlug.

«Ja», meinte die Dame aus Leipzig, «aber Frankreich ist noch nicht weit genug von Hitler entfernt. Mein Mann und ich, wir wollen mit dem Schiff weiter nach Amerika.»

Das Bett war nun fertig. Die Neuangekommene lächelte schüchtern in die Runde und ging dann in Begleitung des jungen Mädchens hinaus. Sie stiegen in den ersten Stock hinauf. Dort, in einem kleinen Büro, das ein Plakat von der Volksfront und ein Porträt von Maurice Thorez zierte, saß, über einige Schriftstücke gebeugt, ein etwa sechzigjähriger, grauhaariger Mann mit einem Stalinschnauzbart.

«Der Herr Abgeordnete wird sich um Sie kümmern», sagte das junge Mädchen und trat zurück, um die andere hineinzulassen.

Der Mann hob den Kopf. «Mademoiselle...»

«Guten Tag, Monsieur. Ich bin soeben aus Berlin eingetroffen. Mein Name ist Rachel Bernstein.»

Sie legte ihm ihren Paß vor. Er schlug ihn auf und sah sie plötzlich überrascht an.

«Ihre Mutter hieß Blum? Rosa Blum?»

«Ja.»

«Nicht möglich... Sie sind Rosas Tochter...» Er stand auf und reichte ihr mit einem strahlenden Lächeln die Hand. «Ich habe Ihre Mutter gut gekannt, Fräulein Bernstein. Ich heiße Max Seligmann.»

Jetzt war es an Rachel, ein verdutztes Gesicht zu machen. Sie musterte ihn eingehender und meinte dann: «Max Seligmann... Ja, natürlich, meine Mutter sprach oft von Ihnen.»

«Sprach?»

«Sie ist gestorben. Vor fünf Jahren. Sie hatte Krebs.»

Seligmanns Miene verdüsterte sich. «Das tut mir sehr leid. Ich wußte es nicht... Ich hatte schon so lange nichts mehr von ihr gehört.

Ich weiß gar nicht so recht, was sie dir über mich erzählt hat. Ich darf dich doch wohl duzen?»

«Aber sicher. Sie hat mir alles erzählt. Sie hat Sie sehr geliebt.»

«Tatsächlich, das hat sie gesagt?» Gedankenvoll setzte er sich wieder hin. «Ich habe sie auch geliebt», fuhr er dann seufzend fort. «Aber geheiratet habe ich die Revolution... Rosa konnte es nicht ertragen, mit ihr teilen zu müssen, sie ist gegangen. Und da sie die einzige Frau war, die ich je geliebt habe, bin ich Junggeselle geblieben.»

Prüfend betrachtete er Rachel erneut. Sie hatte feine Gesichtszüge, die von Sorge und Erschöpfung gezeichnet waren; ein schmal gewordenes Gesicht, dessen Blässe durch die braune Haarfülle besonders deutlich hervorstach.

«Wie du ihr ähnelst... Nun denn, Rachel, was machst du so im Leben?»

«Ich bin Ärztin.»

«Genau wie sie...»

«Ja. Die Nazis haben mich aus dem Berliner Krankenhaus hinausgeworfen.»

«Und dein Vater?»

«Den haben sie verhaftet. Als sie ihn holen kamen, war ich nicht zu Hause.»

«Hast du etwas von ihm gehört?»

Rachel schüttelte verneinend den Kopf. «Wissen Sie, man hört nie mehr etwas von ihnen. Diejenigen, die abgeholt werden, verschwinden einfach. Bei ‹Nacht und Nebel›, pflegen die Nazis zu sagen.»

«Ja. Das ist in der Tat genau das, was alle berichten, die zu uns kommen. Aber du, du sollst nicht hier bleiben müssen. Wenn du möchtest, kann ich dich einstweilen, bis du Arbeit hast, bei mir unterbringen. Ich will versuchen, dir etwas zu besorgen. Einverstanden?»

«Ich möchte Ihnen nicht zur Last fallen...»

«Unsinn! Das kann ich doch wohl tun für die Tochter von Rosa, oder?»

Albert Laugel setzte sich Max Seligmann gegenüber an den großen Holztisch im hinteren Teil des Wirtshauses *Gruber*, das im Zentrum von Straßburg lag. Dumpfes Stimmengewirr von Biertischgesprächen hinter schweren Steingutkrügen erfüllte die verrauchte Atmosphäre. Kellner hasteten mit Tabletts an ihnen vorbei, auf denen herrliche Sauerkrautplatten dampften.

«Nein, Max», sagte Albert kopfschüttelnd, um das Gesprächsthema fortzusetzen, das sie im Hereinkommen schon angeschnitten hatten. «Ich glaube nicht an eure Politik der ausgestreckten Hand. Die Kommunisten können nur die Gegner der Katholiken sein. Ihr reicht uns die Hand, aber in der Hoffnung, uns den Garaus machen zu können!»

Nachdem er sein Jahr im Gefängnis abgesessen und die fünf Jahre Verbannung aus dem Elsaß hinter sich gebracht hatte, war Albert nach Alsheim zurückgekehrt, wo er gleich bei den darauffolgenden Parlamentswahlen triumphierend seinen Sitz zurückerobert hatte.

Max Seligmann hingegen war zum Abgeordneten der Volksfront gewählt worden. Laugel, der darin schon mehr Erfahrung besaß, hatte ihm des öfteren bezüglich der geheimen Mechanismen des Parlamentsbetriebs Ratschläge erteilt, und wie es oft geschieht, hatte die Kameradschaft unter Kollegen und gewählten Vertretern ein und derselben Region die ideologische Gegensätzlichkeit zwischen ihnen überbrückt. Alle zwei oder drei Wochen riefen der kommunistische Abgeordnete von Straßburg und der katholische Abgeordnete von Alsheim einander an, um sich auf ein Bier oder zum Mittagessen zu treffen. Keiner von beiden wich von seinen Ansichten ab, doch es machte ihnen Spaß, sich freundschaftlich miteinander anzulegen. Die Politik der ausgestreckten Hand hatte noch ein übriges getan. Mit der Zeit hatte Seligmann die herrische und hitzige Art seiner Jugendjahre abgelegt. Er war nun von heiterer Umgänglichkeit und Gutmütigkeit, was vielleicht auch den Instruktionen des Zentralkomitees entsprach.

«Du machst einen Fehler, Albert», sagte er und blies den Rauch seiner Zigarette von sich. «Du wirst der einzige Abgeordnete sein, der bei Thorez' Versammlung gegen den Faschismus nicht dabei ist. Hitler ist gefährlich. Man sollte alles tun, um seine Pläne zu durchkreuzen. Laß dich nicht darüber hinwegtäuschen, nur weil die Franzosen dich ins Gefängnis gesteckt haben!»

Laugel zog die Augenbrauen zusammen und erwiderte: «Hör mal, Max, du wirst mir doch hoffentlich keine Lektion in Sachen Patriotismus erteilen wollen! Für die Nazis habe ich ebensowenig Sympathie übrig wie du. Aber was für mich und meine Wähler in erster Linie zählt, ist das Elsaß.»

Seligmann zuckte die Achseln. «Das Elsaß! Was ist das schon, alter Junge, das Elsaß? Ein kleiner Statist in einer Schlacht, die bereits europäisches, wenn nicht gar weltweites Ausmaß angenommen hat! Ah, grüß dich, Rachel ...»

Er wandte sich der Bedienung zu, die eben an ihren Tisch gekommen war. Es war tatsächlich die junge Vertriebene, die einige Zeit zuvor auf Robertsau eingetroffen war und der er, wie versprochen, diesen Broterwerb verschafft hatte.

«Guten Tag, meine Herren. Was darf ich Ihnen bringen?» erkundigte sie sich mit einem reizenden Lächeln.

Aber Seligmann verfolgte gerade seinen Gedanken weiter. «Ach ja», sagte er zu Albert, «frag doch Rachel, was sie von diesem neuen Deutschland hält ... Rachel Bernstein, ich darf dir meinen Gegner und trotzdem Freund Albert Laugel vorstellen. Er ist Abgeordneter der katholischen Opposition, fast schon ein Pfarrer!»

«Ich bin Arzt, das ist in etwa dasselbe», erklärte Albert lächelnd.

«Rachel ist auch Ärztin, mein Lieber. Oder vielmehr war sie es, in Berlin. Und jetzt siehst du ja, was aus ihr geworden ist: eine Kellnerin. Wegen der Nazis. Und nur, weil sie Jüdin ist. Wie ich auch.»

Mit freundlicher Anteilnahme betrachtete Albert die junge Frau. «Hören Sie nicht allzusehr auf Seligmann, wenn er mich als abscheulichen Reaktionär hinstellen will. Auch ich bin gegen Hitler und die Nationalsozialisten, eben weil ich Katholik bin. Jedenfalls heiße ich Sie im Elsaß herzlich willkommen, Mademoiselle.»

Die junge Frau schien von der Entschiedenheit und Herzlichkeit, mit welcher Laugel das gesagt hatte, berührt. «Ich danke Ihnen», sagte sie. «Man hat mich in Ihrem Land sehr freundlich aufgenommen. Und was darf es denn nun für Sie sein?»

«Bringst du uns zwei Seidel Bier?»

Rachel nickte und entfernte sich. Seligmann sah ihr nach.

«Übrigens», meinte er plötzlich zu seinem Kollegen, «sagtest du nicht kürzlich, daß du einen Assistenten suchst?»

«Ja, weshalb?»

«Weil sie doch eigentlich genau das Richtige für dich wäre ... Sie ist ein feines Mädchen, und sie war Assistenzärztin. Nicht übel, oder?»

Albert schmunzelte amüsiert. «Ah, das ist wohl auch die Politik der ausgestreckten Hand? Aber ich bin dabei! Deswegen also hast du mich unbedingt hierherlotsen wollen!»

«Na, in die Synagoge hätte ich dich ja nun nicht gerade geschleppt.»

Sie mußten beide lachen.

«Aber es ist wahr», begann Albert dann wieder, «Tatsache ist, daß mir das sehr gelegen käme. Abgeordneter und Arzt, das ist ein bißchen viel. Meine Ehe hat es schon gekostet. Und meine Wähler oder meine Patienten könnte es mich auch noch kosten. Wenn nicht sogar beides.»

«Dann schicke ich sie dir also?»

«Einverstanden. Will mal sehen, was sich machen läßt.»

Max wandte sich nach der Theke um, wo Rachel stand, und hob grinsend mit einem Augenzwinkern den Daumen. Das Gesicht der jungen Deutschen leuchtete auf.

«Sie ist bildschön», murmelte Albert.

Ohne sich dessen so eigentlich bewußt zu sein, ging ihm das immer noch durch den Sinn, als er am Abend sein Wahlbüro verließ. Die Hände in den Taschen seines Gabardinemantels und den breitkrempigen Hut tief ins Gesicht gezogen, beschloß er, noch ein wenig spazierenzugehen, bevor er den Heimweg antrat.

Neun Jahre war es jetzt her, daß Katel ihn verlassen hatte. Neun Jahre, in denen er sich mit Leib und Seele seinem Arztberuf und seinem politischen Leben gewidmet hatte. Diese rastlose Aktivität half ihm, sich über seine Einsamkeit hinwegzutäuschen. Sein Privatleben wurde, wenn überhaupt, nur von seiner Tochter Odile ausgefüllt, die unlängst siebzehn geworden war und um die sich die knurrige, aber absolut ergebene, treue Bertel kümmerte. Von Zeit zu Zeit

– wie auch an diesem Abend – ging es ihm durch den Kopf, daß das herzlich wenig war. Ganz abgesehen davon, daß er gern mehrere Kinder gehabt hätte.

Als er eben an der Place Kléber anlangte, wurde er durch lautes Geschrei aus seinen Gedanken gerissen: «An die Wand mit Thorez! Es lebe Mussolini! Nach Moskau mit den Roten!» Mitten auf dem Platz prügelten sich an die fünfzig junge Leute, umringt von einigen Polizisten in Pelerinen, die blindlings drauflosschlugen und den einen oder anderen zu erwischen suchten. Es war eine Schlägerei zwischen linken und rechtsextremen Studenten.

Albert war stehengeblieben, um sich das anzusehen, als zu seiner Rechten ein Mann auftauchte und ihm hastig etwas ins Ohr flüsterte.

«Herr Abgeordneter... Ich bitte dich dringend um deinen Schutz.»

Überrascht drehte er sich um und brauchte einen Augenblick, bis er den Mann, der sich an ihn wandte, überhaupt erkannte.

«Ja um Himmels willen, René, was suchst du denn hier?»

Es war wirklich René Imhof, einer der Verdächtigen, die sich Weihnachten 1927 bei der Verhaftung der germanophilen oder so beurteilten Mitglieder des Heimatbundes nach Deutschland abgesetzt hatten. Laugel hatte seither nie wieder etwas von ihm gehört.

René hatte sich kaum verändert. Das Gesicht immer noch rundlich, über dem blonden Haar eine Schirmmütze und die Hände in die Taschen seiner schwarzen Lederjacke gesteckt, warf er unruhige Blicke nach allen Richtungen.

«Das kann ich dir gern erzählen, aber nicht hier!» gab er dem Abgeordneten nervös zur Antwort.

Albert nahm ihn am Arm und sagte: «Na schön, dann gehen wir ein Stück, wenn du möchtest.»

Ein uniformierter Polizeikommissar näherte sich ihnen in Begleitung eines weiteren Polizisten. Als er Laugel erkannte, hob er die Hand zum Gruß.

«Ah, grüß Gott, Herr Abgeordneter... Schon wieder eine Provokation! Jeden Tag geht das jetzt so!»

René Imhof warf ihm einen vernichtenden Blick zu, streckte anklagend einen Finger aus und schrie: «He, angefangen haben aber die Roten! Schützt die Polizei jetzt schon die Kommunisten?»

Der Kommissar schien das ganz und gar nicht gut aufzunehmen. «Die Polizei weiß schon, was sie zu tun hat. Ihren Ausweis bitte!»

Da schaltete sich Laugel ein: «Dieser Herr ist in meiner Begleitung, Herr Kommissar...»

«Ah so. Na dann entschuldigen Sie. Wissen Sie, wir sind ein bißchen nervös zur Zeit! Schönen guten Abend, Herr Abgeordneter. Guten Abend, mein Herr.»

«Auf Wiedersehen, Herr Kommissar.»

Albert und sein Schützling ließen den Platz hinter sich. «Du hattest Glück, daß ich hier gerade vorbeikam!» sagte Albert. «Du bist immer noch registriert. Der geringste Zwischenfall, und du sitzt sofort im Loch! Du wärst besser in Deutschland geblieben.»

«Na ja, nun bin ich halt zurückgekommen.»

«Und was willst du hier anfangen?»

«Ich bin im Filmgeschäft», meinte René geheimnisvoll.

«Im Filmgeschäft?»

«Ja. Ich mache ein paar Kinos auf. Zuerst mal eines in Alsheim.»

Albert runzelte die Augenbrauen. «Aber dafür braucht man doch Geld...»

«Das habe ich.»

«Und woher?»

René Imhof hob den Zeigefinger vor den Mund und lächelte. «Darüber mach dir mal keine Gedanken.»

«O doch. Genau darüber mache ich mir welche... Überhaupt, was hattest du eigentlich auf dieser Kundgebung zu suchen?»

«Das erkläre ich dir ein andermal. Ich muß weiter. Danke für die Hilfe vorhin. Ich bin dir was schuldig!»

Er streckte ihm die Hand hin, die Laugel mechanisch drückte. Dann ging er davon.

«Kinos...» murmelte der Arzt grüblerisch vor sich hin.

Obwohl er die Alsheimer nicht mochte und vielleicht sogar gerade weil er sie nicht mochte, freute sich René Imhof, zurückzukommen.

Nach dem Waffenstillstand 1918 hatte es Kinder gegeben, die ihn mit Steinen bewarfen, weil sein Vater die Uniform der *boches* getragen hatte. Zwei von den Größeren hatten ihn eines Abends sogar verprügelt.

Er hatte sich geschworen, daß sie das irgendwann einmal zu büßen hätten.

Weder seiner Mutter noch seinen Großeltern Liselotte und Franzl gegenüber hatte er jemals ein Wort darüber verlauten lassen. Die schämten sich ja für seinen Vater. Zu diesem Schluß jedenfalls war der Sechzehnjährige in seiner Unversöhnlichkeit damals gelangt.

Auf sie konnte er also nicht zählen. An ihm allein lag es, sich und das Andenken seines Vaters zu rächen. Und da Paul Imhof in deutscher Uniform gefallen war, hatte René sich Deutschland zugewandt, während alle übrigen Elsässer sich Frankreich in die Arme warfen.

Neun Jahre hatte er dort gelebt. Er hatte Menschen gefunden, die ihn verstanden. Menschen, die, wenn er von seinem Vater sprach, keinen Anlaß sahen, ihn zu beschimpfen, sondern ihm wie dem Sohn eines Helden die Hand schüttelten. Sie waren für ihn zu Kameraden geworden, in deren Nähe er sich stark fühlte. Auch hatte er Anführer gefunden, die sich seiner angenommen, ihn gelenkt hatten und ihn besser machen wollten, als er war. Diese Männer hatten ihn gelehrt, zu gehorchen und einem Ideal zu dienen. Sie hatten seinem Leben Richtung und erhöhende Bedeutung gegeben.

Für Frauen hatte er nur Verachtung übrig. Das Leben war eine Angelegenheit zwischen Männern. Stolz hatte er mit ausgestrecktem Arm vor dem Hakenkreuz zu grüßen gelernt.

All das ging niemanden etwas an. Die Zeit war noch nicht reif. Aber die Alsheimer würden es schon noch begreifen, wenn die Stunde schlug. Und dann würde es ihnen leid tun, was sie René Imhof angetan hatten, jenem blassen Jungen, der eines Herbstmorgens in den Alsheimer Weinbergen den Briefträger Otto mit einem blauen Schrieb daherkommen sah...

«Unteroffizier Imhof Paul, gefallen auf dem Feld der Ehre bei Verdun.»

Einige Zeit darauf wurde Albert mit seiner Tochter zusammen eingeladen, den Sonntag bei Edouard und Alexandra auf dem Schloß zu verbringen.

Die beiden trugen Trauer. Im Abstand weniger Wochen waren Frederike und Louis Kempf de La Tour vergangenen Winter in der Schweiz gestorben. Jahrelang hatte Frederike an einer Lungenkrankheit gelitten. Doch wider Erwarten war Louis als erster gegangen: ein Herzschlag. Und sie hatte keinen Wert darauf gelegt, noch länger zu leben.

Nachdem auch General von Wismar zwei Jahre zuvor im Alter von neunzig bei sich zu Hause gestorben war, hatte Edouard von nun an keinen Zeugen seiner Kindheit mehr. Oft mußte er an die Sonntage am Quai Saint-Thomas zu Beginn des Jahrhunderts denken, an das Zuckerstückchen aus dem Kaffee des Generals und die Lektion, die es herzusagen galt: «Edouard de La Tour Maubeuge, Enkelsohn des Grafen Edwin von Wismar-Marbach, Generalmajor, und von Mathilde de La Tour Maubeuge, geborene Kempf...»

An diesem Sonntag stellte Edouard Albert Laugel einen kürzlich in den Straßburger Generalstab berufenen Offizier vor, Oberst Martin, dessen Bekanntschaft er in einer technischen Kommission über Eisenbahnanlagen gemacht hatte. Der Wahlsieg der Volksfront und die darauf erfolgten Streiks lieferten ihnen genügend Gesprächsstoff. Als Unternehmer und noch dazu Katholik hatte Edouard das Ganze natürlich gar nicht gern gesehen, um so weniger, als er immer eine Politik des Dialogs mit seinen Angestellten angestrebt hatte. Das brachte ihm nur Antipathien ein und ersparte ihm keineswegs den Streik.

«Siehst du noch immer Seligmann im Parlament?»

«Hie und da. Schade nur, daß er Kommunist ist. Er ist wirklich intelligent.»

«Das sagte schon mein Vater immer, ja... Aber sehr fanatisch, glaube ich.»

«Weniger als ich eigentlich dachte. Augenblicklich sind sie für eine Politik der Öffnung.»

«Falls du Gelegenheit dazu hast, wäre es schön, wenn du ihm etwas von mir ausrichten könntest.»

«Ja, nur zu ...»

«In der Fabrik haben wir nun schon die sechste Streikwoche. Wenn das noch zwei Wochen so weitergeht, bin ich gezwungen, Konkurs anzumelden. Könnte er in der Partei nicht ein Wort einlegen? Wenn er wirklich so intelligent ist, wie du sagst, dann muß er die Situation doch begreifen können, oder?»

«Das hängt davon ab, was du unter ‹begreifen› verstehst.»

«Man muß einen Streik zur rechten Zeit beenden können. Nicht ich habe das gesagt, sondern sein oberster Chef, Thorez. Der Sohn des Volkes! Was haben meine Arbeiter denn gewonnen, wenn sie arbeitslos sind?»

Albert mußte ihm beipflichten. «Sicher. Aber weißt du, ich habe den Eindruck, daß zur Zeit sogar die Kommunisten ihre eigenen Leute nicht mehr im Griff haben ...»

Gleich nach dem Mittagessen baten Odile Laugel und Louis-Charles, der kürzlich achtzehn geworden war, um die Erlaubnis, sich verziehen zu dürfen: «Wir wollen eine Radtour machen.»

«Man kriegt euch beide ja gar nicht mehr zu sehen», meinte Alexandra lachend. «War der Film übrigens gut, gestern abend?»

«Ach hör bloß damit auf!» rief Odile aus. «Irgend so ein deutsches Zeug, das im Mittelalter spielt. *Jud Süß*. Am Ende gab es eine Hinrichtung, einfach gräßlich.»

«War das in René Imhofs Kino?» fragte Laugel, der plötzlich aufgehorcht hatte.

«Ja, im Kino-Palace», antwortete das junge Mädchen. «Und die restliche Zeit über läßt er Dokumentarfilme laufen, um uns klarzumachen, daß die französischen Arbeiter nur trinken, anstatt zu arbeiten. Aber Louis-Charles geht gern hin wegen der Sportnachrichten. Die dauern mindestens zwanzig Minuten.»

Während Edouard Oberst Martin in die Bibliothek führte, wo der Kaffee serviert werden sollte, blieb Albert noch eine Weile bei Alexandra.

«Ich werde euch nie genug danken können für all das, was ihr, du und Edouard, für Odile tut», sagte er zu ihr. «Ich habe den Eindruck, sie verbringt hier ebensoviel Zeit wie bei uns zu Hause.»

«Da ist doch nichts Besonderes dran: Sie ist mein Patenkind. Und außerdem verstehen sich Louis-Charles und sie blendend. Apropos... ich habe Katel vorige Woche in Paris getroffen.» Sie wartete kurz, ob er nicht irgendeine Frage stellen würde, aber nichts dergleichen kam. «Sie hat eine neue Arbeit als Dolmetscherin im Außenministerium am Quai d'Orsay gefunden. Ich hatte sie zu einem unserer Cousins de La Tour geschickt, der Botschafter ist.»

«Wie schön für sie.» Die Hände auf dem Rücken verschränkt, tat Albert, als betrachtete er ein Landschaftsbild an der Wand.

«Weißt du», begann Alexandra wieder, «sie leidet darunter, daß sie ihre Tochter nicht öfter zu sehen bekommt.»

«Sie sieht sie während der Ferien, wie vereinbart», antwortete er in einem sachlichen, scheinbar gleichgültigen Ton.

Alexandra stellte das Tablett vor sich ab, auf dem sie Tassen und Untertassen verteilte. Dann verschränkte sie die Arme vor ihrer Brust und fragte: «Du wirst ihr also nie verzeihen können?»

«O doch! Alles ist vergessen», murmelte er, den Blick ins Leere gerichtet. «Die schlimmen Erinnerungen... Und auch die schönen...»

Als sie sich wieder Edouard und dem Offizier zugesellten, drehte sich das Gespräch gerade um René Imhof.

«Oberst Martin macht sich Gedanken über diese Kinogeschichte», erklärte Edouard. «Weißt du etwas darüber, Albert?»

«Kaum mehr als ihr. Ich traf Imhof vor einigen Wochen zufällig in Straßburg. Er war gerade aus Deutschland zurückgekehrt. Ich habe auch schon mit seinem Großvater, dem alten Franzl, darüber gesprochen... Allem Anschein nach stammt alles, was er in seinem Kino bringt, aus Deutschland und soll uns beweisen, daß Frankreich ein dekadentes Land ist. Nach dem, was er mir erzählt hat, beabsichtigt er, noch mehr Kinos in der Gegend zu eröffnen.»

«Im Klartext heißt das also, daß er von Hitlers Propagandaorganen bezahlt wird», schloß der Oberst.

«Meinen Sie wirklich?»

«Das ist mehr als wahrscheinlich. Diese Kinos locken zwangsläufig die Soldaten von der Maginot-Linie an. Und ihr Ziel ist es, Verwirrung in deren Köpfen zu stiften. Glauben Sie, daß das in der Zivilbevölkerung auf ein großes Echo stoßen kann?»

«Wenn Sie mich so fragen», erwiderte Laugel, «will ich Ihnen ganz offen antworten: Ich habe Angst davor. Man könnte meinen, Frankreich läßt keine Gelegenheit aus, um das Elsaß weiter auf Deutschland zuzutreiben. Und gerade Ihre Maginot-Linie, Herr Oberst –»

«Es ist nicht *meine* Maginot-Linie», berichtigte der Offizier lächelnd.

«Ja, sicher. Na ja, Sie verstehen schon. Die Maginot-Linie verläuft genau hinter uns, in den Vogesen. Mit anderen Worten: Wenn es Krieg gibt, dient das elsässische Flachland wieder einmal als Schlachtfeld.»

«Tja, wie sollte es anders sein», meinte Oberst Martin. «Das ist eine strategische Notwendigkeit. Wir mußten uns auf unsere Vorberge stützen.»

«Mag ja sein, aber damit befinden wir uns mit einem Schlag im Niemandsland.»

Edouard pflichtete Laugel bei: «Die Konsequenzen für die hiesige Wirtschaft haben wir bereits erlebt. Keiner will hier mehr investieren. Es ist immer wieder dasselbe, seit 1870. Ob nun von den Franzosen oder von den Deutschen, das Elsaß wird ständig als zweitrangige Provinz erachtet.»

Oberst Martin, der sich etwas unbehaglich fühlte, wollte eben die Idee der Maginot-Linie verteidigen, als Alexandra ihm zu Hilfe kam.

«Die beiden sind unerbittlich mit Ihnen, Herr Oberst! Laßt ihn doch zufrieden», sagte sie.

Dankbar wandte der Offizier sich zu ihr um. «Ach liebe gnädige Frau, ich kann sie ja nur zu gut verstehen... Aber da ist eben die Zurückhaltungspflicht, nicht wahr?»

«Trotzdem hoffe ich», fuhr Alexandra fort, «daß Sie sich bei uns nicht allzu unwohl fühlen... Kommt Ihre Familie bald hierher nach?»

Angeregt durch die Frage seiner Gastgeberin begann der Oberst von seiner Frau und seinen Kindern zu erzählen. Edouard wandte sich Laugel zu, um wieder auf seine aktuellen Sorgen zurückzukommen.

«Zwischen Hitler in Deutschland und Léon Blum in Paris läßt sich die Sache meiner Meinung nach für uns schlecht an... Es ist der helle

Wahnsinn. Jetzt gibt es schon ein Freizeitministerium, stell dir das vor! Und diese Sozialversicherung, wer soll das bezahlen?»

«Ach was! Hier haben wir sie schon seit fünfzig Jahren, dank Bismarck. Und es hat dich nicht ruiniert, oder? Ich sehe nicht ein, weshalb die Arbeiter im übrigen Frankreich nicht ebenfalls ein Recht darauf haben sollten.»

«Na schön, meinetwegen. Aber was ist mit der Vierzigstundenwoche? Die deutschen Fabriken arbeiteten währenddessen Tag und Nacht, um Panzer und Kanonen zu produzieren. Wenn es wieder Krieg gibt –»

«O nein», rief Alexandra aus. «Jetzt fangen sie schon wieder damit an!»

In der darauffolgenden Woche wurde Rachel Bernstein bei Laugel als Assistentin eingestellt. Das einzige Problem, das sich ergab, war ihre Unterkunft. Alsheim bot kaum Logismöglichkeiten.

«Ziehen Sie doch hier ein», schlug der Arzt vor. «Das Haus ist groß. Sie können zwei Zimmer im ersten Stock haben und Treppe und Tür benutzen, die nach hinten hinausführen. Dann sind Sie völlig unabhängig.»

Rachel nahm den Vorschlag an und machte sich damit zwei Feindinnen. Die eine war Odile, die das Eindringen dieser alleinstehenden und zudem noch attraktiven jungen Frau in das Haus – und in das Leben ihres Vaters – auf Anhieb als Bedrohung empfand. Und Bertel hatte, nachdem Albert ihr von Rachel als «Doktor Bernstein» erzählt hatte, von oben herab erwidert: «Das ist kein Doktor, das ist eine Frau.»

«Sie ist eine Frau und eine Ärztin», bekräftigte Albert mit Bestimmtheit. «Sie hat in Berliner Krankenhäusern gearbeitet.»

«Und was werden die Leute sagen? Haben Sie daran schon gedacht?»

«Die Leute sollen sagen, was sie wollen. Und Sie behalten Ihre spitzen Bemerkungen besser für sich.»

«Eine Frau als Doktor! In diesem Haus! Es bleibt einem wirklich nichts erspart», knurrte Bertel vor sich hin.

Der Besuch, den Manfred von Wismar, der Sohn des Fliegers Ernst und Enkel des Generals, im darauffolgenden Herbst seinen Cousins in Alsheim abstattete, sollte allen nachhaltig in Erinnerung bleiben.

Er befand sich ganz in der Nähe, in Baden, auf einem Fliegerlehrgang. Da er zwei Tage Urlaub bekommen sollte, schlug Edouard ihm vor, sie auf dem Schloß zu verbringen, und schickte ihm seinen Wagen samt Chauffeur in Begleitung von Louis-Charles.

Sie hatten ihn seit drei Jahren nicht mehr gesehen. Als dieser lange Bursche mit kurzgeschorenem blondem Haar in der Uniform der Hitlerjugend aus dem familieneigenen Bugatti stieg – die Kempfs waren dem italienischen Ingenieur treu geblieben –, befiel sie alle daher schlagartig eine Betroffenheit, die mit einem Gefühl des Unbehagens einherging.

Der junge Mann schien das gar nicht zu bemerken und fiel Alexandra um den Hals. «Grüß dich, Tante Alexandra! Wie nett von euch, daß ihr mich eingeladen habt.»

Obwohl sie eigentlich seine Cousine war – und nicht seine Tante –, hatte er sie immer schon so genannt, denn er war fast zwanzig Jahre jünger als sie.

Auch Edouard trat nun auf ihn zu. Der junge Mann schüttelte ihm kräftig die Hand. Sein strahlendes Lächeln und sein offener Blick flößten im Grunde Sympathie ein, aber Edouard fiel auch die Härte in ebendiesem Blick und die leichte Arroganz auf, die von seiner ganzen Person ausging.

«*Salut*, Onkel Edouard. Du, dein Wagen ist ja wirklich eine Wucht! Geschlagene 150 haben wir aus ihm herausgeholt! Na, und wenn das nicht Pauline ist?»

Er trat auf seine kleine Cousine zu, die bald fünfzehn war, und umarmte sie. «Ich hätte dich fast nicht wiedererkannt! Du bist ja inzwischen ein richtiges junges Mädchen geworden!»

Pauline wurde rot bis über beide Ohren unter diesem grauäugigen Blick, der sich ihr in die Augen senkte.

«Wie geht es deinen Eltern?» erkundigte sich Edouard.

«Gut, danke! Über Papa seid ihr ja im Bilde, oder?»

«Nein ...»

«Er ist unlängst zum General ernannt und in den Generalstab von

Reichsminister Göring im Reichsluftfahrtministerium geholt worden. Sie waren 1918 beide im selben Jagdgeschwader, dem ‹Roten Zirkus›. Ach übrigens, Onkel Edouard, Louis-Charles möchte mich gern morgen nach Baden zurückbegleiten. Ich könnte ihm unser Lager zeigen.»

«Von mir aus», sagte Edouard.

Louis-Charles nahm seinen Cousin am Arm und sagte: «Kommst du? Ich zeige dir dein Zimmer.»

Die beiden jungen Leute entfernten sich. Alexandra und Edouard sahen einander an. Sie hatten beide denselben Eindruck.

«Wie er sich verändert hat», meinte Alexandra.

«Ich finde ihn sehr hübsch», sagte Pauline.

Louis-Charles hatte diesen Besuch mit Ungeduld erwartet. Die Kulturfilme über die deutsche Jugend, die er in René Imhofs Kino-Palace gesehen hatte, hatten ihn in Begeisterung versetzt. Man bekam da strahlende, freudige Jungen und Mädchen zu sehen, die nach Herzenslust Gymnastik, Rudersport oder Segelfliegen trieben und über hervorragende Ausrüstungen verfügten. Selbst ein leidenschaftlicher Sportler, fand er, daß die jungen Deutschen doch gehöriges Glück hatten. Manfred hatte ihn davon endgültig überzeugt, als er ihm in seinen Briefen von seinem Fliegerlehrgang berichtete. Und Louis-Charles, der sich nicht für Politik interessierte, bewunderte die Kraft, Jugend und Dynamik dieses Deutschlands, das nach seiner Demütigung von 1918 zu neuem Leben erwachte. Hinzu kam noch der Umstand, daß der zwei Jahre ältere Manfred ihn wie einen Gleichgestellten behandelte und freundschaftliche Gefühle bekundete, die er wärmstens erwiderte.

«Es ist schade, daß du nicht länger bleiben kannst», sagte er, als sie im Zimmer angelangt waren.

«Dafür ist wirklich nicht der richtige Zeitpunkt», erwiderte Manfred. «Nur noch fünf Flugstunden, und ich mache mein Patent!»

«Und dann?»

«Dann trete ich in die Luftwaffe ein und fliege eine Messerschmitt! Kennst du die?»

«Hm, ich habe welche im Film gesehen», antwortete Louis-Charles voll Bewunderung. «Du hast vielleicht ein Glück!»

Manfred lachte. «Das kannst du laut sagen! Sogar Papa ist neidisch. Wenn er könnte, würde er glatt wieder in den Dienst treten!»

«In Frankreich hätte ich nie so eine Chance.»

«Na, dann komm doch einfach zu uns.»

Louis-Charles machte große Augen. Manfred hatte aufgehört zu lächeln und sah ihn durchdringend an.

«Nach Deutschland?» fragte Louis-Charles.

«Sicher. Du kannst einen deutschen Paß beantragen. Ihr Elsässer seid schließlich auch Deutsche. Genau wie die Österreicher und die Sudetendeutschen.»

«Die Sudetendeutschen?»

Louis-Charles, der in der Zeitung lediglich den Sportteil las, hatte nur eine sehr vage Vorstellung davon, wer die Sudetendeutschen waren. Mit einer Handbewegung lud Manfred ihn ein, sich in einen Sessel zu setzen, und nahm ihm gegenüber ebenfalls Platz.

«Jetzt hör mir mal kurz zu, alter Kumpel. Mit Deutschland ist es nicht vorbei. Es blüht wieder auf, und das ist erst der Anfang. Andere Deutsche leben noch außerhalb der derzeitigen deutschen Grenzen. Morgen schon, nicht mehr lange jedenfalls, und sie werden aufgefordert, sich dem Reich anzuschließen! Und dieses große, vereinte Deutschland wird Herr über Europa sein! Das ist eine außergewöhnliche Chance für dich und für alle anderen. Wenn du sehen könntest, was dieses Land aus sich macht, würdest du nicht länger zögern!»

Louis-Charles hatte beim Zuhören Mund und Augen aufgesperrt. Noch nie hatte er seinen Cousin mit so viel Überzeugung und flammendem Ernst reden hören. Zugleich allerdings hörte er, ohne es sich recht erklären zu können, aus seinen Worten etwas Mechanisches, Angelerntes heraus, das ihn irgendwie störte. Er rief seine Erinnerungen an den Geschichtsunterricht zu Hilfe. «Ein bißchen vorschnell bist du da aber schon», wagte er einzuwenden. «Das Elsaß gehört seit Ludwig XIV. zu Frankreich. Es wurde nur deutsch, weil Frankreich es im Stich ließ.»

Manfred erhob sich. Er lächelte wieder und schlug dem jungen Mann dann auf die Schulter. «Ludwig XIV., das ist doch lange her! Du lebst hinter dem Mond, du junger Greis. Frankreich ist erledigt, ein degeneriertes Land! Du verplemperst hier nur deine Zeit.»

Beim Abendessen hatte Manfred seine Uniform gegen Polohemd und Golfhose eingetauscht, sehr zu Alexandras Erleichterung, die ihn so viel natürlicher fand. Pauline war recht schweigsam. Sie blickte häufig zu ihm auf und sah, wenn er sie dann anschaute, schnell wieder auf ihren Teller hinunter. In etwas naiver Art und Weise brachte Louis-Charles wieder die Bande zwischen Elsaß und Deutschland ins Gespräch, so daß Edouard sich gedrängt fühlte, nun doch ein paar Dinge richtigzustellen.

«Man sollte nicht alles in einen Topf werfen, Manfred! Meine Mutter war Deutsche, und ich empfand große Zuneigung und Hochachtung für Großvater Edwin. Ich bin stolz darauf, zur einen Hälfte ein von Wismar zu sein. Das ändert aber nichts daran, daß ich in deinen Hitler kein Vertrauen habe.»

«Onkel Edouard, mein Hitler, wie du sagst, hat uns aus dem Chaos herausgeholt. Er hat die Kommunisten verjagt, sieben Millionen Beschäftigungslosen neue Arbeitsplätze verschafft, Fabriken und Autobahnen gebaut. Wer hätte mehr zu bieten?»

«Er hat recht, Papa!» mischte sich Louis-Charles ein. «Sieh mal, die Deutschen gewinnen einfach überall, bei den Olympischen Spielen, den Autorennen! Hast du die Wagen von Mercedes und Auto Union gesehen?»

Edouard erkannte sehr genau, welch großen Einfluß Manfred auf seinen Sohn ausübte. Das sah er ganz und gar nicht gerne, ebensowenig wie die Filmvorführungen im Kino-Palace. Mit seinen achtzehn Jahren hatte Louis-Charles nicht den Abstand und Überblick – und konnte dies auch nicht haben –, um gewissen Lockungen zu widerstehen. «Hitlers wirtschaftlichen Erfolg stelle ich keineswegs in Zweifel», räumte er ein. «Aber ihr seht nur einen Teil des Problems. Er will sich alles einverleiben: Österreich, die Tschechoslowakei!»

»Das sind doch auch Deutsche, oder?» warf Pauline ein.

Alexandra sah ihre Tochter streng an und sagte: «Pauline, dich hat niemand gefragt.»

Tief gekränkt senkte das junge Mädchen den Blick.

«Und danach ist Danzig an der Reihe», fuhr Edouard fort. «Wo soll das enden?»

«Ist doch nichts Besonderes dran», erwiderte Manfred gelassen. «England und Frankreich haben ihre Kolonien überall. In Afrika, in Indien! Laßt uns Europa. Wir sind siebzig Millionen, ihr nur vierzig. Wir brauchen dringend mehr Lebensraum.»

«All das wird in einem Krieg enden.»

«Und Deutschland wird ihn gewinnen.» Mit seinem ruhigen, selbstsicheren Blick aus grauen Augen sah der junge Mann sie der Reihe nach an. Die gespannte Atmosphäre, die seine Worte hervorriefen, schien ihn nicht zu beeindrucken.

Edouard versuchte, die Stimmung aufzulockern, als er fragte: «Kennst du eigentlich den Witz, den man sich in Frankreich erzählt? Um ein echter Arier zu sein, muß man so blond sein wie Hitler, der rabenschwarz ist, so groß wie Goebbels, der ein Zwerg ist, so schlank wie Göring, der fett und feist ist, und einen durch und durch arischen Namen tragen – wie Rosenberg!»

Doch Manfred lachte nicht. «Ihr Franzosen», meinte er nach wie vor ruhig, «könnt immer nur witzeln. Alles, was ich weiß, ist, daß ich dank Hitler stolz darauf bin, ein Deutscher zu sein.»

Alexandra war am nächsten Tag geradezu erleichtert über seine Abreise. Ohne es sich recht erklären zu können und ohne auch zu wagen, es laut auszusprechen, erinnerte sie der Eindruck, den Manfred bei ihr hinterließ, an jenen, den sie zwanzig Jahre zuvor empfunden hatte, als Karl seinen letzten Heimaturlaub in Alsheim verbrachte. Wieder war da diese Unmöglichkeit, sich zu verständigen, dieses Gefühl, mit jemandem zu tun zu haben, den man einmal gekannt hatte, der einem nahegestanden hatte und der sich nun, unwiderstehlich von etwas angezogen, das man nicht begriff, weit entfernt hatte. Für Karl war diese fremde Welt die des Krieges gewesen. Für Manfred war es etwas anderes: die Faszination durch Hitler, der blinde Gehorsam. Doch beim einen wie beim anderen ahnte sie etwas fremdartig Beängstigendes, gefährlich Morbides. Dieselbe Leidenschaft, die die Menschen letztlich in den Tod führt.

«Meinst du, alle jungen Deutschen sind wie er?» fragte sie Edouard.

«Ich befürchte es. Und nicht nur die jungen.»

«Es tut mir leid wegen deines Vaters», sagte Manfred zu Louis-

Charles in dem Wagen, der sie zur Grenze bringen sollte. «Ich wollte ihm nicht weh tun.»

«Ach, der ist doch gar nicht mehr auf dem laufenden...»

«Versuch doch, in den nächsten Sommerferien zu uns zu kommen. Dann wirst du schon sehen!»

«Wenn ich erst mein Abitur habe», meinte Louis-Charles, «wird Papa mir das nicht abschlagen können.»

Sie erreichten den deutschen Grenzposten, wo die rote Hakenkreuzfahne flatterte. Manfred kurbelte die Scheibe herunter und streckte den Arm aus.

«Heil Hitler!»

Und zum wiederholten Mal überkam Louis-Charles ein unbehagliches Gefühl, das er nicht zu benennen wußte. Doch er schimpfte sich töricht und schob es beiseite.

1938

Seit zehn Jahren lebte Katel Laugel nun in Paris. Knapp vierzig Jahre war sie jetzt alt.

Obwohl sie nach dem Autonomistenprozeß gezwungen gewesen war, Haltung zu bewahren, und das Elsaß hocherhobenen Hauptes verlassen hatte, war sie als seelisches Wrack hier angekommen. Wegen eines Liebhabers, den sie gar nicht liebte, hatte sie ihre Ehe zerstört. Da sie in Geldnot war, hatte sie nicht einmal ihre Tochter mitnehmen können, deren Gegenwart ihr materielles Leben noch komplizierter gemacht hätte, als es ohnehin schon war. Odile hatte ein Jahr lang zwischen Bertel und den Kempf de La Tours gelebt. Als Albert dann aus dem Gefängnis kam, hatte er sie wieder ganz zu sich geholt.

Allein in Paris, zog sie eine bittere Bilanz ihres Lebens und faßte dann ihre nächste Zukunft ins Auge. Sie konnte Deutsch: Das war ihr einziges verwertbares Gepäck. Sie ergatterte den einen oder anderen Nachhilfeunterricht, arbeitete als Aushilfskraft in Klosterschulen und bot dann ihre Dienste als Übersetzerin bei Verlagshäusern an. Sie lernte maschineschreiben.

Sie wohnte in einem Hotelzimmer, aß nur einmal am Tag, um zu sparen, und schrieb Briefe an ihre einzige Freundin Alex. Sie lernte Paris an endlos langen Sonntagen auf einsamen Spaziergängen beim Louvre oder an den Seineufern kennen und machte enttäuschende, ja unliebsame Erfahrungen mit Männern. Im Jahr darauf ließ sie sich von einem Französischlehrer hofieren, der seine ganze Freizeit am Montparnasse, im *La Coupole* oder in den Kinos zubrachte. Sie begann sich für Jazz zu begeistern, ging in die Cabarets und klatschte Josephine Baker Beifall. Sie gewann Freunde in Künstlerkreisen.

Katel tobte sich aus, berauschte sich an den Nächten dieser scheinbar unbekümmerten Stadt. Sie hatte Liebhaber, mehr zum Spaß und aus Freundschaft als aus Leidenschaft. Und sie liebte dieses Leben.

Albert trug sie nichts mehr nach. Sie empfand sogar Gewissensbisse, weil sie ihm weh getan hatte. Aus der Ferne begriff sie jetzt besser, daß ihre Ehe ein kompletter Unsinn gewesen war, die Frucht eines Mißverständnisses zwischen einem schüchternen, betörten Jungen und einem kleinen Mädchen, das sich selbst noch nicht kannte. In Alsheim heiratete man eben den ersten Jungen oder das erste Mädchen, mit dem man Küsse tauschte, wenn man herangewachsen war. Sie zog ihren Schluß daraus, daß es besser war, zu warten und mit Verstand zu wählen.

Manchmal weinte sie, wenn sie an ihre Tochter dachte. Trotzdem bereute sie nichts. Später wollte sie ihr alles erklären, damit Odile verstehen konnte und die Fehler, die sie gemacht hatte, nicht wiederholte.

Im Kontakt mit ihren neuen Freunden fing sie an, sich wegen ihrer bescheidenen Kenntnisse ein wenig zu schämen. Sie begann zu lesen und sich mit den intellektuellen Strömungen der Zeit vertraut zu machen. Sie liebte die Werke von Colette und Louis Aragon. Diese Romanschriftsteller brachten die gleiche Forderung nach Freiheit und Unabhängigkeit zum Ausdruck, die sie schon seit langem in sich selbst gespürt hatte. Die Herausforderungen ihrer Heldinnen waren auch die ihren. Verblüfft erkannte sie, daß sie instinktiv, ohne es zu wissen, genau im Tempo ihrer Zeit gelebt hatte.

Schon die Verhaftung und der Prozeß ihres Mannes hatten sie dazu gebracht, sich für Politik zu interessieren. Die Abende, die sie in den Cafés des Montparnasse verbrachte, eröffneten ihr nun neue Dimensionen. Sie wurde eine leidenschaftliche Anhängerin der Volksfront und demonstrierte für die Spanische Republik und gegen den Faschismus. Zu dieser Zeit etwa angelte sie sich auch mit Alexandras Hilfe eine Stelle als Dolmetscherin und Übersetzerin im Außenministerium.

Sie war jetzt nicht mehr Katel Laugel: Sie war Catherine Wahl, nachdem sie ihren Vornamen französisiert und ihren Mädchennamen wiederangenommen hatte. Die hilflose kleine Provinzlerin, die vor ein paar Jahren mit einem schäbigen Koffer am Gare de l'Est ausgestiegen war, war eine andere Frau geworden.

Die neue Stellung erlaubte ihr, in Saint-Germain-des-Prés eine nette kleine Wohnung mit Blick auf einen mit ein paar Bäumen bepflanzten Hof zu mieten. In dieser Zeit lernte sie einen Journalisten vom *Paris-Soir* kennen, François Favier, einen Experten für Außenpolitik. Er suchte jemanden, der ihm die deutsche Presse übersetzen und inhaltlich zusammenfassen konnte. Catherine Wahl erklärte sich bereit, diese Aufgabe zu übernehmen, und stellte sehr bald fest – ohne Mißverständnisse diesmal –, daß sie sich zum zweiten Mal in ihrem Leben verliebt hatte.

Das Jahr 1938 wurde im Elsaß durch Gerüchte geprägt, die Angst verbreiteten. Seit zwei Jahren hatte Deutschland das linke Rheinufer remilitarisiert, indem es dort 300 000 Soldaten stationierte und, insgeheim zuerst, seine «Siegfried-Linie» errichtete. Das Elsaß fühlte sich im Schußfeld. Genau wie Edouard und Albert Oberst Martin klarzumachen versucht hatten, brachte die Maginot-Linie auf der anderen Seite rein gar nichts ins Lot, da sie einem Gutteil der Elsässer das Gefühl gab, zwischen Hammer und Amboß geraten zu sein, von den Enteignungen und der allgegenwärtigen militärischen Überwachung ganz zu schweigen, die die Errichtung der Festungsanlagen mit sich brachte.

Was würde im Kriegsfall geschehen? Es hieß, die Behörden hätten einen Evakuierungsplan für Hunderttausende von Zivilisten ausgearbeitet. Doch die Vorkehrungen waren geheimgehalten worden, so daß sich die Bevölkerung einerseits im Stich gelassen fühlte, andererseits im ungewissen war, auf welche Art und Weise sie wohl dran glauben müßte.

Das, worüber man immer weniger Zweifel hegte, war die Realität der nationalsozialistischen Ideologie. Die Nazipropaganda hinterließ ihre Spuren und wurde wirksam. Lokale Sympathiebekundungen waren laut geworden. Einige der ehemaligen Autonomisten machten keinen Hehl daraus, daß sie dem Nationalsozialismus ergeben waren, während sie gleichzeitig den elsässischen Empfindlichkeiten entgegenkamen. Schon hatten einige jüdische Familien nach den ersten antisemitischen Krawallen das Land verlassen.

Der Abgeordnete Laugel hatte sich mit der Zeit von vielen seiner ehemaligen Freunde distanziert. Auch wenn er sich ebensowenig zu Stalin wie zu Hitler hingezogen fühlte, Seligmanns Analysen hatten ihn doch beeinflußt. Die spezifisch elsässische Frage entwickelte sich zu einem Problem, das es unter einem größeren Blickwinkel neu zu betrachten galt.

Doktor Bernstein schien es, ob es Bertel nun gefiel oder nicht, in Alsheim geschafft zu haben, die Patientenschaft von ihren Fähigkeiten zu überzeugen. Was die Haushälterin indessen nicht daran hinderte, ihr weiterhin die kalte Schulter zu zeigen, ebensowenig wie Odile, sie mit trotzigen und frechen Bemerkungen zu bombardieren. Laugel, der Herr im Haus bleiben wollte, verbot ihnen ihre Sticheleien, litt aber unter dieser Feindseligkeit, die um so ungerechter erschien, als Rachel Bernstein sich so diskret und entgegenkommend wie nur möglich verhielt.

Eines Morgens im Februar 1938 fand er sie in Tränen aufgelöst in seinem Büro vor. Freunde in Berlin hatten in Erfahrung bringen können, was aus ihrem Vater geworden war. Er war im Konzentrationslager gestorben.

«Wer weiß darüber schon Bescheid? Wer spricht davon in Frankreich?» schluchzte sie. «Sie bringen die Patienten in den Krankenhäusern um, sie ersticken die Leute in Lastwagen mit Auspuffgasen.»

In den darauffolgenden Wochen wandelten sich die öffentlichen Äußerungen des Abgeordneten Laugel noch deutlicher, indem sie der Verteidigung der Demokratie gegen den Nationalsozialismus eine immer gewichtigere Rolle einräumten, sehr zur Freude von Seligmann, dem er sich mehr und mehr annäherte.

Eines Morgens im Februar war Rachel Bernstein allein in der Praxis, als Bertel, die gerade einen Telefonanruf entgegengenommen hatte, aufgeregt hereinplatzte.

«Der Doktor ist nicht da?»

Sie blieb unbeirrt dabei, immer «der Doktor» zu sagen, als gäbe es nur einen im Haus. Rachel tat gewöhnlich so, als merkte sie es nicht.

«Herr Laugel ist in Straßburg», sagte sie. «Aber ich bin ja da. Worum handelt es sich?»

«Ach du meine Güte, er ist nicht da. Welch ein Unglück!»

Ärgerlich stand Rachel von ihrem Stuhl auf und ging, Bertel mit dem Arm zurückdrängend, selbst an den Apparat.

In den Kempf-Werken hatte sich ein Unfall ereignet. Während des Abtransports einer Kipplore aus der Produktionsstätte war an einer Hebevorrichtung eine Kette gerissen. Einem Arbeiter war dabei das Bein unter die Lore geraten, die ungefähr eine halbe Tonne wog. Er lag immer noch darunter eingeklemmt. Rachel hängte ein und stürzte ins Behandlungszimmer zurück.

«Bertel! Den Erste-Hilfe-Kasten, das Verbandszeug und die chirurgischen Instrumente! Schnell!»

«Aber –»

«Wir brechen sofort auf, und Sie kommen mit.»

Stumm vor Staunen gehorchte Bertel. Eine Viertelstunde später betrat Rachel in ihrem weißen Kittel die Fabrik und bahnte sich einen Weg durch die Arbeiterschar.

«Um Himmels willen, Fräulein! Für Sie ist das aber kein passender Anblick!»

«Lassen Sie mich durch. Ich bin Ärztin.»

Sie erreichte die Unfallstelle und kniete bei dem schwerverletzten Mann nieder. Er hatte bereits eine Unmenge Blut verloren. Auch Edouard Kempf war zur Stelle.

Rachel hob den Kopf und sagte zu Bertel hin: «Bereiten Sie einen Knebel vor und eine Morphiumspritze.»

Zu Tode erschrocken, aber von der Autorität der jungen Frau in Bann geschlagen, gehorchte Bertel.

Ein Mann um die Mitte Fünfzig tauchte auf. Es war Fonse Roederer. Er sprach Edouard an: «Bis wir hier einen Kran beibringen, brauchen wir fast eine Stunde, um ihn zu befreien.»

«Was meinen Sie dazu?» fragte Edouard Rachel.

«Das wird er nicht überleben. Er muß sofort amputiert werden.»

«Aber wir haben hier keinen Chirurgen ...»

«Ich mache das selbst. Bertel, richten Sie die chirurgischen Instrumente her. Man soll mir heißes Wasser und saubere Tücher bringen, und zwar alles, was Sie auftreiben können.»

Verdattert starrte Roederer sie an. «Aber Madame, Sie können unmöglich hier bleiben. Die Lore hängt über, sie riskiert herunterzukrachen.»

«Spannt hinten Seile an, um sie zurückzuhalten», befahl Edouard.

«Alle sollen zurücktreten», fügte Rachel hinzu. «Ich brauche nur Bertel und einen Freiwilligen.»

Weder Edouard noch Roederer wollten dem anderen die Stellung überlassen, also blieben sie beide.

Eine halbe Stunde später war die Operation durchgeführt. Man legte den bewußtlosen Arbeiter auf eine Tragbahre. Rachel erhob sich und wischte sich über das Gesicht, das von der in der Fabrik herrschenden Hitze schweißgebadet war.

Bertel war kreidebleich geworden und hatte sich setzen müssen. Ein Arbeiter hatte ihr ein Gläschen Schlehenwasser gebracht. Endlich erhob sie sich und trat auf Rachel zu.

«Ja ... also, Fräulein, das war wirklich eine Meisterleistung. Ein Doktor hätt's nicht besser gemacht.»

So erschöpft Rachel sich auch fühlte, so brachte sie doch noch ein Lächeln zustande. «Aber ich *bin* ein Doktor, Bertel.»

Wortlos hatte ihr die Haushälterin die Hände auf die Schultern gelegt und zog sie, nachdem sie ihr fest in die Augen gesehen hatte, an sich, um sie auf beide Wangen zu küssen.

«Danke, Bertel. Und jetzt gehen wir nach Hause», sagte Rachel.

Sie gab Edouard und Roederer die Hand. Dann schritten die beiden Frauen auf die Arbeitergruppe zu, die sich langsam vor ihnen teilte.

Abends nach dem Essen, während Radio Stuttgart sanfte Musik brachte, kam Bertel ins Wohnzimmer, wo Albert und Rachel saßen. Sie trug ein Tablett mit Gläsern und einer bereits entkorkten Flasche Riesling vor sich her.

«Sieh an, Bertel!» rief Albert schmunzelnd aus, «Sie haben beschlossen, uns etwas zu trinken anzubieten?»

«Bei Ihnen weiß ich das noch nicht», brummte Bertel. «Aber bei ihr schon. Sie hat es sich verdient. Hier, Fräulein Doktor», sagte sie zu der jungen Frau und hielt ihr das erste Glas hin.

Albert tauschte ein kleines Lächeln mit Rachel. Noch am Tag zuvor hatte Bertel kein gutes Haar an ihr gelassen. Seit der Geschichte in der Fabrik war sie sichtlich zu ihrer Bewundererin geworden.

Das zweite Glas reichte sie Albert und ergriff selbst das dritte, da sie offenbar beschlossen hatte, sich dieser kleinen Feier anzuschließen. Sie stießen miteinander an.

«Auf den Mut und auf die Schönheit», flüsterte Albert, indem er Rachel ansah.

Nachdem sie ihr Glas getrunken hatte, verzog sich Bertel gleich wieder.

«Bertel haben Sie ja wirklich erobert», stellte Laugel fest.

«Albert, ich wollte Ihnen sagen ... Ich denke, daß ich Sie bald von meiner Gegenwart hier befreien kann. Gestern hat man mir eine kleine Wohnung angeboten.»

Laugel machte ein entsetztes Gesicht. «Sie wollen gehen? Fühlen Sie sich bei uns nicht wohl?»

«Ich glaube, daß ich Ihnen einige Probleme bereitet habe. Dabei denke ich vor allem an Ihre Tochter.»

Sie glaubte fast, Laugel würde gleich in Tränen ausbrechen. Doch er hatte sich schnell wieder im Griff.

«Rachel, Sie werden uns nicht verlassen. Dieses Haus hat wieder zu leben begonnen, seitdem Sie da sind ...»

Er hatte ihre Hand genommen. Wie er so dasaß, mit seiner massigen Gestalt, und vor Schüchternheit die Worte nur zögernd herausbrachte, hatte er etwas wirklich Rührendes an sich.

Plötzlich trat im Radio an die Stelle der klassischen Musik, in deutlich angehobener Lautstärke, ein geschmettertes *«Deutschland über alles»*. Rachel zuckte zusammen und zog ihre Hand zurück.

«Ich bitte Sie. Machen Sie das aus.»

Doch schon ließ sich eine Stimme vernehmen. Eine Stimme, die über einer riesigen Versammlung zu dröhnen schien und ihre Sätze mit wütender Heiserkeit hämmerte. Albert erhob sich und trat näher an den Apparat heran.

«Nur noch einen Augenblick ... Das ist Hitler ...»

Mit angehaltenem Atem hörten sie zu.

Die Truppen des Reiches rückten auf Wien vor. Der Kanzler kündigte Österreichs Anschluß ans Reich an. Die entschiedene, triumphierende Stimme verkündete den Entschluß des Reiches, Punkt für Punkt einen seit langem gereiften Eroberungsplan durchzuführen. Rachel brach in Tränen aus.

«Ich flehe Sie an! Ich ertrage das nicht länger! Machen Sie aus!»

Schon war sie aufgesprungen, stand neben ihm und drehte mit zitternder Hand den Ebonitknopf herum. Stille kehrte ein. Sie wandte ihm mit bebenden Lippen ihr Gesicht zu, in dem die Tränen glitzerten.

«Verzeihen Sie ... Ich kann einfach nicht mehr, die Flucht, der Verlust meines Vaters und ewig diese Angst ...»

Laugel nickte. Er wirkte schuldbewußt, da er unbedingt diese Rede hatte hören wollen. Er legte ihr den Arm um die Schultern und sagte: «Ich verstehe schon, Rachel. Kommen Sie, setzen Sie sich wieder.»

Behutsam schob er sie zum Sessel zurück.

«Rachel, ich möchte Ihnen gerne sagen –»

«Sagen Sie nichts. Küssen Sie mich lieber.»

Mit noch tränenfeuchten Augen stand sie vor ihm. Da schlang er seine Arme um sie. Sie schmiegte sich fest an ihn, und ihre Lippen trafen sich.

Um acht Uhr morgens stand Odile Laugel auf und zog sich schnell an, da sie ihren Sonntag voll auskosten wollte. Sie schlüpfte in einen weißen Rock, ein Lacoste-Hemd und Tennisschuhe. Louis-Charles hatte sie zu einem Tennismatch auf dem schloßeigenen Platz eingeladen, der für ihn, seine Schwester Pauline und ihre Freunde wieder neu hergerichtet worden war.

Sie ging hinunter, um einen Milchkaffee zu trinken, und wechselte ein paar Worte mit Bertel, die sich in der Küche zu schaffen machte. Sie sah auf die Uhr – halb neun – und wunderte sich, daß ihr Vater noch nicht auf war. Das junge Mädchen beschloß, ihn zu wecken, um ihm noch einen guten Tag zu wünschen. Also stieg sie wieder die Treppe hinauf und klopfte wie gewöhnlich nur flüchtig an die Tür, die sie gleich darauf öffnete. In ihrer Überraschung blieb sie wie versteinert stehen.

Aus dem Schlaf hochgeschreckt, zogen sich Rachel und Albert hastig das Laken über die Schultern.

Odile knallte die Tür hinter sich zu und schrie: «Bertel! Bertel!»

Heulend lief sie in die Küche und warf sich der Haushälterin in die Arme.

«Aber um Himmels willen, was ist denn nur los, mein Kind?»

«Bertel! Ich hab sie gesehen... Papa und diese Frau...»

Obwohl nicht im geringsten überrascht, blieb Bertel für eine Weile stumm. Bedächtig setzte sie sich auf einen Stuhl und zog das junge Mädchen, genau wie früher, als sie noch klein war, auf ihren Schoß.

«Maidele, Maidele. Na komm, beruhige dich erst mal.» Sanft wiegte sie das Mädchen. «Du bist groß genug inzwischen, um so was zu verstehen», murmelte sie. «Dein Vater ist noch jung. Diese Frau ist gut für ihn. Sie ist schön. Und sie ist ein feiner Mensch.»

Empört blickte Odile auf. «Du hältst plötzlich zu ihr?»

«Ich habe sie falsch eingeschätzt. Glaub mir, du darfst deinem Vater deswegen nicht böse sein.»

«Ja, aber meine Mutter...»

«Ach Kindchen. Ich will deiner Mama ja nichts Schlechtes nachsagen, aber immerhin war sie es, die gegangen ist. Sie hat es so gewollt.»

«Und ich?»

Diesmal begann Bertel liebevoll zu lachen. «Du, *Maidele*, du bist seine Tochter. Und glaub mir, er hat dich sehr lieb, dein Papa. Allerdings ist es sein gutes Recht, eine Frau zu haben. Du hast doch wohl auch einen Verehrer, oder?»

Urplötzlich sprang Odile auf. Wie die Berührung eines Zauberstabs hatten diese Worte auf sie gewirkt. «Das ist wahr», stellte sie fest. Und ohne ein weiteres Wort zu verlieren, verließ sie den Raum.

Eine Viertelstunde später kam sie im Eiltempo auf ihrem Fahrrad durch das große Tor auf Schloß Alsheim angefahren. Schleudernd bremste sie auf dem Kies, warf ihr Rad zu Boden und lief atemlos ins Haus hinein. In der Vorhalle traf sie auf Edouard, der sich eben anschickte, ins Krankenhaus zu fahren, um nach dem verunglückten Arbeiter zu sehen.

«Ach Odile! Du stehst wohl zeitiger auf als Louis-Charles. Ich vermute, daß er noch schläft. Du brauchst nur hinaufzugehen, den Weg kennst du ja.»

«Gut, ich geh rauf.»

Etwas überrascht sah Edouard ihr nach. Sie wirkte ungewöhnlich hektisch. Doch er dachte weiter nicht darüber nach, denn er war in Eile.

In großen Sprüngen eilte Odile die Treppe hinauf, den Flur entlang und brach wie ein Wirbelsturm in das Zimmer des jungen Mannes ein, dessen Strubbelkopf sich verschlafen aus den Kissen hob.

«Hallo!» rief sie ihm entgegen.

Dann schloß sie die Tür, drehte den Schlüssel zweimal herum und kam quer durch den Raum auf ihn zu.

«Hallo», brummte Louis-Charles und rieb sich die Augen. «Aber, was machst du denn da?»

Odile stand zwei Meter vom Bett entfernt und hatte, ohne ein weiteres Wort zu verlieren, Pullover, Schuhe und Socken ausgezogen. Dann war das Lacoste-Hemd an der Reihe und schließlich der kurze Rock. Offenen Mundes sah der junge Mann ihr staunend zu. Mit geröteten Wangen, ob nun durch die Aufregung oder wegen der rasanten Fahrt mit dem Fahrrad, straffte sie, die Hände auf dem Rücken, ihren Oberkörper, um ihren BH aufzuhaken. Kaum daß er noch Gelegenheit hatte, einen Blick auf zwei hübsche runde Brüste zu erhaschen, da schlüpfte sie auch schon zu ihm unter die Decke.

Mit über der Brust verschränkten Armen lehnte sie sich gegen den Bettrahmen. «Liebst du mich?» fragte sie, ohne ihn dabei anzusehen.

«Ja ... Natürlich liebe ich dich», brachte Louis-Charles mit belegter Stimme hervor.

«Dann beweise es.»

Mit einer abrupten Bewegung rutschte sie tiefer unter die Decke, unter der nun auch ihre Hände verschwanden. Sie zog sich den Schlüpfer aus. Als das getan war, lag sie, ein wenig steif und die Augen zur Decke gerichtet, abwartend da.

Es verlief auf beiden Seiten recht verkrampft und unbeholfen. Außerdem war alles schnell vorbei. Nach wenigen Minuten ließ sich Louis-Charles schnaufend seitlich zurücksinken.

«War es das?» fragte sie zaghaft.

Louis-Charles stützte sich auf den Ellbogen und streichelte verlegen ihre Hand. «Odile ... Ich liebe dich.» Er sagte das so, als wollte er sich entschuldigen.

Sie drehte den Kopf zu ihm hinüber und lächelte. «Ich dich auch!» meinte sie fröhlich.

Dann küßte sie ihn überschwenglich auf den Mund und sprang aus dem Bett. Zielstrebig klaubte sie ihre Sachen zusammen und begann sich wieder anzuziehen.

Louis-Charles, der noch gar nicht recht begriffen hatte, wie ihm da geschehen war, sah ihr dabei zu.

«Eigentlich bin ich gekommen, um dir zu sagen, daß ich von hier weggehe», erklärte sie unvermittelt, als sei das die alltäglichste Sache der Welt.

«Von hier weg? Wohin denn?» fragte Louis-Charles, der aus einer Überraschung in die andere fiel.

«Nach Paris», erwiderte sie in unverändertem Tonfall. «Ich ziehe zu meiner Mutter.»

Louis-Charles' Gesicht drückte seine Enttäuschung aus, als er sagte: «Nach Paris ... Und wann fährst du?»

«Nach den Osterferien.»

«Aha ... Ja und ich?»

Mit nach oben gekehrten Handflächen gab sie zurück: «Ist doch klar! Du kommst nach! Wenn du mich wirklich liebst, wie du sagst ... Also dann, spielen wir es nun, unser Tennismatch?»

In diesem Jahr büffelte Louis-Charles mit einem Feuereifer für sein Abitur, wie er ihn in seiner ganzen Schulzeit noch nie an den Tag gelegt hatte. Dies war der Schlüssel zu seinen Ferien, und er dachte, daß seine Eltern ihm, wenn er eine gute Abschlußnote ergatterte, nicht viel abschlagen konnten. Nun hatte er nicht mehr den Deutschlandaufenthalt bei Manfred im Sinn. Jetzt war es Paris, und in Paris: Odile Laugel. Jahre später sollte er sich noch oft darüber wundern, daß ihn ein süßes, achtzehn Jahre junges Mädchen aller Wahrscheinlichkeit nach vor dem Nationalsozialismus bewahrt hatte.

Er erhielt die gute Note und verbrachte einen Monat, vom 15. Juli bis zum 15. August, in der Hauptstadt. Herrliche Tage, ausgefüllt mit Streifzügen durch die Stadt, Kinobesuchen, Museen, Küssen – herrlich und viel zu schnell vorbei. Da die Ferien zu Ende gingen, mußte er wieder nach Alsheim zurück. Als die beiden Verliebten sich am Bahnsteig des Gare de l'Est einen letzten leidenschaftlichen Kuß gaben, ahnten sie nicht, daß sie einen Monat später schon wieder vereint sein würden.

Anfang September nämlich forderte Adolf Hitler die Angliederung der Sudeten in der Tschechoslowakei an Deutschland. Die Nazipropaganda unterstützte dort seit langem schon die einheimischen Autonomisten. Europa stand kurz vor dem Krieg. In Alsheim bat Edouard Kempf Alexandra, mit den Kindern nach Paris zu gehen.

«Der Konflikt kann jeden Augenblick zum Ausbruch kommen. Ich weiß aus zuverlässiger Quelle, daß die Regierung in diesem Fall fast die Hälfte der elsässischen Bevölkerung evakuieren will. Besser, ihr seid bereits weg, bevor der Trubel losgeht. Tante Caroline de La Tour hat sich im Périgord niedergelassen und bietet uns ihre Wohnung in der Avenue Henri-Martin an.»

Alexandra reagierte bestürzt bei der Aussicht, ihr Heim und ihren Mann verlassen zu müssen. «Ich will mit den Kindern nicht ohne dich weg von hier.»

«Es geht aber nicht anders. Ich muß bleiben, um mich um die Fabrik kümmern zu können.»

«Aber Edouard, es gibt doch so viele Unternehmen, die ihren Firmensitz bereits nach Paris verlegt haben. Weshalb machst du es nicht genauso?»

«Alex, das wäre nicht der Stil unserer Familie.»

Ernst sah er sie an. Sie hatte plötzlich den Eindruck, daß hier durch die Worte ihres Mannes vier Generationen der Kempfs zu ihr sprachen.

Die Abreise fand am 20. September statt. Alexandra konnte schon gar nicht mehr schlafen bei dem Gedanken, Edouard allein im Elsaß zurücklassen zu müssen. Die Bedrohung des Krieges war allgegenwärtig, greifbar nah. Die Zeitungen waren voll davon. Die Kanzlerämter waren in heller Aufregung wegen der tschechischen Krise.

Frankreich und England konnten nichts tun, als Prag gegen die deutschen Ansprüche zu stützen.

Am anderen Rheinufer drüben wurden die deutschen Kanonen auf das elsässische Flachland ausgerichtet.

Nur Pauline und Louis-Charles hatte die allgemeine Besorgnis noch nicht erfaßt.

«Jetzt hast du sie bald wieder, deine Süße!» meinte das junge Mädchen zu seinem Bruder und versetzte ihm dabei einen scherzhaften Stoß mit dem Ellbogen.

«Was hast du heute nachmittag vor?» fragte Katel ihre Tochter.

Es war Anfang Oktober. Die beiden Frauen hatten eben in ihrer Wohnung in Saint-Germain-des-Prés zu Mittag gegessen.

«Ich gehe mit Louis-Charles ins Kino. Wir wollen uns einen Film mit Fred Astaire und Ginger Rogers ansehen. Die sind einfach spitze.»

«Hör doch auf, dauernd ‹spitze› zu sagen.»

«Aber sie sind spitze, Mama! Ganz Paris ist spitze. Es gibt so viel zu unternehmen und zu sehen... Ich bin wirklich froh, daß ich bei dir wohnen kann.»

«Um so besser. Auch ich bin sehr froh darüber. Aber im Gymnasium solltest du dich trotzdem ein bißchen mehr anstrengen. Es ist mir immerhin gelungen, dich am *Fénelon* einzuschreiben, da darfst du mir nicht so schlechte Noten in Deutsch heimbringen. Ganz besonders nicht in Deutsch!»

Odile seufzte. In den paar Monaten, die sie nun bei ihrer Mutter lebte, hatte sie die Erfahrung gemacht, daß diese viel autoritärer war, als sie gedacht hatte. Katel mochte noch so emanzipiert sein, im Umgang mit ihrer Tochter zeigte sie doch eher altmodische Erziehungsansichten.

«Mama, wie kannst du erwarten, daß ich bei all dem, was zur Zeit passiert, noch den Kopf frei habe, um zu lernen? Und außerdem ist Deutsch, anders als bei dir, nicht meine Muttersprache!»

«Ja, das liegt nur an dieser dämlichen Politik. Dadurch kann deine Generation weder richtig Deutsch noch richtig Französisch. Ein feines Resultat.»

«Und was machst du heute?»

«Ich erwarte … einen Besuch.»

«Deinen Liebhaber!»

«He, du vorlautes Früchtchen!»

Lachend versuchte Katel ihre Tochter in die Wange zu kneifen. Odile wehrte sie ab, und es begann ein kleines Gerangel. Seit das junge Mädchen vor sechs Monaten nach Paris gekommen war, waren diese Albereien zu einer lieben Gewohnheit zwischen ihnen geworden.

Die Liaison zwischen Catherine Wahl und dem Journalisten François Favier vom *Paris-Soir* dauerte nun fast zwei Jahre. Favier war fünfundvierzig Jahre alt, geschieden und ein lässiger, eleganter Mann mit sanften braunen Augen und leicht ergrautem Haar. Katel war es längst zur Gewohnheit geworden, allein zu leben. Und er, der häufig nicht in Paris war, brauchte seine Unabhängigkeit. Sie waren beide übereingekommen, daß es nicht nötig war, zusammenzuziehen.

Im Februar dann hatte Katel den Brief erhalten, in dem ihre Tochter anfragte, ob sie bei ihr leben dürfe. Das hatte sie überglücklich gemacht.

In Paris waren Odile recht bald die häufigen Anrufe des Journalisten, seine Besuche bei Katel und ihr gemeinsames Fernbleiben aufgefallen.

«Er ist dein Liebhaber», hatte sie eines Abends, keinesfalls im Tonfall einer Frage, sondern eher einer Feststellung, gesagt.

Katel, der es ein wenig peinlich war, hatte laut entgegnet: «Odile, wie kannst du so mit mir reden?»

«Du kannst es mir doch sagen! Weißt du, ich bin erwachsen. Ich habe das schon bei Papa kennengelernt.»

In diesem Augenblick begriff Katel, daß es besser war, die Karten auf den Tisch zu legen.

«Übrigens», fügte das junge Mädchen hinzu, «habe ich mich ihm gegenüber schlecht benommen. Das tut mir leid. Ich sollte ihm schreiben.»

Auf diese Weise hatte sich die Angelegenheit geregelt. Für Odile erleichterte das später dann auch die Situation, als Louis-Charles den Sommer über nach Paris kam.

«Weißt du, ich mag ihn, deinen Liebhaber», sagte das junge Mädchen. «Er ist wirklich klasse.»

«Du sollst nicht immer ‹klasse› sagen!»

«‹Spitze› soll ich schon nicht sagen ...»

Unterdessen traf Favier ein, um mit ihnen Kaffee zu trinken. Katel ging ihren Sekretär öffnen.

«Hier sind die Übersetzungen der deutschen Presse», sagte sie. «Alle miteinander triumphieren sie. Für sie ist das Münchener Abkommen ein Sieg.»

«Natürlich!» seufzte der Journalist. «Wir sind ja auch die einzigen, die glauben, Hitler eingewickelt zu haben ... Hast du die Zeitungen von heute morgen gelesen? Es ist der reine Wahnsinn. Friede, Friede! Alle Welt redet nur noch davon. Immerhin hat *Paris-Soir* trotzdem meinen Artikel veröffentlicht.»

«Ist doch normal, oder?» bemerkte Odile. «Schließlich sind Sie der Ressortleiter ...»

«So selbstverständlich ist das nicht. Ich dachte schon, die Direktion würde es verhindern. Jedenfalls frage ich mich, wer überhaupt zu kapieren bereit ist, daß Daladier und Chamberlain hereingelegt worden sind. Die Demokratien sind wortbrüchig geworden und haben die Tschechoslowakei fallengelassen.»

Odiles Miene hatte sich verfinstert. «Ich verstehe nicht ganz», sagte sie. «Man könnte meinen, Sie wollen den Krieg. Ich schwöre Ihnen, im Elsaß wünscht sich keiner den Krieg.»

Favier nickte verständnisvoll. «Das verstehe ich. Dort vor allem. Nur muß man auch sehen, daß es, ob nun mit oder ohne Münchener Abkommen, trotzdem Krieg geben wird! Hitler hat keinen Grund, sich mit dem, was er hat, zufriedenzugeben. Man gibt ihm ja alles, was er verlangt. Nicht mehr lange, und Danzig ist an der Reihe ...»

«Wenn wir nicht für Danzig sterben wollen», fügte Katel hinzu, «dann eben für Straßburg. Und wenn nicht für Straßburg, dann für Paris.»

Nachdenklich sah Odile ihre Mutter an. Favier lächelte ihr zu.

«Du findest uns ziemlich düster, hm? Laßt uns also über amüsantere Dinge reden. Ich habe drei Eintrittskarten für ein Stück von Molière. Na, habt ihr Lust?»

Augenblicklich fand Odile zu ihrer guten Laune zurück. «O ja! Jouvet und Ozeray sollen ja einfach ...»

«... bemerkenswert sein», ergänzte ihre Mutter.

1940

Der Krieg ließ sich noch ein Jahr Zeit, bevor er die Bühne betrat wie ein schwarzer Abgott, der sich von der Angst der Menschen nährte. Am 1. September 1939 schließlich stellte der Einmarsch nach Polen, das Hitler und Stalin einen Monat zuvor ganz im stillen unter sich aufgeteilt hatten, Frankreichs und Englands Zögerlichkeit und Befürchtungen kurzerhand vor vollendete Tatsachen.

Im Elsaß, wo im Laufe des Jahres etliche Führungsfiguren der Autonomisten und Separatisten inhaftiert worden waren – darunter auch Paul Schall, der 1929 gleichzeitig mit Dr. Laugel in Colmar verurteilt worden war –, hatte General Gamelin dem beeindruckten Churchill die Befestigungsanlagen der Maginot-Linie vorgeführt. In der zweiten Augusthälfte begannen die Bewohner von Straßburg, ihre Stadt zu verlassen. Vor den Fenstern des Münsters waren bereits schützende Bretterverkleidungen angebracht worden. Offiziell wurde die Evakuierung am 1. September eingeleitet. Innerhalb weniger Wochen verließen fast 400 000 Menschen das Elsaß. Weniger als 5 000 Zivilisten blieben in Straßburg zurück, einer Geisterstadt, die nur noch von streunenden Hunden bevölkert schien.

Während dieser zwölf Monate hatte Alexandra mehrmals ihren Mann dazu zu überreden versucht, sie wieder nach Hause zurückzuholen. Er gab nicht nach. Zudem hatten sich die Kinder in Paris gut eingewöhnt, Pauline auf dem Gymnasium und Louis-Charles im Jurastudium. Sie ließ es also dabei bewenden.

Im Juni 1940 setzten sich die Intervalltruppen der Maginot-Linie eine nach der anderen ab und ließen die Festungen allein in ihrem ebenso erbitterten wie nutzlosen Widerstand. Am 19. des Monats zogen die deutschen Truppen in Straßburg ein, von dem General Schmitt «im Namen des Führers» Besitz ergriff. Am Nachmittag bereits wehte über dem Münster die Hakenkreuzfahne.

Das Waffenstillstandsabkommen von Rethondes erwähnte mit keinem Wort diese Region, um die sich beide Länder zweimal heiße Kämpfe geliefert hatten. Hitler hatte seine Entscheidung bereits getroffen und den Gauleiter Wagner zum zivilen Verwaltungsoberhaupt im Elsaß ernannt. Ein eiserner Vorhang fiel zwischen dem Elsaß und dem restlichen Frankreich herab.

An einem der letzten Augusttage klingelte es gegen vier Uhr nachmittags bei Katel in der Rue Jacob. Es war Alexandra.

«Ich hoffe, ich störe dich nicht?»

«Alex! Aber ganz und gar nicht. Komm nur herein.»

Sie umarmten einander. Dann betrachtete Katel ihre Freundin einen Augenblick lang prüfend.

«Sag mal, was ziehst du denn für ein Gesicht? Na, setz dich erst mal und trink einen Tee mit mir. Gerade habe ich einen gemacht.»

Alexandra trat ins Wohnzimmer und ließ sich auf einen Sessel fallen. In den bald eineinhalb Jahren, die sie jetzt in Paris war, hatten sie sich mindestens zweimal pro Woche getroffen. Für Alexandra, die es gewöhnt war, ständig umhegt zu sein, war es hart, so weit weg von ihrem Mann leben zu müssen. Zum Glück hatte sie hier Katel.

Diese kam eben mit dem Tee auf einem Tablett ins Wohnzimmer zurück. «So», meinte sie fröhlich. «Und nun schütte mir dein Herz aus ...»

Doch Alexandra schien es nicht nach einem Lächeln zumute zu sein. «Ich habe mich entschieden», kündigte sie an. «Ich kehre mit den Kindern ins Elsaß zurück.»

«Ins Elsaß? Bist du verrückt?»

«Vielleicht. Ich weiß es nicht. Auf jeden Fall kann ich so nicht mehr. Seit Wochen habe ich nichts mehr von Edouard gehört. Es gibt keine Post, kein Telefon. Ich weiß nicht einmal, ob er noch in Alsheim ist, nichts!»

«Das darfst du nicht tun, Alex! Sonst begibst du dich in die Höhle des Löwen. Hier stehen wir unter Besatzung, das ist eine Sache. Aber im Elsaß haben wir es mit einer verkappten Annektierung zu tun. Das kann noch entsetzlich werden.»

«Die Deutschen haben Vergeltungsmaßnahmen gegen die Familien derer angekündigt, die nicht zurückkommen», sagte Alexandra verzweifelt. «Ich will einfach nicht, daß Edouard etwas passiert.»

«Dann laß doch wenigstens die Kinder hier.»

«Nein. Ich sehe keinen Grund, getrennt zu leben, jetzt, wo der Krieg vorbei ist.» Sie seufzte. «Aber ich rede immer nur von mir und frage dich nicht einmal, wie es dir ergeht.»

Katel stellte die Teekanne ab und schob Alexandra die Zuckerdose hin. «Nicht viel anders als dir. Ich warte auf Nachrichten, die nicht kommen. Mein Bruder Anselme war irgendwo bei Dünkirchen, wie übrigens auch Albert... Totale Funkstille, rein gar nichts. Genau wie bei dir – oder vielleicht bei uns allen...»

«Und François Favier? Immer noch im Südwesten?»

Alexandra wußte, daß der Journalist das Ende des Krieges in der Gegend von Cahors mitgemacht hatte.

«Nein. Er wurde aus der Armee entlassen und ist jetzt in Lyon. Ich bin aufgefordert, in Vichy meine Stelle im Ministerium anzutreten. Ich warte nur noch auf die Ausweise für Odile und mich. Aber ich werde nicht nach Vichy gehen. Ich nutze die Gelegenheit, um ihm nach Lyon nachzureisen.»

«Du nimmst Odile mit? Du weißt doch, daß sie und Louis-Charles nichts von Trennung hören wollen. Warum vertraust du sie nicht mir an?»

«Weil ich so bin wie du, meine Liebe! Wir haben alle Angst. Jetzt, wo ich endlich meine Tochter zurückgewonnen habe, will ich sie nicht schon wieder verlassen.»

«Und was willst du in Lyon anfangen?»

«Das weiß ich noch nicht. Jedenfalls ist es ein Sammelbecken für alle, die nicht bereit sind, sich mit der deutschen Besatzung abzufinden. Im Gegensatz zu dem, was du vorhin gesagt hast, Alex, ist der Krieg noch lange nicht zu Ende. General de Gaulle aus London hörst du wohl nicht?»

«De Gaulle? Aber was sollte er deiner Meinung nach denn tun können?»

«Ich weiß nicht, was er tun wird. Ich weiß nur, daß ich seine Einschätzung der Situation teile: Dieser Krieg ist keineswegs vorbei, denn es ist ein Weltkrieg. Früher oder später wird Hitler sich gegen die Russen wenden. Und in diesem Moment wird Amerika in den Konflikt eintreten. Dann erst wird Hitler besiegt werden.»

«Kann ja sein. Aber du, was gedenkst du zu tun?»

«Widerstand leisten. Widerstand gegen die Propaganda. Die Franzosen müssen alles tun, um zu beweisen, daß Frankreich nicht Pétain ist.»

Wieder einmal mußte sich Alexandra über ihre Freundin wundern. So ging es ihr nun schon die ganze Zeit, seitdem sie sie in Paris wiedergetroffen hatte. Selbst der Stil ihrer Kleidung drückte die Unterschiedlichkeit zwischen ihnen beiden aus. Mit ihren Hüten, ihrem Schmuck und ihren Kleidern aus den besten Häusern sah Alexandra genau nach dem aus, was sie war: ein Mitglied des Großbürgertums. Katel hingegen, mit kurzem Haar, schlichten Kleidern und nicht selten einer Zigarette in der Hand, entsprach dem modischen Stil der «Intellektuellen», vor allem seitdem sie mit diesem Favier liiert war. Was mochte sie jetzt wohl mit dieser Idee, nach Lyon zu gehen, im Sinn haben? Alexandra fühlte sich nicht überzeugt von diesen Reden über de Gaulle und Pétain.

«Die Deutschen respektieren uns», sagte Alexandra. «Ein Waffenstillstand wurde geschlossen, und zur Zeit gibt es auch eine französische Staatsregierung. Ich denke, daß der Marschall viel erreichen kann.»

Katel fiel auf, mit welcher Ehrerbietung sie die Worte «der Marschall» aussprach. Das lag vermutlich am Einfluß ihres Mannes: Wie die meisten Teilnehmer des letzten Krieges brachte auch er ihm größte Verehrung entgegen.

«Hitler läßt ihn in dem Glauben, um die Gemüter zu beruhigen», erwiderte sie, «aber das wird nicht von Dauer sein. Er will seine Pläne umsetzen. Glaub mir, wir gehen schweren Zeiten entgegen.»

Louis-Charles senkte den Tonabnehmer des Plattenspielers, um den herum zahlreiche Plattenhüllen, hauptsächlich New-Orleans-Jazz, ausgebreitet lagen. Eben hatte er eine neue Platte aufgelegt.

«Hör dir das an», sagte er zu Odile, die auf dem Bettrand saß.

Sanft und betörend erklangen die ersten Takte. Odile sprang auf und griff nach der Plattenhülle.

«*Nuage* von Django Reinhardt!» rief sie. «Du hast es wirklich geschafft, sie aufzutreiben?»

«Hm ...»

Lächelnd faßte er sie um die Taille, und sie begannen Wange an Wange zu tanzen.

Sie waren in Louis-Charles' Zimmer, das im hinteren Teil der prächtigen Wohnung lag, die seiner Familie von Tante Caroline de La Tour überlassen worden war.

«Gefällt's dir?» fragte er zärtlich.

«Und wie», hauchte sie und streifte seine Lippen.

Es war ein ungewöhnlicher Sommer für sie, dieser erste Sommer unter deutscher Besatzung, ungewöhnlich und im Grunde genommen nicht unangenehm. Auf ihre Art hatten auch sie sich wie benommen gefühlt durch den Zusammenbruch Frankreichs und so vieler Dinge, die sie für unverrückbar hielten, weil sie eben immer dagewesen waren. Doch sie waren jung, und es war Sommer. Sie hatten nichts anderes zu tun, als Musik zu hören, Freunde zu treffen und sich zu lieben.

Genau daran dachten sie übrigens, und eben begann ihr Tanz besonders zärtlich zu werden, als sie es draußen an der Wohnungstür klingeln hörten.

«Schade», meinte Louis-Charles, während er sich aus den Armen des jungen Mädchens löste.

Er ging aus dem Zimmer und entfernte sich durch den Flur. Dann plötzlich hörte man einen Aufschrei, und Odile verließ ihrerseits den Raum.

«Odile, komm her und sieh dir an, wer da ist!» rief Louis-Charles.

Im Türrahmen stand, imposant und markant-männlich in seiner grauen Oberleutnantsuniform der Luftwaffe, Manfred von Wismar.

«Nein, so etwas!» fuhr Louis-Charles fort. «Das ist nun wirklich eine Überraschung, dich hier zu sehen ... Komm herein. Wie geht's dir denn, altes Haus?»

Manfred grinste stolz. Er freute sich sichtlich über die gelungene Überraschung, die er seinem Cousin bereitet hatte. «Ich bin auf Fronturlaub im schönen Paris!» In diesem Moment fiel sein Blick auf das junge Mädchen. «Ach, das also ist Odile, von der all deine Briefe handeln ... Mensch, du bist ein verdammter Glückspilz. Sehr erfreut, dich endlich kennenzulernen, Odile.»

Mit derselben entwaffnenden Selbstverständlichkeit, mit der er damals bei seinem Besuch in Alsheim Pauline Kempf de La Tour den Kopf verdreht hatte, legte er ihr die Hände auf die Schultern und küßte sie auf beide Wangen.

Louis-Charles begutachtete bewundernd Manfreds Uniform. «Du siehst toll aus!»

Sie betraten den geräumigen Salon, der nach alter Art mit Louis-quinze-Möbeln, schweren, üppig drapierten Vorhängen und Gemälden eingerichtet war.

«Ich hab's geschafft, ich bin in einer Jagdstaffel!» verkündete Manfred. «Den Frankreichfeldzug habe ich verpaßt, aber beim großen Schlußangriff auf England bin ich dann mit dabei.»

Manfred schien es gar nicht in den Sinn zu kommen, daß dieser Enthusiasmus irgendwie befremdend auf seinen Cousin wirken könnte. Allerdings machte dieser auch nicht unbedingt den Eindruck, als ob es ihn störte.

«Ich habe vier Tage Urlaub», fuhr der junge Offizier fort. «Ich lade euch heute abend zum Essen ins Restaurant ein. Geht das in Ordnung, Odile?»

Von dem Angebot etwas überrumpelt, meinte sie: «Ja ... Aber in diesem Fall müßte ich erst mal nach Hause, um mich umzuziehen.»

«Sicher, kein Problem! Und danach treffen wir uns wieder hier?» fragte Manfred.

«Aber nicht allzu spät», fügte Louis-Charles hinzu. «Vergiß nicht, wir haben Ausgangssperre.»

Gönnerhaft stieß ihn Manfred mit dem Ellbogen an und meinte: «Aber, aber ... Das gilt doch nur für die besetzte Bevölkerung. Nicht für die Besatzer und ihre Freunde.»

Einen Augenblick lang kehrte betretene Stille ein. Louis-Charles begegnete Odiles Blick und wich ihm wieder aus.

Manfred hatte ein Restaurant in der Nähe der Oper gewählt, wo in einem säulen- und spiegelgeschmückten Dekor ein Orchester beliebte Melodien spielte. Der Großteil der Gäste bestand aus deutschen Offizieren. Staunend betrachteten Odile und Louis-Charles die grünen Uniformen der Wehrmacht, die grauen der Luftwaffe und die schwarzen der Panzer- oder SS-Offiziere. Die meisten waren in Begleitung etwas lauter junger Frauen, deren rotlackierte Finger lange Zigarettenspitzen hielten.

«Dieses Lokal hier wurde mir empfohlen», sagte Manfred, als er seine Gäste an einem luxuriös gedeckten Tisch Platz nehmen ließ. «Ich hoffe, wir werden nicht enttäuscht.»

Das Essen verlief in sehr freundschaftlicher Atmosphäre. Sie tauschten Neuigkeiten über alles, was sie in den vergangenen drei Jahren so getrieben hatten, und vermieden es dabei in stillschweigender Übereinkunft, das Thema Krieg anzuschneiden. Fürstlich ließ Manfred Champagner fließen. Eigentlich lädt er uns bei uns zu Hause ein, war es Louis-Charles dabei durch den Kopf gegangen. Er konnte nicht wissen, daß siebzig Jahre zuvor auf Schloß Alsheim sein Ururgroßvater, Baron Eugène-Victor, schon einmal exakt denselben Gedanken gehabt hatte, als er Edwin von Wismar gegenübersaß.

«Übrigens», kündigte er nach dem Essen an, «haben wir vor zu heiraten, Odile und ich.»

Manfred hob sein Glas und sagte: «Bravo! Unter uns gesagt: Ich habe mir das fast schon gedacht.»

«Ich fände es schön, wenn du mein Trauzeuge wärst.»

Ein deutscher Offizier hatte dem Orchesterdirigenten etwas ins Ohr geflüstert. Dieser hatte genickt, und gleich darauf begann das Orchester einen Walzer zu spielen. Viele der anwesenden Herren forderten die Damen nun mit der tadellosen Verbeugung wohlerzogener Deutscher zum Tanz auf.

«Mit größtem Vergnügen», antwortete Manfred. «Allerdings müßtet ihr warten, bis ich aus England zurückkomme und der Krieg beendet ist. Lang dürfte das aber nicht mehr dauern!»

Odile verzog das Gesicht. «Meinst du? Und wenn sich Amerika noch einmischt?»

Louis-Charles schüttelte den Kopf. «Das sind die fixen Ideen ihrer Mutter», erklärte er beinahe entschuldigend seinem Cousin.

«Die Amerikaner werden nichts unternehmen», verkündete Manfred selbstsicher. «Europa interessiert die gar nicht. Und ihr? Wollt ihr in Paris bleiben?»

«Leider nein», sagte Odile. «Meine Mutter will nach – will in die Südzone gehen.»

Im letzten Augenblick und ohne so recht zu wissen, warum, hatte Odile es für besser gehalten, nichts von Lyon zu erwähnen.

«Und du, Louis-Charles? Du wirst hoffentlich nicht nach Alsheim zurückkehren wollen? Hier ist doch viel mehr los!»

«Meine Mutter will, daß wir heimkehren. Mein Vater ist dort, und ihr droht uns immerhin mit Vergeltungsmaßnahmen, wenn wir nicht zurückkehren.»

Erstaunt hob Manfred die Augenbrauen. «‹Ihr›?» fragte er. «Wer, ‹ihr›?»

Louis-Charles verbesserte sich: «Ich meine, die Nazis.»

«Deutsche und Nazis, das ist doch dasselbe, oder?» warf Odile ein und wurde gleich darauf rot.

Mehr erstaunt als gekränkt sah Manfred sie an. Mit vorwurfsvoller Miene hatte Louis-Charles sich ihr zugewandt.

«Na hör mal, Odile ...»

«Entschuldige, Manfred», sagte sie. «Damit habe ich nicht dich gemeint.»

Doch schon im selben Augenblick hatte sie das eindeutige Gefühl, sich noch ein wenig tiefer in die Nesseln gesetzt zu haben. Manfred blieb still. Er wirkte enttäuscht. Er wandte sich auf seinem Stuhl um und ließ seinen Blick über die tanzenden Paare schweifen. Dann seufzte er:

«Das also sollen die schicken Pariser Restaurants sein? Hier sind ja nur Soldatenbräute zu sehen.»

Schlagartig schien er zu begreifen, daß seine gutgemeinte Einladung fehl am Platze war und daß keiner von ihnen die Situation, wie sie wirklich war, ignorieren konnte.

«Das ist nun mal so», meinte Louis-Charles freundlich, dem Manfred plötzlich leid tat. «Das ist eben der Krieg...»

Doch anstatt sie zu dämpfen, unterstrich das die unbehagliche Stimmung nur um so mehr.

Mit verschlossener Miene machte Manfred dem Oberkellner ein Zeichen und rief: «Zahlen, bitte.» Dann sah er seine Freunde an. «Ihr müßt entschuldigen, daß ich euch hierhergeschleppt habe. Kommt, laßt uns gehen.»

«Bekanntgabe des Hauptquartiers der deutschen Wehrmacht: Am heutigen Tage hat die Luftwaffe siebenhundert Flugeinsätze gegen England durchgeführt. Zahlreiche strategische Ziele, Fabriken und Flugplätze wurden bombardiert und zerstört. Unsere Jagdflieger haben fünfunddreißig feindliche Flugzeuge abgeschossen! England wird vernichtet werden!»

Katel Wahl hörte, wie im Flur draußen die Wohnungstür aufgeschlossen wurde. Sie schaltete das Rundfunkgerät aus, in dem sie eben die Nachrichten von Radio Paris gehört hatte.

Mit gerunzelten Augenbrauen blickte sie Odile, die eben ins Wohnzimmer kam, entgegen. «Wo warst du?»

Odile schaute sie groß an und erwiderte: «Wieso, hast du denn meinen Zettel nicht gefunden?»

«Beantworte meine Frage», sagte ihre Mutter in eisigem Ton.

«Wir waren im Restaurant, mit Manfred, dem Cousin von –»

Katel war aufgesprungen und schrie: «Du hast dich mit einem deutschen Offizier in der Öffentlichkeit gezeigt? Ja bist du denn noch bei Trost?»

«Aber er ist doch der Cousin von –»

«Er ist ein Besatzer! Der Feind!»

«Manfred doch nicht. Er interessiert sich nur für seine Flugzeuge.»

«Ja, aber hinter ihm stehen die Nazis, die Gestapo!»

Odile war bleich geworden. «Entschuldige, Mama... Aber wir wollten ihm eine Freude machen, und außerdem...»

«Was, außerdem?»

Doch Odile hatte, das Gesicht in die Hände vergraben, zu weinen angefangen. Milder gestimmt, setzte sich Katel zu ihr.

«Nun sag schon, mein Liebling.»

«Ich wollte doch nur mit Louis-Charles zusammensein. Mama, ich will nicht von ihm fort. Ich liebe ihn und möchte ihn heiraten.»

Katel nahm sie in die Arme. «Mein kleines Mädchen, das wird nicht sofort möglich sein. Ich habe nicht die Mittel, um für deinen Lebensunterhalt in Paris aufkommen zu können. Ich weiß ja nicht einmal, wie ich dort unten für uns sorgen soll.»

«Weshalb gehen wir dann überhaupt dort hin?»

Katel drückte sie noch fester an sich. Sie konnte ihr unmöglich sagen, wieviel sie diese Entscheidung kostete und wieviel Angst sie eigentlich hatte.

«So ist der Krieg, meine Kleine. Es muß ein paar Franzosen geben, die nein sagen zu Hitler und zu Pétain.»

«Aber Louis-Charles, wann werde ich ihn wiedersehen?»

«Odile! Ich habe 1914 vier Jahre lang auf deinen Vater gewartet.»

Ringsum herrschte der reinste Jahrmarktstrubel, als die drei Reisebusse im Schrittempo auf der ehemaligen Place de la Mairie, dann Kaiser-Wilhelm-Platz und schließlich Place de la République einfuhren, der nun erneut umgetauft worden war: Adolf-Hitler-Platz.

Aus Lautsprechern, die an den Straßenlaternen und Bäumen befestigt waren, tönten Nazihymnen und Militärmusik. Vor dem Rathaus war ein kleines Podium errichtet worden, das mit rotem Stoff umhüllt war, in dessen Mitte, auf kreisförmig weißem Grund, das Hakenkreuz wie eine reglose Riesenspinne hockte. In Uniform und mit Armbinde standen Vertreter der nationalsozialistischen Partei, Deutsche, aber auch Elsässer in Gruppen zusammen und unterhielten sich oder gingen mal hierhin, mal dahin, um sich mit ausgestrecktem Arm zu grüßen.

An der Fassade des Rathauses verkündete hoch über dem Podium ein riesiges Spruchband in deutscher Sprache: *Das deutsche Alsheim heißt Euch willkommen!*

Das Ganze galt nämlich dem Empfang der Bewohner von Alsheim, die zwei Jahre nach der Evakuierung vom Führer dazu «eingeladen» worden waren, wieder heimzukehren. Auch die hiergebliebene Dorfbevölkerung war bereits versammelt.

Die Behörden hatten das Ereignis offenbar feiern wollen. Das Podium, in dessen Mitte ein Mikrophon aufgestellt war, wies darauf hin, daß einige Reden geplant waren. Schon seit dem Morgen wurde über die Lautsprecher das Kommen des Kreisleiters von Hagenau angekündigt. Auf diese Weise wurde jedermann begreiflich gemacht, daß das Elsaß nicht etwa Teil des besetzten Frankreich war, sondern ein Gau des Deutschen Reiches, den man nun im Eilmarsch zu «nazifizieren» gedachte.

Ein Kameramann der Wochenschau richtete seine Ausrüstung her, um der Welt, und sei es auch nur mittels geschickter Bildmontagen, zu beweisen, daß das Elsaß und sein Volk mit überschäumender Freude in seinen deutschen Schoß zurückfand.

Zugleich mit den übrigen Alsheimern trat auch Edouard Kempf de La Tour an die Busse heran, deren Türen sich eben geöffnet hatten. Sein schwarzer Anzug und der langsame Gang, zu dem ihn sein steifes Bein zwang, verliehen ihm feierliche Würde. Seine Ordensbänder von der Ehrenlegion und dem Kriegsverdienstkreuz prangten ostentativ und weithin sichtbar an seinem Knopfloch, so daß manche ihn mit betontem Respekt grüßten, während ihn andere, die ihn genauso gut kannten, gar nicht grüßten.

Schon hatten Soldaten unter dem Blick der Kamera die Gepäckluken geöffnet und zum Beweis für die mütterliche Fürsorglichkeit des Deutschen Reiches für seine heimgekehrten Kinder mit der Verteilung der Taschen und Koffer begonnen. Etwas abseits davon sah man zwei Krankenschwestern vor einem Erste-Hilfe-Stand. Ja, wahrlich, die Organisation war absolut vorbildlich.

Endlich erblickte er Alexandra. Es gelang ihm, sich im Gedränge bis zu ihr durchzuzwängen. Louis-Charles und Pauline drückten sich am Bus entlang, um die Koffer zu holen. Mit klopfendem Herzen fiel Alexandra ihm um den Hals.

«Edouard! Ich hatte solche Angst, dich nie mehr zu sehen!»

«Ich auch. Du hast mir gefehlt, weißt du. Aber ... Ich hatte gehofft, du würdest die Kinder in Paris lassen.»

Ängstlich blickte sie zu ihm auf. «Weshalb?»

«Das erkläre ich dir später. Trotzdem bin ich glücklich, euch alle zu sehen.»

Sie schmiegte sich in seine Arme. «Ich möchte mich nicht mehr von dir trennen. Nie wieder!»

«Papa!»

Pauline und Louis-Charles tauchten vor ihnen auf. Auch sie drückte Edouard fest an sich.

«Ich habe meine letzten Juraprüfungen mit Auszeichnung bestanden», verkündete Louis-Charles strahlend.

«Bravo, mein Sohn. Ich bin stolz auf dich.»

«Und ich habe mein Abitur dank milder Nachsicht der Prüfer bestanden», witzelte Pauline.

Liebevoll sah Edouard seine Tochter an. Die Schule war noch nie ihre Stärke gewesen, das wußte er. Dafür wurde sie immer hübscher. «Auch auf dich bin ich stolz», meinte er, «aus anderen Gründen ... So, nun kommt. Verziehen wir uns von hier. Der Wagen steht hinter der Kirche.»

«Warum denn?» fragte Pauline. «Wir könnten doch gut noch ein bißchen hierbleiben, oder?»

Edouard wollte gerade zu einer Antwort ansetzen, als plötzlich eine Blaskapelle zu spielen anfing und ein mit Hakenkreuzwimpeln geschmückter schwarzer Wagen mit Frontantrieb auf dem Platz einfuhr. Die Vertreter der Staatsgewalt versammelten sich vor der Tribüne.

«Das ist der Kreisleiter», erklärte Edouard.

«Und wer ist das?» fragte Alexandra.

«Du wirst gleich sehen ... Bestimmt erkennst du ihn wieder.»

Der Wagenschlag wurde geöffnet. Ein Mann, auch er in Uniform und mit der Hakenkreuzbinde am Arm, stieg aus.

Es war René Imhof.

«Was, *der*?» hauchte Alexandra.

Kreisleiter Imhofs großer Auftritt war danebengegangen: Die Gesamtheit der Dorfbewohner stand dicht gedrängt um die Busse herum, vollauf damit beschäftigt, Familienmitglieder und Freunde überschwenglich zu begrüßen. Einem der Fahrzeuge war Pfarrer Wolf, zusammen mit einer Schar Kinder und einer jungen Lehrerin, entstiegen. Er erntete den Applaus.

Ein paar Soldaten verteilten kleine Naziwimpelchen an Kinder und

Jugendliche. Pauline nahm sich eins; Louis-Charles hingegen kehrte ihnen den Rücken zu. Die Kempfs mußten Edouards Vorschlag, nach Hause zu fahren, vorerst vergessen: Da die Organisatoren offenbar befürchteten, nicht genügend Publikum zu haben, hatten sie kurzerhand den Platz abgeriegelt.

Nachdem Imhof einen recht finsteren Blick in die Runde geworfen hatte, stieg er die Stufen zum Podium hinauf und trat vor das Mikrophon. Seine durchdringende Stimme hallte über den ganzen Platz.

«Bewohner des Elsaß, ich heiße euch willkommen in eurem großdeutschen Vaterland!»

Der Tontechniker hatte auf volle Lautstärke gedreht. Mit einem Schlag brachen die Gespräche ringsum ab, und man mußte wohl oder übel der Rede des Kreisleiters Aufmerksamkeit schenken.

Er sprach von der «Kolonisierung durch das jüdisch durchsetzte Freimaurertum Frankreichs», von den «Brüdern deutscher Rasse» und der Notwendigkeit, das Elsaß zum Mustergau des Dritten Reiches zu machen.

Ein leichtes Lächeln umspielte dabei seine Lippen. Kühl überblickte er den Platz. Jetzt hatte er sie in der Hand, all diese Leute, die ihn zurückgestoßen und gedemütigt hatten, weil sein Vater in deutscher Uniform gestorben war. Er hatte sie in der Hand. Unter seiner Knute.

Nach beendeter Ansprache stieg er vom Podium wieder herab und stolzierte, gefolgt von einer Gruppe Funktionären, mit langsamen, steifen Schritten und erhobenem Kinn durch die Schar der Leute hindurch.

Als Edouard Kempf de La Tour ihn auf sich zukommen sah, maß er ihn mit undurchdringlicher Miene. Der Blick des Kreisleiters fiel auf seine Orden.

«Heil Hitler!» bellte René Imhof und hob seinen Arm zum Gruß.

Wortlos salutierte Edouard nach Art der französischen Militärs. Dann wandte er sich wieder seiner Frau zu.

«Ich hatte eigentlich vorgehabt, euch in Straßburg mit dem Wagen abzuholen», erklärte er. «Aber sie haben es verboten. Sie wollten lieber selbst diese Maskerade hier inszenieren ...»

Unweit von ihnen hatte der unter seiner ewigen Schirmmütze

inzwischen ergraute Fonse Roederer seinen Sohn Antoine in Empfang genommen, einen hochaufgeschossenen jungen Burschen.

«Es war unvorsichtig von dir, zurückzukommen», raunte er ihm zu, während er sich mit besorgtem Blick umsah. «Sie haben Schmitt und Jaeglé verhaftet. Die Jagd auf die Kommunisten hat begonnen.»

«Und wozu dann das deutsch-sowjetische Abkommen?» wunderte sich der junge Mann.

Der alte Gewerkschaftler klopfte ihm mit der Hand auf die Schulter. «Ha, du bist gut! Du bist hier in Deutschland. Im Nazideutschland.»

«Ja genau, und siehst du, Papa: Mit Hitler und dieser Drecksau René konnte ich dich unmöglich allein lassen.»

In diesem Augenblick bemerkte Fonse Roederer nur wenige Meter von ihm entfernt Edouard. Sein Blick blieb sofort an den Auszeichnungen hängen, die dieser demonstrativ auf der Brust trug. Es war Edouard, der mit ausgestreckter Hand auf ihn zukam.

«Grüß dich, Roederer. Grüß dich, Antoine.»

Nicht ohne Überraschung schüttelten ihm Vater und Sohn die Hand.

«Du hast vielleicht ein Glück», sagte der Gewerkschaftler zu dem jungen Mann. «Der Herr Graf kommt dich begrüßen.» Dabei hatte er besondere Betonung auf «der Herr Graf» gelegt.

Mit einem Kopfnicken gab Edouard ihm zu verstehen, daß er den Wink begriffen hatte. «Roederer», antwortete er, «ewig hast du mit meinem Vater und mir Streit gesucht. Aber diesmal habe ich ausnahmsweise das Gefühl, daß wir im selben Lager stehen, nicht wahr?»

In den Augen des alten Aktivisten begann es zu funkeln. «Mein Gott, ja!» brummte er mit veränderter Stimme. «Wenn Ihre Großmutter sehen könnte, was sich in ihrem Land hier abspielt...»

Alles hatte Edouard erwartet, nur nicht diese unvorhergesehene Ehrerbietung Gräfin Mathilde gegenüber. Er legte dem Gewerkschaftler die Hand auf die Schulter und sagte: «Da, wo sie jetzt ist, fühlt sie sich ganz gewiß wohler. Nur Mut, mein Lieber.»

Dann ging er davon. Ein Stück weiter hatte er Gretel Imhof und ihre beiden anderen Kinder, Maria und Peter, bemerkt. Auch sie waren 1938 gegangen: Einer der in Algerien ansässigen Imhofs, der sich später in Marseille niedergelassen und dort einen Weingroßhandel aufgebaut hatte, hatte ihnen angeboten, zu ihm zu ziehen. Da sie aber nicht wußten, was dort aus ihnen werden sollte, waren sie nun wieder zurückgekehrt.

Es war keiner da, um sie zu begrüßen. Liselotte war 1933 gestorben, und Franzl, im Alter von gut neunzig Jahren, zu Beginn des Sommers. Alle drei standen sie nebeneinander da und blickten mit verstörten Gesichtern auf den Platz.

Edouard ging hin und begrüßte sie. «Liebe Gretel», sagte er, «wir haben sehr an euch gedacht, als wir unseren Franzl begraben mußten. Ihr wißt ja, wie gern ihn unsere ganze Familie hatte. Als er hörte, daß Frankreich um Waffenstillstand bat, hat er einen ganzen Abend lang geweint. Und ein paar Tage später ist er von uns gegangen.»

Tiefbewegt wischte sich Gretel Imhof über die Augen. «Es ist vielleicht besser so», erwiderte sie dumpf. «Wenn ich sehe, was sie aus meinem René gemacht haben, diese Lumpen.»

«Dafür können Sie nichts, Gretel.»

Peter, ein dreiundzwanzigjähriger, langer Bursche mit Baskenmütze, schüttelte den Kopf. «Wenn ich gewußt hätte, was uns erwartet», meinte er, «wäre ich nicht zurückgekommen. Was soll ich denn hier?»

«Wenn du möchtest», versuchte ihn Edouard zu beruhigen, «kannst du wie dein Großvater unser Jagdhüter werden und dich ein wenig um die Wälder kümmern ... An Arbeit für dich fehlt es mir nicht.»

«O ja! Das würde mir schon gut gefallen, Herr Graf.»

«Dann komm mal bei mir im Schloß vorbei. Und nenn mich einfach nur ‹Monsieur›, das reicht vollauf.»

In diesem Augenblick merkte Edouard, daß die drei Imhofs auf etwas hinter ihm starrten. Er drehte sich um. Unmittelbar vor ihnen hatte sich René Imhof aufgebaut.

Düster sah Gretel ihn an. «*Des hesch du uns net brüche antün. So e' Schand'.*»

Ganz langsam hatte sie das mit ihrer kräftigen Bäuerinnenstimme gesprochen. Etliche Personen hatten sich nach ihnen umgedreht. René Imhof war erblaßt.

Ohne sich aus der Ruhe bringen zu lassen, faßte Gretel ihre beiden anderen Kinder am Arm. Sie wollten sich eben entfernen, als René, der die Zähne zusammengepreßt hatte, auf seinen jüngeren Bruder zutrat.

«Peter ... das *Béret*», sagte er barsch.

Der andere wandte sich um und fragte: «Die Mütze? Ja und, René, stört sie dich?»

«Reinhard! Ich heiße jetzt Reinhard!» Und er fuhr – nach wie vor auf deutsch – fort: «Hier ist kein Platz mehr für französische Nachlässigkeit, französische Sprache und französische *Bérets*. Aus und vorbei ist es damit. Das Tragen der Baskenmütze ist verboten. Runter damit.»

Auge in Auge mit seinem älteren Bruder, trat Peter einen Schritt auf ihn zu. «Scher dich zum Teufel», gab er ihm, jede Silbe einzeln betonend, auf französisch zur Antwort. Dann kehrte er ihm den Rücken zu.

Zornig ballte René Imhof die Fäuste. «Sprich gefälligst deutsch, du Idiot.»

Die übrigen Ankömmlinge zerstreuten sich bereits mit ihren Familien. Pfarrer Wolf und die Lehrerin, eine blutjunge Frau mit weichen, einnehmenden Gesichtszügen, brachten die Kinder in Reih und Glied. Der Pfarrer sammelte die Nazifähnchen ein, die sie für das Gruppenfoto geschwenkt hatten. Imhof trat zu ihm hin und wies mit dem Kinn auf die junge Frau.

«Wer ist das?»

Der Pfarrer erwiderte auf elsässisch: «Anne Pflegel, *d'neii Lehrerin. A braves Maidel. Nicks für dich.*»

«Wieso? Bin ich etwa nicht seriös genug?»

Der Pfarrer hielt ihm die Fähnchen hin und antwortete: «Da hast du deine Requisiten wieder. Die Vorstellung ist jetzt ja wohl vorbei.»

«Adolf-Hitler-Platz», wiederholte Louis-Charles, als sie im Wagen zum Schloß zurückfuhren. «Was soll eigentlich dieser ganze Zirkus? Die Place de la République ist das!»

«Was willst du schon dagegen machen», seufzte sein Vater. «Sie haben das Elsaß annektiert.»

«Dazu haben sie kein Recht!» empörte sich der junge Mann, stolz auf sein juristisches Wissen. «Nur ein formgerechter Friedensvertrag kann unseren Status abändern.»

«Du bist gut! Das wird sie wenig stören.»

«Ist doch auch normal», meinte Pauline kategorisch. «Immerhin haben sie den Krieg gewonnen.»

Gereizt fuhr Edouard sie an: «Dich haben wir nicht nach deiner Meinung gefragt.»

«Ich habe aber sehr wohl das Recht, meine eigenen Ansichten zu haben.»

Ein immenses Gefühl der Erleichterung erfüllte Alexandra, als sie endlich wieder ins Schloß zurückkam. Glücklich ließ sie ihre Blicke über den großen Salon, das Mobiliar und all die vertrauten Dinge schweifen. «Ich bin so schrecklich froh, wieder daheim zu sein... Hier fühle ich mich in Sicherheit.»

Edouard verzog das Gesicht und meinte: «Es könnte leider sein, daß der Eindruck trügt... Hier, sieh mal. Das habe ich seit Juli aufbewahrt.»

Damit reichte er ihr eine ausgeschnittene Zeitungsseite, die er in seinem Schreibtisch verwahrte. Zu sehen war darauf ein Foto von Hitler und Gauleiter Wagner, die sich, umgeben von strammstehenden Soldaten, vor dem Straßburger Münster präsentierten.

«‹Aus dem Münster kommend›», las er laut vor, «‹fragte der Führer die ihm zujubelnden Soldaten der Wehrmacht: „Sollen wir dieses deutsche Schmuckstück Frankreich überlassen?“ – „Niemals!“ antworteten die Soldaten einstimmig im Chor. „Dann werden wir es für immer behalten“, versprach der Führer.› Und weißt du, was er tat? Er ließ alle Türen amtlich versiegeln. Das Münster ist geschlossen.»

«Du meinst, es wird darin kein Gottesdienst mehr abgehalten?»

«Nein. Seitdem er gekommen ist, kann keiner mehr hinein.»

Alexandra schien fassungslos. «Katel hatte recht: Er ist verrückt», murmelte sie.

«Wie denkt sie denn über all das?»

«Sie sagt, der Krieg habe erst angefangen. Sie hat beschlossen, nach

Lyon zu gehen. Sie hofft auf General de Gaulle und daß er den Kampf von London aus weiterführen wird.»

Edouard zuckte mit den Schultern: «Ganz allein?»

Albert Laugel kehrte im darauffolgenden November nach Alsheim zurück.

Es war ein regnerischer, kalter Tag, an dem er, in abgerissener Uniform und die Tasche über der Schulter, aus dem Bahnhofsgebäude trat und den Weg nach Hause einschlug. Wehmütig betrachtete er die neuen Straßennamen, die Nazifahne über dem Rathaus und überhaupt das ganze Zubehör der totalitären Betriebsamkeit.

Nachdem er bei Dünkirchen in Gefangenschaft geraten war, hatte man ihn nun, gleichzeitig mit seinem Schwager Anselme Wahl, in dessen Gesellschaft er nach Straßburg zurückkehrte, auf freien Fuß gesetzt: eine großherzige Geste des Führers den Elsässern gegenüber, «die gezwungen worden waren, gegen ihre deutschen Brüder die Waffen zu führen».

Seit der Invasion hatte er unaufhörlich an Rachel denken müssen, die allein bei Bertel in Alsheim geblieben war. Tags zuvor in Paris hatte er vergeblich versucht, mit Alexandra Kempf Kontakt aufzunehmen, in der Hoffnung, durch sie Nachrichten von zu Hause zu erhalten. Aber er traf niemanden mehr an in der Avenue Henri-Martin.

Die Sorge ließ ihm keine Ruhe. Was mochte aus Rachel geworden sein? Er kannte die judenfeindliche Politik Hitlers. Und in einer kleinen Ortschaft wie Alsheim konnte die Existenz einer Dr. Rachel Bernstein kaum unbemerkt bleiben.

Sein Herz klopfte, als er an seiner Tür klingelte, aber erleichtert stellte er fest, daß das Türschild mit ihrer beider Namen entfernt worden war.

Er hörte vertraute Schritte näher kommen. Die Tür öffnete sich, und Bertel stand vor ihm.

«Der Herr Doktor!»

Wie ein kleines Mädchen fiel sie ihm um den Hals. Lachend ließ er sich auf beide Wangen küssen. Die gute Frau war ganz aus dem Häuschen.

«Ach, wie ich mich freue, Sie wiederzusehen! Aber kommen Sie schnell ins Warme, bei dem ekelhaften Wetter ...»

Er faßte sie am Arm und fragte: «Rachel?»

Mit einem gutmütigen Lächeln sah Bertel ihn an. «Auf diese Frage habe ich schon gewartet. Keine Sorge, Herr Doktor. Die ist an einem sicheren Ort. Es besteht keine Gefahr für sie. Kommen Sie hier entlang ...»

Er verlor die Geduld und fragte bestimmter: «Aber wo zum Teufel ist sie?»

Bertel machte ein verschwörerisches Gesicht. «Oh, das will ich Ihnen schon sagen, aber es ist ein Geheimnis ...»

Sie schob ihn in die Küche und schloß die Tür hinter sich.

«Sie ist in Straßburg. Bei den Klosterschwestern», wisperte sie, als wäre sie im Beichtstuhl.

Laugel starrte sie verblüfft an. «Ja, aber ... warum?»

«Ganz einfach», erwiderte Bertel stolz. «Im Juli hat denen ihr Gauleiter alle Juden im Elsaß des Landes verweisen lassen. Den Zeitungen nach zu urteilen waren es zehntausend. Da habe ich zu ihr gesagt: Das ist eine echte Chance! Nutzen Sie sie, retten Sie sich! Tja, aber sie hat partout nicht gewollt, dieser Dickschädel. Wegen Ihnen natürlich. Sie wollte unbedingt auf Sie warten. Na ja, und ich habe dann die Lösung gefunden.»

Laugel konnte es noch gar nicht fassen. «Und wie sind Sie bloß auf eine solche Idee gekommen?»

«Als ich noch ein Kind war, schickte mich meine Mutter immer aufs Schloß zum Französischunterricht bei der Gräfin Mathilde ... Und ich habe mich daran erinnert, daß die Frau Gräfin oft von den Schwestern im Kloster der Göttlichen Vorsehung sprach. Sie konnte sie gut leiden und pflegte zu sagen: Das sind echte Französinnen. Also bin ich dorthin gegangen und habe sie gebeten, unsere Rachel in Schutz zu nehmen. Sie haben sofort ja gesagt.»

Nun war es an Albert, Bertel zu umarmen und ihr zwei dankbare Küsse auf die Wangen zu drücken. «Bertel, Sie sind ein Schatz! So, und jetzt werde ich meine Uniform ablegen.»

«Tun Sie das. Und ich mache Ihnen etwas für Ihren Magen. Sie sehen ja aus wie ein Gerippe!»

Er war noch nicht ganz die Treppe hinaufgelangt, als es an der Tür klingelte. Bertel stellte ihre Töpfe ab, um öffnen zu gehen.

Es war René Imhof in der Uniform der Nationalsozialisten. Sie wurde stocksteif. Er gehörte zu den Leuten, die sie verabscheute.

«*Er isch net do!*» sagte sie in ihrem abweisendsten Tonfall.

Anstelle einer Antwort schob Imhof sie mit einer Hand beiseite und trat in den Flur.

«*Er isch do*», behauptete er unbeeindruckt, ging ins Wohnzimmer und setzte sich in einen Sessel. Dann sah er Bertel spöttisch an. «Bring mir ein Bier und einen Schnaps.»

Bertels Augen sprühten Funken, aber sie gehorchte. Wenig später kam Albert in seinen Zivilkleidern, die ihm um den abgemagerten Leib schlotterten, wieder herunter. Als er das Wohnzimmer betrat, sah ihm der geruhsam vor seinem Bier sitzende Kreisleiter entgegen, dem es nicht einfiel, aufzustehen.

«Grüß dich, Laugel, alter Freund!» sagte er auf deutsch mit einem kleinen Lächeln im Mundwinkel. «Hat dich der Führer also wieder auf freien Fuß gesetzt? Siehst du, jetzt haben die Elsässer Vorrang. Ich habe es dir ja immer schon gesagt. Glaubst du mir nun?»

«Sprich französisch», antwortete Laugel mürrisch. «Mein Deutsch habe ich nämlich vergessen.»

«Das ist ausdrücklich untersagt.»

«Jetzt hör aber auf mit deinem Theater, René, das zieht bei mir nicht. Sag, was du mir zu sagen hast, damit wir hier zu einem Ende kommen.»

Einlenkend fuhr Imhof nun in scheinheilig-liebenswürdigem Ton auf französisch fort: «Aber, aber, Albert. Ich bin dein Freund. Weißt du noch? Früher haben wir gemeinsam für das Elsaß gekämpft, und Frankreich hat uns hart bestraft.»

«Dabei kann es sich kaum um ein und dasselbe Elsaß gehandelt haben. Alles, wofür wir gekämpft haben, unsere Sprache, unser Parlament und unsere Regionalregierung, ist heute abgeschafft.»

René zuckte die Achseln. «Die Chance, die das Elsaß heute hat, ist, wieder deutsch zu werden.»

«Deutsch oder nationalsozialistisch?»

«Da ist kein Unterschied, Albert.»

«Nichts für mich.»

«Du begehst einen Fehler! Was um so enttäuschender ist, als ich dir eigentlich einen Vorschlag im Namen des Gauleiters unterbreiten wollte. Er möchte dich zum Leiter des medizinischen Hilfsdienstes im Elsaß machen. Dabei wenden wir uns an dich als Arzt. Wir brauchen Männer wie dich.»

Laugel war keineswegs überrascht. Das Spiel war klar zu durchschauen. Er war eine angesehene Persönlichkeit in der Region gewesen. Einen Mann wie ihn, zumindest scheinbar, auf ihre Seite zu ziehen, konnte sich höchst vorteilhaft für sie auswirken. Die Nazis wären dumm gewesen, es nicht zu versuchen. Während ihrer Heimreise aus der Gefangenschaft hatte er schon mit Anselme Wahl darüber gesprochen. Und aus ähnlichen Gründen zögerte dieser, seine Anwaltskanzlei wieder zu eröffnen. Die Nationalsozialistische Partei und ihre Vasallenorganisationen wußten nur zu gut, wie sie diejenigen, auf die sie es abgesehen hatten, gefügig machen und einbinden konnten.

«Ich weiß schon, was sich hinter euren sogenannten Verbänden verbirgt», entgegnete Laugel endlich. «Ich bin bestens im Bilde über Deutschland. Und ich habe keine Lust, meine Nase in die Politik zu stecken.»

«Und gerade von dir muß ich so was hören!» rief Imhof aus. «Da hättest du dich aber schwer geändert ... Aber ich warne dich, Laugel. Mit dem Elsaß der Störche und Pfarrer ist es vorbei. Von nun an ist man entweder für uns oder gegen uns.»

«Aha ... Sind wir also soweit! Drohungen.»

Imhof, der gerade seinen Schnaps schlürfte, stellte das Glas ab.

«Ich drohe dir nicht, Albert. Ich warne dich nur. Die tragen keine Samthandschuhe bei der Gestapo. Es liegt bei ihnen eine Akte über dich vor, und sie wissen, daß du 1914 desertiert bist, um ein französisches Gewehr zu nehmen.»

Diesmal war sein Blick ganz und gar nicht mehr freundschaftlich. Albert fühlte sich unbehaglich. Er beschloß, nach Möglichkeit Zeit zu gewinnen.

«Ich bin noch gar nicht richtig daheim», sagte er. «Laß mich ein bißchen ausruhen und nachdenken.»

Imhóf erhob sich. «Gut, in Ordnung... Aber laß dir nicht zuviel Zeit.»

Er sah ihn einen Augenblick lang an, dann klopfte er ihm auf die Schulter und meinte: «Deine Rachel hat dich ganz verändert, Laugel.»

Und als er diesen Namen aus Renés Mund hörte, fühlte Albert, wie ihm ein kalter Schauer den Rücken hinunterlief.

Gleich am Nachmittag des darauffolgenden Tages bestieg Laugel wieder den Zug nach Straßburg und suchte dort in den alten Gassen nach dem Kloster der Göttlichen Vorsehung. Dabei achtete er sehr darauf, daß ihm niemand folgte, denn er hatte es doch recht merkwürdig gefunden, daß René Imhof so rasch über seine Heimkehr informiert gewesen war.

Es war in der Tat dasselbe Kloster, in dem sich Mathilde de La Tour etwa siebzig Jahre zuvor Französischbücher beschafft hatte und auf Liselotte Laugel gestoßen war.

Wie Bertel ihm gesagt hatte, fragte er nach der Oberin, Mutter Marie-Dominique. Sie war eine korpulente Frau um die Fünfzig, die ein recht rauhes, autoritäres Auftreten hatte.

Er stellte sich vor: «Doktor Albert Laugel.»

«Ich weiß», sagte sie nicht eben sonderlich freundlich. «Ich werde gleich Schwester Angèle rufen lassen.»

«Schwester Angèle?»

«Ja. Das ist die Person, die Sie suchen.»

Durch den kühlen Empfang etwas aus der Fassung, wartete Albert im Kreuzgang.

Die herbe Art der Superiorin verhinderte indessen nicht, daß die vorüberkommenden Nonnen wenige Minuten später zusehen konnten, wie eine der Ihren am Hals dieses Besuchers hing und ihn leidenschaftlich küßte, während die Mutter Oberin selbst etwas abseits von ihnen darauf wartete, daß die Gefühlsausbrüche ein Ende fanden.

Diese Nonne war Rachel. Um sie besser verstecken zu können, hatte Mutter Marie-Dominique sie das Ordensgewand anlegen lassen.

«Es war verrückt von dir, daß du dageblieben bist», protestierte Albert schließlich vorwurfsvoll, wenn auch glücklich.

Glückstrahlend sah sie zu ihm auf. «Ich mußte einfach auf dich warten. Mir bleibt doch sonst nichts mehr. Du bist alles für mich. Mein Geliebter, mein Mann, meine ganze Familie.»

«Ich liebe dich, Rachel.»

Er preßte sie noch fester an sich. Wieder küßten sie sich.

«Tja, und nun», meinte er, «wie wollen wir es anstellen, dich hier herauszuholen?»

Mutter Marie-Dominique, die näher getreten war, weil sie vermutlich fand, daß die Küsserei nun lange genug gedauert hatte, bekam diese letzten Worte mit und fuhr die beiden an.

«Sind Sie verrückt? Es kommt überhaupt nicht in Frage, daß sie diesen Ort verläßt. Sie hätte keine Chance. Angèle, ich verbiete es Ihnen!»

Laugel hielt die junge Frau, den Arm um ihre Schultern gelegt, immer noch an sich gedrückt.

«Außerdem», fuhr die Superiorin fort, «ich bin zwar nicht prüde, aber Sie könnten das Gewand, das sie trägt, durchaus etwas mehr respektieren, auch wenn es nur eine Verkleidung ist.»

Albert zog seinen Arm zurück. In diesem Augenblick erschien eine Nonne und machte der Oberin und Rachel ein Zeichen. Beide traten zu ihr hin, während Laugel etwas abseits wartete.

«Unserem Verwundeten geht es immer schlechter», flüsterte die Nonne. «Er klappert mit den Zähnen.»

«Das bedeutet, daß es sich entzündet hat», antwortete Rachel ebenso leise. «Die Kugel muß unverzüglich herausgeholt werden. Dr. Laugel wird mir dabei helfen.»

«Wie?» fiel die Oberin ein. «Sie wollen ihm unsere Geheimnisse aufdecken?»

Die junge Frau zuckte die Achseln. «Sie können ihm vertrauen. Im übrigen operiere ich lieber zu zweit als allein.»

«Hören Sie, mir war es bereits gar nicht recht, diesem Laugel hier bei uns Einlaß zu gewähren. Er gehörte 1927 zu den Deutschlandsympathisanten und –»

«Mutter Oberin, Sie täuschen sich. Er hat niemals zu diesem

Komplott gehört. Außerdem bin ich der Arzt hier, und ich verlange, daß er mich begleitet.»

Die Oberin preßte die Lippen zusammen, beugte sich zu guter Letzt aber doch der ärztlichen Autorität. «Gut», sagte sie. «Sagen wir es ihm also.»

Sie kehrten zu Albert zurück, und es war Rachel, die sich an ihn wandte: «Wir brauchen deine Hilfe. Wir haben hier einen Mann mit einer Schußwunde in der Schulter. Die Wunde ist im Begriff, sich zu entzünden. Du mußt mir helfen, ihn zu operieren.»

Überrascht starrte Albert erst Rachel, dann die Oberin an. «Ein Verwundeter?»

«Wenn einer unserer Nächsten in Not ist», gab ihm die Nonne zu verstehen, «dann fragen wir ihn weder, wer er ist, noch, woher er kommt.»

«Gehen wir», sagte Laugel bestimmt. «Ich folge Ihnen.»

Eine Stunde später, während der Verwundete operiert und verbunden in einer Zelle schlief, traten Albert, Rachel und Mutter Marie-Dominique wieder auf den Flur hinaus. Letztere legte Albert ihre Hand auf den Arm.

«Ich bin Ihnen unendlich dankbar, Herr Doktor.»

Es entstand ein verlegenes Schweigen zwischen ihnen. Albert hatte es sich zwar versagt, Fragen zu stellen, aber die Situation schien doch eindeutig nach Erklärungen zu verlangen. Rachel entschloß sich, es zu wagen.

«Albert, dieser Mann ist ein französischer Soldat, der aus einem Gefangenenlager entflohen ist. Bei der Flucht hat er eine Kugel in die Schulter abbekommen. Die Familie einer der Klosterschwestern hat ihn aufgenommen und hierhergebracht.»

«Ich hatte mir schon so was gedacht», sagte Albert. «Gefangene bekommt man jetzt überall zu Gesicht. Die Deutschen wissen ja kaum noch, wohin damit.»

Die Oberin blieb schweigsam. In Albert wallte plötzlich ein Gefühl der Sympathie für sie auf. Er lächelte. «Und Sie beherbergen viele dieser Art, Mutter Oberin?» fragte er leise.

Mit einem fragenden Blick sah die Superiorin Rachel an.

«Sagen Sie es ihm nur, Mutter Oberin, ich versichere Ihnen, daß Sie es riskieren können.»

«Na gut, meinetwegen ... Sagen wir mal, wir haben hier ... einige. Nicht unbedingt nur Soldaten. Leute eben, die mit den Deutschen ein Problem haben.»

«Haben Sie vor, sie lange hierzubehalten?» fragte Albert.

«Keine Ahnung. Jedenfalls kann ich sie nicht einfach so vor die Tür setzen. Sie möchten sich alle irgendwie nach Frankreich durchschlagen und versuchen, in die freie Zone zu gelangen, aber was kann ich dazu schon tun?»

Nachdenklich die Hände auf dem Rücken verschränkt, hatte Albert seinen Schritt verlangsamt.

«Ich glaube, ich habe da eine Idee», meinte er. «Nur möchte ich jetzt noch nichts darüber sagen ... Erst muß ich mich kundig machen. Danach komme ich wieder bei Ihnen vorbei, einverstanden?»

«Dr. Laugel, ich muß Ihnen ein Geständnis machen: Ich habe Ihnen mißtraut aufgrund Ihrer früheren Aktivitäten beim Heimatbund ...»

«Es hat sich so viel geändert», seufzte Laugel.

Sie waren in den Kreuzgang zurückgelangt.

«So», sagte er etwas freudlos. «Dann will ich mal sehen, ob ich noch den letzten Zug bekomme.»

Instinktiv, als fürchtete sie seinen Aufbruch, faßte Rachel nach seiner Hand.

«Bis bald, mein Liebes ...»

Er wollte sie eben küssen, als ihn ein etwas gezwungenes Hüsteln davon abhielt. Es war die Oberin.

«Es ist spät», meinte sie. «Und wenn Sie Ihren Zug verpassen ...»

Mit gerunzelten Augenbrauen sah sie die beiden an. «Sie können auch hier übernachten», fügte sie unwirsch hinzu. «Darauf kommt es nun auch nicht mehr an!»

Beinahe wäre ihr Rachel vor Dankbarkeit um den Hals gefallen. «Danke, Mutter Oberin ...»

«Angèle! Ich denke, Sie sollten besser dieses Gewand ablegen.»

Am nächsten Tag ging Laugel zum Schloß hinauf. Er freute sich auf ein Wiedersehen mit seinen Freunden, den Kempf de La Tours, und ebenso darauf, endlich – wie er sich erhoffte – etwas über Odile zu erfahren.

Als er durch das schmiedeeiserne Tor trat, sah er eben Pauline aus dem Schloß kommen. Sie trug die BDM-Uniform der weiblichen Hitlerjugend.

Im Schloß wurde ihm ein freudiger Empfang bereitet, und man lud ihn gleich ein, zum Mittagessen zu bleiben. Erleichtert bekam er zu hören, daß seine Tochter sich inzwischen in der unbesetzten Zone aufhielt. Als sie gegen Ende der Mahlzeit auf die gegenwärtige Lage des Elsaß zu sprechen kamen, hielt Albert mit seiner Empörung über die Machenschaften der Besatzer nicht hinterm Berg.

Edouard warf einen kurzen Blick zu seiner Tochter hinüber und stand dann vom Tisch auf.

«Komm, wir gehen in die Bibliothek, ich habe da noch ein paar gute Zigarren übrig ...»

Nachdem er die Tür hinter sich geschlossen hatte, erklärte er seinem Freund: «Ich denke genau wie du, Albert, nur muß ich mich mit meinen Äußerungen höllisch vor Pauline in acht nehmen. Es ist fürchterlich, das sagen zu müssen, aber es ist nun mal so.»

«So schlimm?»

«Sie haben, ohne lange zu fragen, alle unsere Burschen und Mädchen in ihre Jugendorganisationen gesteckt. Den ganzen Tag lang werden sie ideologisch bearbeitet. Und was das Schreckliche daran ist: Bei den jungen Leuten funktioniert das ... Louis-Charles hat begriffen, worum es geht. Aber Pauline ... Weißt du schon, daß sie meinen Namen eindeutschen wollen? Ich habe ein amtliches Schreiben erhalten, man verlangt von mir, daß ich mich künftig ‹von Turm› nenne!»

«Du, Edouard ...» begann Albert.

«Ja?»

«Du und ich, wir haben schon den letzten Krieg durchgestanden. Wir werden uns doch auch diesmal nicht unterkriegen lassen, oder?»

«Mein Gott, alter Freund, was sollten wir schon ausrichten können?»

«Ich möchte dich gern um einen Gefallen bitten. Aber ich versichere dir gleich von vornherein, daß ich es dir nicht verüble, wenn du nein sagst.»

«Weshalb? Ist es etwas Gesetzwidriges?» fragte Edouard.

«Ich habe ein paar entflohene Gefangene am Hals, die nach Frankreich hinüber wollen. Dazu wäre es mir eine große Hilfe, wenn ich im Wald da droben deine Jagdhütte im Wolfswinkel benutzen könnte. Und auch den Weg zur Grenze.»

«Natürlich. Jederzeit.»

Laugel strahlte. «Ehrlich?»

«Dachtest du, ich würde es dir abschlagen? Da wäre ich nun wirklich der erste in der Familie. Frag doch den jungen Peter Imhof, ob er dich führen kann. Sein Großvater hat ihm den Weg gezeigt.»

«Peter, den Bruder von –»

«Ja, ja. Aber glaub mir, kein Vergleich. Du kannst ihm voll vertrauen. Sag mal, wo hast du sie denn aufgegabelt, deine entflohenen Gefangenen?»

«Im Kloster der Göttlichen Vorsehung. Rachel hält sich dort versteckt. Übrigens stelle ich fest, daß es doch etliche sind, die mit dem, was sich abspielt, nicht einverstanden sind. Die Ordensschwestern, du, ich ... Na, und Seligmann zum Beispiel, der dürfte mit Sicherheit auch so denken wie wir. Man könnte schon versuchen, etwas zu unternehmen.»

«Roederer und seinen Sohn kannst du auch mitrechnen.»

«Ich bin froh, dich so reden zu hören, Edouard. Ich dachte schon ...»

«Was dachtest du?»

«Na ja, Marschall Pétain ...»

«Ich habe Pétain verehrt. Durch ihn haben wir den Krieg gewonnen, ohne daß Tausende von Kameraden dabei ihr Leben lassen mußten; das weißt du ebensogut wie ich. Aber jetzt geht es um etwas anderes.»

«Und deine Fabrik?»

«Als französische Liegenschaft konfisziert. Erst kürzlich haben sie einen Zwangsverwalter eingesetzt. Und weißt du übrigens, wer das ist? Dein Schwager.»

«Anselme?» fragte Albert.

«Ja. Man könnte meinen, er hatte nichts eiligeres zu tun, als sich bei den Nazis lieb Kind zu machen.»

Albert schüttelte den Kopf. «So was! Das wundert mich aber... Womöglich haben sie ihn gezwungen. Ich bin ja auch gerade in der Klemme. René Imhof versucht, Druck auf mich auszuüben, damit ich den elsässischen Nothilfedienst übernehme.»

«Weshalb solltest du nicht darauf eingehen? Es ist vielleicht besser, wenn du es machst und nicht ein Nazi. Und außerdem, was unsere Pläne betrifft... Das würde die Aufmerksamkeit ablenken.»

«Ich fürchte nur, daß ich nicht sonderlich dafür geschaffen bin, ein doppeltes Spiel zu spielen.»

«Mein guter Albert, wir sind Elsässer. Wir haben keine andere Wahl.»

Finstere Nacht umhüllte den Alsheimer Forst.

Bei dem schwachen Mondlicht, das durch die Wolken drang, konnte man kaum die kahlen Äste der Bäume erkennen. Vor Laugel stapfte Peter Imhof im Jagdhüteranzug den Pfad entlang, den morsche Zweige, die unter ihren Füßen knackten, halb verdeckten. Von Zeit zu Zeit schaltete Peter, um ein Hindernis anzuzeigen, seine Stablampe an, die er aber sofort wieder erlöschen ließ.

Etwa eine Stunde nach ihrem Aufbruch im Schloß kam der Wolfswinkel in Sicht. Albert mußte an seinen Vater Yerri denken, der nach 1870 alle zwei Wochen hergekommen war, um französische Zeitungen zu bringen. Und er sah sich selbst wieder hier stehen, damals, 1914, mit einem Laib Brot, einer Wurst und einer Flasche Wein im Brotbeutel.

Drei Tage hatte er gebraucht, um Mutter Marie-Dominiques Schützlinge im Zug oder im Wagen, auf jeden Fall aber einzeln, um nicht aufzufallen, nach Alsheim zu bringen. Je nachdem wie sie eintrafen, hatte Peter Imhof sie jedesmal gleich zur Jagdhütte hinaufgeführt. Die Gruppe – ein Dutzend Männer – war jetzt komplett. Sie mußten nur noch über die Grenze gebracht werden.

Peter, der als erster vor der baufälligen Holzhütte anlangte, klopfte mehrmals auf die vereinbarte Art und Weise an die Tür. Gleich darauf öffnete sich die Tür, und ein Kopf kam zum Vorschein.

«*Salut*, ich bin's ... Seid ihr bereit?»

«Ja.»

«Na, dann wollen wir mal.»

Einer nach dem anderen traten die Männer heraus, gekleidet in weite Mäntel, Schals und Mützen, die für sie gesammelt worden waren. Ihre schlechtrasierten Gesichter verliehen ihnen die Verwegenheit von Strauchdieben. Einer von ihnen trug den Arm in einer Schlinge; es war derjenige, den Rachel und Albert operiert hatten.

Laugel betrachtete die sonderbare Szenerie, diese Gruppe von Schatten in der eisigen Kälte der elsässischen Nacht. Es schien, als sei die entlegene, bescheidene Hütte tief im Wald – von den vielen Wintern zernagt, aber immer noch aufrecht – die geheime, zähe Seele dieses Landes.

Und plötzlich hatte er das Gefühl, daß sich zwischen den Bäumen der mächtige, unbeugsame Schatten der Gräfin Mathilde erhob, die diese Nacht und diese armen Flüchtlinge segnete.

Der kleine Trupp Männer setzte sich im Gänsemarsch in Bewegung und verschwand in der Finsternis des Waldes.

Vierter Teil

1942-1943

«Die Sechste Deutsche Armee in Stalingrad ist von den sowjetischen Truppen vollständig eingekesselt. Der Reichskanzler hat General von Paulus die Zustimmung verweigert, einen Ausbruchsversuch zu unternehmen. Die Sechste Armee, die somit in der Falle sitzt, ist zu einem langsamen Tod verurteilt…»

Albert Laugel, der geduckt vor dem sehr leise eingestellten Radiogerät gehorcht hatte, blickte freudestrahlend zu seinem Kollegen auf, der ihm gegenübersaß.

«Das ist der Anfang vom Ende, Joseph! Wenn sie vor den Russen in die Knie gehen, ist es vorbei!»

Besagter Joseph, ein Mann um die Dreißig, war eine Stunde zuvor aus Straßburg eingetroffen, um eine Lieferung Flugblätter abzuholen, die heimlich in Alsheim gedruckt und bei Albert Laugel deponiert worden war. Er nickte, sah auf seine Uhr und sagte: «Jetzt kommen gleich die Geheimmeldungen. Schnell, stell London ein.»

Albert drehte an dem Knopf und verließ damit die Schweizer Sendestation Beromünster, die es ihnen ermöglichte, zuverlässige Informationen über den Kriegsverlauf zu erhalten. Man hörte eine Folge verschiedener Rauschtöne, dann aber, ein wenig verloren, aber doch hörbar im Geprassel der Tonstörung, die inzwischen vertraute Stimme der BBC: «Die Katze der Nachbarin ist tot… Die Katze der Nachbarin ist tot… Hektor wird verreisen. Der Eiffelturm kommt zur Verabredung. Der Eiffelturm kommt zur Verabredung.»

«Das da, das ist für uns!» rief Laugel aus. «Das bedeutet, daß Mathilde bald eintreffen wird.»

«Weißt du eigentlich, wer das ist, diese Mathilde?»

«Natürlich nicht... Ich weiß nur, daß sie den Kontakt zwischen uns und der Organisation wiederherstellen soll.»

«Zeit wird's ja.»

Laugel hatte ein gutes Stück Weg hinter sich, seitdem er es vor zwei Jahren übernommen hatte, die Schützlinge der Ordensschwestern des Klosters der Göttlichen Vorsehung aus dem Land zu schaffen. Weitere Flüchtlinge, politisch Aktive und aus Deutschland fliehende Juden, hatten nach und nach den Weg zum Wolfswinkel hinauf genommen. Auf diesem Umweg hatte man Kontakte mit den Untergrundorganisationen in der Besatzungszone aufnehmen können.

Unter der Verwaltung von Gauleiter Wagner, der in den Räumlichkeiten der Präfektur in der Rue Brûlée seinen Sitz hatte, war das Elsaß wieder zu einem Gebiet des Deutschen Reiches gemacht worden. Die Städte hatten deutsche Namen erhalten. Großartige Aufmärsche mit versammelter Hitlerjugend waren auf der mit einem Meer von Hakenkreuzwimpeln übersäten Place Kléber organisiert worden. Ernst, einer der Beschuldigten beim Prozeß gegen die «Deutschlandsympathisanten» von damals, war Bürgermeister von Straßburg.

Während er beim elsässischen Nothilfedienst eine so zurückhaltende Rolle wie möglich spielte, sammelte und spezialisierte Laugel gleichzeitig Leute für die Gegenpropaganda, einen geheimen Nachrichtendienst, die Bereitstellung von Verstecken und die Beschaffung falscher Papiere. So war er neben Charles Bareiss, der Anfang 1943 dann gefaßt und getötet werden sollte, zu einer der Schlüsselfiguren der elsässischen Résistance geworden.

Einige Zeit zuvor waren ihre Kontakte zu den Organisationen im übrigen Frankreich durch zwei Verhaftungen unterbrochen worden. Daher die Ungeduld, mit der sie die neue Abgesandte erwarteten, die jedem von ihnen – gesondert – die ihn betreffenden Instruktionen und Informationen übermitteln sollte.

Laugel erhob sich und schaltete das Gerät ab. «Du trinkst doch bestimmt einen kleinen Schnaps mit, um das zu feiern?» fragte er seinen Gast.

Joseph nickte gerade zustimmend, als sie im Erdgeschoß unter sich plötzlich die Klingel hörten.

«Wer kann das sein?» wunderte sich Laugel beunruhigt. «Ich erwarte eigentlich niemanden.» Er ging zum Fenster und schob den Vorhang beiseite. «Verdammt! Die Deutschen. Und Imhof ist auch dabei. Schnell, geh rauf und versteck dich.»

Sie traten auf den Gang hinaus. Einen Finger auf den Lippen, beugte sich Laugel über das Geländer, um zu horchen. Zwischen etlichen Männerstimmen hörte er Bertel protestieren, dann Schritte, die durch das Haus in Richtung Garten stürmten.

«Sie sind hinten raus», sagte er. «Keine Ahnung, was sie wollen.»

Sie kehrten in den Raum zurück, den sie eben verlassen hatten.

«Auf der Straße haben sie niemanden zurückgelassen ... Nimm die Flugblätter, Joseph, und mach, daß du wegkommst! Ich werde inzwischen versuchen, sie abzulenken.»

Hinter dem Haus unten waren die drei deutschen Gendarmen, die Kreisleiter Imhof begleiteten, ausgeschwärmt und durchkämmten nun den Hühnerstall, die Scheune und die Garage.

Mit grimmiger Miene nahm Imhof Bertel beiseite und sagte zu ihr auf französisch und so, daß es keiner hören konnte: «Was fällt dir bloß ein, Schwarzmarktgeschäfte zu treiben, bist du denn noch zu retten?»

Sie aber, anstelle einer Antwort, wetterte nur: «Wenn ich das Schwein erwische, das mich angezeigt hat –»

«Um das Schwein geht es jetzt aber nicht, sondern um deines. Wo hältst du es versteckt?»

«Such es doch selber, wenn du schon so schlau bist.»

Imhof blickte sich um. Diese Geschichte ging ihm gewaltig gegen den Strich. Wegen eines auf dem Schwarzmarkt gekauften Schweines eine Haussuchung durchführen zu müssen, das verletzte einfach die Auffassung, die er vom nationalsozialistischen Ideal hatte. Überhaupt hatte er im Laufe der Zeit gemerkt, daß seine Machtposition bei den Alsheimern nicht nur angenehme Seiten hatte. Eine Frau wie Bertel kannte er schon seit jeher; auch wenn sie seine politische Einstellung nicht teilte, kam er nicht umhin, zuzugeben, daß sie eine anständige, brave Frau war. Andererseits: Gesetz war eben Gesetz.

Plötzlich hörte man Geschrei, und das gesuchte Schwein schoß wie eine Bombe unter einem Bretterverschlag hervor, laut quiekend vor Angst. Die Gendarmen rannten hinter ihm her. Das Tier schob sich hinter ein paar Holzplanken, die an einer Wand lehnten.

«Wollt ihr wohl aufhören, das arme Tier verrückt zu machen!» schimpfte Bertel empört. Sie ging zu der Stelle, wo sich das Tier verkrochen hatte, und sagte: «*Adolf, Adolfchen, komm, komm zü dinere Mamma.*»

Streng trat Imhof auf sie zu und fragte: «Wie nennst du dein Schwein?»

«Adolf.»

«Sag mal, willst du mich für dumm verkaufen?»

«Wieso? Es hat schließlich nicht bloß dein Führer das Recht, Adolf zu heißen.»

In diesem Moment beschloß besagter Adolf, seinen Rüssel herauszustrecken. Augenblicklich warf sich einer der Gendarmen über ihn und packte ihn. Das Tier wehrte sich, und der wackelige Bretterhaufen stürzte in sich zusammen.

Dahinter kam ein Metallkasten in der Größe eines Koffers zum Vorschein.

Während er gleichzeitig das Tier weiter festhielt, stieß der Gendarm einen erstaunten Pfiff aus, als hätte er einen außergewöhnlichen Fund gemacht. Mit weit aufgerissenen Augen war Imhof hinzugetreten. Er kniete sich nieder und öffnete den Metallkasten.

«Ein Schwarzsender ...» murmelte er, während er ihn untersuchte. «*Made in Great Britain.*»

Die Gendarmen verstummten. Sie waren damit beauftragt, ein Schwein einzufangen. Was darüber hinausging, war politischer Natur und somit Sache des Kreisleiters. Derjenige, der das Schwein gefangen hatte, entfernte sich mit seiner Beute, die sich nach wie vor sträubte und quiekte.

Imhof baute sich vor Bertel auf. «Hast du das gewußt?»

«*Von was red'sch dan*?»

«Stell dich bloß nicht dumm. Das ist eine ernste Sache.»

Er machte seinen Leuten ein Zeichen. «Bringt diese Frau in mein Büro. Und nehmt den Sender mit. Los, marsch, marsch!»

Die beiden Männer traten vor und ergriffen Bertel, die ein großes Gezeter anfing.

«Rührt mich nicht an mit euren Dreckpfoten! Ich bin ein ehrliche Frau! Zu Hilfe!»

«Vorwärts, stell dich nicht so an!» herrschte Imhof sie ungeduldig an.

«Herr Doktor! Zu Hilfe, Herr Doktor! Die Gendarmen nehmen mich fest!«

Sie schleppten sie mit sich, wobei sie um das Haus herumgingen. Imhof aber war ins Haus gestürmt. Unverhofft stand er da plötzlich Laugel gegenüber, der, von dem Geschrei angelockt, eben hinauseilen wollte. Imhof stieß ihn ins Hausinnere zurück und schloß die Tür hinter sich.

«Du Hornochse, du! Was zum Teufel hat ein Schwarzsender bei dir zu suchen?» schnauzte er ihn an. «Du willst dich wohl unbedingt erschießen lassen und Bertel gleich noch dazu?»

Unbeirrt setzte Laugel eben zu einer Antwort an, als Imhof ihm wütend ins Wort fiel:

«Halt's Maul. Ich will überhaupt nichts wissen. Du hast fünf Minuten Zeit, um zu verschwinden, danach übernehme ich keine Verantwortung mehr.»

«Du meinst, daß du ...»

«Halt's Maul, verdammt!» Fast außer sich, bemühte sich Imhof, seine Fassung zurückzugewinnen. «Damals, an jenem Abend in Straßburg, hast du mich vor einer Verhaftung bewahrt. Los, hau jetzt ab.»

Sehr schnell hatte er das gesagt und dabei weggesehen, als schämte er sich, ein menschliches Gefühl einzugestehen.

«Und Bertel?» fragte der Arzt.

«Das ist meine Sache.»

Da packte Laugel Mantel und Hut und rannte dann quer durch den Garten davon. Am anderen Ende führte eine Tür aufs freie Feld. Durch diese Tür, die er eilig hinter sich zuzog, verschwand er.

Was für einen Bock er hier geschossen hatte, wurde Imhof erst zwei Tage später klar, als er durch Kriminalkommissar Julius Brücker,

Leiter des III. Einsatzkommandos, dringend zur Straßburger Gestapo zitiert wurde. An Brücker nämlich war sein Bericht über den Vorfall bei Laugel weitergeleitet worden.

Keiner wurde gern zu Brücker zitiert. Obwohl er seinen Besuchern und Mitarbeitern gegenüber äußerst herzlich und liebenswürdig tat, war seine ebenso unerbittliche wie subtile Grausamkeit sogar in Nazikreisen gefürchtet. Man hielt ihn für absolut fähig, seine nächsten Untergebenen oder Kollegen wegen des geringsten Verdachtsmoments, und sei es nur Lauheit, foltern oder erschießen zu lassen. Es ist ein Teil des Fanatismus, daß man am Ende noch die eigenen Gewährsleute in Angst und Schrecken versetzt.

So geschah es, daß René Imhof höchst beunruhigt das Büro betrat, dessen einzige Zierde ein Hitlerporträt bildete. Allein schon der Gedanke, seinen Vorgesetzten irgendwie zu mißfallen, verursachte ihm unerträgliche Beklemmung. Das System, dem er sich verschrieben hatte, erschien ihm wie eine schreckliche Gottheit, ein kollektiver Vater. Dieser unpersönliche, kalte Gott brauchte nur seinen Blick von ihm abzuwenden, und er würde aufhören zu existieren.

Sofort erkannte er seinen Bericht auf dem Tisch vor Brücker, der heute nicht liebenswürdig lächelte.

«Was zum Teufel hatten Sie bei diesem Dr. Laugel zu suchen?»

Wie bei einem Frettchen, das seine Beute anstarrt, waren die beiden kleinen schwarzen Knopfaugen auf ihn gerichtet.

«Wir sind infolge einer Anzeige wegen Schwarzmarktgeschäften eingeschritten. Zufällig haben wir dabei den Sender entdeckt», erklärte Imhof mit belegter Stimme.

«Das weiß ich!»

«Kurz darauf haben meine Leute Dr. Laugel flüchten sehen. Vermutlich hatte er uns vom oberen Stockwerk aus beobachtet.»

«So. Und wissen Sie auch, Kreisleiter Imhof, wer dieser Laugel ist? Laugel ist die Person, die sich Kellermann nennt, einer der Hauptverantwortlichen der elsässischen Widerstandsbewegung! Das ist so gut wie bewiesen! Und Sie gehen da hin, um ein Schwein zu jagen!»

Brücker schien rasend vor Wut; trotzdem schöpfte Imhof Hoffnung. Man konnte ihm nicht ernsthaft vorwerfen, daß ihm das nicht bekannt war.

«Das tut mir leid, Herr Kriminalkommissar», erwiderte er mit nun wieder festerer Stimme, «aber ich hatte diesbezüglich keinerlei Instruktionen. Außerdem, weshalb haben Sie ihn nicht gleich festnehmen lassen, wenn Sie doch Bescheid wußten?»

Brücker begann zu lachen, ein verhaltenes, glucksendes Lachen, das typisch für ihn war und nichts Gutes verhieß.

«Kreisleiter Imhof», sagte er, «Sie sind wirklich einer von der ganz besonders scharfsinnigen Sorte... Kellermann zu verhaften, wo er doch gerade im Begriff war, uns zu seiner französischen Kontaktperson zu führen. Seit zwei Monaten ist die elsässische Organisation isoliert. Wir wußten, daß es notgedrungen ein neues Treffen geben würde. Und da erzählen Sie mir, man sollte Kellermann verhaften! Und treiben ihn wegen eines Schweins in die Flucht! Übrigens, sehen Sie mal...»

Er erhob sich und trat an einen Aktenschrank, dessen Rollverschluß er mit einem Ruck herunterließ. Dann öffnete er kurz eine Akte und zog ein Foto daraus hervor.

«Das ist die Person, die wir haben wollten. Sie trägt den Decknamen Mathilde. Paris hat sogar ihr Bild an uns weitergeleitet. Sie handelt auf höchster Ebene.»

Er reichte Imhof die Fotografie. Diesem entfuhr ein Aufschrei.

«Die!»

«Kennen Sie sie etwa?»

«Natürlich! Aber in diesem Fall hat man Sie falsch informiert.» Imhof glaubte, wieder Boden unter den Füßen zu haben. Er deutete sogar ein Lächeln an. «Wenn diese Frau die Rolle spielt, von der Sie mir erzählen», fuhr er fort, «dann bin ich General de Gaulle!»

Brücker aber schien nicht zu Späßen aufgelegt. «Wer ist sie?» fragte er mit eiskalter Stimme.

«Katel Laugel. Die Frau von Dr. Laugel, äh, von Kellermann. Sie stammt aus Alsheim.»

«Mann und Frau? Was wollen Sie mehr? Das paßt doch bestens zusammen.»

«Nein... Erstens leben sie seit fünfzehn Jahren getrennt. Und zweitens hatte Katel Laugel nie anderes im Kopf, als sich Kleider zu kaufen und in Paris ein flottes Leben zu führen.»

«Und? Was beweist das?»

Brücker, der sich wieder gesetzt hatte, schlug mit der flachen Hand krachend auf den Tisch. Die Frettchenaugen durchbohrten Imhof. Mit einem Schlag verlor dieser erneut den Halt.

«An sich beweist das freilich nichts», mußte er zugeben. «Aber es ist doch immerhin recht unwahrscheinlich –»

«Zum Teufel mit Ihren Wahrscheinlichkeiten! Ich will diese Mathilde! Oder vielmehr, ich wollte sie. Und Ihnen habe wir es nun zu verdanken, daß Kellermann flüchtig ist! Was haben Sie vorzuschlagen, Kreisleiter Imhof, um mir zu beweisen, daß Sie zu etwas nütze sind?»

Diesmal wurde es Imhof angst und bange. Er dachte nicht einmal mehr daran, sich zu verteidigen. Ohnehin gab es vor dem Gott, dem er sich unterworfen hatte, keine Verteidigung. Man gehorchte. Man unterwarf sich weiter und immer weiter.

Verzweifelt suchte er nach einem Ausweg. «Vielleicht habe ich eine Idee», meinte er schließlich.

«Zeit wird's.»

Imhof zögerte. «Mir sind da … Gerüchte zugetragen worden, die das Kloster der Göttlichen Vorsehung hier in Straßburg betreffen. Gewisse Kontakte sollen über das Kloster laufen.»

«Ja und?»

«Na ja … Laugel arbeitet seit jeher eng mit den Pfaffen zusammen. Und die Ordensschwestern dieses Klosters sind bekannt für ihre Sympathien für Frankreich. Schon vor 1914 war das so.»

Für den Bruchteil einer Sekunde sah Imhof seine Großeltern Liselotte und Franzl vor sich. Man hatte ihm ihre Geschichte erzählt. Franzl hatte sie ihm erzählt. Einen kurzen Augenblick lang befiel ihn die Verzweiflung. Er hatte seine Familie, sein Land diesem Gott geopfert. Und nun gab er ihm noch seine Kindheit, seine Erinnerungen. Alles.

Er hob den Kopf. Der Frettchenblick war milder geworden.

«Tja, wie ich sehe, haben Sie durchaus interessante Dinge zu sagen, wenn Sie nur wollen», flüsterte Brücker. Er griff zum Telefonhörer: «Dieter? Sie schicken zur Beschattung zwei Leute vor das Kloster der Göttlichen Vorsehung … Was? Mann, dann suchen Sie sie eben, die

Adresse! Nehmen Sie die Fotos von Kellermann und Mathilde mit. Und fotografieren Sie jeden, der kommt oder geht.»

Der Mann mit Schnurrbart, Brille, Regenmantel und breitkrempigem Hut, der eben aus der Rue de la Nuée-Bleue kommend auf den Platz vor der Kirche Saint-Pierre-le-Jeune trat, verlangsamte seinen Schritt. Gelassen sah er sich auf dem Platz um. Um diese Zeit, da der blasse Wintertag sich zu neigen begann, war hier niemand zu sehen.

Er ging zur Seitentür des Bauwerks und trat ein.

Den Hut in der Hand, ging er durch das Seitenschiff auf einen Priester zu, der im Kerzenschein sein Brevier las. Auf seiner Höhe angelangt, blieb er stehen. Der Priester blickte zu ihm auf. Der Mann trat an ihn heran und raunte ihm ein Wort zu. Mit dem Kinn wies der Priester nach einem der Beichtstühle.

Der Mann ging hin, schob den Vorhang mit einer Hand beiseite und kniete sich auf den Büßerplatz. Da wurde der kleine Holzladen hinter der Sprossenwand zurückgeschoben.

«Kellermann?» flüsterte eine Stimme.

«*Bonjour*, Mathilde. Ich freue mich, endlich mit Ihnen zusammenzutreffen.»

«Wir haben keine Zeit zu verlieren. Ich bin beauftragt, Ihnen zu sagen, daß es Zeit für Sie ist, aufs Land zu fahren.»

Albert Laugel nahm die Brille ab, die mit dem Schnauzer zusammen seine Verkleidung bildete, und näherte sein Gesicht der Sprossenwand, in der Hoffnung, die Person, die zu ihm sprach, sehen zu können. «Aufs Land? Was soll das heißen?»

«Es wird hier zu heiß für Sie. Sie müssen raus aus dem Elsaß. Und keine Sorge: Auch in Paris gibt es Arbeit für Sie.»

Laugel hatte plötzlich Herzklopfen. Immer noch versuchte er hartnäckig, durch das Gitter zu spähen, doch das Gesicht der Frau blieb im Dunkeln.

«Für Ihre Abreise ist alles vorbereitet», begann die Stimme wieder. «Treffpunkt ist sieben Uhr im *Café de l'Ancienne Gare*. Wir sehen uns dann vielleicht in Paris... *Wenn Gott's will.*»

Laugel fuhr zusammen, als er diesen Ausdruck hörte.

«Sie sind Elsässerin, Mathilde?»

«Rachel wird im Café zu Ihnen stoßen, um gemeinsam mit Ihnen aufzubrechen», fuhr die Stimme um eine Nuance dumpfer fort. «Ich weiß, wo sie sich versteckt hält, und werde ihr Bescheid geben. Ach ja, ich soll Ihnen noch sagen, daß es Ihrer Tochter Odile gutgeht. Adieu, Kellermann. Vergessen Sie nicht, zehn Minuten zu warten, bevor Sie ebenfalls die Kirche verlassen.»

Laugel hörte, wie sich die Mitteltür des Beichtstuhls öffnete. Er schlug den Vorhang zurück und sprang auf. Mit zwei Sätzen hatte er die schwarze Gestalt, die sich eben entfernte, eingeholt. Sein Herz schlug zum Zerspringen.

«Katel!»

Abrupt blieb sie stehen, dann wandte sie sich um. Ernst und unbeweglich sah sie ihn an.

Albert betrachtete dieses Gesicht, das er einmal geliebt und seit vielen Jahren nicht mehr gesehen hatte. Sie trug einen schwarzen Hut, dessen Schleier bis unter die Augen reichte. Abgesehen davon, daß ihr Gesicht durch die Entbehrungen etwas schmal geworden war, hatte sie sich nicht verändert.

«Ich habe deine Stimme wiedererkannt», flüsterte er. «Aber wie ...»

«Wie es kommt, daß Katel zu Mathilde wurde?» fragte sie mit einem unmerklich spöttischen Lächeln. «Es würde ziemlich lang dauern, dir das zu erklären. Zumindest wirst du wohl ahnen, weshalb ich diesen Vornamen gewählt habe.»

«Die sind ja total verrückt, dich hierherzuschicken. Eine Menge Leute könnten dich erkennen.»

«Dafür kenne ich mich aus in der Stadt. Außerdem werde ich nicht bleiben, und so oder so gehen wir alle schließlich Risiken ein. Gerade jetzt zum Beispiel – und noch dazu unnötigerweise.»

«Und Odile?»

«Die ist in Sicherheit.«

«Ich flehe dich an, sei vorsichtig. Ihretwegen.»

Sie sah ihn mit der gleichen trotzigen Miene an wie damals, als er ihr Vorwürfe wegen ihres Haarschnitts gemacht hatte. Nur gelassener. «Es gibt Dinge, die unseren persönlichen Problemen übergeordnet sind, Albert. Du selbst hast mir das beigebracht.»

Er trat dicht an sie heran und ergriff angstvoll ihren Arm. «So kann das nicht gehen; ich lasse dich hier nicht allein.»

Sie stieß ihn hart zurück und sagte: «Nicht Sie geben hier die Befehle, Kellermann! Sie kehren jetzt für zehn Minuten in diesen Beichtstuhl zurück, und dann Treffpunkt direkt im *L'Ancienne Gare*. Adieu.»

Dann machte sie auf dem Absatz kehrt und ging davon. Wie versteinert stand er da. Eine Woge konfuser Bilder und Gefühle überkam ihn.

Als sie die Tür erreichte, drehte sie sich noch einmal nach ihm um. Lange sahen sie einander an. Dann stieß sie die Pendeltür auf und verschwand nach draußen.

Langsam, mit gesenktem Kopf, kehrte Albert in den Beichtstuhl zurück, wo er niederkniete und zu beten begann.

Es herrschte fast völlige Dunkelheit, als Katel Laugel vor der Pforte des Klosters der Göttlichen Vorsehung anlangte. Den etwa zehn Meter entfernt geparkten Wagen, in dem zwei recht unauffällig aussehende Männer saßen, bemerkte sie nicht. Sie klingelte und flüsterte der Klosterpförtnerin durch das Guckfenster hastig etwas zu. Daraufhin ging die Tür auf, und sie schlüpfte hinein.

Augenblicklich wurde die Wagentür geöffnet, und einer der beiden Männer entfernte sich mit großen Schritten in Richtung Nebenstraße. Da gab es ein Bierlokal, von wo aus man telefonieren konnte.

Unterdessen war Katel in die Zelle von Schwester Angèle geführt worden.

«Packen Sie rasch Ihre Sachen zusammen. Kellermann ist im *Café de l'Ancienne Gare* mit jemandem, der Sie beide nach Frankreich schleusen wird.»

Katel sprach mit derselben ruhigen und zwingenden Bestimmtheit, die kurz zuvor schon Albert verblüfft hatte. Im Handumdrehen hatte Rachel ihre dürftige Garderobe, die sie aus einem Wandschrank hervorholte, und zwei auf ihrem Bett liegende Bücher in eine Tasche geworfen. Mit nachdenklichem Blick, die Hand am Riemen ihrer Umhängetasche, hatte ihre Besucherin währenddessen nahe der Tür gewartet. Rachel trat auf sie zu.

«Wie kann ich Ihnen danken?»

«Indem Sie keine Zeit verlieren. Sein Leben ist in Gefahr und Ihres auch.»

Sie traten auf den Gang hinaus.

«Ich weiß nicht einmal, wer Sie sind», sagte Rachel, bevor sie ging.

Katel musterte sie einen Augenblick lang. Dann lächelte sie wehmütig. «Machen Sie Albert glücklich», sagte sie schließlich. «Ich konnte es nicht...»

Rachel wollte etwas sagen, aber Katel legte ihr den Finger auf die Lippen. «Nun aber los! Rasch! Machen Sie, daß Sie wegkommen!»

Fügsam gegenüber diesem freundschaftlichen, aber doch sehr bestimmten Drängen, ging Rachel davon. Bevor sie jedoch am Ende des Ganges verschwand, drehte sie sich noch einmal um und winkte.

Gemeinsam mit den Nonnen aß Katel im Refektorium zu Abend, dann wurde sie für die Nacht in der Zelle untergebracht, die durch Rachels Aufbruch frei geworden war. Sie selbst wollte das Kloster um vier Uhr morgens verlassen; daher streckte sie sich auf dem schmalen Bett aus, ohne sich zu entkleiden.

Sie dachte an Albert und Rachel. Sie hoffte, daß für sie alles glattging und daß sie glücklich miteinander würden. Und sie wünschte es ihnen ohne die geringste Spur von Eifersucht oder Groll. All das lag inzwischen so weit zurück. Es hatte sie glücklich gemacht – ja sogar erleichtert –, vor einigen Monaten zu erfahren, daß Albert wie sie im Widerstand kämpfte. Und erst recht glücklich, als man sie dazu bestimmte, ihn in Straßburg zu treffen. Auf diese Weise würde es ihnen möglich sein, trotz ihrer unterschiedlichen Charaktere, Ideen und Lebensweise Achtung und Sympathie füreinander zu empfinden. Ihr kurzes Wiedersehen in der Kirche war für sie daher von großer Bedeutung gewesen. Ein bisher unbereinigter Konflikt in ihrem Leben war nun gelöst; die Wunde war endgültig vernarbt.

Katel fand, daß jetzt alles seine Ordnung hatte. Von ihren Jahren in Paris bereute sie nichts. Sie hatte frei und intensiv gelebt. Ungehemmt hatte sie sich die Existenz gegönnt, nach der es sie verlangte. Deshalb legte sie jetzt Wert darauf, zu kämpfen, damit auch ihre Tochter später in einem freien Land leben konnte. Seit einem Jahr befand sich Odile in den Hautes-Alpes. Dort war sie außer Gefahr. Und Katel konnte sich auf diese Weise voll und ganz dem Kampf im Untergrund widmen. Sie hatte keine Angst. Alle Vorkehrungen waren getroffen, alles war einfach und ohne Widerruf.

Gegen elf Uhr, als sie in ihrer stillen Zelle gerade am Eindösen war, weckten sie Schritte im Gang, dann ein Klopfen an der Tür. Augenblicklich war sie hellwach und sprang auf, um zu öffnen.

Bleich und verängstigt winkte Mutter Marie-Dominique sie heraus. «Schnell... Kommen Sie...»

Sie nahm Katel bei der Hand und zog sie durch den dunklen Gang hinter sich her. Tief hinter den Mauern, Treppen und Böden des Gebäudes hörte man den gedämpften Widerhall von Männerstimmen.

«Was ist los?» fragte Katel.

«Sie durchkämmen das Haus... Sie sind Ihnen auf die Spur gekommen, oder aber man hat Sie denunziert...»

Die Nonne hieß sie eine kleine Wendeltreppe hinabsteigen und dann einen weiteren Gang entlanglaufen. Durch ein Türchen, das zum Chor führte, gelangten sie in die Kapelle. Dort schlichen sie bis ganz nach hinten und traten durch das Gitter, das dazu diente, die Nonnen während der Gottesdienste von der Öffentlichkeit zu trennen. Die Superiorin stieg auf eine Bank und lugte durch eine Öffnung hinaus.

Zwei SS-Leute standen mit Maschinenpistolen in der Hand Wache.

«Da sind sie auch», wisperte sie. «Kommen Sie. Versuchen wir es über den Garten.»

Quer durch die Kapelle hasteten sie wieder zurück. Die Nonne stieß die Tür zum Kloster auf und – jäh blieben sie stehen. Vor ihnen waren die Frettchenaugen und das dünne Lächeln von Brücker aufgetaucht.

«Guten Abend, Mutter Oberin...»

Die Oberin, für einen Moment fassungslos, nahm all ihren Mut zusammen und fragte: «Was haben Sie hier zu suchen? Wissen Sie nicht, daß Männer in diesem Kloster keinen Zutritt haben?»

«Ach so, ja... Sehr interessant.» Doch er sah sie schon gar nicht mehr an. Das Lächeln und die kleinen Augen hatten sich Katel Laugel zugewandt. «Madame Mathilde, nehme ich an?» Er drehte sich nach seinen Leuten um und gab einen kurzen Befehl.

Sofort umringten die SS-Männer die beiden Frauen. Handschellen klirrten. Rücksichtslos stieß man sie dem Ausgang zu.

Mit einer stolzen Geste stieß Katel den Mann, der sie am Arm hielt, beiseite und schritt gelassen allein weiter. Mutter Marie-Dominique hielt die Augen gesenkt. Sie betete. So gelangten sie zur Klosterpforte. Entlang der Mauern standen SS-Leute Spalier.

Weinend fiel die Pförtnerin ihrer Superiorin um den Hals. «Ach Mutter Marie-Dominique! Jesus Maria!»

«Hören Sie auf zu heulen!» sagte Marie-Dominique barsch. Dann beugte sie sich rasch zu ihr und flüsterte ihr ins Ohr: «Rufen Sie Rechtsanwalt Wahl.»

In aufgekratzter Siegerlaune verneigte sich Brücker munter vor ihnen mit einem Wink nach der Tür. «Nach Ihnen, Mutter Oberin … Hier entlang.»

Zwei schwarze Citroëns versperrten die Straße, ebenso ein Einsatzwagen, in den die beiden Frauen rasch hineingeschoben wurden.

Brücker stieg in einen der beiden Citroëns. «Selenickstraße!» wies er den Chauffeur an.

Die Pförtnerin war einigermaßen überrascht, daß die Oberin angeordnet hatte, Rechtsanwalt Anselme Wahl zu benachrichtigen. Ganz Straßburg wußte, daß der Rechtsanwalt seit fast zwei Jahren NSDAP-Mitglied und mit allem, was im deutschen Parteiapparat Rang und Namen hatte, angefangen bei Gauleiter Wagner persönlich, gut Freund war. Er führte einen aufwendigen Lebensstil und zeigte sich in nur einschlägigen Kreisen vorbehaltenen Restaurants oder auf öffentlichen Veranstaltungen, wo er graziös seine schmale Hand zum Hitlergruß hob. Was konnte man von einem solchen Mann erwarten?

Doch eine Anordnung der Superiorin war heilig, vor allem unter den gegenwärtigen Umständen. Die Nonne gehorchte.

Nachdem er um acht Uhr bei sich zu Hause angerufen worden war, traf Wahl, piekfein wie immer, lässig und gelassen, eine halbe Stunde später ein.

Die Nonne erzählte ihm, was sich in der Nacht zugetragen hatte.

«Wo haben sie sie hingebracht?»

«Ich habe eine Adresse gehört: Selenickstraße.»

«Die Gestapo», murmelte er.

«Mein Gott! Herr Rechtsanwalt, da muß man doch etwas unternehmen! Es heißt...» Sie zögerte. «Es heißt, Sie hätten gute Kontakte zu... einigen von ihnen...»

Er sah sie an. Sein Blick sagte weder ja noch nein. «Das wird keine leichte Sache werden, Schwester.»

Wieder hatte es draußen geklingelt. Als die Pförtnerin öffnete, stand vor ihr ein sehr junger Mann Anfang Zwanzig, den sie nicht kannte. Er grüßte und stürzte gleich auf den Rechtsanwalt zu.

«Ich bin so schnell wie möglich gekommen», sagte er. «Was ist geschehen?»

«Eine üble Geschichte», antwortete Wahl. «Schwester, ich darf Ihnen meinen Rechtsreferendar Louis-Charles Kempf de La Tour vorstellen... Na, dann wollen wir mal gehen. Ich halte Sie auf dem laufenden.»

«Danke, Herr Rechtsanwalt. Gott segne Sie.»

«Wir werden es nötig haben.»

In Gesellschaft eines Kollegen, der die Verhöre leitete, saß Julius Brücker in seinem Büro, als die Tür aufging und eine gewichtige Persönlichkeit erschien: Kriminalsekretär Leber. Beide Männer nahmen augenblicklich Haltung an.

«Heil Hitler!»

«Guten Tag», antwortete Leber kühl. «Brücker, ich habe hier Rechtsanwalt Anselme Wahl, der Sie gern sprechen würde. Kann ich ihn hereinbitten?»

Er sprach schnell und in einem unbeteiligten Ton, der durchblikken ließ, daß es ihm herzlich wenig Vergnügen bereitete, seinen Kollegen aufzusuchen.

«Wahl? Dieser professionelle Schönredner? Und was will er von mir?» fragte Brücker.

«Ich weiß es nicht. Aber wenn ich mir einen Rat erlauben darf, ich an Ihrer Stelle würde mich lieber nicht weigern, ihn zu empfangen.

Wir haben nicht allzu viele Elsässer in unseren Reihen, und dieser da ist nun wirklich guten Willens.»

«Das gäbe aber eine schöne Bescherung, wenn dieser doch nicht so gut wäre!» spöttelte Brücker. «Er verteidigt ausschließlich Deutschlands Feinde. Man könnte meinen, er zerbricht sich den Kopf, wie er unsere Arbeit behindern kann.»

Leber zuckte mit den Schultern. «Das ist schließlich sein Beruf! Unsere Freunde brauchen keine Rechtsanwälte ... Und unter uns gesagt, passen Sie auf, er hat einen langen Arm. Der Gauleiter hält große Stücke auf ihn, Gott weiß warum.»

Brücker überlegte. Plötzlich erhellte sich seine Miene, als wäre ihm unvermutet etwas eingefallen. Er kehrte zu seinem Schreibtisch zurück und schlug die Akte «Mathilde» auf. Nach seiner Unterredung mit René Imhof hatte er einige Auskünfte bei der Präfektur angefordert. Nun überprüfte er den Mädchennamen von Katel Laugel.

Er biß sich auf die Lippen und schaute dann zu Leber hinüber. «Einen Augenblick, er kann gleich hereinkommen. Sie erlauben?» Er wandte sich seinem Gehilfen zu, der stumm geblieben war. «Heute nachmittag nehmen Sie sich eine weitere Sitzung mit der Klosterschwester vor. Ich werde versuchen dabeizusein. So! Verehrtester Herr Leber, Sie können nun Rechtsanwalt Wahl hereinbitten. Ich werde jetzt Gelegenheit zu einem hochinteressanten Experiment haben ...»

Leber bedachte ihn mit einem finsteren Blick und meinte: «Für Ihre Art von Experimenten kann ich mich selten erwärmen. Ich gehe lieber, ich habe zu tun. Halten Sie mich auf dem laufenden. Heil Hitler.»

Er ging zur Tür, öffnete sie und trat beiseite, um Wahl und Louis-Charles hereinzulassen. Dann verschwand er.

Beschwingt steuerte der Rechtsanwalt auf Brücker zu. «Guten Tag, Herr Brücker! Lange her, daß wir uns zuletzt gesehen haben, nicht wahr?»

Brücker tat, als bemerke er die Hand nicht, die der andere ihm reichte, und hob den Arm zum Hitlergruß. «Heil Hitler!»

Ohne sich etwas anmerken zu lassen, steckte Wahl seine Hand wieder in die Hosentasche zurück, wies auf Louis-Charles und sagte:

«Ich darf Ihnen meinen Rechtsreferendar Rechtsanwalt Kempf de La Tour vorstellen. Aber nun sagen Sie mal, ich höre da, Mutter Marie-Dominique hat Dummheiten gemacht?»

Dabei gab er sich ganz locker-lässig, aber Brücker fiel nicht darauf herein. Er legte beide Hände auf seinen Schreibtisch.

«Das nennen Sie Dummheiten?»

«Ach was! Das ist eine Mystikerin und demzufolge eine Spinnerin, wie eben alle Nonnen ... Ob es wohl möglich ist, sie zu sehen? Ich bin nämlich der Anwalt der Kongregation», erklärte Anselme Wahl.

Brücker setzte ein beschwichtigendes Lächeln auf und sagte: «Kein Problem, Herr Rechtsanwalt. Ich werde Sie in ihre Zelle führen lassen. Zuvor allerdings würde ich Sie gerne um einen kleinen Gefallen bitten.»

Wahl runzelte leicht die Augenbrauen. Diese Art Einleitung schien ihm nichts Gutes zu verheißen. «Aber mit Vergnügen», sagte er trotzdem. «Worum handelt es sich denn?»

«Nun, Sie könnten mir helfen, jemanden zu identifizieren ... Es wäre möglich, daß Sie diese Person kennen. Kommen Sie.»

Er erhob sich, ging zur Tür und bat die beiden mit einem Wink, ihm zu folgen. Neugierig geworden, kamen sie seiner Aufforderung nach. Im Sturmschritt führte Brücker sie Flure entlang und Treppen hinauf. Mit Beklemmung betrachtete Louis-Charles diese Mauern und verschlossenen Türen, hinter denen schreckliche Dinge geschahen.

Schließlich betraten sie einen kahlen Raum, dessen einziges Mobiliar ein langer Tisch bildete, auf dem eine graue Plane eine liegende menschliche Gestalt bedeckte.

Brücker stellte sich ans Kopfende. Immer noch trug er sein süffisantes Lächeln zur Schau.

Wahl wechselte einen kurzen Blick mit Louis-Charles. Worauf zum Teufel wollte Brücker hinaus?

«Treten Sie näher, bitte», forderte Brücker sie auf.

Erwartungsvoll und mit einem mulmigen Gefühl näherten sich die beiden Männer. Brücker ließ Anselme Wahl nicht aus den Augen. Als dieser ihm direkt gegenüberstand, riß er unvermittelt die Plane hoch und schlug sie zurück, so daß das Gesicht der Leiche sichtbar wurde.

Lauernd blieben seine Augen auf Anselme gerichtet, um nichts von dessen Reaktion zu verpassen.

Anselme zuckte zusammen und wurde aschfahl. Louis-Charles schloß die Augen und preßte seine Hand vor den Mund.

Anselme wich zwei Schritte zurück und holte tief Luft. Dann sah er Brücker fassungslos an.

«Und? Kennen Sie diese Person?» fragte der SS-Mann. Seine Frettchenaugen glitzerten vor unverhohlenem Vergnügen.

Wahl zögerte. Ganz offensichtlich war es kein Zufall, daß der Gestapomann ihn hierhergebracht hatte. Doch was bezweckte er damit? Was versuchte er herauszufinden? Und was wußte er bereits? Er entschied sich dafür, auf Ausflüchte zu verzichten. «Diese Person ist meine Schwester», stieß er endlich hervor. «Katel Wahl.»

Niedergeschmettert starrte Louis-Charles auf die Tote. Ihr Gesicht hatte eine aschgraue, matte Färbung angenommen. Die Lippen waren ebenso fahl wie alles übrige. Ihre Lider waren nicht vollständig geschlossen, und man konnte noch das Weiß der Augen erkennen.

Mit einem Ausdruck gewollt theatralischer Verblüffung sah Brükker den Anwalt an. «Ihre Schwester, Herr Rechtsanwalt? Ja, ist das denn die Möglichkeit! Sie erstaunen mich doch sehr.» Urplötzlich schlug der Ton um und wurde geradezu schneidend: «Diese Frau war bekannt unter dem Namen Mathilde. Eine Agentin de Gaulles, die den Auftrag hatte, die Sabotage und den Terrorismus im Elsaß zu organisieren. Wir haben sie heute nacht gefaßt.»

«Katel, eine terroristische Agentin?»

Diesmal hörte sich Brücker bedrohlich an: «Sie wußten also nicht Bescheid? Sie, ihr Bruder?»

Wahl blickte zu Louis-Charles hinüber. Der junge Mann schien den Tränen nahe. Gleichzeitig starrte er ihn mit angstvoll forschender Miene an. Wahl wandte sich ab.

«Ich habe meine Schwester seit Kriegsbeginn nicht mehr gesehen. Damals lebte sie in Paris.»

«Ich verstehe», grinste Brücker. «Der Bruder ist ein guter Nationalsozialist, die Schwester eine von England gedungene Terroristin. Ich muß sagen, eine gut organisierte Familie. Machen das alle Elsässer so?»

Wahl blickte zu Boden. Da trat Louis-Charles vor.

«Was ist da passiert?» fragte er und zeigte auf die Leiche.

«Tja, leider hat sie sich das Leben genommen, noch bevor wir mit dem Verhör anfangen konnten», meinte Brücker gleichgültig. «Eine Kapsel Zyankali, die sie am Körper bei sich hatte... Sie dürfen mir glauben, daß ich ihren Tod noch mehr bedaure als Sie. Meine Herren...»

Er wies nach der Tür. Die drei Männer gingen wieder den Flur entlang. In der Hoffnung auf ein Zeichen, ein leises Wort, sah Louis-Charles Anselme an. Doch dieser blickte nur geradeaus, bleich, geistesabwesend und scheinbar teilnahmslos.

Sie gelangten auf einen Treppenabsatz, von wo aus man bereits Brückers Büro sehen konnte. Im Tonfall eines Mannes, der seine Fassung zurückgewonnen hatte, ergriff Wahl wieder das Wort.

«Herr Brücker, ich war eben zutiefst erschüttert, das muß ich gestehen... Immerhin war sie meine Schwester... Aber im wesentlichen dürfen Sie das nicht mißverstehen. Sie hat das Lager der Feinde gewählt. Und sie hat bekommen, was sie verdiente. Ich sehe nicht, was dagegen einzuwenden wäre.»

Lange sah Brücker ihn prüfend an. «Schön», meinte er schließlich. «Ich muß gestehen, einen Moment lang habe ich mich gefragt, ob Sie beide nicht Komplizen waren, Sie und Ihre Schwester... Ach ja, was ich noch sagen wollte: Was machen wir mit der Leiche? Ins Massengrab, nehme ich an?»

Bebend vor Empörung, trat Louis-Charles auf ihn zu und sagte: «Wenn Sie erlauben, werde ich mich um ihre Beisetzung kümmern. Jeder Mensch hat ein Anrecht auf eine anständige Bestattung.»

Brücker grinste hämisch. «Da haben wir ja einen recht empfindsamen jungen Mann... Na ja, wenn Sie so großen Wert darauf legen! Meinetwegen. Wollen Sie nun die Klosterschwester sehen? Ich werde Sie hinbringen lassen. Meine Leute waren gezwungen, sie etwas hart anzufassen, achten Sie einfach nicht darauf...»

Wahl wischte das mit einer einfachen Handbewegung beiseite. «Hat sie geredet?» fragte er.

«Nein. Aber seien Sie versichert, sie wird reden! Früher oder später redet bei uns jeder. Das hier ist ein richtiger Beichtstuhl!»

Das unangenehme Lachen war wieder zu hören.

Sie stiegen die Stufen hinab, und Brücker übergab sie unten der Obhut des Wachtpostens. Louis-Charles, der sich sichtlich unwohl fühlte, schien über irgend etwas zu brüten.

«Ich warte draußen auf Sie», murmelte er dem Anwalt zu.

Und ohne eine Antwort abzuwarten, steuerte er dem Ausgang zu. Wahl blickte ihm nach, dann gab er dem Polizisten einen Wink, und dieser öffnete die Tür zu den Untergeschossen. Sie stiegen in den Keller hinab, den unlängst eingezogene Trennwände in Zellen aufteilten. Der Polizist blieb vor einer Tür stehen, entriegelte die Schlösser und trat dann zur Seite, um den Rechtsanwalt einzulassen.

Dieser trat ein und biß sich auf die Lippen.

Mit heruntergerissener Flügelhaube lag Mutter Marie-Dominique gegen eine Trennwand gelehnt. Das spärliche Haar klebte ihr am Schädel. Das Gesicht, das sie ihm entgegenhob, war von Schlägen entstellt und blutverkrustet. Augenbrauenbogen und Backenknochen der linken Gesichtshälfte waren verschwollen, das Kinn dunkel von einem Bluterguß.

Mühsam richtete sie sich auf, ohne den Blick von ihm zu wenden. Er senkte den Kopf und setzte sich zu ihr.

«Mathilde ist tot», murmelte er. Er vergrub sein Gesicht in den Händen. Dann begann er zu reden, wie um sich ihr anzuvertrauen: «Es war ... Sie war meine Schwester. Sie lebte in Paris ... Ich wußte nicht, daß ... Sie war meine ganze Familie ...»

Er merkte, daß die Nonne ihn nach wie vor aufmerksam beobachtete. Irgend etwas war an ihm, was sie nicht begriff.

«Und Sie, Sie gehören zu denen hier», sagte sie.

Mit ihren verquollenen Lippen fiel es ihr schwer zu sprechen. Ihre Bemerkung hatte sich nicht wie ein Vorwurf angehört. Es war die schlichte Feststellung eines Menschen, der etwas zu verstehen sucht. Wahl richtete sich wieder auf und schüttelte den Kopf.

«Um mich geht es hier nicht.»

«Haben sie sie umgebracht?» erkundigte sie sich.

«Nein. Sie hat Selbstmord begangen. Mit Zyankali.»

«O Herr, vergib ihr.»

«Sie tat es nicht aus Feigheit, sondern aus Tapferkeit.»

«Ich weiß», seufzte die Gefolterte. «Ich werde für sie beten.»

Er erhob sich. «Nun aber zu Ihnen, Mutter Oberin. Sie haben den Beweis, daß Sie Widerstandskämpfern und entflohenen Gefangenen Asyl gewährt haben. Also ist es unnötig, alles weiter abzustreiten.»

«Sie haben mich über Kellermann befragt.»

«Über ihn können Sie reden. Er ist jetzt in Frankreich in Sicherheit.»

Die Augen der Klosterschwester leuchteten auf. «Woher wissen Sie das?»

«Sagen wir, ich habe da meine Quellen. Und was Sie betrifft, so haben Sie lediglich aus christlicher Nächstenliebe gehandelt, ohne sich darüber Gedanken zu machen, ob diese Personen nun für das eine oder für das andere Lager kämpften. Verstanden?»

«Meinen Sie, das werden sie mir abnehmen?»

«Es ist die einzig mögliche Verteidigung. Ich meinerseits werde versuchen, an höherer Stelle ein gutes Wort einzulegen. Wir haben sehr schlechte Karten, das will ich Ihnen nicht verbergen. Aber ich werde tun, was ich kann.»

«Danke, Herr Rechtsanwalt. Aber wie schaffen Sie es, uns bei den Ansichten, die Sie vertreten, so aufopfernd zu verteidigen?»

Er zögerte, bevor er antwortete. «Das ist mein Beruf», sagte er dann. «Außerdem bin ich Christ.»

«Gott möge Sie segnen … und Ihnen vergeben.»

Als er wieder nach draußen kam, erblickte Wahl Louis-Charles, der beim Wagen auf ihn wartete. Eine Schachtel Zigaretten aus der Tasche ziehend, ging er auf ihn zu. Er bot ihm eine an.

Mit einem Kopfschütteln gab der junge Mann ihm zu verstehen, daß er keine haben wollte.

«Sie wirken sehr mitgenommen, Louis-Charles.»

«Haben Sie Schwester Marie-Dominique gesehen?»

Louis-Charles' Gesicht war blaß und angespannt.

«Ja», antwortete Anselme.

«Haben sie sie gefoltert?»

«Ja.»

«Ich möchte Sie gern etwas fragen … Wenn Sie zu diesem Schwein von Brücker sagen, Ihre Schwester hätte nur bekommen, was sie verdient hat, meinen Sie das dann wirklich so?»

Der Anwalt zuckte mit keiner Wimper. Louis-Charles hatte fast tonlos gesprochen. In seiner Frage lag etwas Unbedingtes, Dringliches. Was sie eben erlebt hatten, hatte ihn zutiefst aufgewühlt. Der Zweifel war ihm unerträglich. Er brauchte eine Antwort.

Wahl blies den Rauch seiner Zigarette aus und sah dem jungen Mann in die Augen. «Ja», sagte er ganz ruhig. «Das meine ich wirklich so.»

«Dann will ich Sie nicht mehr sehen müssen. Sie widern mich an. Ich verachte Sie.»

Woraufhin der junge Mann auf dem Absatz kehrtmachte und mit großen Schritten davonstürmte.

Mit einem unbestimmbaren Gesichtsausdruck blickte ihm der Anwalt nach. Er rauchte immer noch an seiner Zigarette. Langsam ging er um sein Auto herum, öffnete die Tür und setzte sich ans Steuer. Eine ganze Weile blieb er unbeweglich sitzen.

Was hier vor sich ging, war grauenhaft, gräßlicher als alles, was man sich hätte vorstellen können. Und er, der Anwalt, das NSDAP-Mitglied, er steckte bis zum Hals mittendrin.

Es war besser so, wenn der junge Kempf sich von nun an aus alldem heraushielt.

In diesem Zeitraum etwa rief Manfred von Wismar unvermutet in Alsheim an. Er hatte Urlaub, war auf der Durchreise und schlug Louis-Charles vor, sich in Straßburg mit ihm zu treffen. Sie verabredeten sich zum Mittagessen im Wirtshaus *Gruber*.

Die Glanzleistungen des jungen Fliegerhauptmanns von Wismar in Afrika waren sogar in den Zeitungen erwähnt worden. Louis-Charles hatte das an die Zeit erinnert, in der er seinen Cousin noch beneidet hatte. Was für ein Einfaltspinsel man doch mit siebzehn sein kann, ging es ihm dabei durch den Kopf. Trotzdem freute er sich bei dem Gedanken, ihn wiederzusehen. Seit seinem Besuch bei der Gestapo zusammen mit Wahl hatte er sich nach Alsheim geflüchtet und rührte sich, zutiefst von allem angeekelt, von dort nicht weg. Zumindest würde ihn das nun auf andere Gedanken bringen.

Am vereinbarten Tag ließ sich Louis-Charles als erster auf einer der Sitzbänke in dem Gastraum nieder, wo Zivilisten und Militärs gemischt saßen. Manfreds Auftritt erregte allgemeines Aufsehen. Seine stolze Erscheinung und die zahlreichen Auszeichnungen auf der Brust, insbesondere das Eiserne Kreuz, zogen alle Blicke auf den jungen Soldaten.

Louis-Charles erhob sich. Sie umarmten einander.

«Wie geht's unserem Helden denn so?»

Manfred ließ sich seufzend nieder. «Ach was! Der Held ist müde.»

Er brachte ein trübes Lächeln hervor. Louis-Charles fiel auf, wie sehr sich seine Gesichtszüge verändert hatten. Er sah abgespannt aus und hatte einen unruhigen, ängstlichen Blick.

Sie bestellten das Essen.

«Und? Hast du Afrika nun endgültig den Rücken gekehrt?»

«Sag lieber, Afrika hat uns den Rücken gekehrt.»

«Du hast mir noch gar nicht gesagt, wo es jetzt hingeht.»

«Am Telefon dürfen wir nichts sagen. Aber dreimal darfst du raten.»

«Rußland?»

«Ja.» Manfred verzog das Gesicht zu einer Grimasse, während er sich über das erste Würstchen auf der Sauerkrautplatte hermachte, die ihm eben serviert worden war. «Sag mal, da ist ja Katzenfleisch drin, oder war das ein Hund? Mit den Pariser Restaurants ist das jedenfalls nicht vergleichbar. Erinnerst du dich an unser Abendessen 1940 mit Odile zusammen?»

«Natürlich», antwortete Louis-Charles.

«Das waren noch Zeiten...»

«Für dich. Ihr wart ja auch die Sieger, damals.»

«Damit willst du wohl sagen, daß wir jetzt am Verlieren sind, oder? Hast du Nachricht von Odile?»

«Nein. Seit zweieinhalb Jahren sind wir völlig von Frankreich abgeschnitten.»

«Bist du immer noch verliebt? Blöde Frage, klar.»

Sie lächelten einander zu. Trotz allem, was sie hätte trennen können, empfand Louis-Charles für seinen Cousin eine unveränderte

Zuneigung. Und er hatte den Eindruck, daß dies auf Gegenseitigkeit beruhte.

In diesem Moment erhob sich ein Mann mit Hakenkreuzarmbinde, der mit zwei anderen Männern und einer Frau am Nachbartisch saß, und näherte sich ihnen. Er stellte sich vor Manfred hin und rief: «Heil Hitler!»

Nicht gerade freundlich hob Manfred den Kopf. «Tag», brummte er widerwillig.

Für einen Soldaten war das eine ungewöhnlich nachlässige Art zu grüßen.

«Verzeihen Sie, wenn ich störe», sagte der Mann, «aber Sie sind doch Manfred von Wismar, über den die Zeitungen geschrieben haben, oder?»

«Ja.»

«Wußte ich's doch. Wir haben Ihr Foto in der Zeitung gesehen, als Sie Ihr vierzigstes englisches Flugzeug über Tripoli abgeschossen hatten ... das Bild, auf dem Generalfeldmarschall Rommel Ihnen das Eiserne Kreuz überreicht.»

«Ah ja», meinte Manfred gleichgültig.

Der Mann hielt ihm jetzt ein kleines Heft mit hellgrünem Ledereinband hin und fragte: «Ob ich Sie wohl für die Dame, die bei uns sitzt, um ein Autogramm bitten dürfte?»

Manfred warf einen Blick zum Nachbartisch. Mit einem äußerst gewinnenden Lächeln nickte die Frau grüßend zu ihm herüber. Manfred blieb kalt.

«Tut mir leid», sagte er schroff. «Ich bin kein Filmstar.» Dann wandte er sich ostentativ wieder seinem Cousin zu.

Gekränkt kehrte der andere an seinen Tisch zurück.

«Mann, die hast du aber beleidigt ...», meinte Louis-Charles.

«Die gehen mir auf die Nerven. Für wen halten sie mich?»

«Hast du keine Angst, Ärger mit der Gestapo zu bekommen?»

«Ich denke, ich habe mir das Recht, zu sagen, was ich denke, teuer genug erkauft. Sie sind es, die uns die ganze Schweinerei eingebrockt haben. Wir gewinnen den Krieg, und sie kommen dann hinterher und versauen alles. Sie treiben Schwarzhandel, sie deportieren und foltern. Sadistische Krämerseelen, die sich für die Herrenrasse halten.»

«Früher hast du nicht so geredet», meinte Louis-Charles vorsichtig.

«Ich war ein Rindvieh. Oder sagen wir: naiv. Seither hatte ich Gelegenheit, ihnen auf die Finger zu sehen. Bis dahin war ich stolz darauf, ein Deutscher zu sein. Heute schäme ich mich dafür.» Er hatte die Stimme gesenkt und sah seinen Cousin aus traurigen Augen an. «Hitler hat den Krieg verloren», fügte er hinzu. «Und Deutschland dazu. Alles ist verloren. Alles.»

«Hitler ist nicht Deutschland...»

«Ja, aber die Deutschen haben das geglaubt. Und ich habe es auch geglaubt.» Er sah auf die Uhr. «Tja, ich werde jetzt wohl gehen müssen.»

«Wenn du mehr Zeit gehabt hättest, wären wir aufs Schloß nach Alsheim gefahren. Meine Eltern hätten sich gefreut, dich zu sehen.»

«Onkel Edouard, der mich damals zusammenstauchte, weil ich bei der Hitlerjugend war... Er wird jetzt vermutlich triumphieren.»

«Weißt du, uns Elsässern ist es kaum nach Triumphieren zumute. Mein Jahrgang kann von heute auf morgen einberufen werden.»

«Verdammte Scheiße... Ihr auch?»

«Zuerst hat die Wehrmacht Freiwillige angefordert. Aber keine Chance, die Schampatis hatten wenig Lust, aus ihren Löchern zu kommen!»

«Die was?»

«Die Schampatis... Das kommt von Jean-Baptiste, ein sehr verbreiteter Vorname bei uns. Die Deutschen nennen uns so. Ein Schampatis ist ein Elsässer, der passiven Widerstand leistet. Resultat: Sie haben die allgemeine Wehrpflicht verordnet. Laß mal! Die Rechnung übernehme ich. Hier bist du mein Gast.»

Louis-Charles zückte seine Brieftasche, dann traten die beiden jungen Leute auf die Straße hinaus. Ein Militärwagen mit Chauffeur erwartete Manfred. Dieser wirkte nachdenklich.

«Euch zu mobilisieren», wiederholte er. «Was für eine Idiotie! Sehen die denn nicht, daß alles längst im Eimer ist?»

«Ich muß dir etwas sagen, Manfred. Ich habe beschlossen, nicht hinzugehen.»

Er hatte gezögert, weil er sich fragte, wie sein Cousin darauf reagieren würde. Der aber nickte nur mit dem Kopf und legte ihm die Hand auf die Schulter.

«Ich kann dich verstehen.»

In Alsheim herrschte eine düstere Stimmung, vor allem seitdem Louis-Charles von seinem Besuch bei der Gestapo mit Wahl berichtet hatte. Katel war tot, Albert Laugel verschwunden. Der Alptraum, den man durchlebte, überstieg täglich neu die Befürchtungen des Vortages.

«Ich kann es immer noch nicht fassen, daß Anselme seine Einstellung derart radikal geändert haben soll», seufzte Edouard.

Der Tod ihrer Freundin hatte Alexandra tief erschüttert. Anfangs hatte sie nur bitter geweint, hatte ihrer beider begrabene Jugend beweint und den Schrecken und Wahnsinn dieser Zeit, in der sie zu leben hatten. Dann aber begann sie zu ahnen, was am Schicksal ihrer Freundin den Sieg über Tod und Trauer davontrug. Katel hatte sie tausendmal zum Lachen gebracht, manchmal schockiert, immer aber fasziniert; jetzt erst begriff sie, welch große Seele sich hinter allen Launen, Rebellionen und zuweilen auch Inkonsequenzen ihrer Freundin verborgen hatte. Furchtlos und impulsiv hatte sie gelebt. Und ihr Tod war nicht umsonst gewesen.

Pauline zeigte sich nur noch in der Uniform der Hitlerjugend. Eines Abends machte sie ein Mordstheater, weil man sie daran hinderte, die Wirtschaftsgebäude als Lager für Decken zu benutzen, die zugunsten der Soldaten an der russischen Front gesammelt worden waren. Völlig aufgebracht bekam Edouard einen jener seltenen, aber um so schrecklicheren Wutanfälle, wie sie gerade bei sanftmütigen und gehemmten Menschen auftreten können.

«Wir sind hier nicht in einer Kaserne! Und damit du es gleich weißt, ich verbiete dir von jetzt an, bei uns in der Kluft dieser Dreckskerle herumzulaufen!»

«Stört sie dich etwa, meine Uniform?»

«Sie ist in meinen Augen eine Schande. Sie widert mich an!»

Erbost starrte das junge Mädchen ihn an. «Ihr wißt, daß es verboten ist, französisch zu sprechen?»

«Na fein, dann zeig uns doch an, wenn du schon so dazugehörst!»

Sie hatte das Zimmer verlassen. Edouard bebte vor Zorn. Er war den Tränen nahe.

«Am Ende wird sie es noch tun ...» sagte er mit erstickter Stimme.

Bestürzt versuchte Alexandra ihn zu beschwichtigen: «Sie ist doch fast noch ein Kind. Sie weiß nicht, was sie tut.»

«Eben. Das ist ja gerade das Schreckliche.»

Am nächsten Tag erhielt Louis-Charles seinen Einberufungsbefehl. Er sollte sich zwei Tage später in der Kaserne von Hagenau melden.

Mit bedrücktem Schweigen wurde die Nachricht aufgenommen. Man war darauf gefaßt gewesen, man wußte es. Aber jetzt nahm die abstrakte Vorstellung Gestalt an.

In zwei Tagen also, in Hagenau.

Angsterfüllt blickte Alexandra ihn an und fragte: «Und wenn du doch versuchen würdest, Anselme zu bitten, daß er sich für dich einsetzt? Er mochte dich doch –»

«O nein! Diesem Nazischwein will ich nichts schuldig sein. Und nach allem, was ich zu ihm gesagt habe ...»

«Du weißt, was es bedeutet, wenn du dich meldest», gab Edouard zu bedenken. «Das bedeutet: ab nach Rußland.»

«Eben», sagte der junge Mann. «Ich bin entschlossen, mich nicht zu melden.»

Alexandra zuckte zusammen und wurde bleich. Voll Entsetzen sah sie ihren Sohn an. «Das geht doch nicht! Sie erschießen die Verweigerer. Erst kürzlich waren es wieder einige ...»

Edouard betrachtete Louis-Charles. Unwillkürlich mußte er an jenen anderen Krieg denken. Jetzt wußte er, was sein eigener Vater damals empfunden haben mußte. Es war dieselbe Tragödie, nur hatte er die Rolle gewechselt. Er dachte an seinen Bruder Karl zurück, der in deutscher Uniform gefallen war. Er wußte, als Karl an die französische Front geschickt wurde, hatte ihr Vater gewünscht, daß er desertierte. Und er stellte sich die Schrecken der russischen Front vor, wo Deutschland im Begriff war, den Boden unter den Füßen zu verlieren. «Ich bin einverstanden mit Louis-Charles' Plänen», sagte er endlich. «Peter Imhof befindet sich in derselben Situation. Ihr dürft nicht hingehen. Ihr versteckt euch im Wolfswinkel.»

«Mein Gott ...» Alexandra vergrub das Gesicht in den Händen. Sie dachte daran, daß sie selbst die Kinder im Herbst 1940 nach Alsheim zurückgebracht hatte. Jetzt – mit Pauline, die perfekt in die Naziorganisationen eingereiht war, und Louis-Charles, der, einerlei was er tat, sein Leben aufs Spiel setzte – war die Falle zugeschnappt.

Als sie von oben her in die Straße einbog, erblickte die Lehrerin Anne Pflegel einen SS-Lastwagen und einen schwarzen Wagen mit Vorderantrieb, die beide auf halber Höhe der abschüssigen Straße vor dem Haus der Webers geparkt waren. Sie kannte diese Familie, deren jüngstes Kind in ihrer Klasse war. Die Bewohner der Straße standen schweigend an ihren Haustüren. Sie bremste und stieg von ihrem Fahrrad, um zu sehen, was da los war.

Ein Offizier der Gestapo stand beim Wagen und überwachte die Aktion. Es war Brücker. Die SS-Leute hatten das Haus umstellt und trieben nun alle seine Bewohner auf die Straße hinaus: den Vater und die Mutter, den siebzigjährigen Großvater und die ältere Tochter. Der kleine Nicolas war offensichtlich nicht zu Hause.

Sie wurden in den Lastwagen gestoßen. Die Szene hatte sich mit unheimlicher Lautlosigkeit abgespielt. Ein SS-Mann hatte hinter ihnen das Haus abgeschlossen. Ein anderer kam mit einem amtlichen Schild in der Hand daher und machte sich daran, es an die Tür zu nageln.

Dieses Gut ist beschlagnahmt und wird laut Beschluß des Sondergerichtes einem Zwangsverwalter unterstellt.

Nachdem dies erledigt war, fuhr der Lastwagen davon, gefolgt von dem Personenwagen, in dem Brücker Platz genommen hatte.

Die Nachbarn waren vor ihren Häusern stehengeblieben. Ein paar Frauen weinten still und bekreuzigten sich.

Anne trat zu ihnen hin und erkundigte sich. Webers Sohn, der einberufen worden war, war in der Kaserne nicht erschienen. Nun zog man die Familien dafür zur Rechenschaft.

«Nur noch ihr Nicolas ist jetzt übrig», erklärte eine Frau. «Ich hatte gerade noch Zeit, ihn durch den Garten zu mir hereinzuholen.»

Anne stieg wieder auf ihr Fahrrad und fuhr weiter, da sie sich ihre Erregung nicht anmerken lassen wollte. Auf der Hagenauer Straße verließ sie den Ort und bog zwei Kilometer weiter dann in einen Weg ein, der durch den Wald hindurch bergan führte. Eine halbe Stunde später gelangte sie, ihr Rad neben sich herschiebend, zur Hütte im Wolfswinkel. Sorgfältig versteckte sie das Rad im Gebüsch und klopfte an die Tür.

Es war Peter Imhof, der ihr öffnete. Sie warf sich ihm in die Arme.

Schon kurze Zeit nach ihrer Ankunft in Alsheim im Herbst 1940 hatten die beiden miteinander angebändelt, übrigens zu René Imhofs großer Empörung, der ebenfalls ein Auge auf die Lehrerin geworfen hatte.

«He, seid ihr bald fertig, ihr Turteltauben?» protestierte hinter ihnen eine neckende Stimme.

Es war Louis-Charles, der zweite Bewohner der Hütte.

«Was willst du, das hilft gegen die Kälte!» erwiderte Peter lächelnd. «Hier ist man doch sonst nur am Frieren.»

«Und gegen die Kälte im Herzen hilft es auch», meinte Anne.

Alle drei gingen sie hinein. Sie setzte ihre Tasche auf dem Tisch ab. Die Zeitungen der letzten Tage hatte sie mitgebracht, ein paar Vorräte und Zigaretten, mit denen Edouard Kempf sie versorgte. Er selbst genehmigte sich nur mehr eine pro Tag und hob den Rest für die beiden jungen Leute auf.

«Na, wie läuft es so, unten im Ort?» fragte Louis-Charles.

«Schlecht. Ich habe eben mit ansehen müssen, wie die Webers fortgeschafft wurden. Die ganze Familie.»

«Verdammter Mist», brummte Peter. «Und weshalb?»

«Weil ihr Sohn es genau so gemacht hat wie ihr. Er ist fahnenflüchtig.»

Peter stand auf und schritt durch den Raum. «Vergeltungsmaßnahmen», knurrte er. «Etwas anderes kennen die nicht.»

«Sie schicken sie ins Konzentrationslager Schirmeck», setzte das junge Mädchen hinzu.

Währenddessen hatte Louis-Charles eine Zeitung aufgeschlagen und sagte: «Hört euch das mal an: ‹Die Rekrutierung der Jahrgänge ’20–’23 verläuft planmäßig –›»

«Von wegen!» rief Peter dazwischen.

«Die Bande der dreizehn Deserteure aus Ballersdorf, die sich in die Schweiz abzusetzen versucht hatte, ist hingerichtet worden», las Louis-Charles weiter.

«Es heißt, in Kaysersberg sollen die Einberufenen in den französischen Uniformen ihrer Väter erschienen sein und die Marseillaise gesungen haben», erzählte Anne. «Alle Bewohner haben sie begleitet. Und trotzdem sind sie festgenommen worden.»

Peter setzte sich wieder. Nachdenklich strich sich Louis-Charles über das Kinn.

«Was denkst du?» murmelte Peter.

«Und du?»

«Ich denke an meine Mutter und an meine Schwester. Ich will nicht, daß sie meinetwegen deportiert werden. Dagegen könnte nicht einmal mein gottverdammter Bruder was unternehmen.»

«Ja, ich denke auch an meine Eltern und an meine Schwester», gab Louis-Charles zu.

Unruhig sah Anne einen nach dem anderen an. «Was habt ihr vor?» fragte sie ängstlich.

«Ich denke, wir haben keine andere Wahl», sagte Louis-Charles achselzuckend. «Was meinst du, Peter?»

«Tja... Wir gehen wohl besser hin.»

1944

Keine zwei Monate nach der Invasion an der Normandieküste erreichten die 3. und 7. Amerikanische Armee unter dem Befehl der Generäle Patch und Patton Lothringen und befreiten Verdun. Im September konnte man im Elsaß beobachten, wie die deutschen Truppen, von der Zaberner Steige herabkommend, eilends Richtung Osten abzogen. Die 1. Französische Armee, die von de Lattre de Tassigny kommandiert wurde, besetzte die Südfront mit Mülhausen und Colmar als Ziel.

Bis zum Winter sollte die Region Schauplatz erbitterter Kämpfe bleiben.

Seit August wurde Straßburg immer wieder von Luftangriffen heimgesucht, deren schlimmster am 25. September erfolgte. Während dieses einen Tages wurden über zweitausend Bomben über der Stadt abgeworfen. Man zählte sechshundert Tote in der Zivilbevölkerung, und Tausende von Häusern wurden zerstört.

Am 21. November war Mülhausen endlich eingenommen. Am Tag darauf eroberte Leclercs 2. Panzerdivision Zabern. Und am 23. brachte sie Straßburg an sich.

Am 27. November hielt der neue Präfekt der Republik Frankreich seinen Einzug in Straßburg und ließ sich in der Rue Brûlée nieder.

Sein Büroleiter hieß Albert Laugel.

Nach ihrer heimlichen Flucht aus dem Elsaß waren Rachel und er zunächst einige Zeit in Paris geblieben, bis man ihn mit einer Mission zu den Behörden des freien Frankreich nach Algerien entsandt hatte. Kaum war er im Kielwasser von de Lattres Armee in die Hauptstadt zurückgekehrt, wurde er als ehemaliger Abgeordneter und einziger überlebender Anführer der elsässischen Widerstandsbewegung für diese Schlüsselposition ausersehen. Rachel war in Paris geblieben, gemeinsam mit Odile, die über die Organisation *Combat* in der Südzone als erste davon erfuhr, daß ihre Mutter bei der Gestapo in Straßburg den Tod gefunden hatte.

Laugel fand sich also als Repräsentant des Staates in genau denselben Büroräumen wieder, in denen siebzehn Jahre zuvor andere Repräsentanten des Staates unter der Anschuldigung auf Verschwörung gegen die Republik seine Verhaftung vorgesehen hatten. Harte Kämpfe hatten gegen die Amerikaner ausgefochten werden müssen, bis sie zuließen, daß Franzosen diese Räumlichkeiten in Besitz nahmen.

Helle Flecken an den Wänden zeugten von den Bildern, die die Besatzer fortgeschafft hatten. Auf dem Boden stapelten sich Aktenberge. Laugel hatte Himmel und Hölle in Bewegung setzen müssen, um ein Feldtelefon des Militärs zu seiner Verfügung zu erhalten. Mit diesen bescheidenen Mitteln hatten die französischen Behörden nun den Beweis zu erbringen, daß sie imstande waren, Ordnung in einem Chaos zu schaffen, in dem sich einfach alles tummelte: wirkliche und mutmaßliche Kollaborateure, vorgebliche und echte Widerstandskämpfer, flüchtige Nazis und Schwarzhändler aller Schattierungen, die aus dem allgemeinen Durcheinander ihren Profit schlugen.

Er war seit drei Tagen da, als das Telefon auf seinem Schreibtisch klingelte. Nervös zündete er sich seine zehnte Zigarette an diesem Morgen an, während er gleichzeitig abhob. Diese amerikanischen mit dem starken, süßlichen Geschmack waren seit Wochen die einzigen, die sich auftreiben ließen.

«Laugel, Büroleiter ... Was, sie haben ihn gefunden? Wo denn? ... Scheiße. Ich komme sofort!»

Er sprang auf, nahm das Päckchen Zigaretten an sich und verließ das Büro.

Anselme Wahl saß im Gymnasium Fustel de Coulanges in Haft.

Gleich nach Laugels Ankunft in Straßburg war es eine seiner ersten

Sorgen gewesen, mit seinem Schwager Kontakt aufzunehmen. Der aber war unauffindbar, sowohl bei sich zu Hause wie auch in seiner Kanzlei. Laugel hatte bei der juristischen Fakultät angerufen, im Gericht und bei anderen Rechtsanwälten. Aber wenn auch zu vermuten stand, daß die einen oder anderen etwas wußten, so wollte doch keiner mehr mit dem Nazi Wahl in Verbindung gebracht werden. Unter Einsatz der Autorität, die ihm sein anderer Name Kellermann verschaffte, hatte Albert die Polizei, die Gefängnisse und die Generalstabsabteilungen FTP und FFI aktiviert. Und genau das, was er befürchtet hatte, war eingetroffen: Wahl war ausfindig gemacht und in diesem zu einer improvisierten Haftanstalt umfunktionierten Gymnasium gefangengesetzt worden.

Es war allgemein bekannt, daß da drinnen ein strenges Zepter geschwungen wurde von ein paar Grobianen, die, solange die Justiz nicht ans Werk ging, keineswegs zögerten, ihre Rechnungen sicherheitshalber auf eigene Faust zu begleichen.

Er setzte sich ans Steuer seines Jeeps und brauste in Richtung Gymnasium davon. Er konnte nur hoffen, daß es ihm in seiner Eigenschaft als persönlicher Referent des Präfekten nicht allzuviel Mühe bereiten würde, sich Einlaß zu verschaffen.

Zwei mit Maschinenpistolen bewaffnete Männer vom FFI versperrten ihm den Eingang. Als er ihnen seine offiziellen Funktionen darlegte, schien sie das nicht sonderlich zu beeindrucken.

«Was wollen Sie?»

«Mit dem Leiter dieser Anstalt sprechen», antwortete er.

«Weswegen?»

Laugel begann eben die Geduld zu verlieren, als ein junger FFI-Oberleutnant, dem die viel zu weiten Kleider um den mageren Leib schlotterten, aus der Conciergenloge heraustrat und mit einem Lächeln auf den Lippen nach ihm rief.

«Kellermann!»

Laugel blickte sich nach ihm um. «Herrgott... Joseph!»

Die beiden Männer fielen einander in die Arme.

Es war jener Joseph, der sich damals, vor bald zwei Jahren, gerade bei Laugel aufhielt, als René Imhof auf der Suche nach dem Schwein eine Haussuchung bei ihm vorgenommen hatte. Wie um sich zu vergewissern, daß er sich wirklich nicht täuschte, hielt Albert ihn, die Hände auf Josephs Schultern, auf Armeslänge von sich.

«Joseph! Mir hat man gesagt, du seist tot!»

Der andere nickte. «Das haben alle gedacht. Nachdem sie mich eingelocht hatten, haben sie mich nach Schirmeck gebracht. Die Amerikaner haben das Lager befreit, bevor ich endgültig den Löffel abgegeben hätte.»

«Aber du sagst mir nicht alles. Ich erfuhr, daß sie dich übel ausgequetscht haben, du aber nichts verraten hast. Du bist ein Held!»

«Ach Quatsch, ich wußte doch gar nichts», meinte der andere achselzuckend.

«Das kannst du anderen weismachen, aber mir nicht. Ich war schließlich dein Chef, und ich weiß, woran ich mich zu halten habe. So, und jetzt sag mir mal, was du hier machst, mein Freund?»

Verdrießlich blies Joseph die Backen auf und meinte: «Ich spiele Polizist. Wir haben hier Deutsche, Kriminelle und Kollaborateure in Gewahrsam und wissen kaum, wer wer ist.»

«Ist Rechtsanwalt Wahl hier? Anselme Wahl?»

«Ach der! Ja, von dem wissen wir, was für einer das ist! Er ist unser Star. Die Kumpels haben ihn gestern abend ordentlich hergenommen. Beinahe hätten sie ihn kaltgemacht.»

Laugel verzog das Gesicht. «Ist er trotzdem in der Lage, sich auf den Beinen zu halten?»

«So halbwegs schon. Ich versuche zwar immer, solche Geschichten in Grenzen zu halten, aber weißt du, die Jungs sind halt hochgradig aufgeheizt. Ich kann sie schon verstehen. Wegen solchen Dreckskerlen wie dem da haben wir reichlich was aushalten müssen.»

«Laß ihn herbringen.»

Der andere runzelte die Stirn und fragte: «Wozu denn?»

«Laß ihn herbringen, sage ich dir. Das ist ein Befehl.»

«Gut... Wie du willst.» Joseph drehte sich nach den beiden FFI-Leuten um und rief: «Schafft mir mal den Wahl her. Er sitzt im Klassenzimmer der Sexta.»

Laugel zog sein Päckchen Zigaretten hervor und bot seinem Freund Joseph eine an.

«Donnerwetter, Camel... Na, du hast vielleicht ein Glück!»

«Du kannst das Päckchen behalten. Wir bekommen sie von den Amerikanern umsonst.»

«Danke. Aber du hast mir noch nicht gesagt, was du mit diesem Schwein von Wahl vorhast... Ach, da kommt er ja.»

«O Scheiße...» Laugel biß sich auf die Lippen, als er an die zehn Meter von sich entfernt den Anwalt daherkommen sah, den die beiden Männer vom FFI jeweils rechts und links am Arm hielten. Er hinkte, und sein Kopf pendelte hin und her. Sein Gesicht war zur Hälfte blau unterlaufen. Die Lippen und Augenbrauen wiesen Platzwunden auf. «Scheiße...» wiederholte Albert ganz betroffen.

«Der wird dir doch hoffentlich nicht auch noch leid tun?»

Der junge Oberleutnant wirkte nun deutlich gereizt. Laugel legte ihm die Hand auf die Schulter.

«Entschuldige, alter Kumpel», sagte er. «Mir ist ja klar, was du empfindest. Aber erstens wäre es mir doch lieb, wenn wir uns nicht genauso aufführen wie die Gestapo. Und außerdem ist Wahl nicht der, wofür du ihn hältst.»

«Mann, ich faß es nicht! Alle Welt hat doch gesehen, wie er sich mit dem Gauleiter wichtig gemacht hat...»

Die beiden vom FFI waren vor Laugel stehengeblieben. Keuchend blickte Wahl ihn flehend an.

«Es geschah auf meine Anweisung hin», fuhr Laugel fort, «daß Rechtsanwalt Wahl Anfang '41 in die nationalsozialistische Partei eintrat. Hast du mal was von Janus gehört?»

«Janus? Der Rechtsanwalt der Résistance?»

«Hm. Das war er. Er hat hervorragende Informationsarbeit geleistet und unzählige unserer Freunde gerettet.»

Der junge Mann riß die Augen auf. «Donnerwetter! Ja dann, du mußt schon entschuldigen, Kellermann, aber...»

«Du brauchst dich nicht zu entschuldigen», sagte Laugel. «Nur Bareiss und ich wußten davon.»

Joseph zwinkerte ihm zu. «Ich hab's dir ja gesagt: Ich wußte rein gar nichts!»

Laugel winkte die beiden vom FFI zu seinem Jeep hinüber, in den sie Anselme setzten. Dann grüßte er die drei Männer und setzte sich ans Steuer.

«Höchste Zeit, daß du kamst», stöhnte Wahl, als der Wagen anfuhr.

«Ich verstecke dich erst mal bei mir. Du darfst dich auf keinen Fall zeigen, es laufen noch viel zu viele Hitzköpfe durch die Gegend. Wenn sich dann alles beruhigt hat, werden wir uns mit deinem Fall beschäftigen. Du hast jedenfalls nichts zu befürchten. Wir haben Zeugenaussagen, nicht zuletzt die meine.»

Sie fuhren zum Quai Schoepflin, wo Laugel eine Wohnung hatte. Die zwei Männer schwiegen. Sie dachten beide an ein und dasselbe, und sie wußten es.

«Hast du es gewußt, das mit Katel?» murmelte schließlich Anselme.

«Ja. Ich habe sie noch am letzten Tag gesehen, kurz bevor sie verhaftet wurde.»

«Es ist so furchtbar, Albert...»

«Wir können stolz auf sie sein. Sie war eine verdammt tapfere Frau, unsere Katel.»

Wahl starrte vor sich hin. «Ich habe sie gesehen, als sie tot war», flüsterte er, als spräche er nur zu sich selbst. «Ich schwöre dir, von allem, was ich in den letzten fünf Jahren zu sehen bekommen habe, war das das schlimmste. Jede Nacht träume ich davon. Und ich konnte nicht einmal Mutter Marie-Dominique retten.»

«Was ist aus ihr geworden?»

«Deportiert.»

«Das ist nicht deine Schuld. Dafür hast du andere gerettet.»

Laugel brachte den Wagen vor einem Gebäude zum Stehen. Aus seiner Tasche holte er einen Schlüssel hervor, den er Anselme hinhielt.

«Na komm. Geh nur rauf. Dritte Etage links. Im Eßzimmer findest du Zigaretten und Bier. Der Medikamentenschrank ist ganz hinten im Flur. Und heute abend bringe ich eine Krankenschwester mit.»

Wieder zurück in der Präfektur, wurde Albert mitgeteilt, daß in seinem Büro ein Besucher auf ihn wartete. Ein freudiger Aufschrei entfuhr ihm, als er Louis-Charles Kempf de La Tour erkannte, der eine amerikanische Uniform mit den französischen Insignien trug, wie es in der 2. Panzerdivision üblich war. An seiner Jacke war das Lothringer Kreuz befestigt. Albert umarmte ihn stürmisch.

«Na, da werden sich aber ein paar freuen... Leider kannst du unmöglich nach Alsheim fahren. In der Gegend hauen sie sich immer noch die Köpfe ein.»

«Ich hätte sowieso keine Zeit dazu gehabt», sagte der junge Mann. «Morgen in aller Herrgottsfrühe geht's weiter nach Deutschland. Aber wenn es irgendwie möglich wäre zu telefonieren...»

«Wir können es versuchen. Es funktioniert nur jedes zweite oder dritte Mal... Aber sag mal, prächtig siehst du aus.»

Abgemagert, mit wettergebräuntem Gesicht und kurzgeschorenem Haar, wirkte Louis-Charles tatsächlich sehr verändert.

Es blieb ihm genug Zeit, um von seiner unglaublichen Odyssee zu erzählen, in deren Verlauf er in vier verschiedenen Uniformen gedient hatte. Um seine Eltern vor der Deportation zu bewahren, hatte er sich schließlich doch bei der Wehrmacht gemeldet. Zur Strafe hatte man ihn in die Waffen-SS gesteckt. Nachdem er 1943 in die Ukraine geschickt und nach Stalingrad auf dem Rückzug verwundet worden war, hatten die Russen ihn gefangengenommen und wie alle Elsässer ins Gefangenenlager bei Tambow geschickt. Für die Russen waren sie SS-Leute. Für die deutschen Gefangenen Verräter. Niemand auf dieser Welt machte sich offensichtlich einen Begriff davon, was es hieß, ein Elsässer zu sein. Im Zuge seiner Verhandlungen mit Stalin hatte sich de Gaulle bei seinem Moskaubesuch für sie eingesetzt. Es war ihm gelungen, von insgesamt 15 000 Elsässern 1500 freizubekommen. Der Zufall hatte es gewollt, daß Louis-Charles zu den Auserwählten gehörte. Zu diesem Zeitpunkt verlor er die Spur seines Kameraden Peter Imhof, der mit ihm in Gefangenschaft war.

Rasiert, entlaust und gewaschen, hatten die tausendfünfhundert Mann eine sowjetische Uniform erhalten. In Viehwaggons verladen, waren sie über Charkow, Rostow und Baku bis zum Iran gelangt, wo die Engländer sie in Empfang nahmen und in englische Uniformen steckten. Von dort aus hatten Flugzeuge sie nach Kairo, Tunis und schließlich Algier gebracht, wo Louis-Charles der 2. Panzerdivision beigetreten war und seine vierte Uniform erhielt.

Laugel machte große Augen. «Ein schönes Durcheinander...»

«Du sagst es. Gott sei Dank hatten wir das Lothringer Kreuz, um uns darin zurechtzufinden.»

«Solche Geschichten können wirklich nur uns Elsässern passieren», meinte Laugel.

Nachdenklich nickte Louis-Charles.

«Warte nur, sie werden noch einen Weg finden, es uns vorzuwerfen …»

Laugel fand, er sei allzu pessimistisch. Als er sich ein paar Tage später allerdings nach Alsheim begab, das nun ebenfalls durch die Amerikaner befreit worden war, bekam er Gelegenheit, sich an diese Bemerkung zu erinnern.

In seiner Eigenschaft als Vertreter der Präfektur war er gleich, nachdem ihn die gute Nachricht erreicht hatte, hingefahren. Im Ort wimmelte es von Jeeps, Panzerfahrzeugen und GI-Patrouillen. Auf dem Hauptplatz, wo die Dorfbewohner die Schilder mit der Aufschrift «Adolf-Hitler-Platz» abrissen, entdeckte er Edouard Kempf und Pfarrer Wolf im Gespräch mit zwei amerikanischen Soldaten, die vor dem Rathauseingang postiert waren. Unweit von ihnen stellte er seinen Jeep ab und ging zu ihnen hinüber. Edouard bemerkte ihn als erster.

«Albert! Also wirklich, du kommst gerade im rechten Augenblick …»

«*Salut*, alter Freund. Grüß Gott, Herr Pfarrer. Ja sagt mal, was macht ihr denn für Gesichter?»

«Wir müssen dir unbedingt erzählen, was hier los ist.»

Am Tag zuvor war die Bevölkerung, kaum daß die letzten Schüsse verhallt waren, auf die Straßen hinausgestürzt und hatte den Befreiern zugejubelt. Kempf in seiner Eigenschaft als Bürgermeister und Wolf in der seinen als Pfarrer hatten sich den amerikanischen Offizieren präsentiert.

Augenblicklich waren sie gebeten worden, sich nach Hause zurückzubegeben, der eine ins Pfarrhaus, der andere aufs Schloß, während die Bevölkerung unsanft auseinandergetrieben wurde und die Soldaten die Kontrolle über das Rathaus und die Post übernahmen.

«Sie wollten sich nichts sagen lassen», erklärte Edouard. «In ihren

Augen gehören wir zu den *Boches*. Unmöglich, ihnen klarzumachen, daß wir Franzosen sind und sie als Freunde ansehen... Sie überwachen den Ort und kontrollieren die Ausweise. Ich habe gesehen, wie einer, der den unteren Dienstgraden angehörte, einige GIs zusammenstauchte, weil sie mit ein paar jungen Mädchen Bekanntschaft geschlossen hatten.»

«Ich verstehe», sagte Albert. «Im Grunde war das nicht anders zu erwarten. Ich bin an der Straßburger Präfektur, wir hatten da bereits alle möglichen Schwierigkeiten. Für die Amerikaner ist Frankreich Feindesland, sie hatten sogar schon Besatzungs-Francs gedruckt... Erst recht also das Elsaß. Wer ist der militärische Befehlshaber hier?»

«Ein gewisser Hauptmann Schmitt.»

«Na dann wollen wir den doch mal aufsuchen.»

Sie stiegen die Vortreppe zum Rathaus hinauf, über dem die amerikanische Flagge wehte. Albert zeigte seinen Ausweis von der Präfektur vor und verhandelte mit den Wachtposten. Schließlich wurden die drei Männer bei einem jungen amerikanischen Hauptmann vorgelassen, der sich höflich, aber sichtlich mißtrauisch gab. Immer wieder kehrte sein Blick zu der Armbinde mit dem Lothringer Kreuz zurück, die Laugel trug. Dieser sprach ihn nun auf englisch an.

«Ich vertrete hier die französische Regierung. Und Herr Kempf de La Tour in meiner Begleitung ist der Bürgermeister dieses Ortes.»

Halb entgegenkommend, halb ratlos sah sie der andere der Reihe nach an. Schließlich stellte er sich vor: «Hauptmann Ronald Schmitt. Ich vertrete die Abteilung Zivilangelegenheiten des 15. amerikanischen Armeekorps. Ich bin ursprünglich deutscher Herkunft, weshalb man mich für die Militärregierung Deutschlands abkommandiert hat.»

«O. K. Aber das Elsaß gehört nicht zu Deutschland. Hitler hat es ohne jegliche vertragliche Vereinbarung annektiert. Wir sind nach wie vor französisches Gebiet.»

Der andere schüttelte verneinend den Kopf und sagte: «Ich denke nicht. Unseren gesamten Informationen zufolge ist dies Nazigebiet.»

Bedrückt sahen der Pfarrer, Edouard und Laugel einander an. Laugel wappnete sich mit Geduld.

«Herr Hauptmann, was man Ihnen gesagt hat, ist nur die eine

Version», sagte er. «Die Bevölkerung aber kann Ihr Verhalten nicht begreifen. Tausende von Elsässern haben gegen die Deutschen gekämpft und in der Résistance ihr Leben gelassen. Hunderte von ihnen haben sich lieber hinrichten oder deportieren lassen, als unter deutscher Flagge zu dienen. Man hat auf Sie als unsere Befreier gewartet, und nun kommen Sie als Besatzer!»

Hauptmann Schmitt hob die Arme zum Zeichen seiner Ohnmacht. «Was Sie da sagen, mag ja vielleicht stimmen», räumte er ein. «Aber was sollte ich Ihrer Meinung nach dagegen tun? Ich befolge lediglich meine Anordnungen.»

Laugel wandte sich zu seinen Freunden um und meinte auf französisch: «Der da meint es ehrlich. Unser Problem ist wohl nur auf regionaler Ebene zu lösen. Wir sollten wenigstens versuchen, uns mit ihm auf guten Fuß zu stellen...»

Zwei Frauen waren kurz zuvor hereingekommen und nun damit beschäftigt, die deutschen Plakate und Anschläge von den Wänden zu reißen. Laugel ging zu der jüngeren der beiden hin.

«Mademoiselle, könnten Sie wohl rasch mal in den Gasthof *Zum Hirschen* hinunterlaufen und uns eine Flasche Riesling mit vier Gläsern bringen? Sagen Sie, es geschähe auf Anordnung des persönlichen Referenten des Präfekten.»

Er reichte ihr seinen Geldbeutel, und das junge Mädchen verschwand.

Dann wandte er sich wieder dem Amerikaner zu und sagte freundlich: «Das läßt sich alles einrenken, Herr Hauptmann. Wir sind Verbündete. Seit Ludwig XIV. gehört das Elsaß schon zu Frankreich. Sie kennen doch Ludwig XIV.? Versailles...»

Der andere nickte. Ja, er kannte Ludwig XIV.

«1870», erklärte Laugel, «hat Deutschland den Krieg gewonnen und sich das Elsaß einverleibt. 1918 fiel es durch den Friedensvertrag wieder an Frankreich zurück. 1940 dann hat Hitler sich das Elsaß zurückgeholt, um einen deutschen Gau daraus zu machen. Dabei handelte es sich aber um einen Gewaltstreich, er hatte kein Recht dazu! Das Elsaß hat diesen Krieg auf französischer Seite geführt. O.K.?»

Das Mädchen kam mit der Flasche und den Gläsern zurück. Pfarrer Wolf übernahm es, einzuschenken. Der Amerikaner entschloß sich zu einem Lächeln und nahm das Glas, das man ihm reichte, an.

«Sie müssen zugeben, daß das alles recht schwer zu begreifen ist», sagte er. «Es ist nicht Ihre Schuld, aber ich stamme aus Milwaukee. Wie soll ich mich da in euren ganzen Streitigkeiten zurechtfinden?»

Er hob sein Glas und nahm mit sichtlichem Vergnügen einen Schluck. Die anderen hoben ebenfalls ihre Gläser.

«Gute Weine habt ihr ja hier in Europa, aber es ist schon eine verrückte Gegend. Anstatt aus alldem ein einziges Land zu machen, schlachtet ihr euch gegenseitig für ein Stückchen Land ab!»

«Da hat er nicht so unrecht», sagte Laugel. «Na denn. Ich trinke auf die amerikanisch-französische Freundschaft!»

«Auf den Sieg», fügte Edouard hinzu.

«Vive La Fayette!» meinte der Amerikaner auf französisch.

«Und ich trinke auf den Frieden», schloß Pfarrer Wolf.

Als sie aus dem Rathaus kamen, blieben die drei Männer noch eine Weile auf dem Platz stehen und redeten über ihr Gespräch mit Hauptmann Schmitt.

«Im Vorbeifahren habe ich deine Fabrik gesehen», sagte Laugel zu Edouard. «Viel ist davon nicht übriggeblieben …»

«Amerikanische Bomben, im September», antwortete Edouard düster. «Die Deutschen haben sie für ihre Rüstung genutzt … aber es tut schon weh …»

Laugel sah auf die Uhr. «Ich will mal bei mir zu Hause vorbeischauen, kommt ihr mit?»

«Aber sicher», sagte Edouard. «Du wirst sehen, Bertel hat brav die Stellung gehalten.»

«Es gibt da noch jemanden, nach dem ich mich erkundigen möchte», erklärte Albert. «Und das ist René Imhof.»

Edouard verzog das Gesicht. «Imhof … Den hat seit einer ganzen Weile keiner mehr gesehen. Entweder er hält sich versteckt, oder aber man hat bereits mit ihm abgerechnet.»

«Das hätte ich erfahren», versicherte Albert. «Meiner Meinung nach ist er untergetaucht.»

«Willst du nach ihm suchen?»

«Ja», antwortete Albert.

«Er riskiert, an die Wand gestellt zu werden.»

«Ich werde für ihn tun, was ich kann. Er hat mir das Leben gerettet.»

«Sie haben also wirklich keine Ahnung?»

Laugel und Edouard waren zum Imhofschen Hof hinaufgefahren, einem behäbigen Fachwerkhaus, das im Schutz eines hohen Tores lag. Jetzt saßen sie in der Stube beisammen. Die Augen unverwandt auf das Wachstuch des Tisches gerichtet, schüttelte Gretel ihnen gegenüber den Kopf.

«Mer sad, er esch met de Schwove fortgegange. Es esch besser für ehne», brummte sie.

Laugel warf einen kurzen Blick zu Edouard hin. Das klang irgendwie unecht. «Ohne sich von euch zu verabschieden?» fragte er vorsichtig.

Die Tochter Maria, die am Fenster stand, kam ihr zu Hilfe. «Wir hatten doch keinen Kontakt mehr zu ihm. Die Mama war wütend auf ihn.»

«Und Peter?» fragte Edouard. «Habt ihr nichts mehr gehört von ihm?»

«In Rußland vermißt.»

Die beiden Frauen konnten einem leid tun. Das Schicksal war mit der Familie Imhof weiß Gott nicht sanft umgegangen.

«Du darfst die Hoffnung nicht aufgeben, Gretel», sagte Edouard. «Louis-Charles lebt, und die beiden waren immerhin zusammen in Tambow. De Gaulle bemüht sich, die elsässischen Kriegsgefangenen herauszuholen.»

«Ihr Wort in Gottes Ohr, Herr Graf.»

Es wurde still zwischen ihnen. Laugel klopfte mit den Fingerspitzen auf der Tischdecke herum.

«Was René angeht», meinte er schließlich, «seid ihr da auch ganz sicher, daß ihr mir alles gesagt habt? Seine Lage ist sehr bedenklich; unnötig, euch das zu verheimlichen. Aber er hat mir das Leben gerettet. Das werde ich aussagen. Auch Anselme Wahl wird sich seines Falles annehmen. Ich bin nicht gekommen, um ihn zu belasten, sondern um ihm zu helfen.»

Urplötzlich brach Gretel in Tränen aus. Verzweifelte Schluchzer durchzuckten ihren Körper. «Er war kein schlechter Junge, mein René... Er war kein schlechter Junge, Herr Doktor. Schuld an allem ist dieser verfluchte Krieg. Von dem Tag an, an dem sein Vater getötet wurde, war er gegen Frankreich. Sein Großvater hat wirklich getan, was er konnte, und ich auch... Aber was wollten wir ihm schon sagen? Sie haben aus ihm einen anderen Menschen gemacht. Haben ihm den Schädel mit ihren Ideen vollgestopft, und er, er hat daran geglaubt...»

«Ich weiß», murmelte Laugel. «Jeder hier kennt euch gut. Den Paul habe ich nicht vergessen, das war ein guter Kumpel. Und auch meinen Onkel Franzl habe ich nicht vergessen... Schon deshalb möchte ich gerne helfen. Also? Habt ihr mir wirklich nichts zu sagen?»

Maria hatte plötzlich einen Schritt auf sie zu gemacht. Sie sah ihre Mutter an, die zu ihr aufblickte. Einen Augenblick lang verharrten sie so. Endlich stieß Gretel einen langen Seufzer aus.

«Sa's ehm», sagte sie mit einer müden Geste zu ihrer Tochter. Dann senkte sie wieder den Blick und begann erneut zu weinen.

Maria wandte sich an die beiden Männer und sagte: «Na ja... er ist hier, in der Scheune.»

Laugel erhob sich. «Dann gehen wir jetzt hinüber. Wir müssen ihn dazu überreden, daß er sich stellt. Das wird man ihm zu seinen Gunsten auslegen.»

Mit großen Schritten überquerten Edouard und Albert den Hof des Anwesens und öffneten das Scheunentor. Die beiden Frauen waren ihnen in einigem Abstand gefolgt. Albert trat als erster ein, wegen der Dunkelheit mußte er die Augen zusammenkneifen.

«O verdammt! Verdammte Scheiße!» brüllte er plötzlich.

Er drehte sich zu Edouard um und trat zurück, um auch ihn hereinzulassen.

René Imhof war auf den Heuboden hinaufgestiegen und hatte am Hauptbalken des Dachstuhls ein Seil befestigt. Er hatte sich die Schlinge um den Hals gelegt und war gesprungen.

1946 – 1953

Neunzehnhundertsechsundvierzig heiratete Albert Laugel Rachel Bernstein und erhielt als Mitglied der Republikanischen Volksbewegung MRP sein Abgeordnetenmandat zurück.

Im Jahr darauf, nach Louis-Charles' Entlassung aus der Armee, wurde Odile Laugel Mme Kempf de La Tour. Ihr erstes Kind, ein Mädchen, wurde 1949 geboren. Im darauffolgenden Sommer dann taufte man sie auf den Vornamen ihrer Ururgroßmutter: Mathilde.

Manfred von Wismar, der die Patenschaft für sie übernommen hatte, kam zu diesem Anlaß für einige Tage nach Alsheim. Ein Jahr lang war er in amerikanischer Kriegsgefangenschaft gewesen. Als Kampfflieger in Generalfeldmarschall Rommels Afrikaeinheiten war er nicht an den Kriegsverbrechen der Nazis beteiligt gewesen. Zudem ergaben verschiedene Zeugenaussagen, darunter ein Bericht des amerikanischen Geheimdienstes, daß sein Vater, Ernst von Wismar, um Haaresbreite einer Verhaftung entgangen war: Er war in eine Verschwörung des oberen deutschen Generalstabs verwickelt gewesen, die darauf abzielte, Hitler aus dem Weg zu räumen. Der Name von Wismar-Marbach hatte die Naziära unbefleckt überstanden.

Dennoch fanden die Kempfs Manfred als zutiefst enttäuschten und niedergeschlagenen Menschen wieder. Zwar nahmen sie ihn wie den verlorenen Sohn auf, doch es gelang ihnen nicht, das Gefühl der Trauer und der Scham, das er mit sich herumschleppte, zu vertreiben. Seine Zivilkleidung unterstrich noch diesen Eindruck innerlicher

Zerrüttung. Wo war er geblieben, jener überhebliche junge Krieger, der in Alsheim damals einen so einschneidenden Eindruck hinterlassen hatte?

Er suchte Zuflucht bei Pauline. Sie war fünfundzwanzig Jahre alt, und sie trugen beide an derselben Last. Bei der Befreiung war sie zur Zielscheibe verschiedenster Schikanen geworden, weil sie die Uniform der Hitlerjugend getragen hatte. Als sie begriff, in welche Falle sie da gegangen war, hatte sie beschlossen, das Land zu verlassen. Sie war nach Köln gegangen, wo sie ohne fremde Hilfe arbeiten und ein neues Leben beginnen wollte. Beide waren glücklich, während dieser Tage in Alsheim wieder zusammenzutreffen.

«Und du», fragte sie ihren Cousin, «wie sehen deine Pläne nun aus?»

«Ich gehe zur zivilen Luftfahrt. Schließlich muß ich meinen Lebensunterhalt verdienen. Die Sowjets haben all unsere Güter in Preußen beschlagnahmt. Aber das ist mir egal. Da liegt nicht mein Problem.»

«Und wo liegt es dann?» fragte Pauline.

«Das weißt du recht gut. Ich habe an Hitler geglaubt. Das kann ich mir nicht verzeihen. Sicher, ich wußte nicht alles. Aber ich habe trotzdem für dieses Ungeheuer gekämpft.»

«Ich habe auch an ihn geglaubt.»

«Das ist doch etwas anderes. Du warst ein – ein sehr junges Mädchen.»

«Kleines Mädchen, wolltest du wohl sagen? Sehe ich denn wirklich so sehr nach einem kleinen Mädchen aus?»

Aus ihren lebhaften, schönen Augen blickte sie verschmitzt zu ihm auf. Verzaubert betrachtete er sie und bedauerte insgeheim, daß sie seine Cousine war.

«Du, du bist in die Hitlerjugend hineingezwungen worden. Ich aber hätte Widerstand leisten können oder auswandern. Deine Eltern hatten mich gewarnt. Aber ich wollte nichts davon hören. Heute bin ich ein Verlierer, ein Ausgestoßener.»

«Wir sollten besser nach vorne, in die Zukunft schauen. Wir müssen unser Leben neu anfangen.»

«Hast du so etwas wie einen Verlobten in Köln?» fragte er.

«Nichts Ernstes. Ich bin noch nicht soweit.»

Manfreds trauriger Blick ließ sie nicht los, und ihr war durchaus bewußt, welches Geheimnis dieser Blick barg.

«Zumindest», sagte sie zu ihm, «weiß ich, daß ich auf dieser Welt einen Freund habe. Und du, Manfred, du hast auch eine treue Freundin.»

Am selben Tag, als die kleine Mathilde getauft wurde, fand auf dem Alsheimer Rathausplatz eine Einweihungsfeier für den neuen Namen des Platzes statt, den der Stadtrat ihm ausgesucht hatte. Innerhalb eines Jahrhunderts hatte sich fast nichts geändert an dieser hübschen Dorfszenerie mit dem Rathaus, dem Gasthof *Zum Hirschen* und der kleinen Volksschule zu Füßen des gedrungenen Glockenturms der Kirche. Alexandra war es gewesen, die Albert die Idee für den Namen «Place des deux Mathilde» (Platz der beiden Mathilden) vorgeschlagen hatte. Er war einstimmig angenommen worden. Zwei Frauen würden fortan Sinnbild sein für die Weigerung dieses Landes, sich sein Schicksal diktieren zu lassen.

Die Kempf-Werke nahmen wieder den Betrieb auf, nachdem sie neu aufgebaut und im Rahmen der Reparationen mit Maschinen aus Deutschland ausgerüstet worden waren. Nur das Verwaltungsgebäude, das vor den Bombenangriffen verschont geblieben war, zeugte noch von den alten Zeiten. Das Direktionsbüro schmückten erneut die Porträts von Eugène-Victor und Louis Kempf sowie die Miniaturmodelle der kaiserlichen Waggons und ersten Bugatti-Automobile, die man vor den Bombenangriffen in Sicherheit gebracht hatte.

So erhob sich das Elsaß nach und nach wieder aus seinen Ruinen und schien die Chance zu haben, sich wie das übrige Europa im Frieden einzurichten. Doch es sollte noch längst nicht für alle Fehler gebüßt haben, die es gar nicht begangen hatte.

Noch am Abend nach der Taufe seiner Tochter erfuhr Louis-Charles, daß Peter Imhof zurückgekehrt war. Ganz außer sich vor Freude kam seine Verlobte Anne Pflegel, um es ihnen zu verkünden. Augenblicklich ließ Louis-Charles seine Gäste stehen, sprang in seinen

Wagen, in den er auch Anne einsteigen ließ, und fuhr schnurstracks zu den Imhofs.

Er traf Gretel und Maria in Trauerkleidung an, die, zu Tränen gerührt, Peter und zweien seiner Kriegskameraden etwas zu trinken in den Hof hinausbrachten.

«Du bist es ... Du bist es wirklich!» flüsterte Louis-Charles, während er seinen Kameraden fest in die Arme schloß.

Imhof deutete ein Lächeln an. Seine Augen aber lächelten nicht. «Ja, ich bin's. Aber komm, setz dich her zu uns. Das hier sind Joseph Groß und Robert Hamm, zwei *Malgré nous** wie du und ich.»

Louis-Charles schüttelte den beiden Männern die Hand.

«Ich war in einer Volksgrenadierdivision», erklärte Joseph. «Habe in Polen und Berlin gekämpft. Berlin war am schlimmsten. Am Bahnhof Zoo haben mich die Mongolen geschnappt. Attila war ein Dreck dagegen.»

«Und du?» fragte Louis-Charles den anderen.

«Ich war bei den Panzereinheiten ... Fahrer. Die Iwans haben uns an der Oder erwischt. Und in unserem Rücken hatten wir die SS mit ihren Maschinenpistolen im Anschlag.»

«Die beiden kamen nach Tambow, nachdem du fort warst», erklärte Peter. «Das war, als schon ... Ach, ich weiß nicht mehr ...»

«Juli vierundvierzig», half Louis-Charles nach. «Der erste Transport über tausendfünfhundert Mann ins freie Frankreich.»

«Der erste und letzte», sagte Groß. «Es gab keine weiteren mehr.»

«Aber de Gaulle hat sich doch so hartnäckig für euch eingesetzt ...»

«Du bist gut. Als ob das bei den Iwans was nützt. Und ich hätte mit euch zusammen abziehen können. Was hab ich geheult», gestand Peter.

«Ich habe dich überall gesucht», erklärte Louis-Charles.

«Ich war im Lazarett 22 wegen eines brutalen Dünnpfiffs. Weißt

* Bezeichnung der Elsässer, die im Zweiten Weltkrieg in die deutsche Wehrmacht gezwungen worden waren (Anm. d. Ü.).

du, aus diesem Lazarett kam man nur mit den Füßen nach vorne wieder raus … Gerettet hat mich ein polnischer Doktor, ein Kriegsgefangener wie wir.»

Peter leerte sein Glas und machte sich gleich daran, die nächste Flasche zu entkorken.

«Ich kann es noch gar nicht fassen, dich hier zu sehen», sagte Louis-Charles. «Aber warum haben sie dich so lange behalten?»

«Ha! Da drüben sind noch Tausende. Elsässer, Deutsche. Und sogar Russen. Alle, die was gegen Stalin haben. Der arme Antoine Roederer hat überall groß herumgetönt, daß er Kommunist sei. Die haben bloß darüber gelacht, die Iwans. Und eines Tages dann hat ihn ein politischer Kommissar abgeholt. Wir haben nie wieder was von ihm gehört.»

«Roederer?» rief Hamm aus. «Aber der ist doch zurückgekehrt! Er ist Parteifunktionär bei den Kommunisten. In Straßburg leitet er die Druckerei der *Humanité* für Elsaß-Lothringen!»

Peter war perplex. «Nicht zu glauben … Nach allem, was wir erlebt haben, kann der noch Kommunist sein! Na ja, jedenfalls haben sie nach vier Jahren eines schönen Tages plötzlich zu mir gesagt: ‹Du kannst nach Hause.› Und da bin ich nun. Das wär's.»

Lächelnd schlug ihm Louis-Charles auf die Schulter, wie um dieses Thema nun abzuschließen. «Na, und was für Pläne hast du jetzt? Möchtest du wieder als Jagdhüter aufs Schloß kommen?»

Doch der andere starrte nur mit leerem Blick auf den Tisch.

«Keine Ahnung … Weißt du, erst mal will ich … Na ja, mich aufs Bett knallen und den ganzen Tag über schlafen, darauf hätte ich Lust. Um an all das nicht mehr denken zu müssen.»

Er hatte jetzt den Kopf gehoben und sah seinem Freund in die Augen. Louis-Charles hielt diesem Blick stand.

«Du *mußt* vergessen, Peter.»

«Ich kann nicht.»

«Ich kann ihn verstehen», mischte sich Hamm ein. «Es gibt Dinge, die hat man in sich drin, und man kann nicht einmal daheim darüber reden, nur wenn wir unter uns sind … Wir sind wie Gespenster. Wir stören. Sie schämen sich hier für uns.»

Louis-Charles warf ihm einen kurzen Blick zu und sah Peter dann wieder an. «Du solltest gar nicht mehr daran denken und nicht mehr darüber reden.»

«Genau!» rief Groß aus. «Wir sind Versager, und da hält man besser das Maul!»

Doch Louis-Charles sprach weiter, immer noch an Peter Imhof gewandt: «Hauptmann Kiener – der Bumbum-Kiener, wie wir ihn nannten –, den haben die Amis aufgehängt. In Mannheim.»

«Ah ja?»

«Ja, alter Kumpel. Komm, wir vergessen das alles, sag ich dir.»

An diesem Abend kehrte Louis-Charles sorgenvoll ins Schloß zurück.

«Und? Wie geht es Peter?» fragte Odile.

«Gar nicht gut. Was denkst du denn? Über so etwas kommt man nicht so schnell hinweg.»

«Er hat Anne wieder. Und sie wird ihm helfen, neue Lebensfreude zu finden.»

«Hoffentlich... Aber weißt du, ich fürchte, daß diese ganzen Geschichten noch längst nicht erledigt sind.»

Er täuschte sich nicht. Kaum ihrem Alptraum entronnen, sollten die *Malgré nous* mit ihrer Vergangenheit erneut konfrontiert werden.

Bereits am nächsten Morgen war es soweit. Louis-Charles hielt sich in der Fabrik, im Büro seines Vaters auf. Wie schon mehrmals seit Kriegsende äußerte Edouard den Wunsch, hier mit ihm zusammenzuarbeiten.

Jedesmal antwortete Louis-Charles, daß dies nicht sein Metier sei. Nach der Befreiung hatte er eine Anwaltskanzlei mit Anselme Wahl gegründet, dessen Haltung während der Nazizeit nun keinem Verdacht mehr unterworfen war, nachdem sie durch Laugel und andere öffentlich klargestellt worden war.

«Dein Beruf ist kein Argument», sagte Edouard dann immer. «Für die technischen Fragen haben wir ausgezeichnete Ingenieure. Dagegen wäre gerade deine juristische Ausbildung von großem Wert für unsere Geschäfte. Auch dein Großvater war Rechtsanwalt. Und ich brauche deine Hilfe. Ich bin müde. Zwei Kriege in einem Leben, das ist zuviel.»

«Odile und ich, wir haben eigentlich wenig Lust, im Elsaß zu leben», entgegnete Louis-Charles. «Ich würde gern nach Paris gehen.»

«Du willst uns verlassen?»

Louis-Charles seufzte und wollte eben antworten, als das Telefon klingelte. Edouard hob ab.

«Ja, ich bin am Apparat... Wie? Verhaftet? Aber, weshalb denn? Das ist doch purer Wahnsinn... Jedenfalls gut, daß du mich angerufen hast, Louis-Charles ist gerade da... Ich kümmere mich darum.» Er legte auf und wandte sich wieder seinem Sohn zu. «Es war deine Mutter. Anne Pflegel kam in Tränen aufgelöst aufs Schloß. Die Gendarmen haben Peter Imhof verhaftet. Es geht um ein Kriegsverbrechen. Bei einem Prozeß in Mannheim wurde Peter von einem SS-Hauptmann belastet... Was ist das nun bloß wieder für eine Geschichte?»

Louis-Charles hatte den Kopf gesenkt. Er faßte sich mit der Hand an die Stirn, als hätte er Schmerzen. «Bumbum-Kiener», murmelte er.

«Wie bitte?»

Er blickte wieder auf. «Ich weiß, worum es sich handelt», sagte er. «Sobald ich von Peters Rückkehr erfuhr, habe ich das kommen sehen. Es ist eine Katastrophe.»

Edouard hob die Augenbrauen, er hatte nicht die geringste Ahnung, wovon Louis-Charles sprach. «Könntest du mir das ein wenig näher erklären?»

«Ja. Dir schon. Aber wem sonst? Wer wird das schon verstehen?» Er erhob sich und trat ans Fenster. «Du hast recht, Papa. Ich kann jetzt nicht fort von hier.»

«Aufstehen! Hände hoch!»

«Nicht schießen!» Der Bursche klapperte mit den Zähnen und heulte, er war zu Tode verängstigt. «Ich bin kein Deserteur... Ich habe nur mein Regiment verloren...»

Es war Anfang 1944 in der Ukraine.

Nach ihrer Zwangsrekrutierung hatte es Louis-Charles, Peter Imhof und Antoine Roederer alle drei in einer SS-Einheit dorthin verschlagen.

Eines Morgens, als sie der vorrückenden russischen Armee gegenüber in einem Wäldchen auf Vorposten lagen, wo sie ihr Maschinengewehr hinter einem Stoß gefällter Baumstämme in Stellung gebracht hatten, merkten sie plötzlich, daß sich die restliche Truppe hinter ihnen abgesetzt hatte, ohne ihnen Bescheid zu geben. Unverzüglich hatten auch sie sich aus dem Staub gemacht und ihre Einheit einzuholen versucht.

Als sie dabei in den Wäldern von ihrem Weg abkamen, waren sie auf diese Holzfällerhütte gestoßen. Ängstlich hatten sie sich mit der Waffe in der Hand genähert und die Tür mit den Füßen aufgestoßen, um da diesen armen Teufel in deutscher Uniform zu entdecken, der sich zitternd in eine Ecke verkroch.

«Ich bin kein Deserteur... Ich habe nur mein Regiment verloren...»

Ohne seine Waffe zu senken, war Louis-Charles auf ihn zugetreten und hatte ihn gefragt: «Wie alt bist du?»

«Achtzehn.»

Als er das hörte, rief Peter Imhof aus: *«Jetzt zeiesse a noch Kinder in...»*

Er hatte das so gesagt, wie es ihm in seiner Wut spontan über die Lippen kam: auf elsässisch. Da warf sich der andere ihnen vor die Füße.

«Elsässer! Ihr seid Elsässer! Ich auch! Aus Betschdorf bin ich. Ich heiße Georges Wicker.»

Er heulte immer noch, jetzt aber vor Freude und Hoffnung. Die drei Männer hatten nun doch ihre Revolver weggesteckt. Und der unglückselige Wicker war mit der Wahrheit herausgerückt: Er war sehr wohl desertiert. Mutterseelenallein, bei minus zwanzig Grad, mitten im Feindesland.

«Aber wie willst du hier lebend herauskommen?» fragten sie ihn.

«Keine Ahnung. Ich werde jedenfalls noch verrückt. Ich hab die Schnauze so voll. Ich will nicht sterben... Ich will heim.»

«Na, da stehen wir ja schön da, mit dem Knaben am Hals», knurrte Roederer. «Wenn sie ihn finden, sind wir alle geliefert.»

Von Mitleid ergriffen, hatten die drei schließlich beschlossen, ihn dazulassen und ihm am nächsten Tag etwas Eßbares zu bringen. Das war alles, was sie für ihn tun konnten.

Als sie zur Befehlsstelle ihrer Kompanie gelangt waren, die in einem zerstörten Lagerhaus untergebracht war, meldeten sie sich unverzüglich bei Hauptmann Kiener. Kiener trug den Spitznamen «Bumbum», weil er für disziplinlose oder verbummelte Soldaten nur eine Strafe kannte: das Erschießungskommando. Und natürlich waren die Elsässer das bevorzugte Ziel seines Hasses.

«Deserteurbande! Feiglinge! Ihr seid es gar nicht wert, eine deutsche Uniform zu tragen. Erschossen gehört ihr!»

Ein junger Oberleutnant, Rittweg hieß er, hatte sich für die drei eingesetzt: «Verzeihen Sie, Herr Hauptmann, aber fahnenflüchtig sind sie nicht, sie sind ja hier und aus freien Stücken zurückgekehrt.»

«Ich weiß genau, was in diesen verdammten Elsässerschädeln vor sich geht... Die würden geradewegs zum Iwan überlaufen, wenn sie nicht Angst hätten, daß sie ihnen dort die Eier abschneiden...»

«Nichts beweist, daß sie diese Absicht hatten, Herr Hauptmann.»

In Kieners Augen loderte der Haß. Doch er mußte klein beigeben: «Raus hier! Und morgen kommt ihr wieder an die Front.»

Mit gesenkten Köpfen waren die drei Männer abgezogen. Später hatten sie sich bei Rittweg bedankt.

«Ich bin mir nicht sicher, ob ich euch damit einen Gefallen getan habe», hatte dieser gemeint. «Ab jetzt wird er euch nichts mehr schenken...»

Dann, am übernächsten Tag, als Peter Imhof an der Reihe war, den Deserteur mit Proviant zu versorgen, hatte ihn eine Patrouille beim Betreten der Hütte überrascht. Kiener bekam seine Rache.

Am späten Vormittag stand der unglückliche Wicker mit gebundenen Händen da, von der Kompanie im Karree umstellt, dem Exekutionskommando gegenüber, das aus zehn Männern, fünf stehenden und fünf knienden, bestand.

Louis-Charles, dem nun schon alles egal war, trat vor und sagte mutig: «Herr Hauptmann, das Reglement sieht vor, daß Deserteure einem Militärgericht überantwortet werden müssen.»

«Du Scheißkerl, du! Willst du seinen Platz einnehmen?»

Rittweg kam Louis-Charles zu Hilfe: «Dieser Mann hat recht.»

«Gehen Sie mir bloß nicht auf den Wecker! Das Militärgericht bin ich. Wenn ich hier kein Exempel statuiere, hauen sie uns alle ab wie die Hasen.»

Die Hände auf dem Rücken, war Kiener auf das Exekutionskommando zugetreten. Peter Imhof gehörte mit dazu. Kiener näherte sich ihm und stieß ihm den Finger gegen die Brust. «Sag mal, bist du auch wirklich ganz sicher, daß du nicht wußtest, daß dieser Dreckskerl sich in der Hütte versteckt hielt?»

«Ich schwöre Ihnen, ich wußte es nicht, Herr Hauptmann.»

«Ach ja? Ich habe da noch so meine Zweifel. Verachtest du Deserteure, Imhof?»

«Äh... Ja, Herr Hauptmann.»

«Dann sieh zu, daß du gut zielst. Ich sehe dich genau. Andernfalls stehst du augenblicklich auch da vorn!»

Imhof sandte einen verzweifelten Blick zu Louis-Charles und Rittweg hinüber.

«Hast du mich verstanden, du Versager? Wird's bald? Aber ein bißchen plötzlich! Also! Legt an!»

Noch einmal hatte Imhof zu Louis-Charles und Rittweg hinübergesehen. Letzterer beschwor ihn mit einem kurzen Senken der Augenlider, zu gehorchen.

Gemeinsam mit den anderen legte Peter das Gewehr an.

«Feuer!»

Mitten ins Herz getroffen, brach Wicker zusammen. Den ganzen restlichen Tag über hatte Imhof geweint. Sechs Tage später fiel die Kompanie dann den Russen in die Hände.

Dies also war das Geheimnis, das Peter Imhof mit Louis-Charles und Antoine Roederer teilte und das der Nazi Kiener, nachdem er zum Tode verurteilt worden war, in einem letzten Auflodern von Haß aufgedeckt hatte.

Noch am späten Nachmittag suchten Anselme Wahl und Louis-Charles den Angeklagten im Straßburger Untersuchungsgefängnis auf. Er wirkte geistesabwesend, nahezu teilnahmslos. Anne Pflegels Aussage nach hatte er sich ohne Widerstand abführen lassen.

«Wir holen dich da raus», versicherte ihm Louis-Charles. «Natürlich nur, wenn du uns als Verteidiger auch haben willst.»

«Ich hab kein Geld», antwortete Peter Imhof.

«Das trifft sich gut, wir wollen nämlich keines. Dein Fall ist durchaus vertretbar. Die Anschuldigung kommt von einem Nazi, der selbst wegen Kriegsverbrechen verurteilt wurde. Und wir haben zwei Entlastungszeugen: Roederer und mich. Wir werden schon aussagen, was sich drüben abgespielt hat.»

Aber Peter nickte nur traurig mit dem Kopf und starrte ins Leere. «Laßt nur. Mir ist das alles egal. Es ist ja wahr, ich habe auf Wicker geschossen. Ich hätte mich mit ihm zusammen erschießen lassen sollen. Ich bin ein Feigling und ein Mörder.»

«Hör auf, solchen Mist zu reden!» sagte Louis-Charles aufgebracht. «Anselme und ich, wir werden unser möglichstes tun, um dir aus dieser Klemme herauszuhelfen. Sei du also so gut und mach nicht alles kaputt, indem du vor Gericht solche Sprüche vom Stapel läßt!»

Peter zuckte die Achseln. «Ich sag dir doch, mir ist alles egal. Wenn sie mir auch zwölf Kugeln in den Leib jagen wollten, wäre es mir genauso recht. Ich kann nicht vergessen. Ich kann einfach nicht. Am liebsten würde ich mich gründlich besaufen und dann schlafen gehen. Das ist alles.»

Wahl, der bislang nichts gesagt hatte, setzte sich nun unmittelbar vor ihn hin. «Jetzt hör mir mal gut zu, Peter. Es geht nicht nur um dich in dieser Angelegenheit. *Malgré nous* gibt es zu Tausenden, die heute alle schief angesehen werden, obwohl sie doch zum Mitmachen gezwungen worden sind. Und von denen, die nicht zurückgekehrt sind, rede ich gar nicht erst. Darum geht es. Wieder einmal ist es das gesamte Elsaß, das unter Verdacht steht.» Er hielt einen Augenblick lang inne und kam dann noch näher an ihn heran. «Erinnerst du dich noch an die andere Nachkriegszeit? Als es Leute gab, die sich zum Richter über euch Imhofs aufspielten, nur weil dein Vater auf der Seite der Deutschen gekämpft hatte? Erinnerst du dich an deinen Großvater Franzl, wie er darunter gelitten hat? Um ihretwillen mußt du kämpfen, Peter, wenn schon nicht für dich.»

Peter machte eine schroffe Handbewegung, wie um nichts mehr hören zu müssen. Er stand auf und ging ans andere Ende seiner Zelle. «Macht, was ihr wollt.»

Die beiden Anwälte sahen einander an. Louis-Charles ging zu

Peter hin und holte zwei Päckchen Tabak und einen Umschlag aus seiner Tasche hervor. «Hier, alter Kumpel. Ich habe dir Tabak mitgebracht. Und das da ist ein Brief von Anne. Bis bald.»

Wahl hatte das Problem auf den Punkt gebracht: Der Prozeß gegen die *Malgré nous* war ein Prozeß gegen das ganze Elsaß. Weder die öffentliche Meinung noch die nationale Presse gaben sich da einer Täuschung hin, als der Prozeß im darauffolgenden Februar eröffnet wurde.

Am Verhandlungsmorgen trafen Anselme Wahl und Louis-Charles in ihren schwarzen Roben vor der großen Eichentür des Gerichtssaals auf Gretel und Maria Imhof in ihren Sonntagskleidern, begleitet von Anne Pflegel. Unweit von ihnen stand Edouard Kempf mit vier Bürgermeistern des Alsheimer Kantons zusammen, die alle ihre Schärpe in den Farben der Trikolore angelegt hatten.

Einen Presseausweis schwenkend, stürzte plötzlich ein Mann auf Louis-Charles zu. *«France-Soir»*, kündigte er ohne weitere Umschweife an. «Herr Rechtsanwalt, werden Sie den Tatbestand leugnen oder anerkennen? War Ihr Klient an der Hinrichtung ohne Gerichtsurteil eines desertierten elsässischen Patrioten beteiligt?»

Wahl übernahm es, ihm zu antworten: «So gestalten Sie aber keine Schlagzeile! Das ist völlig sinnlos, wenn man die äußeren Umstände in Erwägung zieht.»

«Sie wissen sehr gut, daß nicht wir die Schlagzeilen machen. Ich möchte lediglich wissen, ob Sie den Tatbestand anerkennen. Ist es wahr, oder ist es nicht wahr?»

Mit erhobener Stimme mischte sich jetzt auch Louis-Charles ein: «Monsieur, eines zumindest kann ich Ihnen sagen: Ich war bei der ganzen Angelegenheit dabei, und ich trug die gleiche Waffen-SS-Uniform wie der Angeklagte. Ich werde erzählen, wie es da drüben war. Ihre Art, Fragen zu stellen, beweist nur eines, nämlich daß sie keinen blassen Schimmer haben von dem, was sich im Elsaß abgespielt hat.»

«Ich versuche nur, mir ein Bild zu machen», erwiderte der Journalist beleidigt.

Die beiden Anwälte wandten sich von ihm ab. Am anderen Ende

der Galerie war Albert Laugel aufgetaucht und steuerte, im Reisemantel und ein Köfferchen in der Hand, mit langen Schritten direkt auf sie zu.

«Ich komme gerade mit dem Zug aus Paris», sagte er.

«Und?»

«Nichts! Ich bin unglaublich enttäuscht. Ich habe den Minister gesprochen. Er sagte mir, das sei eine äußerst delikate Angelegenheit. Sie hänge vom Kriegsminister ab, der ja nicht gerade zu unseren politischen Freunden gehört ... Kurz und gut: Jeder hat Schiß.»

Edouard Kempf hatte sich der Gruppe zugesellt und Laugel zugehört. «Das ist verrückt», sagte er. «Man könnte meinen, sie wollen unbedingt den elsässischen Separatismus wieder zum Leben erwekken.»

Laugel seufzte. «Freunde, es geschieht eben nichts Neues unter der Sonne. In Paris haben sie noch nie etwas begriffen.»

In diesem Moment bemerkte Albert drei verweinte Augenpaare, die ihn beobachteten: Gretel, Maria und Anne.

Die Gerichtsdiener öffneten die Flügeltür. Binnen weniger Augenblicke war der Saal voll von Journalisten und Schaulustigen. Louis-Charles und Anselme nahmen ihre Plätze gegenüber dem Anklagevertreter ein. Es war Oberstleutnant Dumas, ein dunkelhaariger kleiner Mann mit Feldwebelmiene. Schließlich erschien das Gericht: der vorsitzende Richter Durand d'Arville in roter Robe, begleitet von sechs Militärrichtern.

Als der Angeklagte hereingeführt wurde, entstand Unruhe im Saal. Beifallsrufe wurden laut. Der vorsitzende Richter schwenkte das Glöckchen auf seinem Pult.

Nach dem wochenlangen Aufenthalt im Gefängnis wirkte Peter Imhof sehr blaß. Dem Gericht schenkte er nicht die geringste Beachtung und blickte mit einem abwesenden Gesichtsausdruck auf die Leute im Saal, als ginge ihn das alles hier überhaupt nichts an. Anne Pflegel saß in der ersten Reihe. Auch sie sah er an, doch ebenso ohne die Spur einer Gefühlsregung.

«Genug der Ausflüchte, Herr Verteidiger! Halten wir uns doch an die Fakten! Hat Peter Imhof, dessen Bruder René Imhof ein allseits bekannter Nazifunktionär war, ja oder nein, mitgewirkt bei der Hinrichtung oder vielmehr Ermordung von Georges Wicker, der jedenfalls, was ihn betraf, den Mut aufbrachte, aus der deutschen Armee zu desertieren? Ich fordere den Angeklagten auf, mit ja oder nein zu antworten!» Oberstleutnant Dumas krönte diese energischen Worte mit einer ruckartigen Kinnbewegung und nahm mit verschränkten Armen wieder Platz.

Indem der Anklageverteter so auf die Tatsachen pochte und eine einfache Antwort verlangte, legte er den Finger auf die wundeste Stelle der Verhandlung. Die Tatsachen waren nun mal – leider Gottes – unbestreitbar. Doch es kam darauf an, in welchem Zusammenhang, in welchem Licht man sie sah. Tausendmal hatte Louis-Charles dieses Problem in seinem Kopf hin und her gewälzt. Vom patriotischen «Wagemut» des unglückseligen Wicker zu sprechen machte wenig Sinn, das wußte er selbst nur zu gut. Aber wie konnte er das hier sagen, ohne den unangenehmen Eindruck zu erwecken, daß man das Andenken eines achtzehnjährigen Jungen, der in der Ukraine den Tod gefunden hatte, antasten wollte?

Der junge Anwalt hielt sich an die Strategie, die sie mit Peters Einwilligung ausgearbeitet hatten, und erwiderte: «Herr Vorsitzender, unser Klient hat von Anfang an erklärt, daß er es ablehnt, irgendwelche Fragen zu beantworten. Er ist mit vollem Recht der Meinung, daß er, nachdem er in die deutsche Wehrmacht hineingezwungen wurde, sich für Taten, für die man ihn nicht verantwortlich machen kann, auch nicht zu rechtfertigen braucht!»

Der vorsitzende Richter Durand d'Arville verzog gelangweilt das Gesicht und meinte: «Sie müssen zugeben, Herr Verteidiger, daß dies dem Gericht die Aufgabe nicht gerade erleichtert und auch die Lage Ihres Mandanten nicht bessert.» Dabei ließ er seinen Worten einen vielsagenden Blick folgen.

Die beiden Verteidiger hatten anfangs gerätselt, was von diesem Richter zu erwarten war. Erst seit kurzer Zeit in Straßburg, schien er all diese Elsässer als absonderliche Wesen zu betrachten, deren unvorhersehbare Reaktionen ständige und wachsame Aufmerksamkeit erforderten. Sichtlich war ihm besonders daran gelegen, diesen hochexplosiven Prozeß möglichst behutsam abzuwickeln, ohne Wellen zu schlagen. Er bewegte sich hier eindeutig auf gefährlichem Terrain, und er hatte keineswegs die Absicht, sich zugunsten eines ehemaligen SS-Mitglieds – ob nun Elsässer oder nicht – auch nur im mindesten zu kompromittieren. Diese Leute da sollten selbst zusehen, wie sie sich aus der Affäre zogen ...

Anselme erhob sich nun.

«Der Herr Anklagevertreter scheint den Artikel 64 des Strafgesetzbuches zu vergessen: ‹Es liegt weder ein Verbrechen noch ein Vergehen vor, wenn der Beschuldigte bei der Ausführung seiner Straftat durch Gewalt, der er sich nicht widersetzen konnte, dazu bestimmt wurde.› In sämtlichen Armeen der Welt ist ein Befehl ein Befehl! Hauptmann Kiener hat Imhof gedroht, ihn erschießen zu lassen, wenn er den Befehl verweigerte.»

Jetzt erhob sich der Anklagevertreter.

«Der Herr Verteidiger Wahl wird sich doch hoffentlich nicht einbilden, daß er mir im Strafrecht Nachhilfe geben muß! Ich kenne ebensogut wie er den Artikel 64, der zutreffen würde, wenn der Angeklagte sich darauf berufen könnte, daß er einen Befehl von einer *legitimen* Autorität erhalten hat! Dies aber ist hier nicht der Fall. Frankreich hat niemals die Annektierung des Elsaß durch Nazideutschland anerkannt! Als Franzose kann sich der Angeklagte folglich nicht hinter dem illegitimen Befehl eines deutschen Offiziers verschanzen! Der Artikel 64 findet keine Anwendung!»

Ein wildes Pfeifkonzert setzte ein. Rufe wie «Das ist ein Skandal!» und «Er beschimpft unsere Toten!» waren im Saal zu hören. Wahls Augen funkelten, und er erhob sich erneut.

«Hier», sagte er mit einer ausladenden Geste nach dem Saal hin, «hier hören Sie die Antwort des Elsaß auf die Worte des Herrn Anklagevertreters, der uns mal als Deutsche, mal als Franzosen behandelt, je nachdem, wie es ihm gerade paßt! Hitler hat das Elsaß widerrechtlich annektiert, sagen Sie? Gut, da bin ich ganz Ihrer Meinung! Aber in dem Fall oblag es der französischen Armee, ihn daran zu hindern, und wo bitte schön war sie damals, die französische Armee? Südlich der Loire!»

Donnernder Applaus zeigte die Zustimmung der Menschen im Saal. Vergeblich schwenkte der Vorsitzende sein Glöckchen.

Am Rande eines Schlaganfalls, schrie sich Oberstleutnant Dumas schier heiser: «Sie beleidigen die französische Armee! Ich verlange unverzüglich eine Entschuldigung!»

Endlich gelang es dem sichtlich wütenden Richter, sich Gehör zu verschaffen: «Ich beschließe die Räumung des Saales! Die Verhandlung wird aufgehoben. Nächster Verhandlungstermin ist morgen um zehn Uhr.»

Woraufhin er sich mit den Militärrichtern, die augenblicklich seinem Beispiel folgten, erhob und ohne Beachtung des Publikums den Gerichtssaal verließ. Wenn «diese Leute da» den Fall Imhof zu einer politischen Affäre machen wollten, dann galt es unbedingt, sie zur Räson zu bringen...

Die Presse des darauffolgenden Tages äußerte sich gemischt. *France-Soir* nahm Bezug auf «schwere Vorfälle im Prozeß um den elsässischen SS-Soldaten». *Le Monde* sprach vorsichtig von einem «juristischen Schlagabtausch beim Straßburger Prozeß». Und *L'Humanité* ergriff hitzig Partei: «Erdrückende Beweise gegen den elsässischen SS-Mann.»

«Also, das paßt mir ganz und gar nicht», sagte Anselme Wahl. «Antoine Roederer könnte dadurch leicht einen feigen Rückzieher machen, und wir haben ihn dringend nötig...»

Nur *Les Dernières Nouvelles d'Alsace* wiesen auf das eigentliche Problem hin: «Der Prozeß der *Malgré nous*: kein Verständnis für das Elsaß», hieß die Schlagzeile der regionalen Tageszeitung. Noch selten hatte sich das Elsaß von der Nation so verkannt gefühlt.

Nach einem gespannten Verhandlungsbeginn – Oberstleutnant Dumas hatte Wahls Äußerungen über die französische Armee nicht verdaut, und der vorsitzende Richter schien wenig bestrebt, ihm zu widersprechen – ging man nun zur Anhörung der Zeugen über. Als erster hatte Antoine Roederer in den Zeugenstand zu treten.

Gespannt hingen Louis-Charles und Wahl an den Lippen des kommunistischen Druckers. Dieser fühlte sich tatsächlich höchst unbehaglich. Alle Welt wußte, daß er selbst zu den von der *Humanité* geschmähten «elsässischen SS-Leuten» gehört hatte; alle Welt wußte auch, daß er Kommunist war. Absolute Stille senkte sich herab.

Durand d'Arville musterte den Drucker mit zurückhaltender Miene. «Roederer», sprach er ihn schließlich in wohlwollendem Ton an, «wenn Sie an der Stelle des Angeklagten gewesen wären, hätten Sie dann Hauptmann Kieners verbrecherischen Befehl befolgt?»

Roederer hielt den Kopf gesenkt und schien nachzudenken. Dann endlich blickte er auf. «Und Sie, Herr Vorsitzender? Hätten Sie denn gehorcht?»

Das war ein geschickter Gegenzug. Etliche Lacher waren zu hören.

«Ruhe!» rief der vorsitzende Richter gereizt. «Lassen Sie gefälligst Ihre Unverschämtheiten, Roederer. Es geht hier nicht um mich, sondern um Sie.»

Roederer nickte. «Das ist ja gerade das Problem, Herr Vorsitzender. Keiner kann sich an unsere Stelle versetzen.»

Wieder erhob sich beifälliges Gemurmel im Publikum.

«Peter und ich», fuhr der Drucker fort, «wir haben politisch sehr unterschiedliche Überzeugungen, soviel ist sicher. Aber trotz seines Hasses gegen die glorreiche Sowjetarmee, der wir den Sieg über die nationalsozialistischen Folterknechte verdanken, die mit dem internationalen Großkapital unter einer Decke steckten –»

«Roederer, ersparen Sie uns Ihr Propagandageschwätz!»

«*Herr* Roederer, bitte schön, Herr Vorsitzender!»

«Ja, ja, ist ja schon gut ... Na, dann kommen Sie zu Ihrem Schluß, *Herr* Roederer.»

Unbeirrt nahm dieser den Faden seiner Rede wieder auf: «Ich versichere also, daß Peter Imhof ein Opfer des imperialistischen Krieges gegen die Heimat des Sozialismus ist, die heute nun einer neuen Bedrohung, dem Atlantikpakt, ausgesetzt ist, dessen einziges Ziel es ist, die deutschen Revanchisten wiederzubewaffnen!»

Der Richter verdrehte die Augen und sagte resigniert: «Gut, gut. Ich danke Ihnen. Sie können Platz nehmen. Man möge den nächsten Zeugen hereinführen.»

Louis-Charles beugte sich zu Wahl hin und flüsterte ihm ins Ohr: «Er war wirklich gut. Und um so mehr, als er sich von seinen Parteikameraden noch einen ordentlichen Rüffel holen wird.»

Antoine Roederer indessen war vor Peter Imhof stehengeblieben. Er trat einen Schritt näher an ihn heran und sagte: *«Halts durich, Peter!»*

«Scheen von der, Junger», entgegnete der Angeklagte.

Es war das erste Mal seit Verhandlungsbeginn, daß man seine Stimme zu hören bekam.

Die allgemeine Aufmerksamkeit richtete sich nun auf den nächsten Zeugen, der eben den Saal betrat.

Es war eine Frau um die Sechzig, von kleinem Wuchs und ganz in Schwarz gekleidet. Man ahnte, daß sie für diesen Anlaß ihren besten Hut und ihre beste Handtasche aus dem Schrank hervorgeholt hatte. Von all den Blicken und dem ehrwürdigen Rahmen des Gerichtssaals verunsichert, trat sie nach vorn.

«Wenn Sie uns bitte Ihren Namen, Vornamen und Familienstand angeben wollen, Madame», forderte sie der Richter äußerst höflich auf.

«Richez, Louisa Barbara Frieda, verwitwete Wicker. Geboren am 12. Januar 1898 in Soultz-sous-Forêts, Unterelsaß.»

Es war die Mutter des Hingerichteten.

Schwerer, erdrückender noch als zuvor, als Antoine Roederer zu sprechen begann, machte sich Stille breit.

Mit beflissener Liebenswürdigkeit richtete der vorsitzende Richter das Wort an sie: «Madame, ich möchte Ihnen im Namen der gesamten Gerichtsverhandlung unsere Anteilnahme aussprechen und Ihnen sagen, wie sehr wir Ihren Schmerz teilen.»

Louisa Wicker neigte unmerklich den Kopf. Sie war spürbar bewegt und nervös. Gleichzeitig aber hatte sie die unverkennbare Art jener Menschen, die durch ihre Kindheit und ihren Lebensraum seit jeher daran gewöhnt sind, ihre Emotionen für sich zu behalten. Würdevoll stand sie da, wie bei einer Begräbnisfeier.

«Herr Anklagevertreter», sagte der Richter, «Sie haben das Wort.»

Dieser erhob sich.

«Frau Wicker, wie viele Kinder haben Sie?»

«Zwei Buben, Eugène und Georges. Der Krieg hat sie mir alle beide genommen. Eugène, mein Großer, ist bei Leningrad gefallen. Georges, der Kleine, irgendwo in der Ukraine.»

Sie sprach langsam und bedächtig, ohne die Spur einer Klage. Es war eben so.

«Ist es richtig», fuhr Oberstleutnant Dumas fort, «daß er heldenmütig aus der nationalsozialistischen Armee desertiert ist?»

«So hat man es mir erzählt.»

«Wer hat es Ihnen erzählt?» fragte Dumas.

«Monsieur Louis-Charles.»

«Sie meinen», berichtigte der Soldat, «Rechtsanwalt Kempf de La Tour?»

Sie nickte.

«Wissen Sie auch», fuhr er fort, «unter welchen Umständen Ihr Sohn Georges gestorben ist?»

Anselme Wahl erhob sich.

«Ist es wirklich nötig, Herr Vorsitzender, dieser unglücklichen Mutter das Messer in der Wunde umzudrehen, nur um einen längst festgestellten Tatbestand noch einmal vor Augen zu führen?»

Der Vorsitzende machte eine bedauernde Handbewegung und meinte: «Ich kann den Anklagevertreter nicht daran hindern, Fragen zu stellen, die ihm zur Wahrheitsfindung notwendig erscheinen.»

«Sie zählen auf sie, um Peters Verurteilung zu erreichen», raunte Wahl seinem jungen Kollegen zu.

Befriedigt über die Antwort des Richters, fuhr Dumas fort: «Wie haben Sie die näheren Todesumstände Ihres Sohnes erfahren?»

«Das hat mir Monsieur Louis-Charles alles erzählt. Er war ja dabei.»

Der Oberstleutnant wandte sich dem Richter zu. «In diesem Fall bitte ich darum, Rechtsanwalt Kempf de La Tour in den Zeugenstand zu holen.»

«Herr Vorsitzender», schaltete sich Anselme hier ein, «dies ist ein taktisches Manöver, um den Kollegen Kempf de La Tour als Verteidiger auszuschalten!»

«Aber ganz und gar nicht!» versicherte der Richter mit überraschter Miene. «Rechtsanwalt Kempf de La Tour kann sehr wohl als Zeuge aufgerufen werden, und das soll auch geschehen.»

In diesem Augenblick meldete sich einer der Offiziere unter den Beisitzern zu Wort: «Kann ich der Zeugin eine Frage stellen?»

«Bitte sehr.»

Der Offizier wandte sich Frau Wicker zu. «Madame, wie kommt es, daß Sie nicht als Nebenklägerin aufgetreten sind?»

Louisa Wicker sah sich nach den Anwälten um und fragte verunsichert: *«Verstehe net, was der sad.»*

«Er will von Ihnen wissen», erklärte Wahl, «weshalb Sie gegen Peter nicht Klage eingereicht haben.»

Da machte sie große Augen und antwortete, ohne den Offizier, der sie befragt hatte, überhaupt anzusehen: *«Der esch wahnsinnig. Des esch doch net ehm Peter sinner Fahler!»*

«Madame Wicker», sagte der Richter, «wären Sie wohl so freundlich, sich dem Gericht zuzuwenden, wenn Sie etwas zu sagen haben? Und auf französisch, bitte schön.»

Sie nickte und wiederholte ruhig und in demselben ehrlich erstaunten Tonfall: «Ich habe gesagt: Das ist doch nicht dem Peter sein Fehler!»

Auf diese wenigen, mit sanfter Stimme gesprochenen Worte hin ging eine leise Unruhe durch den Saal, gleich darauf kehrte wieder Stille ein. Einen Augenblick lang hing alles in der Schwebe. Die Richter und der Anklagevertreter starrten diese Frau an, die als leibliche Mutter des Opfers den Angeklagten für unschuldig erklärte.

In diesem Augenblick hatten Wahl und Louis-Charles plötzlich das Gefühl, daß der Verlauf des Prozesses eine neue Wendung nehmen konnte.

Sie hatte sich inzwischen Peter Imhof zugewandt. Seine kraftlose, düstere Gestalt zog jetzt alle Blicke auf sich. Erneut begann sie in ihrer langsamen, wohlüberlegten Art einer Frau vom Lande zu sprechen.

«Armer Junge, du mußt sehr unglücklich sein. Es ist nicht recht, daß sie dich hierhergebracht haben. Ich weiß, daß du nichts dafür kannst. Ich geb dir keine Schuld. Meine beiden Buben sind tot. Aber du, du wirst es dein ganzes Leben lang mit dir herumtragen müssen. Das tut mir von ganzem Herzen leid für dich. Wir alle teilen dein Unglück.»

Sie verstummte. Man konnte sehen, wie Tränen über Peter Imhofs Wangen liefen.

Schweigend sahen die Richter Louisa Wicker an. Sie aber wandte sich, anscheinend ohne sich der Wirkung, die sie hervorrief, bewußt zu sein, an Anselme.

«Kann ich mich weder setze?»

«Herr Vorsitzender, die Zeugin fragt, ob sie sich wieder setzen darf», gab Anselme die Frage weiter.

Der Richter schien mit seinen Gedanken auf den Boden der Realität zurückzukehren, und er antwortete: «Gewiß, gewiß ... Ich danke Ihnen, Madame. Die Sitzung ist hiermit geschlossen. Nächster Verhandlungstermin ist morgen um die gleiche Zeit.»

Das Gericht erhob sich. Louisa Wicker war langsam zu ihrer Bank zurückgegangen. Gretel Imhof hatte sich erhoben, als sie in ihre Nähe kam. Sie breitete die Arme aus und umarmte sie.

Am nächsten Tag war die Presse wie ausgewechselt: «Erschütternde Zeugenaussage im Straßburger Prozeß» (*Combat*). «Die Mutter des Hingerichteten rührt das Gericht zu Tränen» (*France-Soir*). «Der Gerichtshof hörte gestern die Stimme des Elsaß» (*Les Dernières Nouvelles d'Alsace*).

Ja. Alles sah ganz danach aus, als hätte der Prozeß eine neue Wendung genommen. Das spürte vermutlich auch Oberstleutnant Dumas.

«... Nachdem unwiderlegbar bewiesen ist, daß sich der Angeklagte in vollständiger Kenntnis der Sachlage an einem Kriegsverbrechen beteiligt hat, bitte ich das Gericht, Peter Imhof zu einer zehnjährigen Gefängnisstrafe ohne Bewährung sowie einer zwanzigjährigen Aberkennung der bürgerlichen Ehrenrechte zu verurteilen!»

Wildes Geschrei und Gepfeife erhob sich im Gerichtssaal. «Du Henker! Mörder! Er ist der SS-Mann, er!» schrien die Menschen.

«Er ist komplett verrückt!» murmelte Louis-Charles aufs höchste bestürzt.

Der routiniertere Wahl jedoch erwiderte ruhig: «Nein. Er hat nur gespürt, daß ein Freispruch im Anzug ist.»

Nun kam Louis-Charles' Plädoyer. Er schilderte noch einmal die allgemeine Atmosphäre, in der sich die Dinge abgespielt hatten, den Argwohn und die Brutalität der deutschen Offiziere den elsässischen

Einberufenen und *Malgré nous* gegenüber, die mit deutschen Maschinengewehren im Rücken zum Kriegführen gezwungen wurden. Er erinnerte daran, daß Peter – genau wie er – zunächst beschlossen hatte, sich versteckt zu halten, und daß er sich erst aufgrund der Drohungen gegenüber seiner Familie dazu durchgerungen hatte, die deutsche Uniform anzuziehen. Er erinnerte an das Schicksal der Familie Weber aus Alsheim, die nach Schirmeck verschleppt worden war. Dann sprach er von dem verzweifelten Zustand, in dem sie Georges Wicker vorgefunden hatten, von ihrem Versuch, ihm zu helfen, und von der Angst und dem Schrecken, die Hauptmann Kiener verbreitete.

«Wir waren 130 000 *Malgré nous*, die widerrechtlich ihren Familien entrissen und gezwungen wurden, in einer feindlichen Armee zu kämpfen, manche davon auch in der Waffen-SS, einer Einheit, die vom Nürnberger Gerichtshof für kriminell erklärt wurde. Auch ich, meine Herren, habe die abscheuliche schwarze Uniform getragen. Jeder von uns könnte heute an Peter Imhofs Stelle stehen. Die sterblichen Überreste von 30 000 unserer Kameraden sind in den endlosen Weiten der russischen Steppe verstreut zurückgeblieben. Der Geist dieser Elsässer sitzt hier, an der Seite des Angeklagten. Und diejenigen, die mit schwerem Herzen zurückgekehrt sind, erwarten den Ausgang dieses Prozesses so, als wäre es ihr eigener. Alle sind sie Opfer und keineswegs Henkersknechte. Diesen einen hier zu verurteilen hieße, sie alle zu verurteilen.»

Er hatte mit gleichmäßiger, ruhiger Stimme, ohne Pathos und Sentimentalität gesprochen. Jetzt setzte er sich wieder. Ohne die geringste Reaktion erkennen zu lassen, hatten ihm die Richter mit verschlossener Miene zugehört. Oberstleutnant Dumas starrte mit verschränkten Armen und zusammengezogenen Augenbrauen vor sich hin.

Wahl schüttelte seinem Kollegen die Hand, bevor er selbst das Wort ergriff.

Er erwähnte noch einmal die Zeugenaussagen. Er unterstrich, daß Roederer, der als Kommunist schließlich kaum verdächtigt werden konnte, dem «elsässischen SS-Mann» die Stange halten zu wollen, Imhof für unschuldig erklärte. Daß nicht einmal die Mutter des

Hingerichteten zu begreifen schien, weshalb man überhaupt Klage gegen ihn erhob. Und schließlich legte er einmal mehr das Mißverständnis dar, unter dem das Elsaß seit einem Jahrhundert zu leiden hatte.

«Muß dieses Gericht wirklich daran erinnert werden, daß die Mehrheit unserer Vorfahren viermal die Nationalität wechseln mußte? Mein Großvater geriet 1870 als Franzose in preußische Gefangenschaft. Mein Vater wurde als Deutscher 1914 wegen profranzösischer Gefühle nach Ostpreußen verschleppt. Ich selbst wurde als Franzose 1940 von den Deutschen gefangengenommen, und mein Kollege Kempf de La Tour geriet 1943 als Deutscher wider seinen Willen in russische Gefangenschaft! Wahrhaftig, meine Herren, es scheint, als wäre die einzige Uniform, die uns Elsässern zukommt, die des Häftlings!»

Applaus erscholl. Diesmal gab es sehr wohl Reaktionen unter den Militärrichtern. Man konnte ihre Kommentare hören: «Er schweift vom Thema ab», «Solche Erwägungen haben hier nichts zu suchen...» Offensichtlich wollten sie zwar durchaus etwas von Tatbeständen und Zeugenaussagen hören, die Heraufbeschwörung der elsässischen Vergangenheit aber schien ihnen unpassend, um nicht zu sagen, geschmacklos. Anselme merkte das sehr wohl, doch entschlossen, sich nicht beeindrucken zu lassen, fuhr er unbeirrt fort.

«Muß dieses Gericht daran erinnert werden, daß das Elsaß im Laufe des letzten Krieges einen siebenmal höheren Blutzoll entrichtet hat als das ganze übrige Frankreich? 43 000 Tote, 27 000 Zivilisten, die gewaltsam nach Deutschland oder Polen verschleppt wurden, fast 20 000 in die Vernichtungslager Deportierte. Wer trägt die Verantwortung für so viel Unglück? Wir selbst? Oder die Regierungen, die Generäle, deren Inkompetenz und Verantwortungslosigkeit uns wieder einmal – genau wie 1870 – an Deutschland ausgeliefert hat?»

Im Saal brach ein tosender Beifallssturm aus. Gleichzeitig aber spürte Wahl, daß er die Militärrichter endgültig in Aufruhr versetzt hatte. Lauthals protestierten sie, während Oberstleutnant Dumas unverzüglich die Gunst des Augenblicks nutzte.

«Das Hohe Gericht ist mein Zeuge, daß Rechtsanwalt Wahl schon wieder die französische Armee beleidigt!»

Da ereignete sich etwas, was kein Mensch sich vorzustellen gewagt hätte.

Der vorsitzende Richter Durand d'Arville schlug mit der flachen Hand krachend auf sein Pult und schrie: «Jetzt reicht es! Herr Rechtsanwalt Wahl, wir können nicht dulden, daß ein ehemaliges Parteimitglied der Nazis die Ehre Frankreichs und unserer Soldaten beschmutzt!»

Schroff und hastig hatte er das gesagt, ohne es zu wagen, den Anwalt dabei anzusehen.

Wütendes Protestgeschrei erhob sich, das Pfeifkonzert schwoll an. Wahl war bei der Beleidigung zusammengezuckt.

Louis-Charles legte ihm die Hand auf den Arm und sagte beschwichtigend: «Ein abgekartetes Spiel ist das. Sie wollen um jeden Preis die Verurteilung erreichen.»

Albert Laugel indessen, der ebenfalls im Saal zugegen war, hatte sich von seiner Bank erhoben. Ohne sich darum zu kümmern, ob es ihm gestattet wurde oder nicht, schritt er zur Gerichtsschranke vor.

«Als Anführer der elsässischen Résistance verlange ich, angehört zu werden! Die gegen Rechtsanwalt Wahl vorgebrachte Anschuldigung ist geradezu schändlich! Ich wiederhole hier, was im übrigen vom Colmarer Berufungsgericht anerkannt wurde: Rechtsanwalt Wahl ist einzig und allein auf meine Anweisung hin und zugunsten der Résistance, der er unschätzbare Dienste erwies, der nationalsozialistischen Partei beigetreten!»

Lebhaft applaudierte der ganze Saal. Der vorsitzende Richter schien außer sich. Wahl hatte sich, bleich und zitternd, von Louis-Charles, der ihn zurückzuhalten versuchte, losgerissen. Er trat nun ebenfalls vor den Richter hin.

«Ich verlange, daß Sie diese Verleumdung augenblicklich zurücknehmen! Sie ist bodenlos niederträchtig!»

«Herr Verteidiger, Sie beleidigen dieses Gericht! Ich werde Sie aus der Anwaltskammer ausschließen lassen!» schrie der Richter zurück.

Doch Anselme schien nichts mehr aufhalten zu können. «Sie scheinen es sehr eilig zu haben, Schuldige zu finden, Herr Vorsitzender!» fuhr er fort. «Wo waren Sie denn eigentlich in der Zeit, als die *Malgré nous* zu Tausenden in Rußland starben und die Angehörigen der

Résistance Folter und Deportation erlebten? Das soll ruhig jedermann erfahren! In Narbonne waren Sie, Herr Vorsitzender Durand d'Arville, und leisteten Marschall Pétain den Eid!»

«Der Saal hat augenblicklich geräumt zu werden!»

Aschfahl hatte sich der vorsitzende Richter erhoben. Die sechs militärischen Beisitzer taten desgleichen. Die Gendarmen strömten in den Gerichtssaal, wo die gesamte Zuhörerschaft durcheinanderschrie und mit den Füßen stampfte.

Wahl, Laugel und Louis-Charles trafen draußen im Gang zusammen, wo auch Edouard zu ihnen stieß. Um sie her drängte sich die Menschenmenge. Fotografen schwenkten ihre Blitzgeräte über den Köpfen. Anselme war völlig niedergeschmettert.

«Ich hätte mich nicht hinreißen lassen dürfen ... Sie haben mir eine Falle gestellt, und ich habe alles verpatzt.»

Laugel schüttelte den Kopf. Er war bleich vor Wut. «Du hast absolut richtig gehandelt, Anselme. Man muß ihnen die Masken herunterreißen. All diese Leute, die sich mit Vichy und den Deutschen arrangiert haben, versuchen sich jetzt reinzuwaschen! Darum geht es im Prozeß gegen die *Malgré nous*!»

Doch Wahl war den Tränen nahe, als er sagte: «Meine Aufgabe war es, Peter zu einem Freispruch zu verhelfen. Und ich habe es glatt geschafft, ihn nur noch tiefer hineinzureiten ...»

Das Urteil lautete auf fünf Jahre Gefängnisstrafe, danach eine zwanzigjährige Aberkennung der bürgerlichen Ehrenrechte. Nachdem er von den Nazis zwangsweise angemustert und von den Sowjets fünf Jahre lang gefangengehalten worden war, hatte Peter Imhof die Freiheit nur wiedererlangt, um von seinem eigenen Land erneut verurteilt zu werden. Die alte Geschichte begann von neuem und schlimmer als beim letzten Mal: Diesmal war es nicht mehr die Erinnerung an Kaiser Wilhelm, die dem Elsaß als Beleidigung ins Gesicht geschleudert wurde, sondern die Schande des Nationalsozialismus.

In Alsheim wurde die französische Flagge an allen öffentlichen Gebäuden auf halbmast gesetzt, während die Kirche das Totengeläut anstimmte. Laugel war an der Spitze einer Delegation von Bürgermeistern des Kantons nach Paris aufgebrochen, um den französischen Staatspräsidenten um eine Unterredung zu bitten. Und Edouard sprach davon, daß er alle seine Orden samt Gräfin Mathildes Kreuz der Ehrenlegion zurückgeben wollte.

Peter Imhof wurde schließlich doch noch auf freien Fuß gesetzt. Allerdings erst 1953, als die Abgeordnetenkammer infolge des Oradour-Prozesses, in den wiederum Elsässer verwickelt waren, für sämtliche *Malgré nous* die Amnestie bewilligte.

Neun Jahre hatte es gebraucht, bis diese Geste es dem Elsaß endlich ermöglichte, sich wieder ganz und gar französisch und von den Gespenstern des Krieges befreit zu fühlen.

Einige Zeit danach machten Odile und Louis-Charles Kempf, begleitet von Albert und Rachel Laugel, einen Sonntagsspaziergang durch Straßburg und verweilten dabei vor dem Kriegerdenkmal an der Place de la République. Es trägt die Inschrift: «Für unsere Toten» – und nicht wie überall sonst: «Gefallen für Frankreich». Die Skulptur stellt zwei Männer in den Armen ihrer Mutter dar. Sie sind nackt. Wenn sie Uniformen trügen, wäre die eine Uniform eine französische, die andere eine deutsche.

Sie blieben dort eine Weile stehen und beobachteten die dreijährige kleine Mathilde, die sich einen Spaß daraus machte, hinter den Tauben herzujagen. Albert Laugel rief sich all diese dahingegangenen Gesichter vor Augen, die er im Gedächtnis bewahrte, die Existenzen, die mit ihren Hoffnungen und Leiden von der Geschichte geprägt worden waren: Mathilde Kempf, die zwischen ihrem Vater und ihrem Mann in der Alsheimer Familiengruft ruhte; Paul Imhof und Karl Kempf de La Tour, die noch in der Blüte ihrer Jugendzeit auf den Schlachtfeldern den Tod gefunden hatten; René Imhof, den Unseligen, und seine erste Frau Katel Wahl, die sich mit fünfundvierzig Jahren das Leben genommen hatte, um den Folterqualen zu entgehen. Und noch so viele andere Schicksale, die im Tumult des Jahrhunderts der Vergessenheit anheimgefallen waren und aus denen sich dieses elsässische Volk zusammensetzte, das doch nichts anderes verlangt hatte, als auf seine Weise frei und in Freundschaft mit allen – seien es Franzosen oder Deutsche – zu leben. Insgeheim betete er um Frieden für die Menschen und die Vergebung Gottes.

Das kleine Mädchen hatte begonnen, auf den Sockel des Denkmals zu klettern. Sie schaffte es auch, auf allen vieren. Dann, etwas schwankend, stellte sie sich auf den Rand.

«Meine Güte, sie wird herunterfallen!» rief Odile besorgt.

Doch ihr Mann beruhigte sie: «Aber nein, schau nur ... Sie kommt sehr gut zurecht. – Fein hast du das gemacht!»

Sie klatschten alle Beifall, um sie zu ermutigen.

Dort auf dem Sockel dieses eindrucksvollen Denkmals stand begeistert die dritte Mathilde und begann unter fröhlichem Lachen ebenfalls in die Hände zu patschen.